AF175118

EXÁMENES RESUELTOS DE CONSTRUCCIÓN DE ESTRUCTURAS

TOMO 4

Pascual Urbán Brotóns
Daniel Sánchez Valcarcel

Exámenes resueltos de construcción de estructuras. Tomo 4

© Pascual Urbán Brotóns
© Daniel Sánchez Valcarcel

ISBN: 978-84-9948-276-7
Depósito legal: A-92-2011

Edita: Editorial Club Universitario Telf.: 96 567 61 33
C/ Decano, 4 - 03690 San Vicente (Alicante)
www.ecu.fm
ecu@ecu.fm

Printed in Spain
Imprime: Imprenta Gamma Telf.: 965 67 19 87
C/ Cottolengo, 25 - 03690 San Vicente (Alicante)
www.gamma.fm
gamma@gamma.fm

Reservados todos los derechos. Ni la totalidad ni parte de este libro puede reproducirse o transmitirse por ningún
procedimiento electrónico o mecánico, incluyendo fotocopia, grabación magnética o cualquier almacenamiento de
información o sistema de reproducción, sin permiso previo y por escrito de los titulares del Copyright

ÍNDICE

PRÁCTICAS

EXÁMENES

INTRODUCCIÓN

El objetivo fundamental que se pretende alcanzar con esta publicación de exámenes resueltos es proporcionar material de trabajo a aquellos estudiantes que tengan inquietud por ampliar sus conocimientos y adquirir una mayor preparación para afrontar con éxito sus estudios.

La disposición de los exámenes y prácticas resueltos se ha estructurado colocando inicialmente los enunciados de cada uno de ellos y en páginas siguientes la resolución de todos los detalles constructivos y cuestiones solicitadas.

Las escaleras se han resuelto en planta, especialmente su sistema estructural sustentante, añadiendo las secciones y perspectivas necesarias para definirlas correctamente y con ello completar la visión espacial.

Posiblemente algún detalle constructivo pueda parecer similar al de otros exámenes. Pese a ello se mantiene el mismo examen porque cada detalle no se puede estudiar y resolver como un elemento aislado, sino que hay que contemplarlo vinculado al resto de la estructura, analizando cargas y disposición de los restantes elementos estructurales que influyen sobre el mismo. Son enfoques diferentes y contienen matices distintos sobre la misma cuestión. Todo ello siempre desde el punto de vista constructivo, independientemente de los cálculos y dimensiones.

Esta publicación forma parte de un amplio trabajo concebido especialmente para los estudiantes de Arquitectura Técnica o Ingeniería de Edificación, Arquitectura y resto de Ingenierías, y otros estudios vinculados a la Construcción de Edificios. Está estructurado en 4 volúmenes:

Tomo 1.- Estructuras de hormigón armado: cimentación, muros, pilares y jácenas, uniones, según normativa vigente.
Tomo 2.- Forjados unidireccionales de viguetas de hormigón, forjados reticulares y de chapa nervada colaborante.
Tomo 3.- Estructuras metálicas en edificios y naves. Uniones.
Tomo 4.- Escaleras.

En la resolución de los detalles se han contemplado las Instrucciones EHE, EFHE, NCSE-02 y CTE.

Quiero expresar mi sincero agradecimiento a todas las personas que han colaborado en la informatización de los dibujos.

Finalizo con la esperanza de que este trabajo pueda serle útil a los estudiantes y estudiosos interesados en el atractivo campo del conocimiento técnico.

Gracias a todos.

Alicante, septiembre de 2010

El Autor

PASCUAL URBÁN BROTÓNS

PRÁCTICA 1 - CONSTRUCCIÓN DE ESTRUCTURAS A.T. ESCALERAS

Resolver el sistema estructural sustentante de las siguientes escaleras indicando el tipo de viga y sustentación, cotas y niveles. Dibujar una perspectiva esquemática de cada una de ellas.

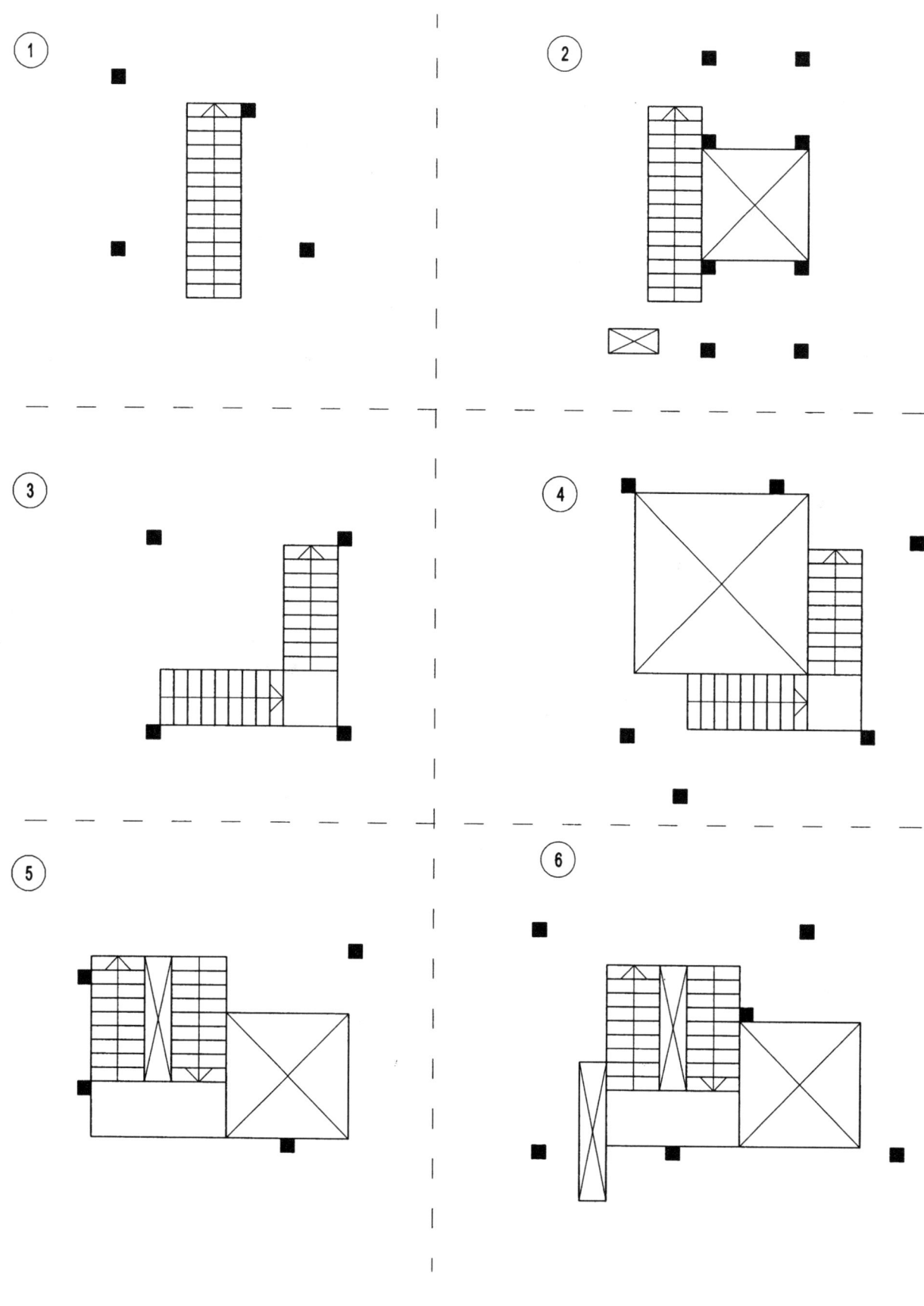

PRÁCTICA 1 - CONSTRUCCIÓN DE ESTRUCTURAS A.T. ESCALERAS

Resolver el sistema estructural sustentante de las siguientes escaleras indicando el tipo de viga y sustentación, cotas y niveles. Dibujar una perspectiva esquemática de cada una de ellas.

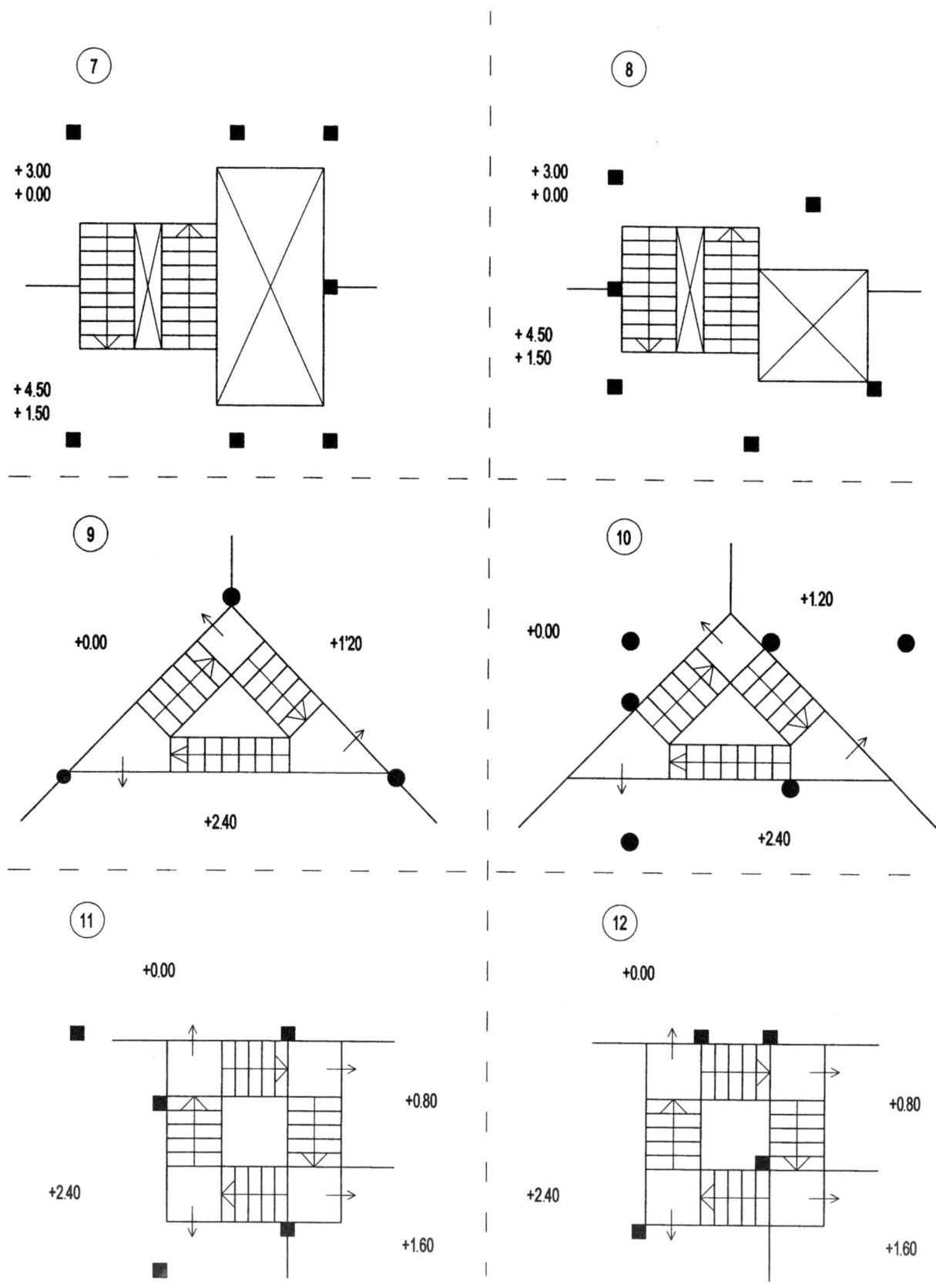

PRÁCTICA 1 - CONSTRUCCIÓN DE ESTRUCTURAS A.T. ESCALERAS

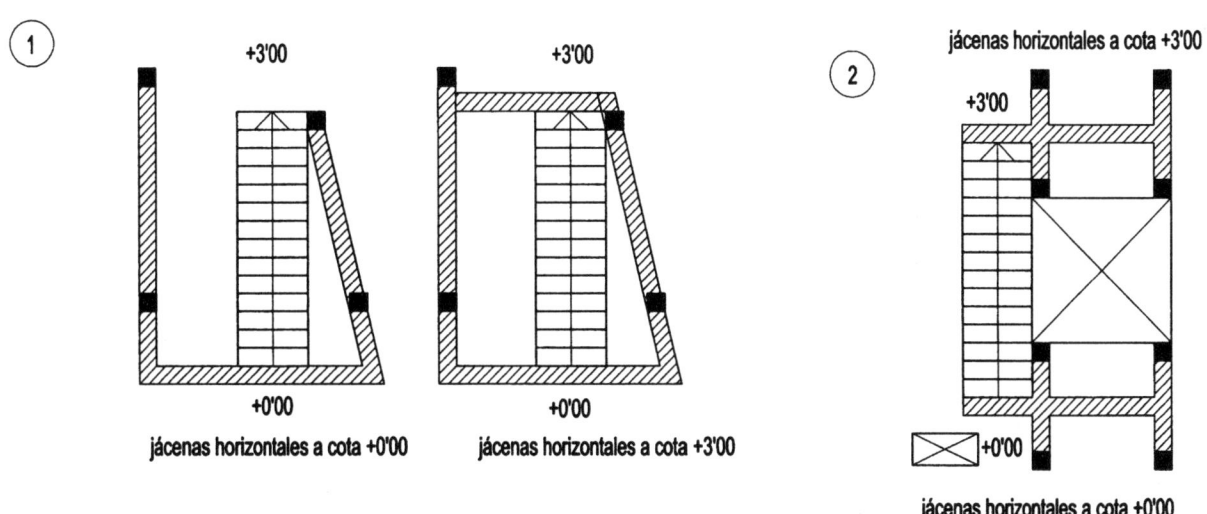

1

+3'00 +3'00

+0'00 +0'00

jácenas horizontales a cota +0'00   jácenas horizontales a cota +3'00

2

jácenas horizontales a cota +3'00

+3'00

+0'00

jácenas horizontales a cota +0'00

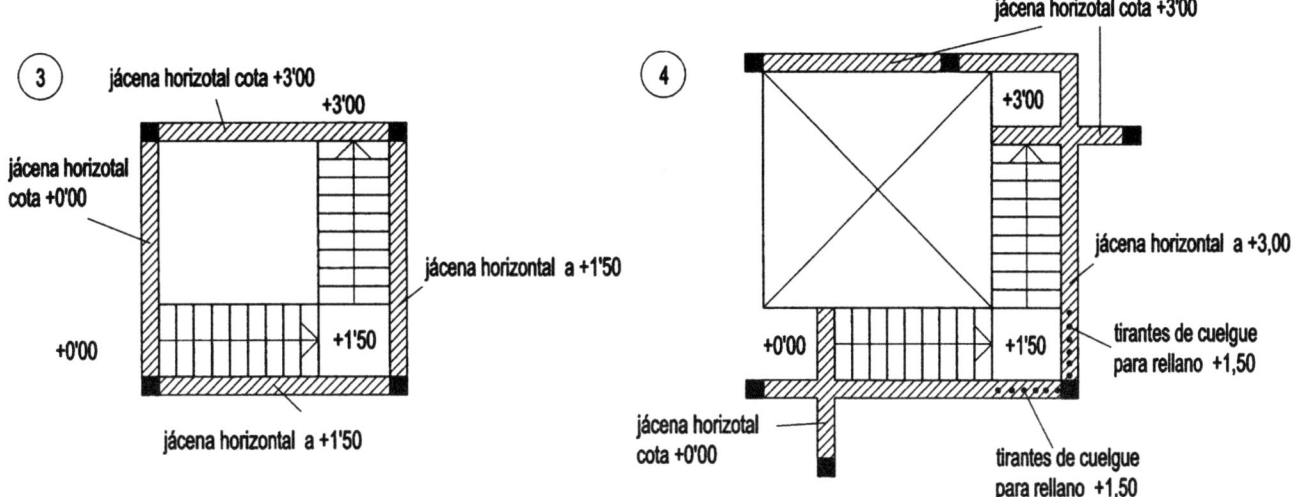

3

jácena horizotal cota +3'00

+3'00

jácena horizotal cota +0'00

jácena horizontal a +1'50

+0'00

+1'50

jácena horizontal a +1'50

4

jácena horizotal cota +3'00

+3'00

jácena horizontal a +3,00

+0'00

+1'50

tirantes de cuelgue para rellano +1,50

jácena horizotal cota +0'00

tirantes de cuelgue para rellano +1,50

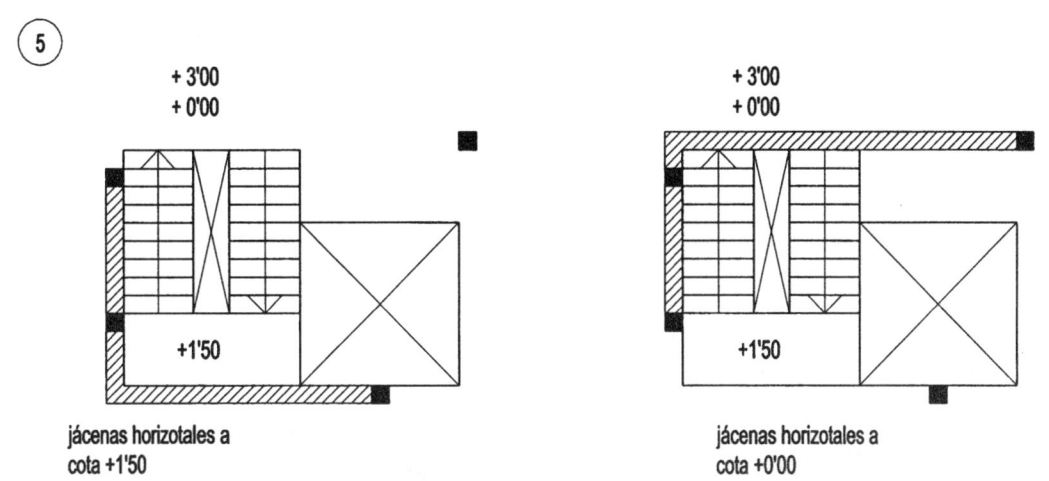

5

+ 3'00
+ 0'00

+1'50

jácenas horizotales a cota +1'50

+ 3'00
+ 0'00

+1'50

jácenas horizotales a cota +0'00

11

PRÁCTICA 1 - CONSTRUCCIÓN DE ESTRUCTURAS A.T. ESCALERAS

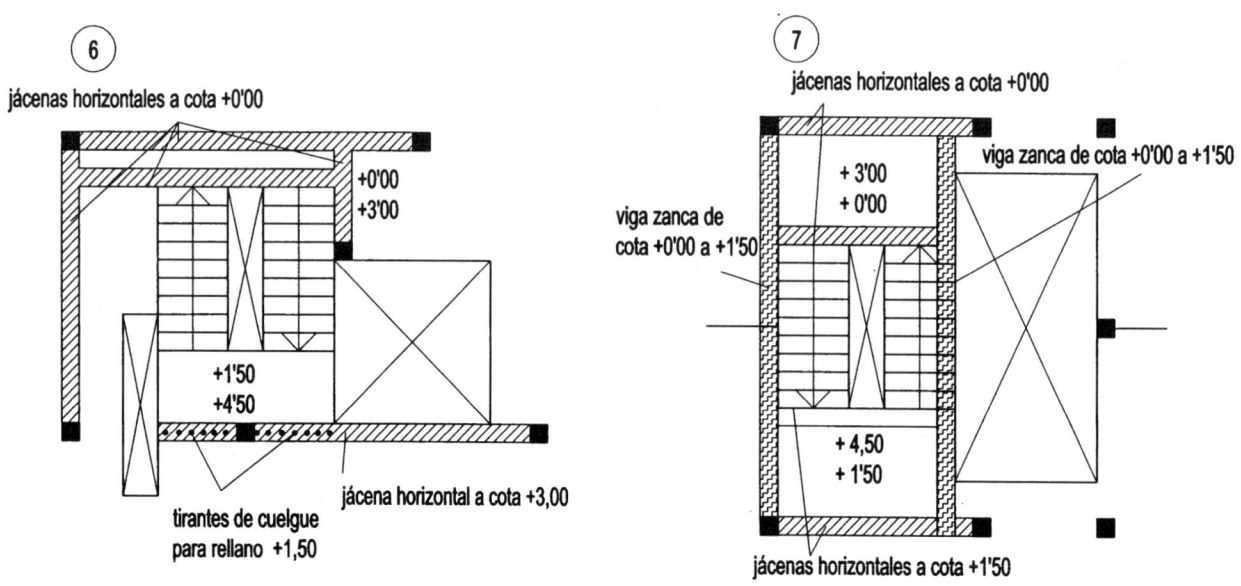

(6) jácenas horizontales a cota +0'00

+0'00
+3'00

+1'50
+4'50

tirantes de cuelgue
para rellano +1,50

jácena horizontal a cota +3,00

(7) jácenas horizontales a cota +0'00

+ 3'00
+ 0'00

viga zanca de
cota +0'00 a +1'50

viga zanca de cota +0'00 a +1'50

+ 4,50
+ 1'50

jácenas horizontales a cota +1'50

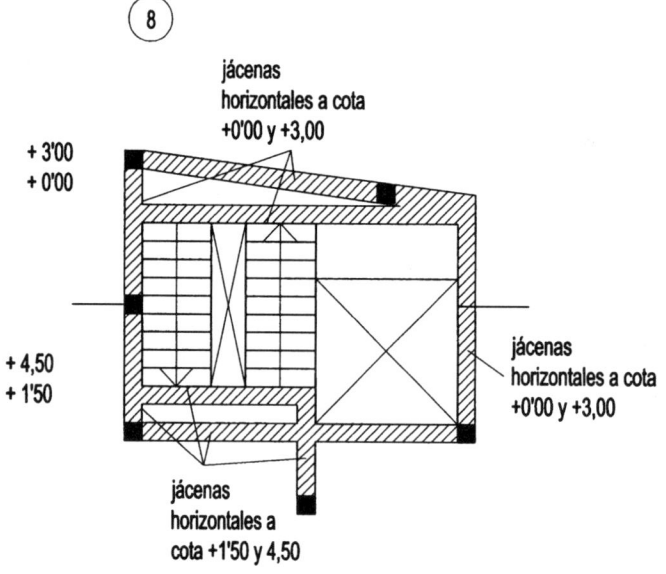

(8)

jácenas
horizontales a cota
+0'00 y +3,00

+ 3'00
+ 0'00

+ 4,50
+ 1'50

jácenas
horizontales a cota
+0'00 y +3,00

jácenas
horizontales a
cota +1'50 y 4,50

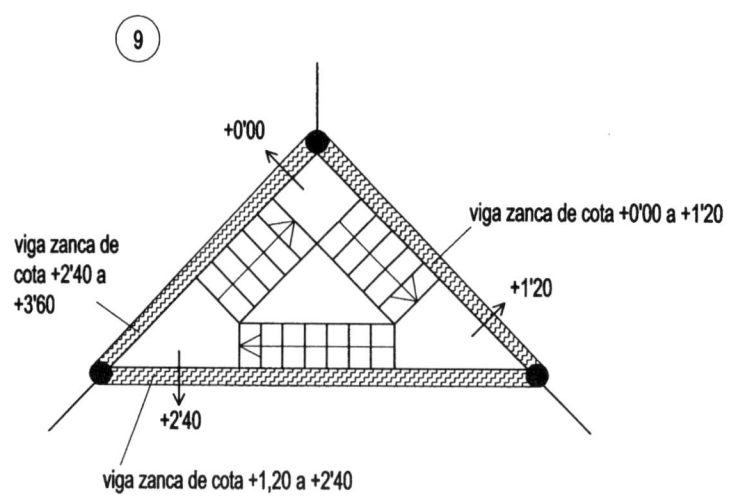

(9)

+0'00

viga zanca de cota +0'00 a +1'20

viga zanca de
cota +2'40 a
+3'60

+1'20

+2'40

viga zanca de cota +1,20 a +2'40

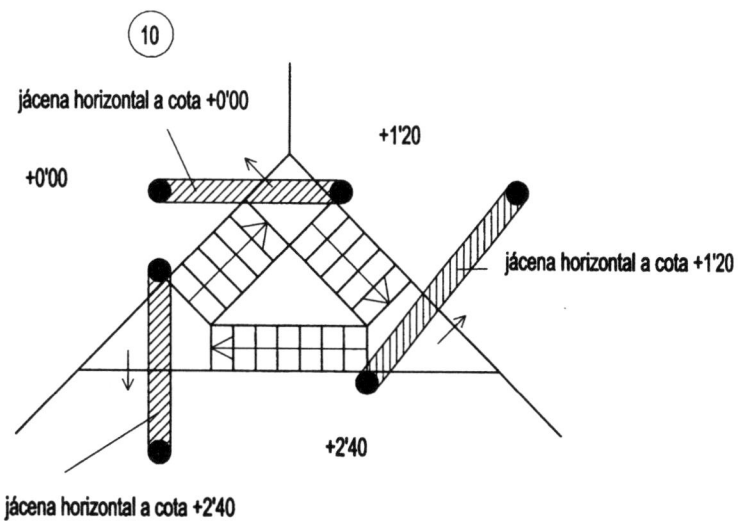

(10)

jácena horizontal a cota +0'00

+1'20

+0'00

jácena horizontal a cota +1'20

jácena horizontal a cota +2'40

+2'40

(11) SOLUCIÓN 1

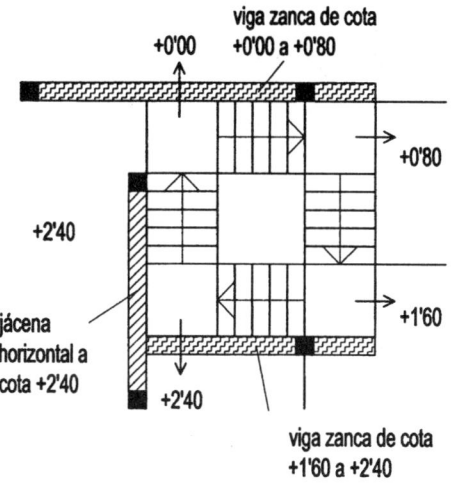

viga zanca de cota +0'00 a +0'80

+0'00

+0'80

+2'40

+1'60

jácena horizontal a cota +2'40

+2'40

viga zanca de cota +1'60 a +2'40

(11) SOLUCIÓN 2

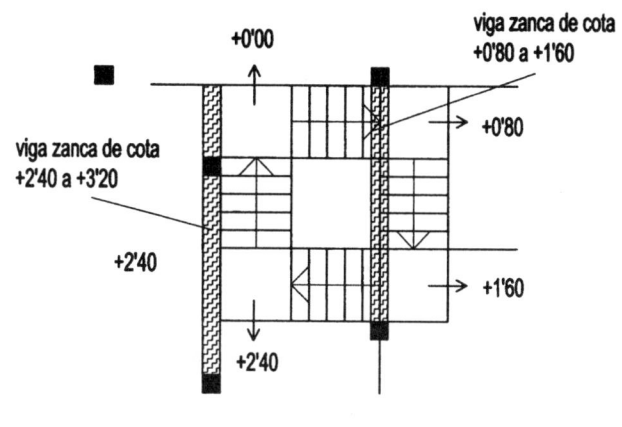

viga zanca de cota +0'80 a +1'60

+0'00

+0'80

viga zanca de cota +2'40 a +3'20

+2'40

+1'60

+2'40

(12)

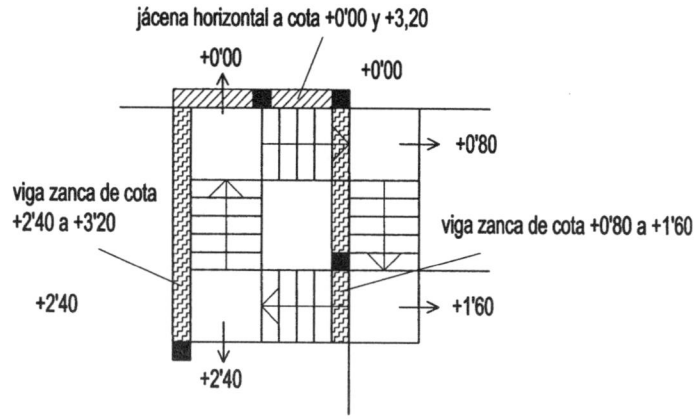

jácena horizontal a cota +0'00 y +3,20

+0'00   +0'00

+0'80

viga zanca de cota +2'40 a +3'20

viga zanca de cota +0'80 a +1'60

+2'40

+1'60

+2'40

ESCALERA 01

14

ESCALERA 02

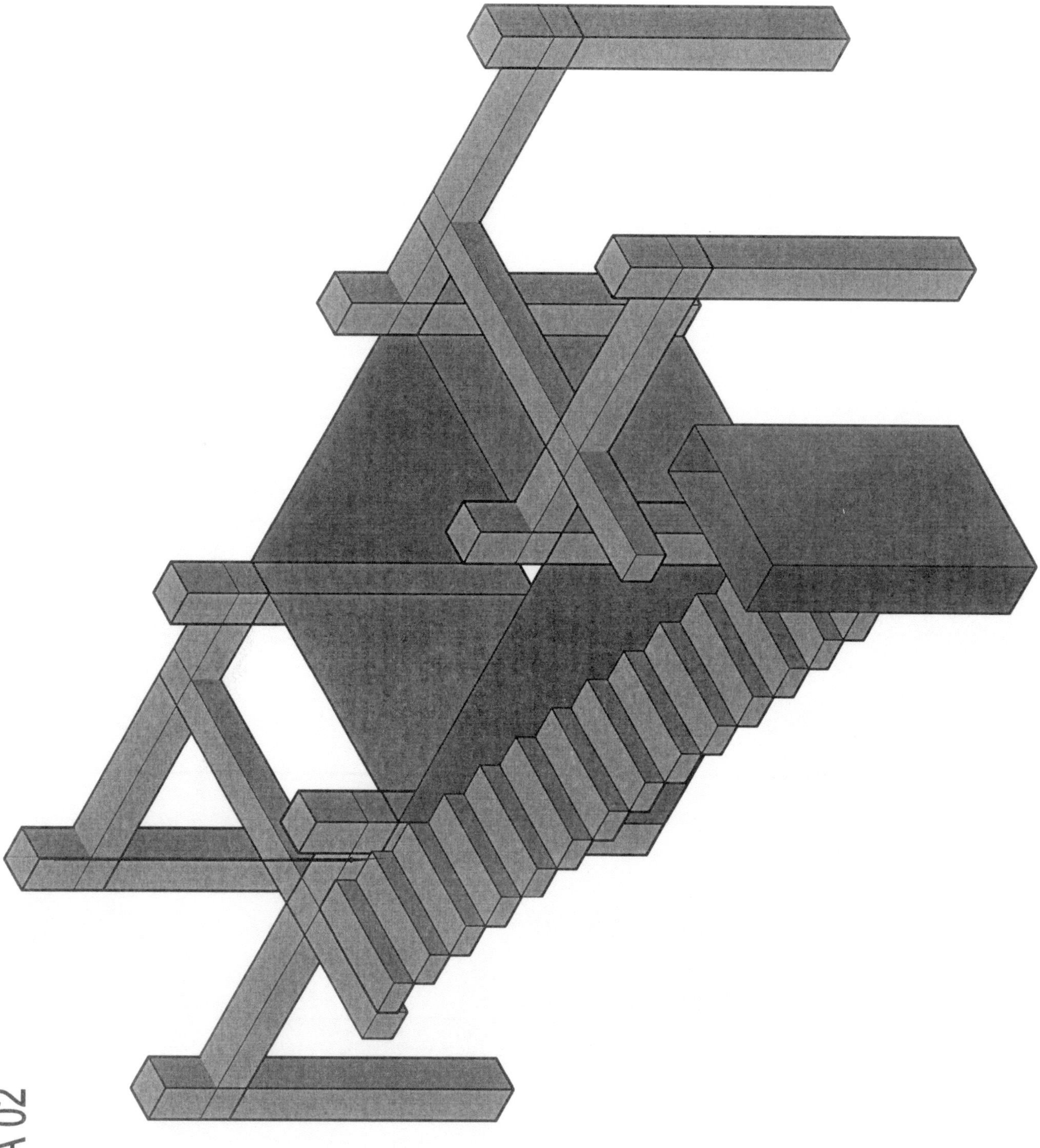

ESCALERA 03

ESCALERA 04

ESCALERA 05

18

ESCALERA 07

ESCALERA 08

ESCALERA 09

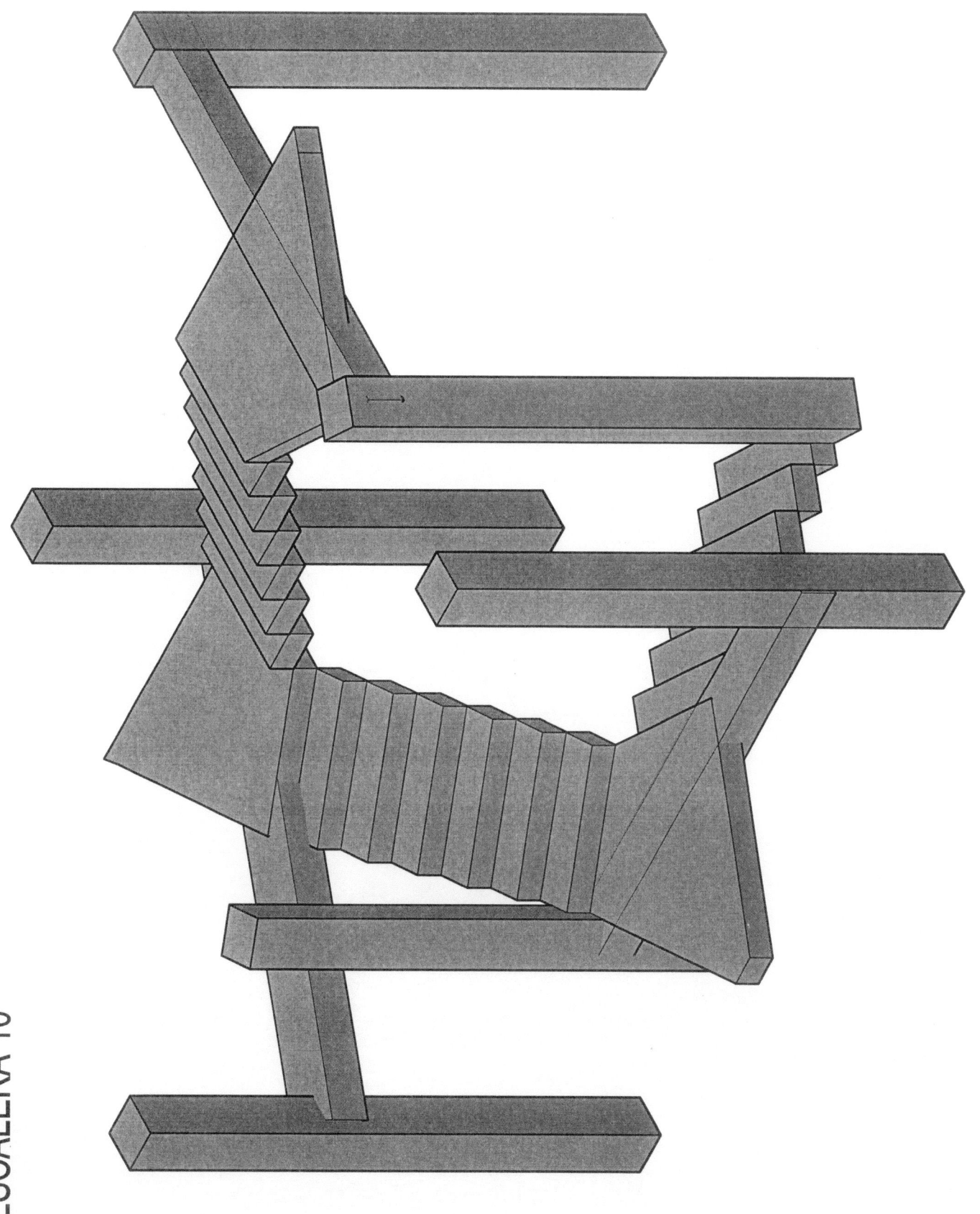

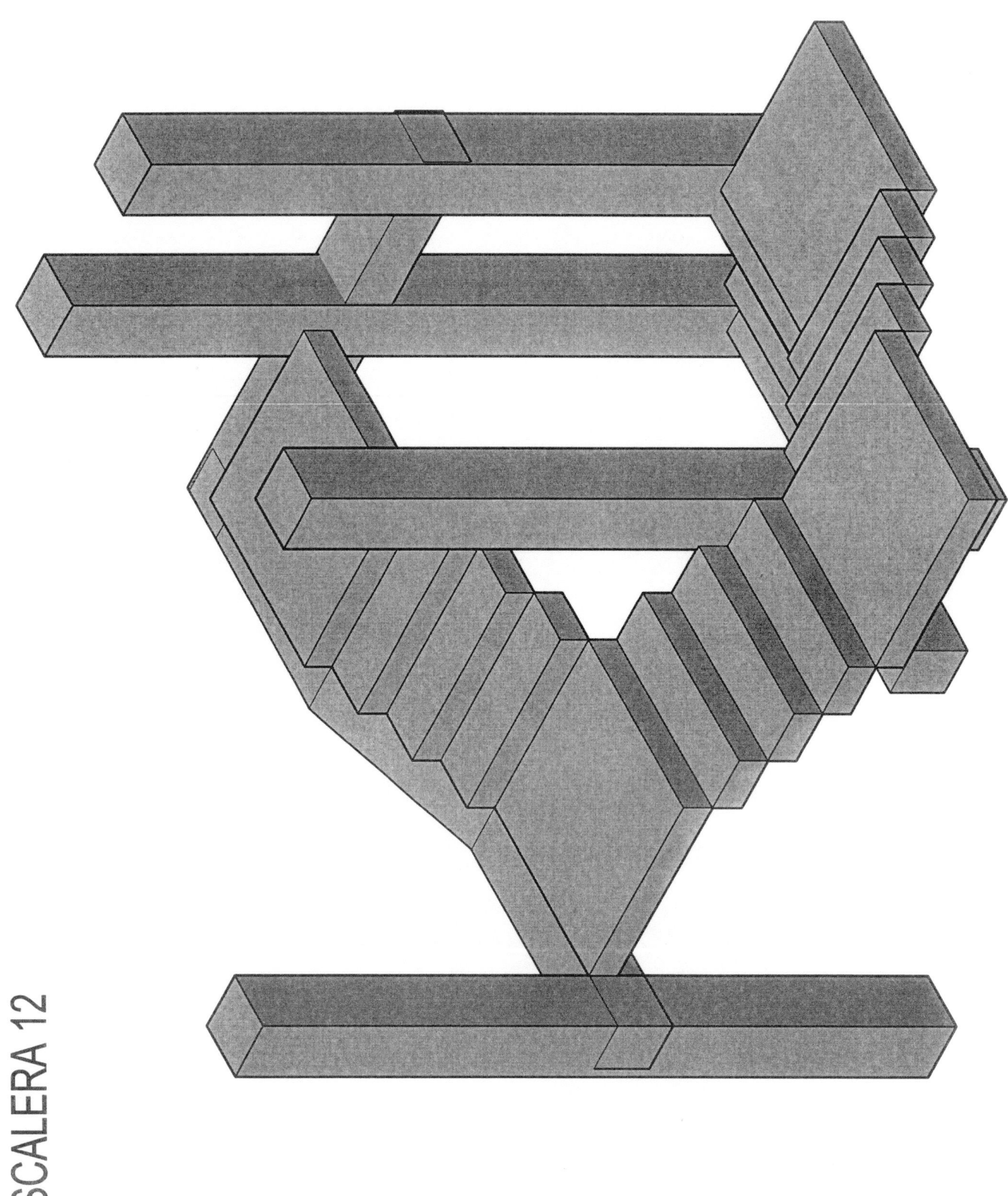

ESCALERA 12

PRÁCTICA 2 - CONSTRUCCIÓN DE ESTRUCTURAS A.T. ESCALERAS
7 abril 2003

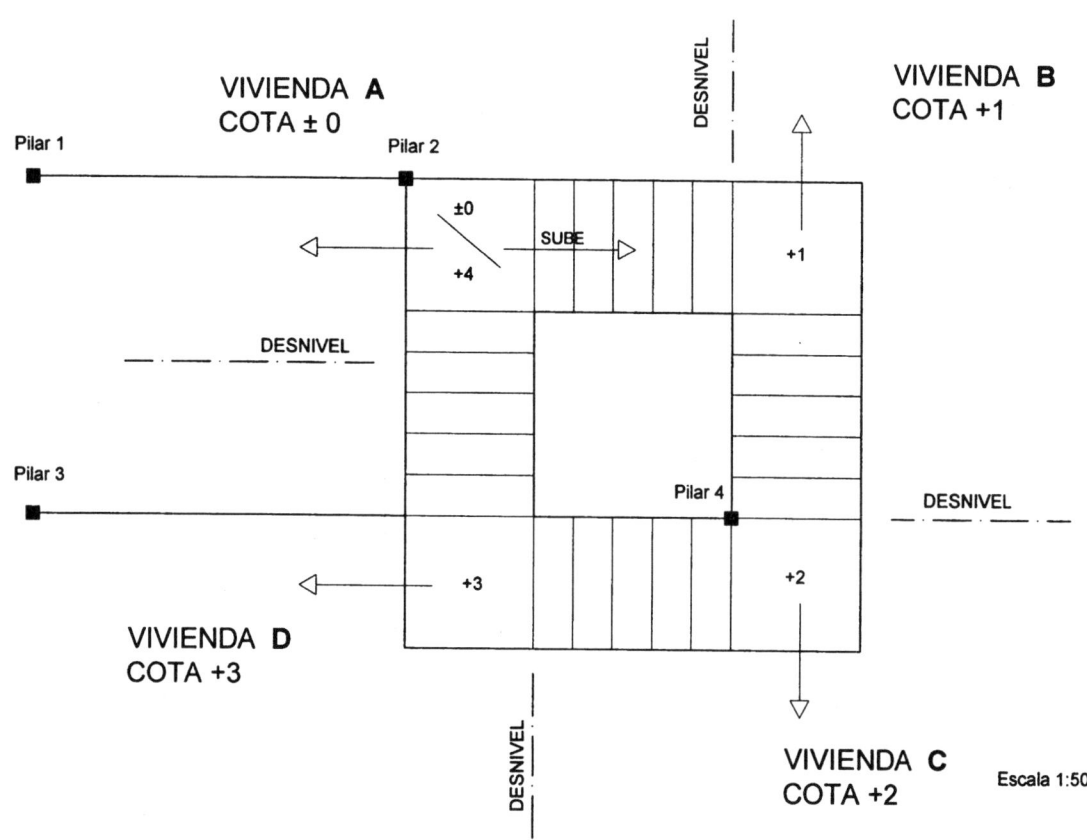

DATOS: LOSAS ESCALERA DE H. A.
NO UTILIZAR VIGAS ZANCAS
PILARES DE H.A. de 30x30 con 4Ø16

La escalera del esquema adjunto da acceso a 4 viviendas situadas a las cotas señaladas en sus rellanos. Disponemos de los 4 pilares indicados. No se pueden suplementar muros de carga, etc.

SE PIDE: solucionar en planta el esquema estructural sustentante de la escalera, definiendo claramente sus elementos, cotas, etc.

(Si la solución no queda bien definida, puede ayudarse con alzado sección o perspectivas).- Las vigas voladas tendrán más contrapeso que voladizo.

Otros datos: los laterales de la escalera y del hueco del ascensor irán cerrados con mureta de ladrillo, excepto el hueco para las cuatro puertas de acceso a las viviendas.

Cada una de las cuatro losas de la escalera deberá tener dos líneas (jácenas) de apoyo, no permitiéndose que una de las losas sustente a otras.

Una vez solucionada la estructura en planta, para garantizar que en ningún punto de la escalera existe cabezada, deben efectuarse los alzados sección necesarios para comprobar que la solución es correcta.

Definir claramente cada jácena a qué nivel está.

25

PRÁCTICA 2 - CONSTRUCCIÓN DE ESTRUCTURAS A.T. ESCALERAS 7 abril 2003

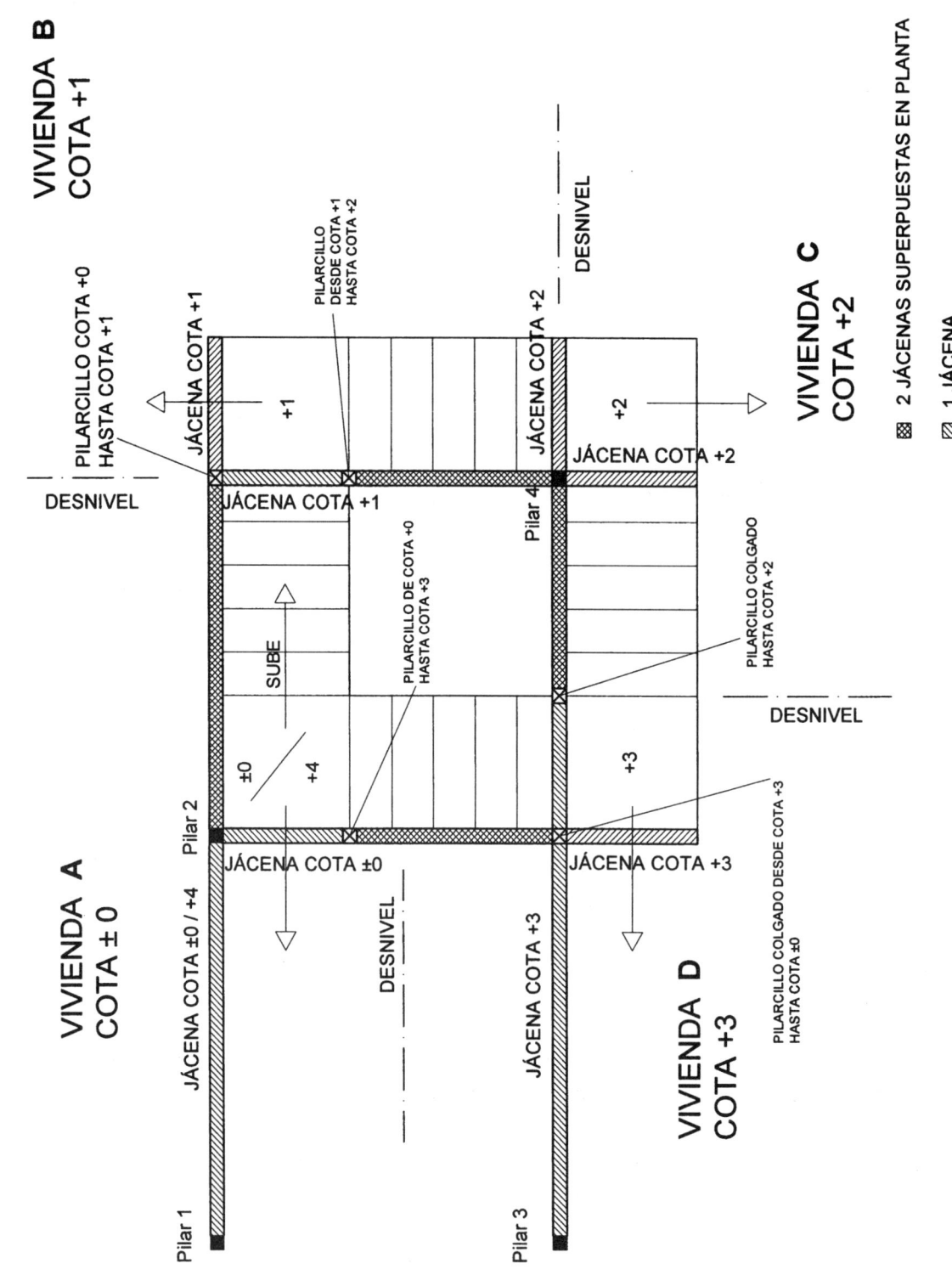

VIVIENDA **A**
COTA ± 0

VIVIENDA **B**
COTA +1

VIVIENDA **C**
COTA +2

VIVIENDA **D**
COTA +3

2 JÁCENAS SUPERPUESTAS EN PLANTA

1 JÁCENA

PILARCILLO COTA +0
HASTA COTA +1

PILARCILLO
DESDE COTA +1
HASTA COTA +2

DESNIVEL

JÁCENA COTA +1

JÁCENA COTA +1

JÁCENA COTA +2

JÁCENA COTA +2

+1

+2

DESNIVEL

SUBE

PILARCILLO DE COTA +0
HASTA COTA +3

PILARCILLO COLGADO
HASTA COTA +2

DESNIVEL

Pilar 4

+0

+4

+3

JÁCENA COTA ±0 / +4

Pilar 2

JÁCENA COTA ±0

JÁCENA COTA +3

PILARCILLO COLGADO DESDE COTA +3
HASTA COTA +0

DESNIVEL

Pilar 1

Pilar 3

PRÁCTICA 3 DE CONSTRUCCIÓN DE ESTRUCTURAS A.T.

Para sustentar la escalera adjunta disponemos de los pilares marcados con un círculo. De todos ellos podemos utilizar los necesarios. No se podrán atravesar con jácenas los patinillos.

La escalera tiene acceso a 2 viviendas situadas a 75 cm de desnivel.
Máximo voladizo permitido en jácenas es de 1,75 m.

SE PIDE: resolver el esquema estructural sustentante de la escalera definiendo sus elementos y cotas.

(Ancho peldaños = 0,30 m)

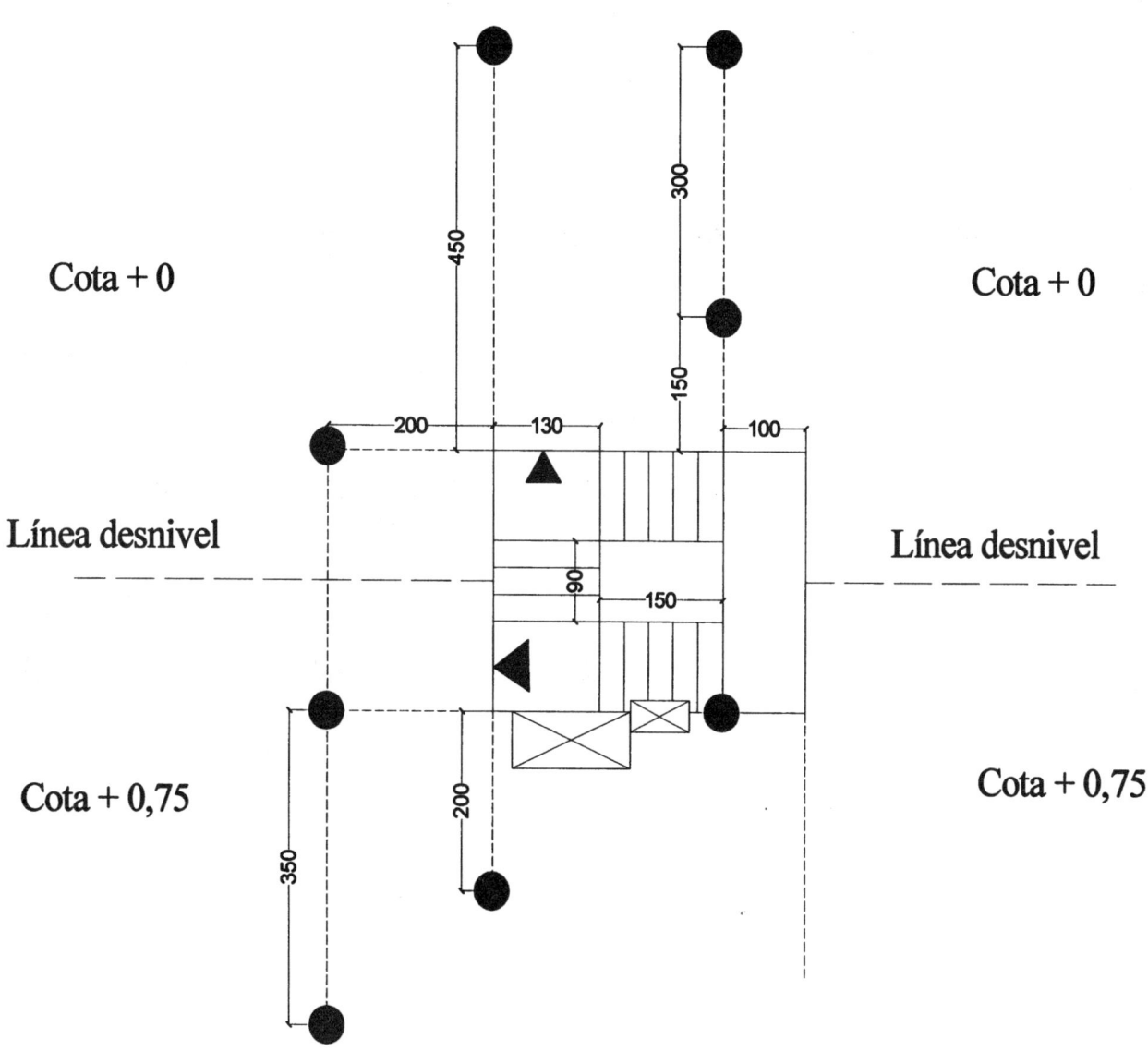

PRÁCTICA 3 - CONSTRUCCIÓN DE ESTRUCTURAS A.T.

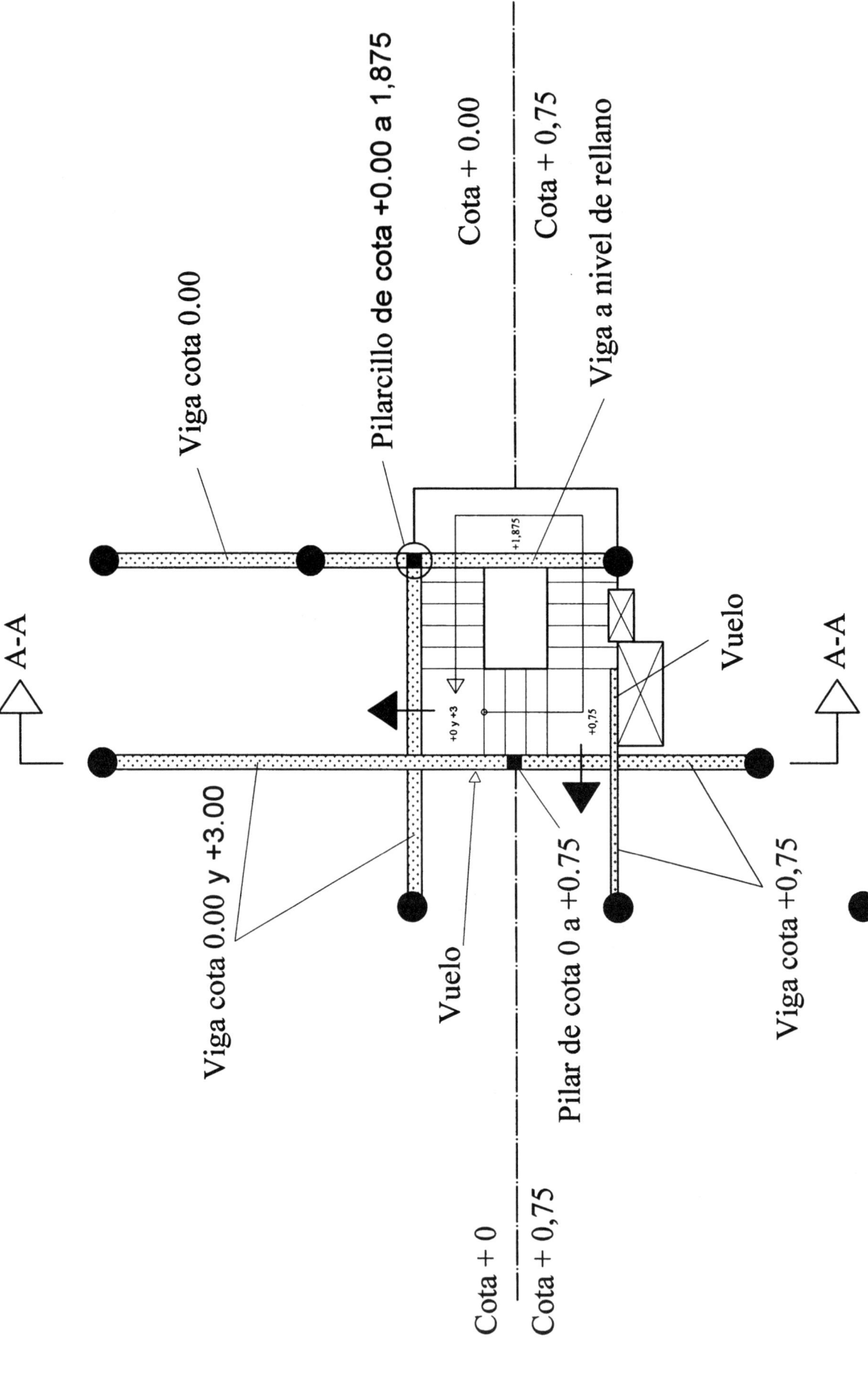

Viga cota 0.00

Pilarcillo de cota +0.00 a 1,875

Cota + 0.00

Cota + 0,75

Viga a nivel de rellano

A-A

A-A

Viga cota 0.00 y +3.00

Vuelo

Pilar de cota 0 a +0.75

Vuelo

Viga cota +0,75

Cota + 0

Cota + 0,75

+1,875

+0 y +3

+0,75

28

PRÁCTICA 3 - CONSTRUCCIÓN DE ESTRUCTURAS A.T.

SECCIÓN A-A

SECCIÓN B-B

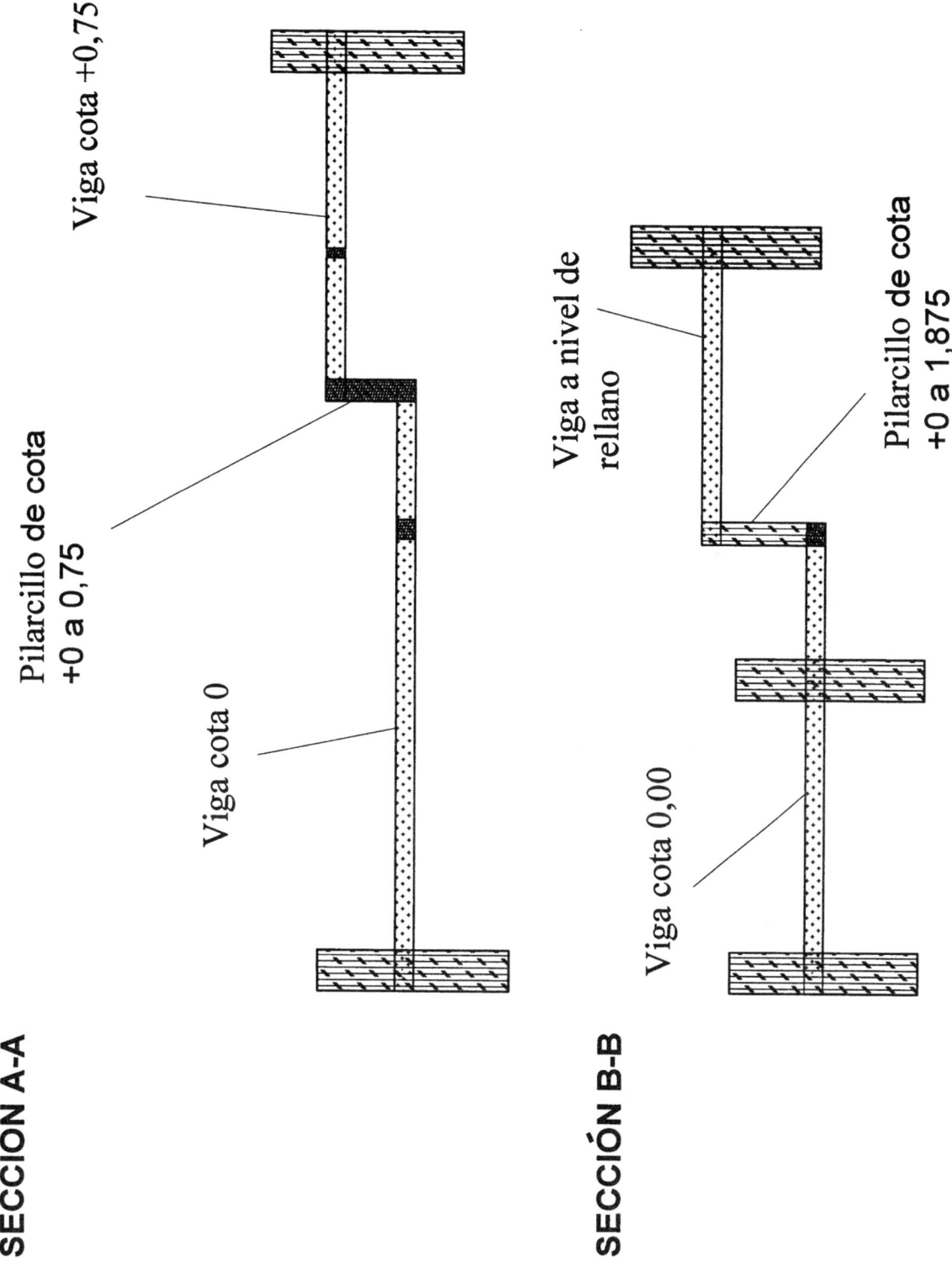

Viga cota +0,75

Pilarcillo de cota
+0 a 0,75

Viga cota 0

Viga a nivel de
rellano

Pilarcillo de cota
+0 a 1,875

Viga cota 0,00

PRÁCTICA 4. CONSTRUCCIÓN DE ESTRUCTURAS A.T.

Solucionar en estas mismas plantas el esquema estructural sustentante de las escaleras siguientes, definiéndolas correctamente, con sus cotas, ayudándose de perspectivas, etc.

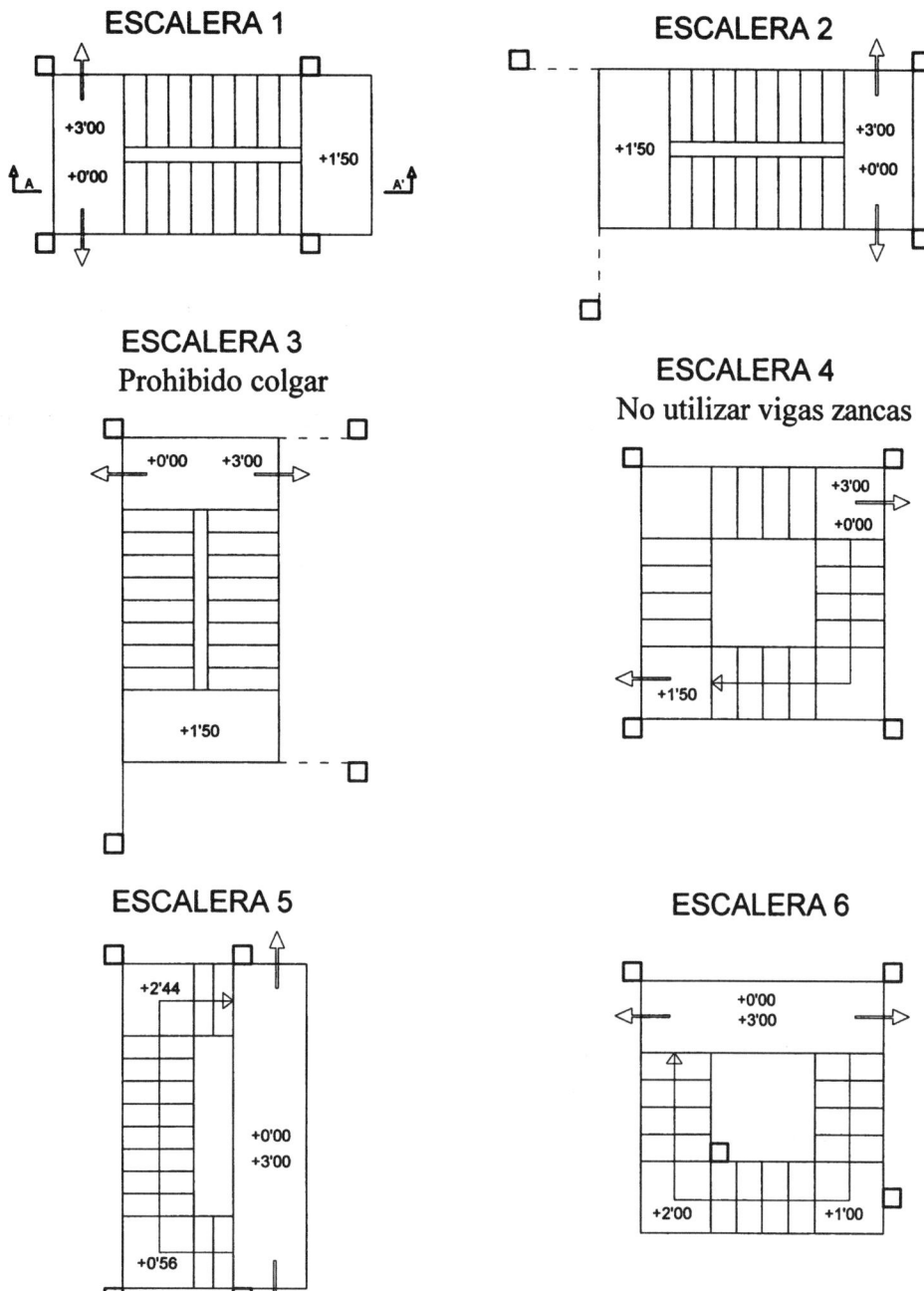

ESCALERA 1

ESCALERA 2

ESCALERA 3
Prohibido colgar

ESCALERA 4
No utilizar vigas zancas

ESCALERA 5

ESCALERA 6

ESCALERA 1

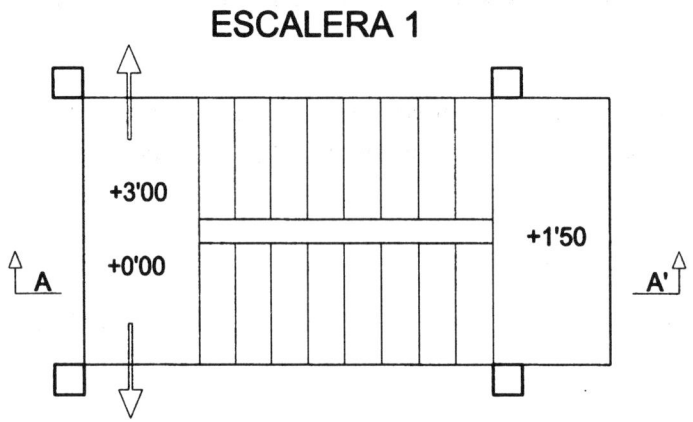

SOLUCIÓN 1

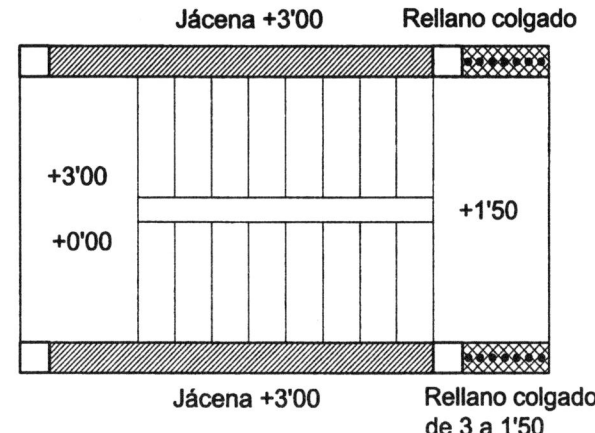

SOLUCIÓN 2

OTRAS SOLUCIONES:

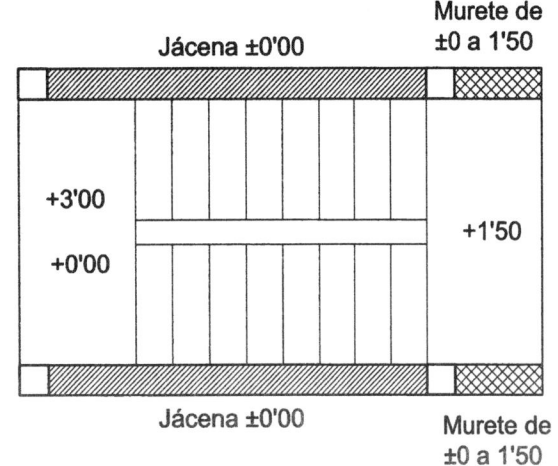

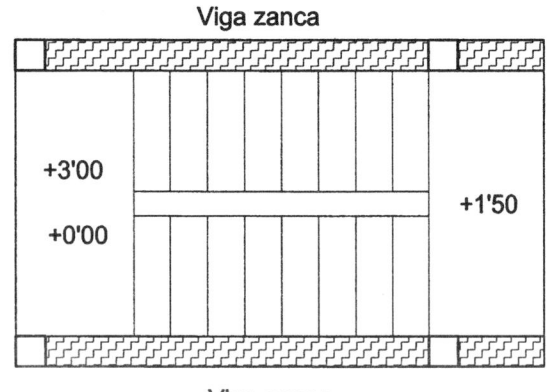

ESCALERA 1
SECCIÓN A-A'

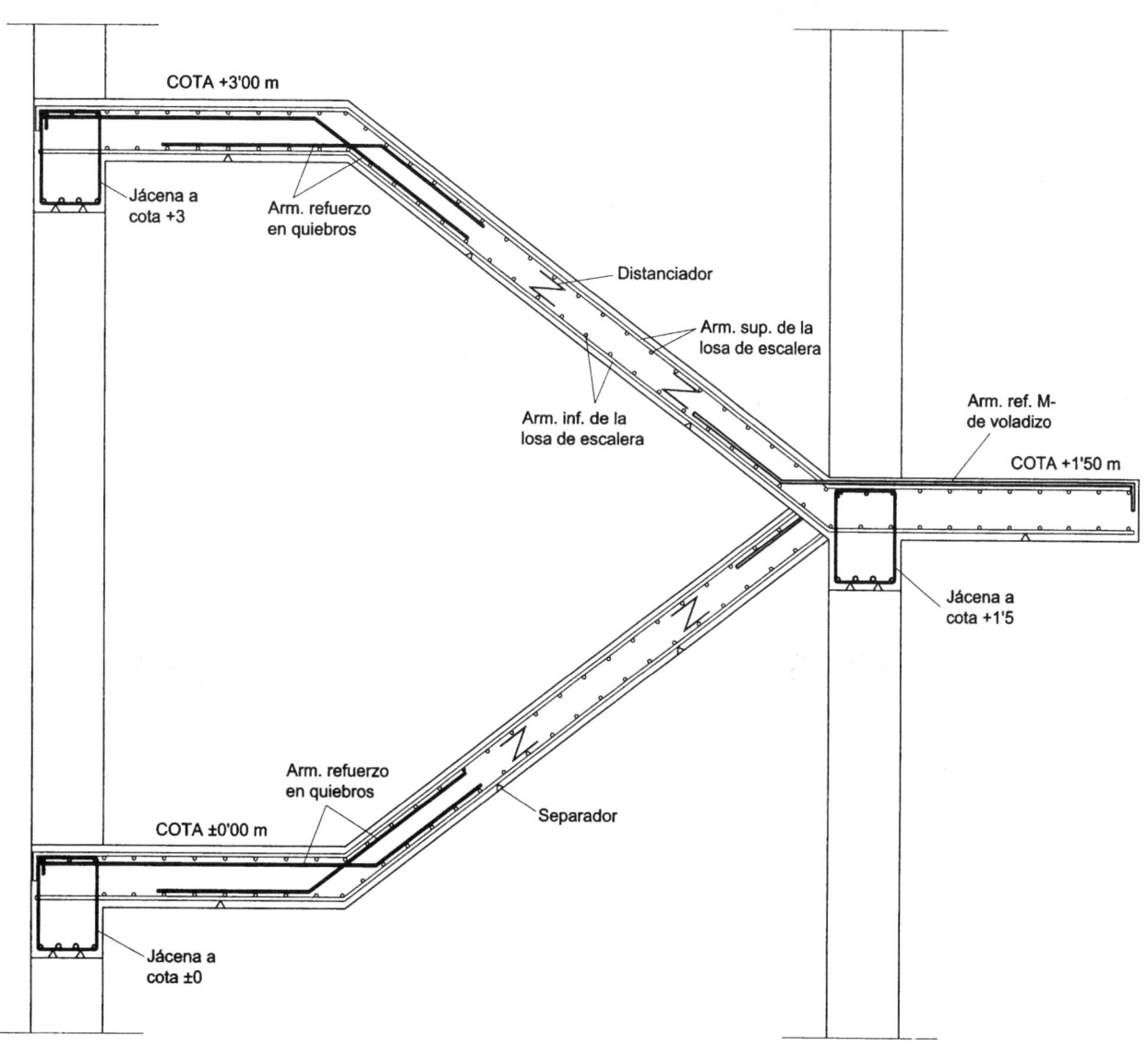

COTA +3'00 m

Jácena a
cota +3

Arm. refuerzo
en quiebros

Distanciador

Arm. sup. de la
losa de escalera

Arm. ref. M-
de voladizo

COTA +1'50 m

Arm. inf. de la
losa de escalera

Jácena a
cota +1'5

Arm. refuerzo
en quiebros

Separador

COTA ±0'00 m

Jácena a
cota ±0

PERSPECTIVA DE ESCALERA

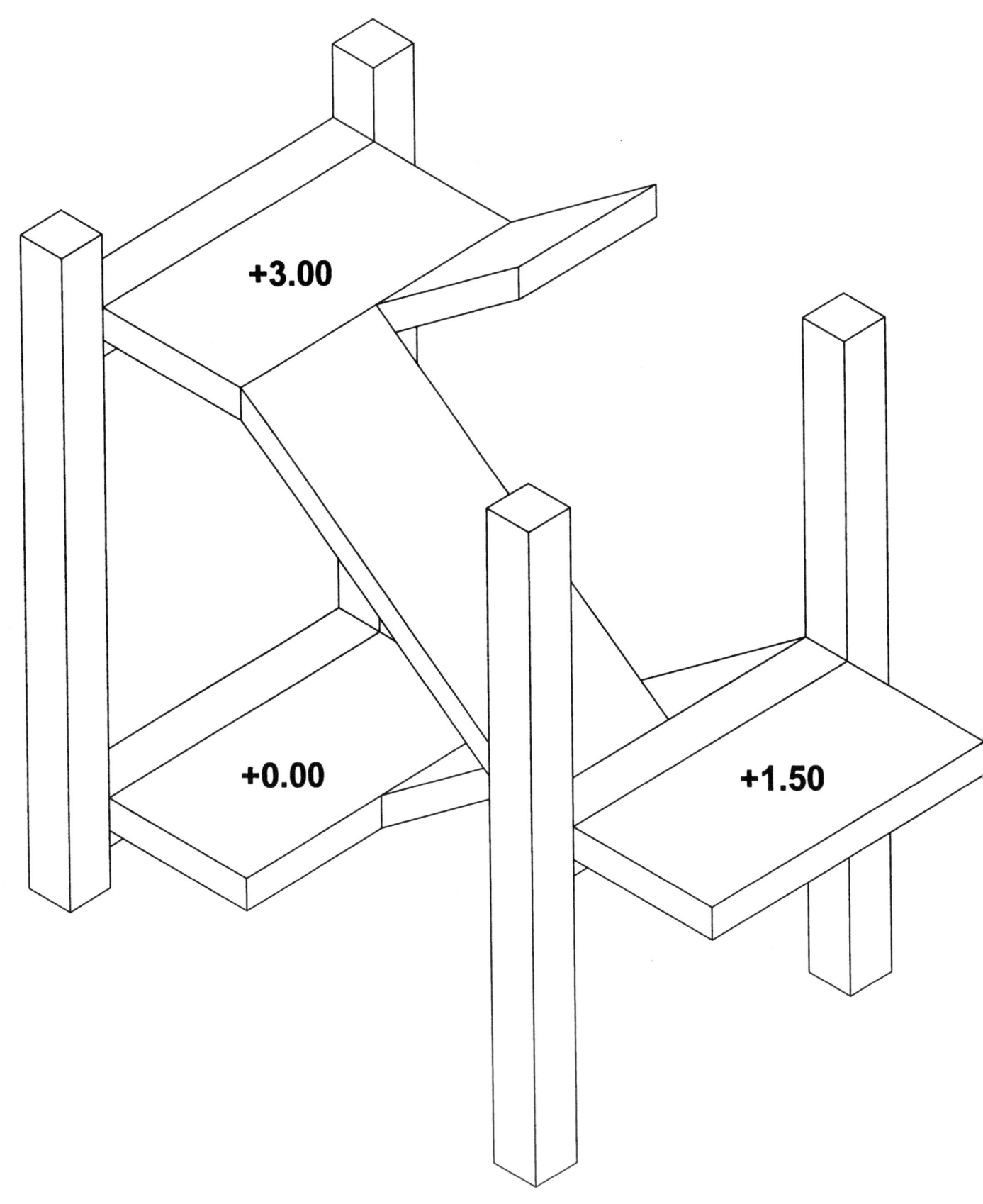

ESCALERA 2

Solución 1

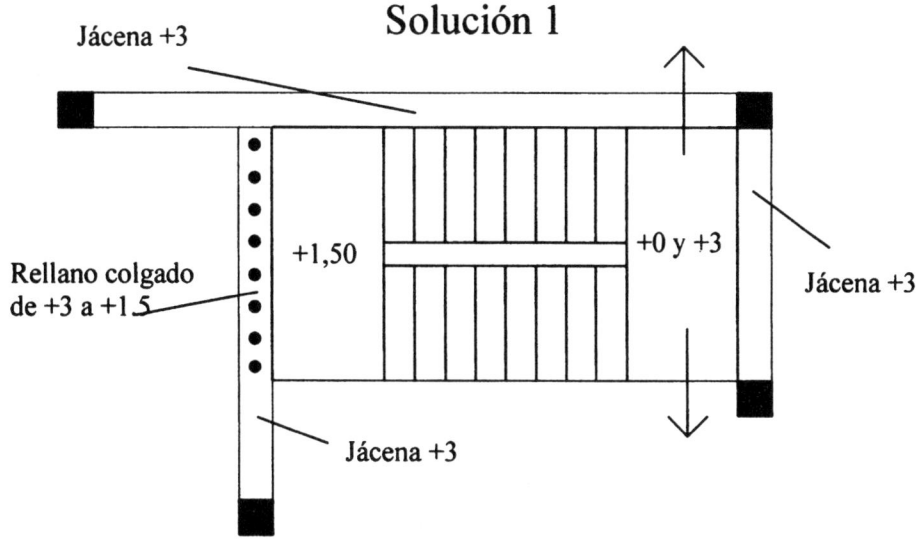

Jácena +3

Rellano colgado
de +3 a +1.5

+1,50

+0 y +3

Jácena +3

Jácena +3

Solución 2

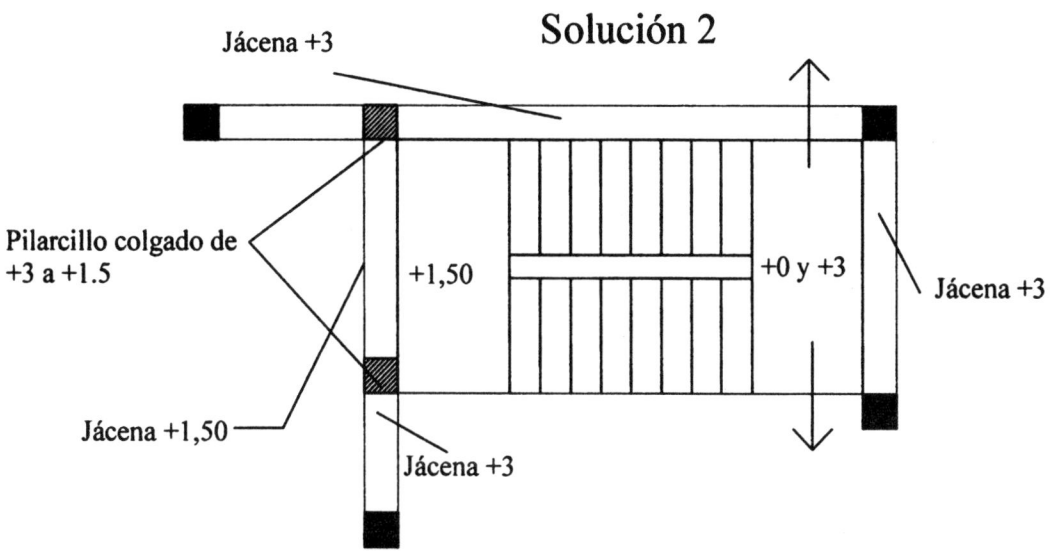

Jácena +3

Pilarcillo colgado de
+3 a +1.5

+1,50

+0 y +3

Jácena +3

Jácena +1,50

Jácena +3

Solución 3

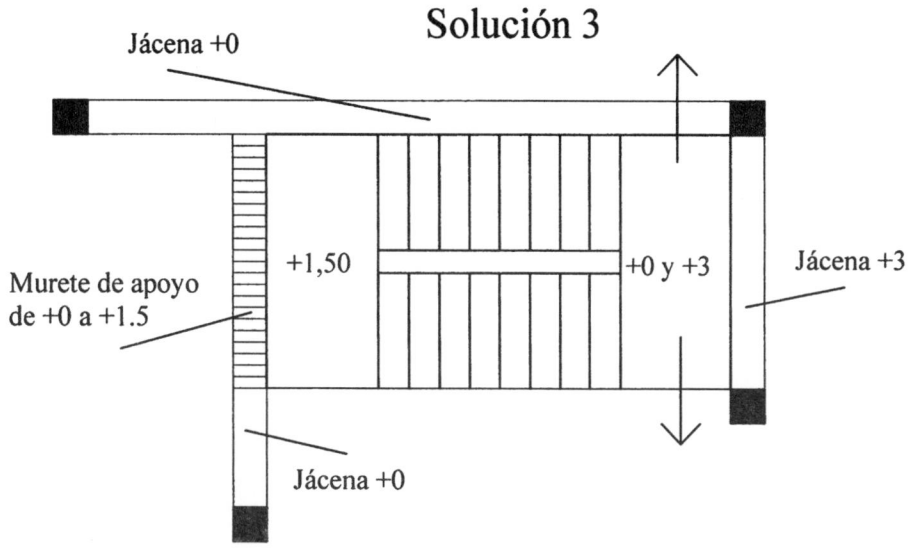

Jácena +0

Murete de apoyo
de +0 a +1.5

+1,50

+0 y +3

Jácena +3

Jácena +0

PERSPECTIVA DE ESCALERA 2, SOLUCIÓN 1

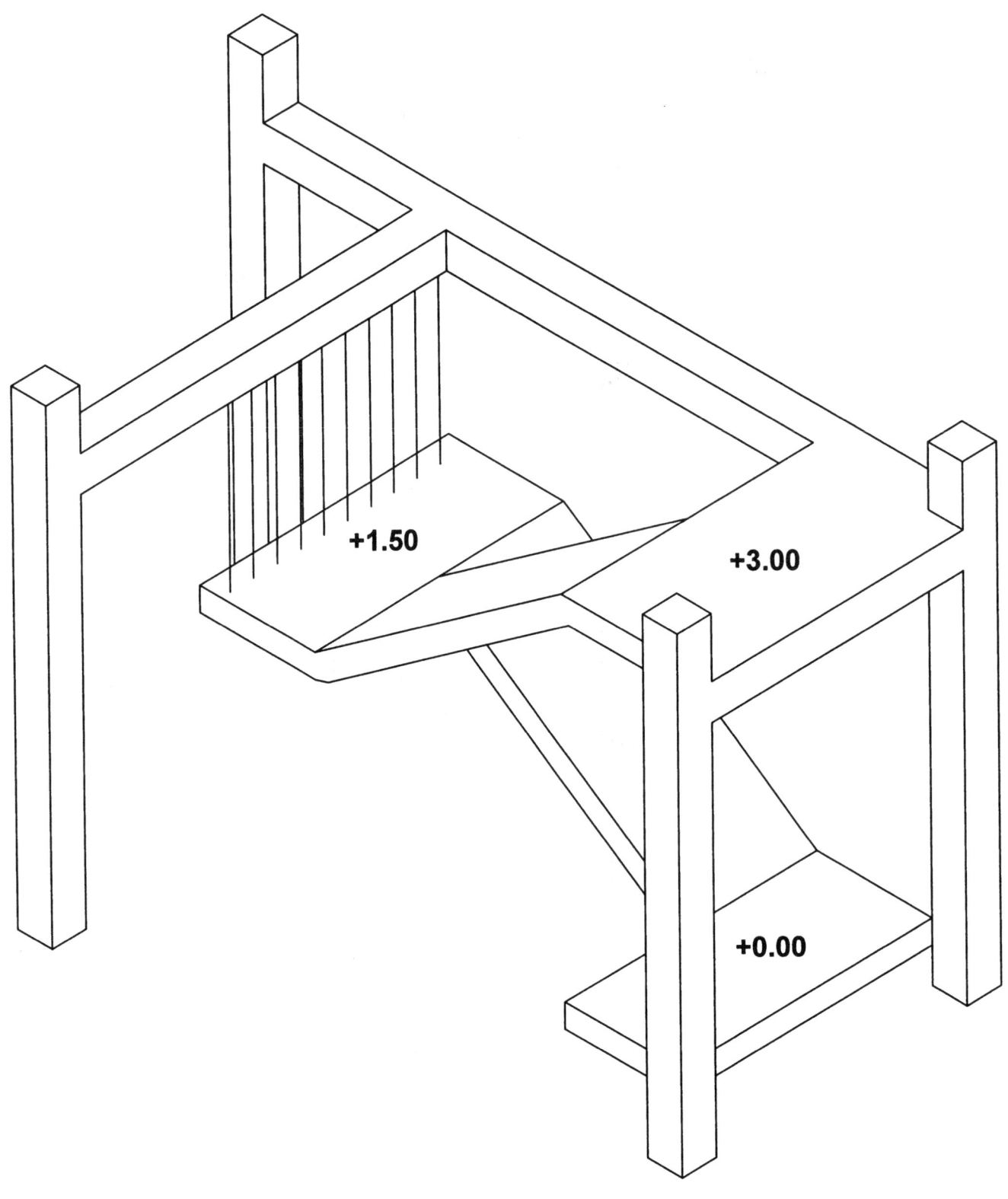

+1.50

+3.00

+0.00

ESCALERA 3
Prohibido colgar

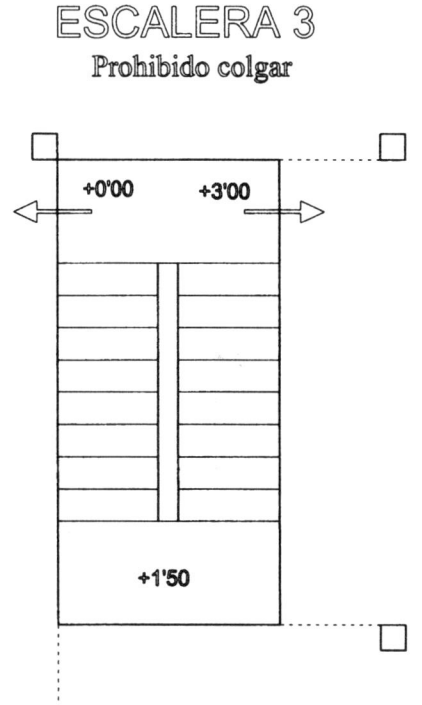

+0'00   +3'00

+1'50

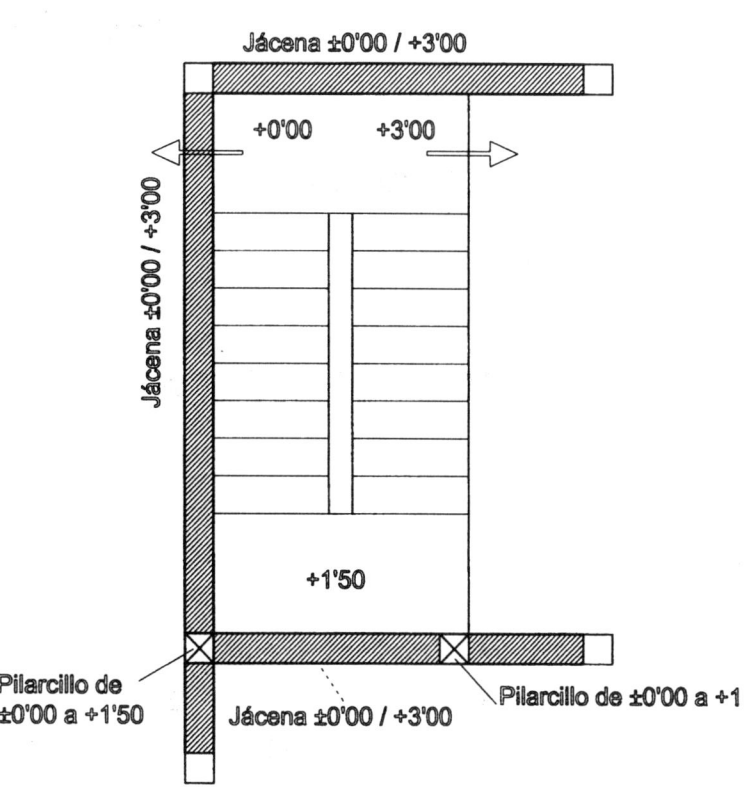

Jácena ±0'00 / +3'00

Jácena ±0'00 / +3'00

+0'00   +3'00

+1'50

Pilarcillo de
±0'00 a +1'50

Jácena ±0'00 / +3'00

Pilarcillo de ±0'00 a +1

OTRA OPCIÓN:

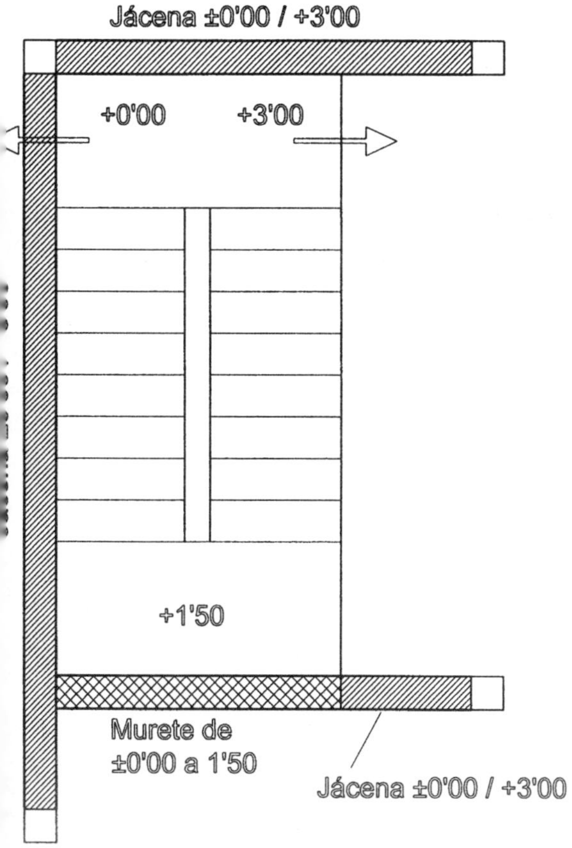

Jácena ±0'00 / +3'00

+0'00   +3'00

+1'50

Murete de
±0'00 a 1'50

Jácena ±0'00 / +3'00

+3.00

+1.50   +0.00

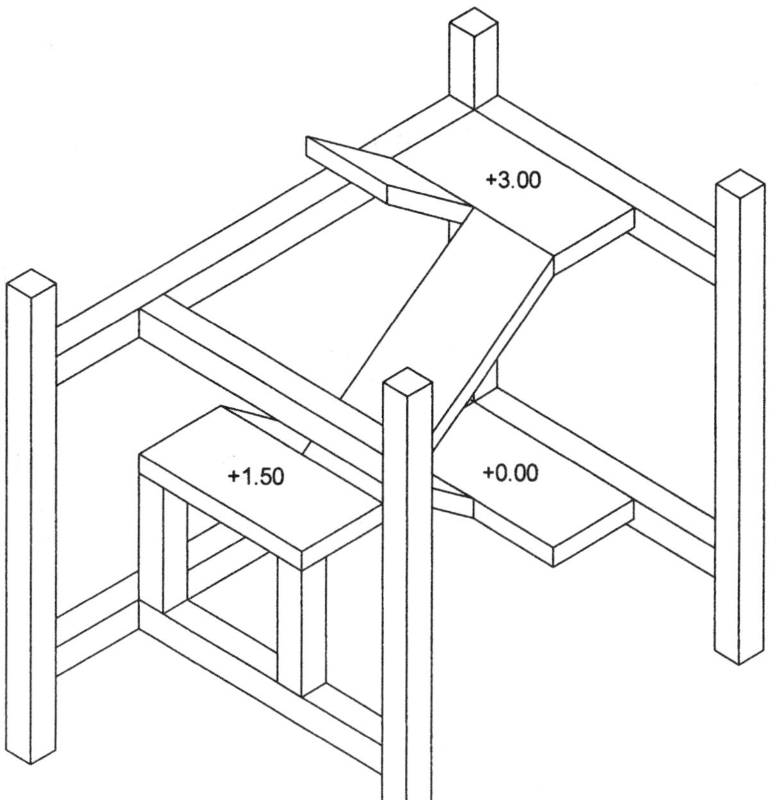

ESCALERA 4

Solución 1

Colgado de +3 a +2.25   Jácenas a +3 y +0

+2.25   +0 y +3

+1.5   +0.75

Murete de +0 a +1.50   Murete de +0 a +0.75

Jácena cota +0.00 y +3.0

Solución 2

Murete de +1.50 a 2.25

Jácenas a +1.50

+2.25   +0 y +3

Murete de +0 a +0.75

+1.5   +0.75

Solución 3

Jácena a +2.25   Jácena a +0

Murete apoyado de +2.25 a +3

+2.25   +0 y +3

Murete de +1.5 a +2.25

Jácena a +1.5

+1.5   +0.75

Murete de +0 a +0.75

Murete de + 0.75 a + 1.5

Jácena a +0.75

Solución 4

Pilarcillo apeado de +1.50 a +2.25

Pilarcillo colgado de +3 a +2.25

Jácenas a +0 y +3

+2.25   +0 y +3

Jácenas a +3

+1.5   +0.75

Jácena a +1.50   Pilarcillo apeado de +3 a +0.7

Pilarcillo de + 3 a +1.5

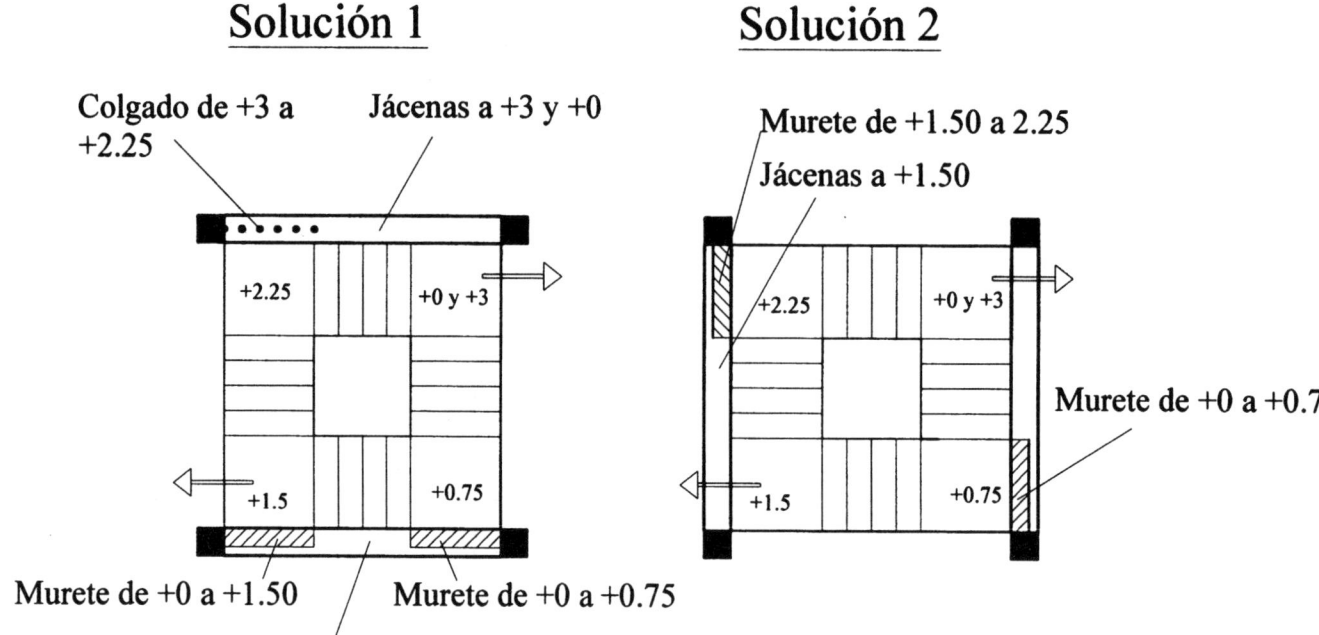

38

PERSPECTIVA DE ESCALERA 4, SOLUCIÓN 1

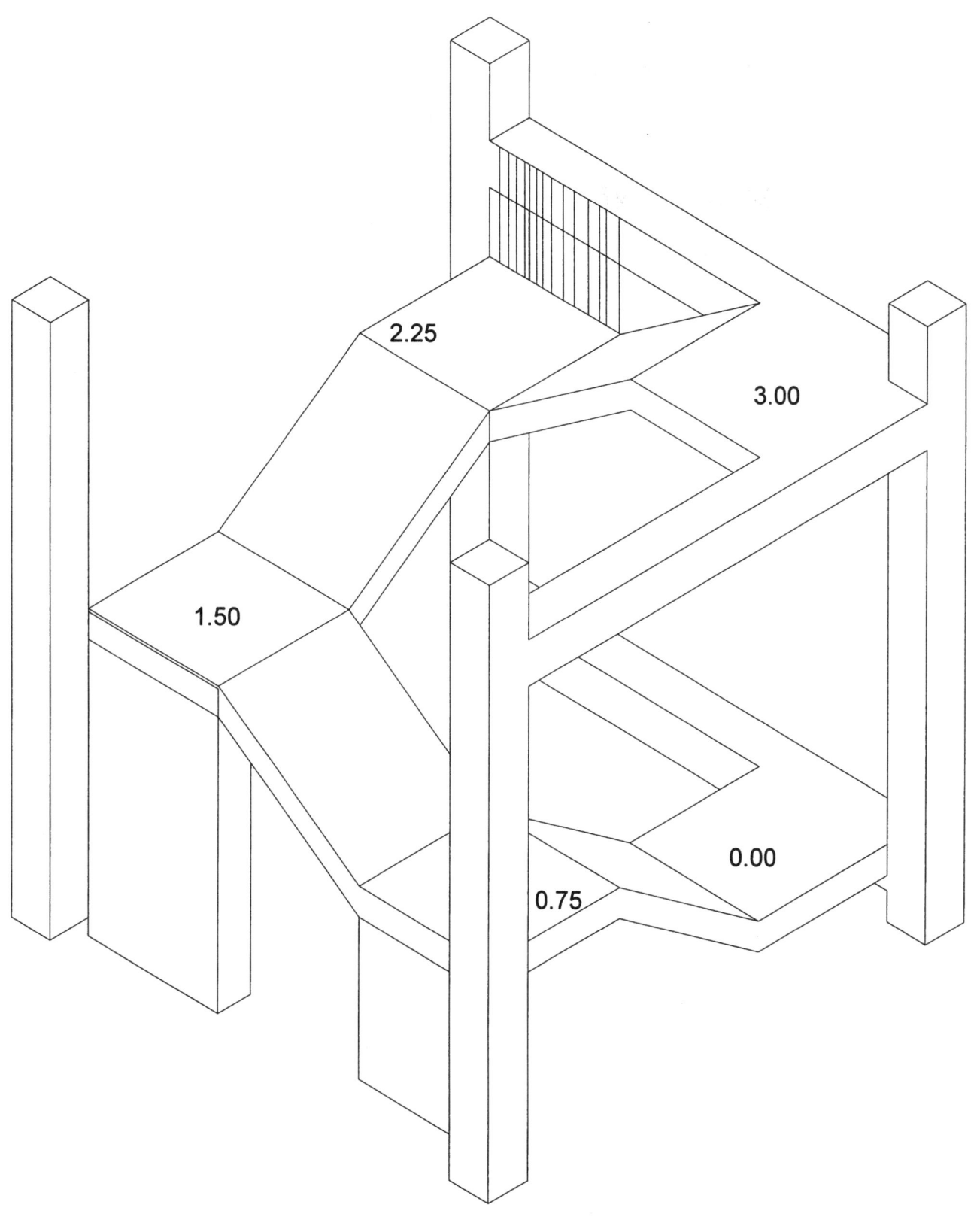

2.25

3.00

1.50

0.75

0.00

ESCALERA 5

Solución 1

Murete colgado de +3 a + 2.44

Jácenas voladas a +3 y +0

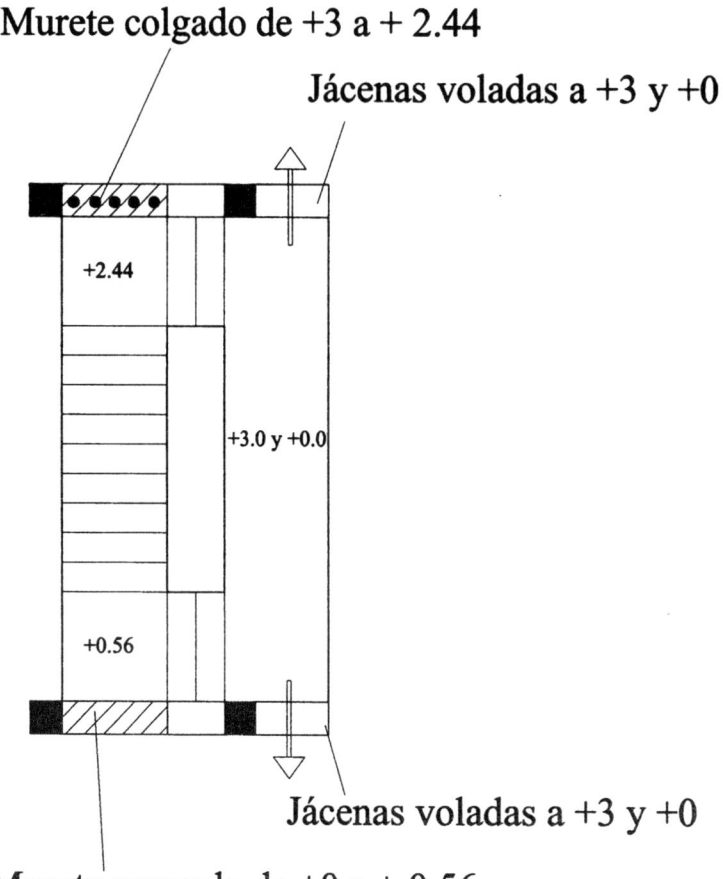

+2.44

+3.0 y +0.0

+0.56

Jácenas voladas a +3 y +0

Murete apoyado de +0 a + 0.56

Solución 2

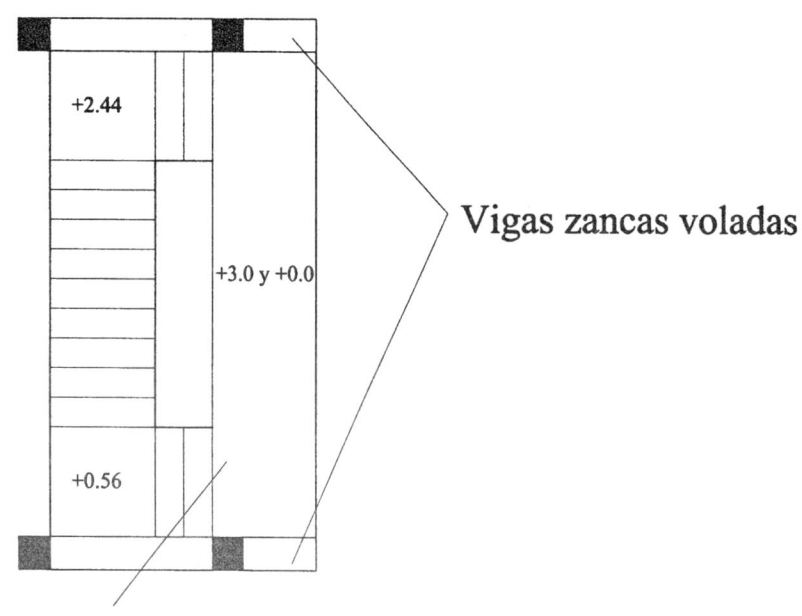

+2.44

+3.0 y +0.0

Vigas zancas voladas

+0.56

PERSPECTIVA DE ESCALERA 5, SOLUCIÓN 1

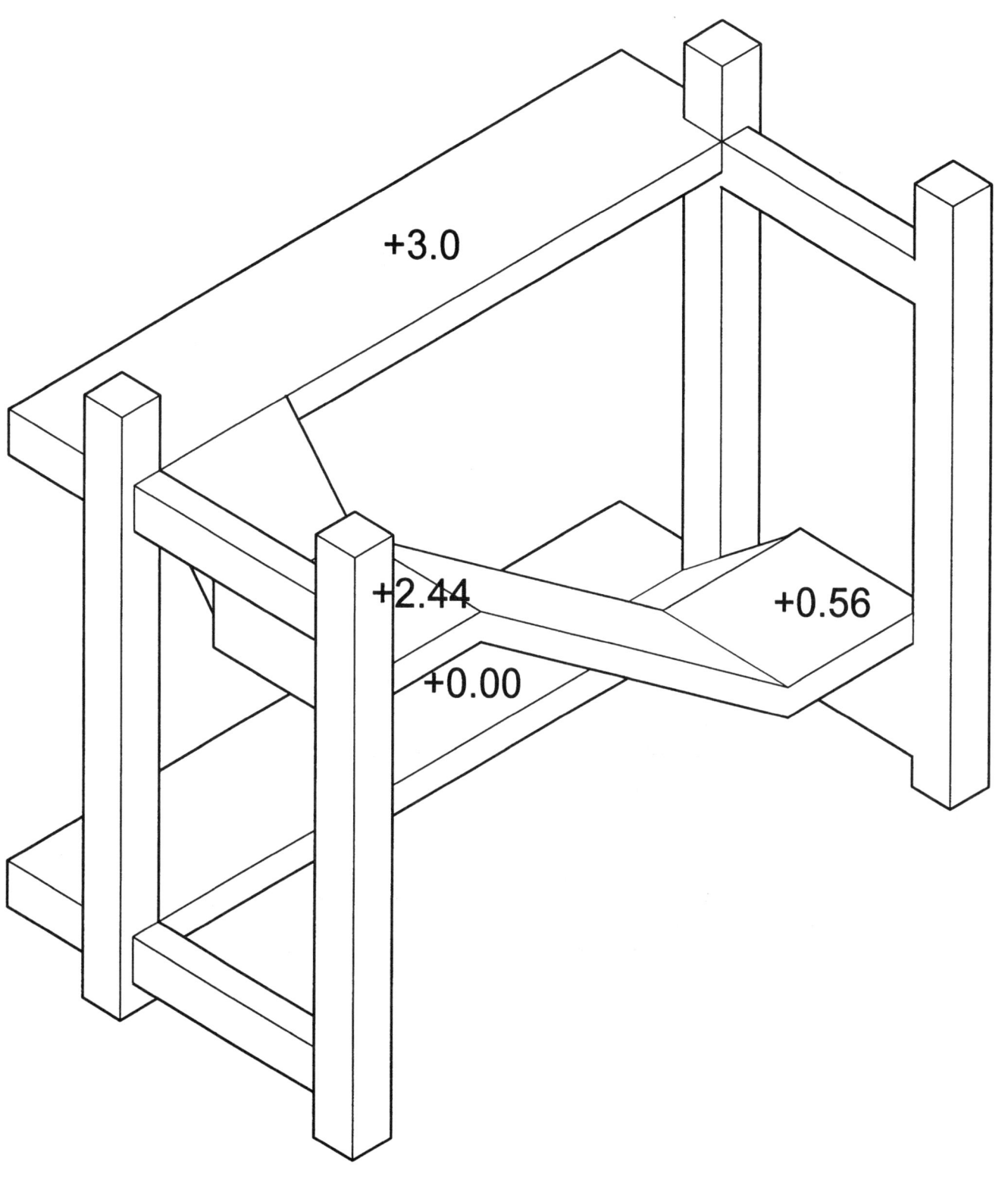

ESCALERA 6

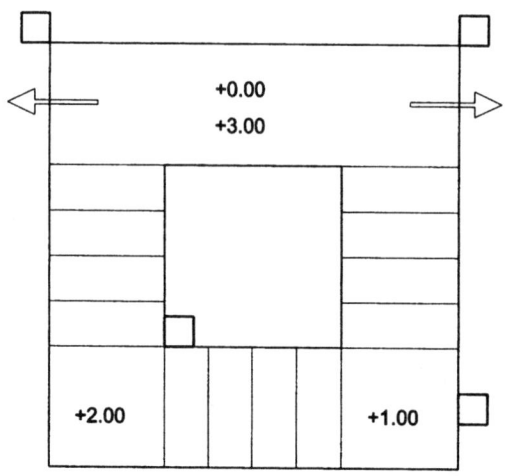

+0.00
+3.00

+2.00   +1.00

SOLUCIÓN 1
Jácena ±0'00 / +3'00

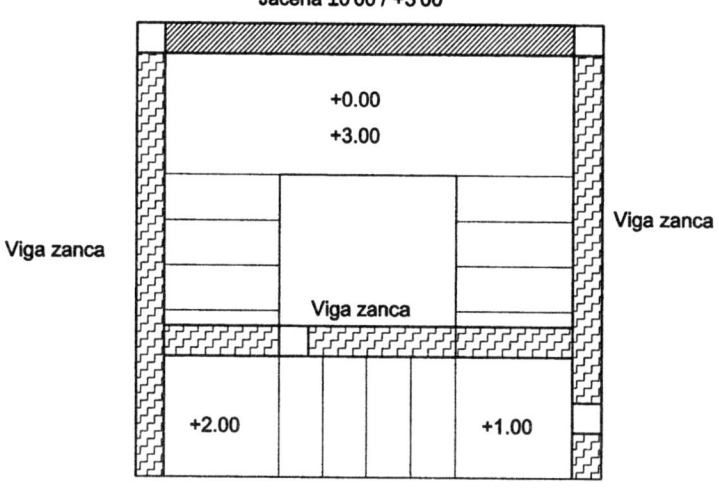

+0.00
+3.00

Viga zanca

Viga zanca

Viga zanca

+2.00   +1.00

OTRAS OPCIONES:

Jácena ±0'00 / +3'00

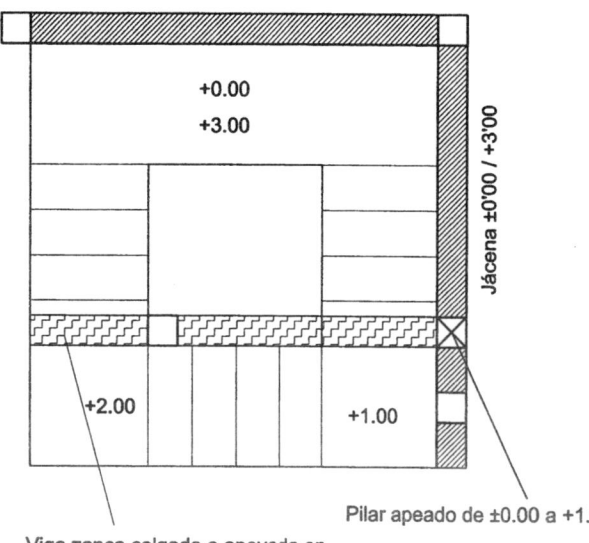

+0.00
+3.00

Jácena ±0'00 / +3'00

+2.00   +1.00

Pilar apeado de ±0.00 a +1.0

Viga zanca colgada o apoyada en
pilarcillo sobre jácena ±0 / +3

Jácena ±0'00 / +3'00

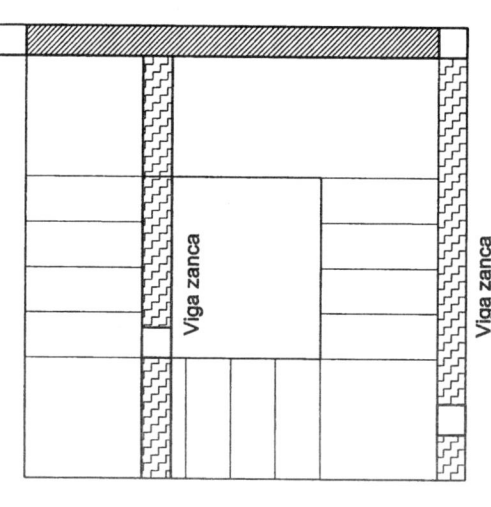

Viga zanca

Viga zanca

PERSPECTIVA DE ESCALERA 6, SOLUCIÓN 1

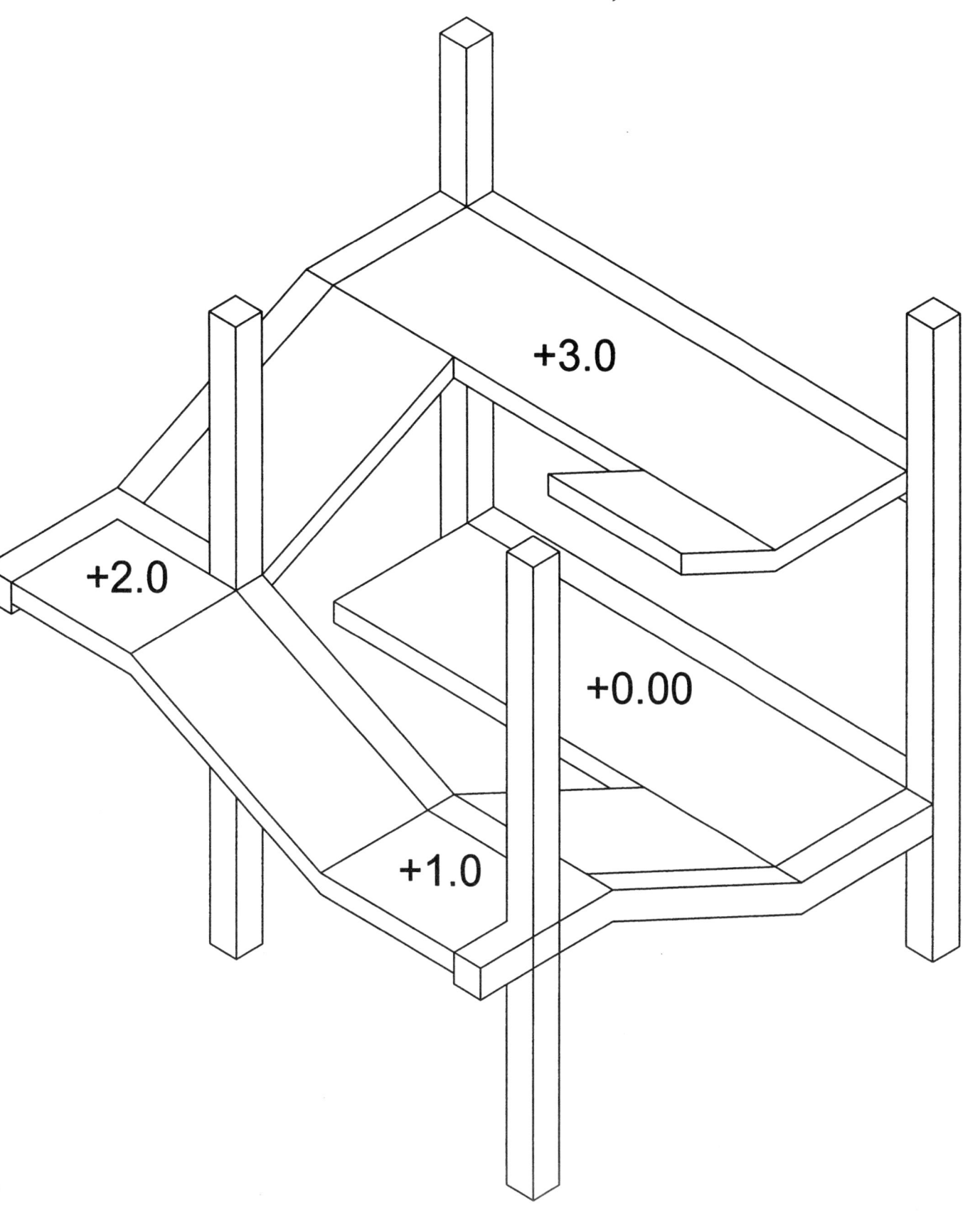

PRÁCTICA 5. CONSTRUCCIÓN DE ESTRUCTURAS A.T.- ESCALERAS

ESCALERA 01

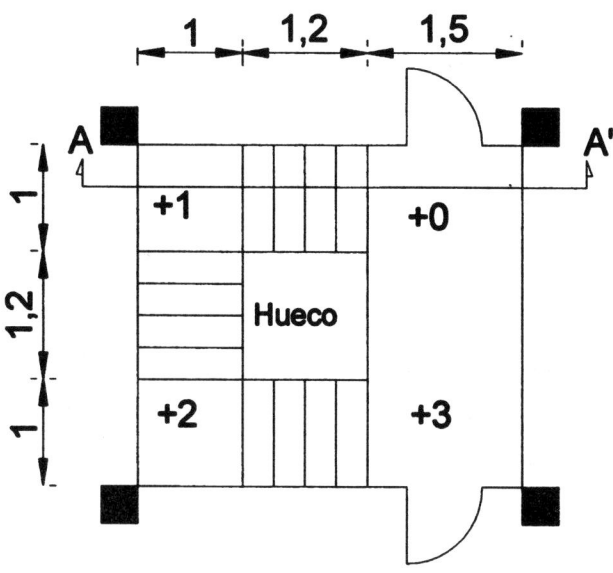

SE PIDE:

A. Efectuar en planta la solución del esquema estructural sustentante de la escalera, definiendo el tipo de jácena y nivel o cota.

NOTA: en la zona de los rellanos intermedios, efectuar, al menos, 5 formas diferentes de solucionar dicha escalera, definiéndolas claramente.

B. Efectuar el alzado sección A-A', determinando armaduras.

ESCALERA 02

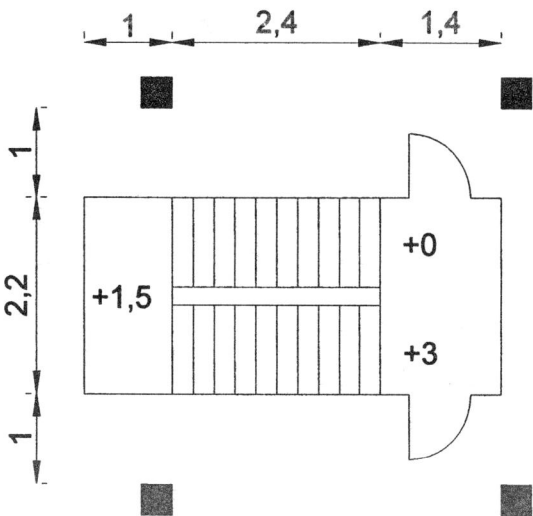

La escalera adjunta corresponde a una planta intermedia de un edificio de viviendas:
Efectuar en planta las 4 soluciones del esquema estructural sustentante de la escalera, definiendo tipo de jácena y cotas.

NOTA: no existen otros pilares para sustentar la escalera.

ESCALERA 03

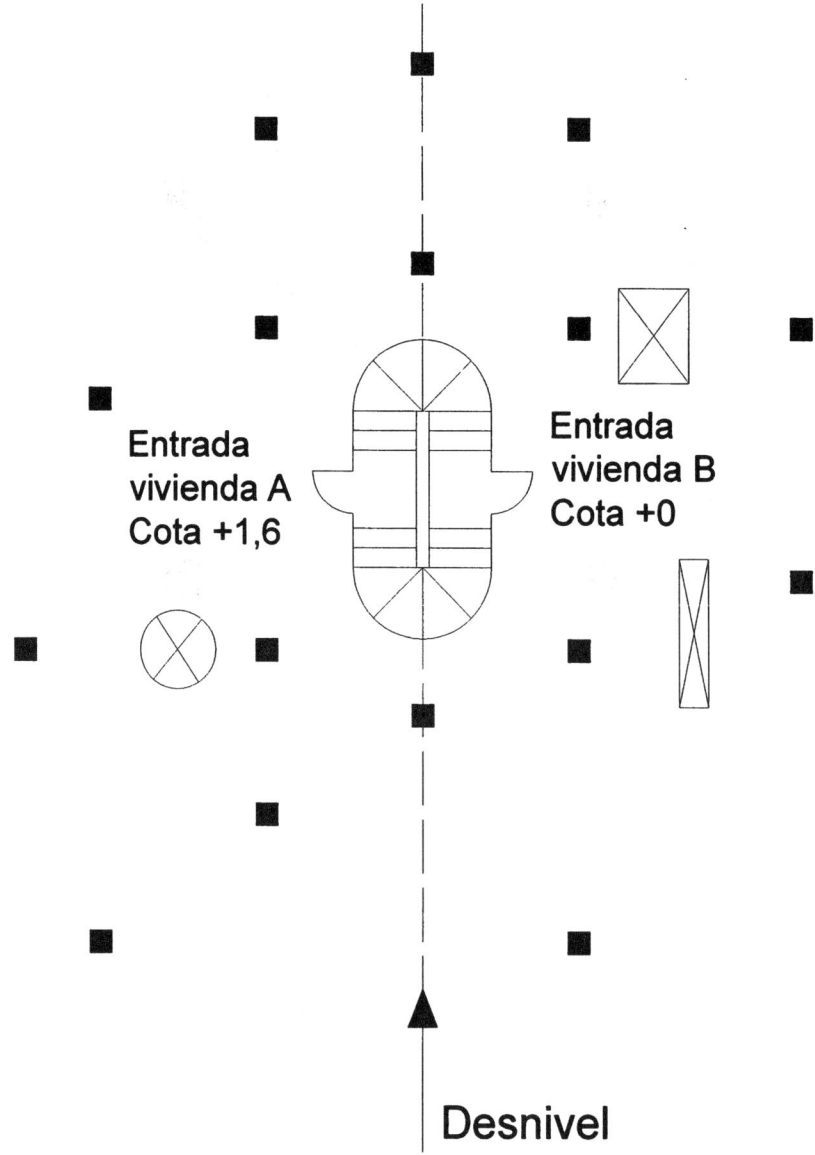

Entrada
vivienda A
Cota +1,6

Entrada
vivienda B
Cota +0

Desnivel

SE PIDE:

Efectuar el esquema estructural sustentante de la escalera, bien definido y acotado de niveles.

NOTA: 2 niveles (vivienda A, a cota +1,6 y vivienda B, a cota +0)

ESCALERA 04

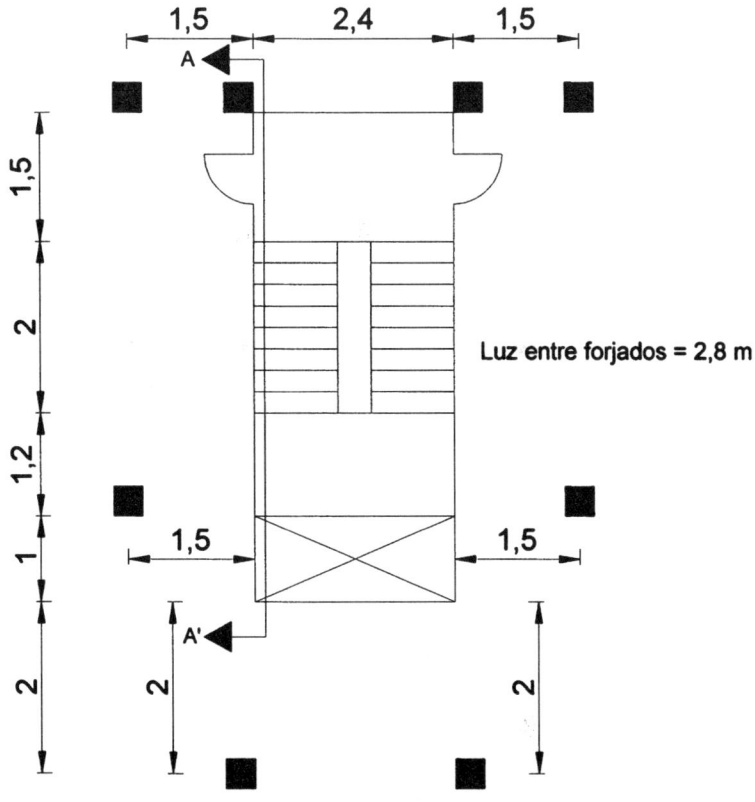

SE PIDE:

En la escalera adjunta, efectuar el esquema estructural sustentante de la misma, definiendo sus elementos, cotas, niveles, etc., aportando 2 soluciones como mínimo.

Efectuar la sección longitudinal de la escalera completa definiendo elementos y armaduras.

ESCALERA 05

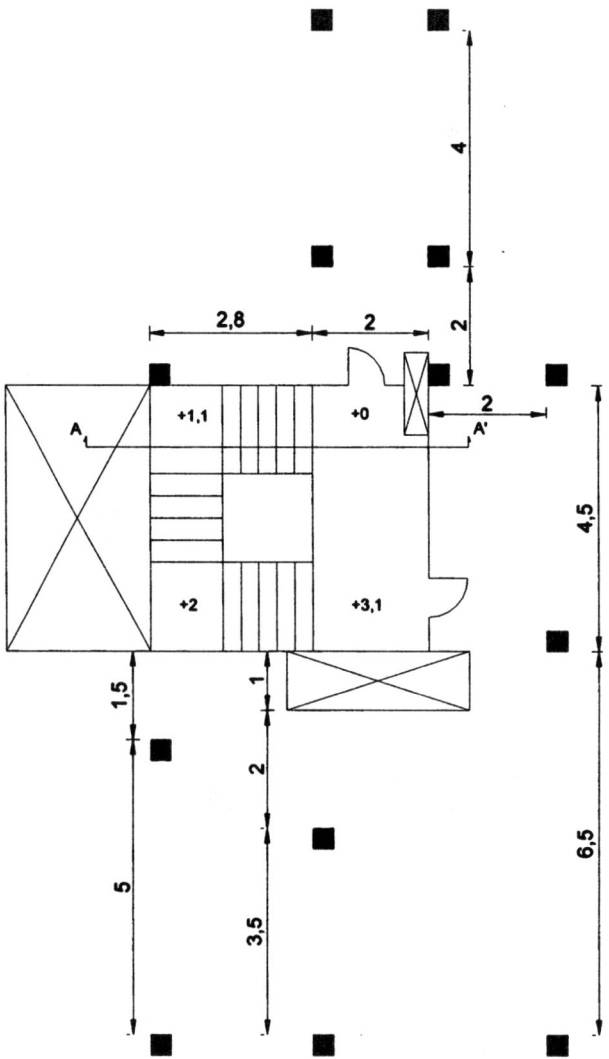

SE PIDE:

Solucionar en planta el esquema estructural sustentante de la escalera, definiendo elementos y niveles.

Efectuar la sección A-A' con todas las armaduras.

Nota: no podrán cruzar jácenas ni zunchos por dentro de los patios.

ESCALERA 01
Solución 1

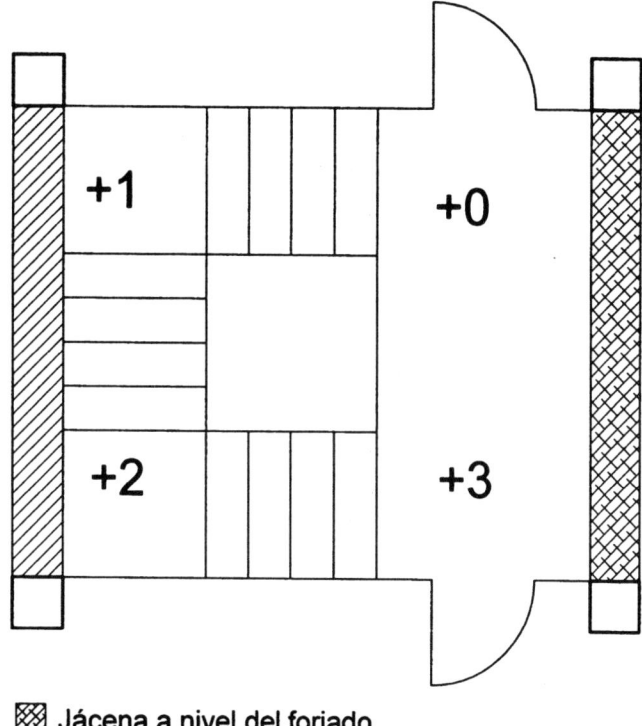

+1

+0

+2

+3

▨ Jácena a nivel del forjado

▨ Viga zanca

ESCALERA 01
Solución 2

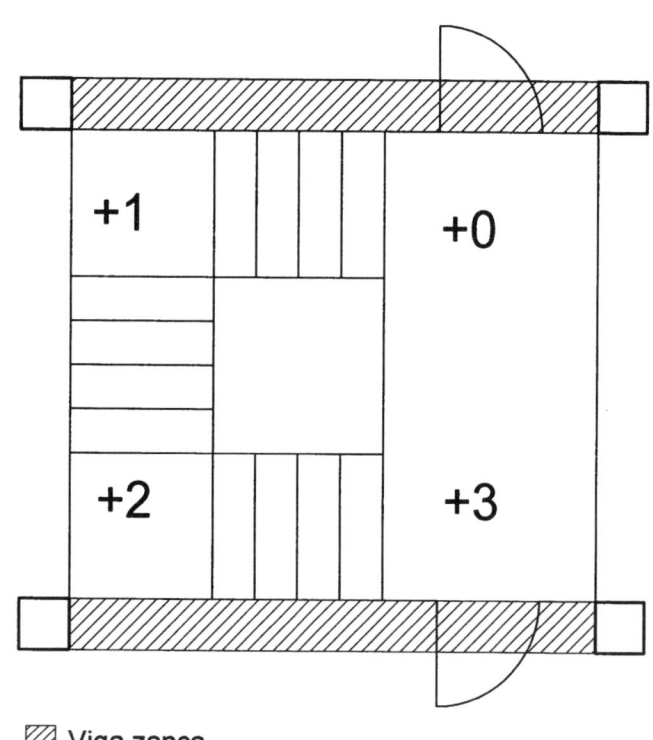

+1

+0

+2

+3

▨ Viga zanca

ESCALERA 01
Solución 3

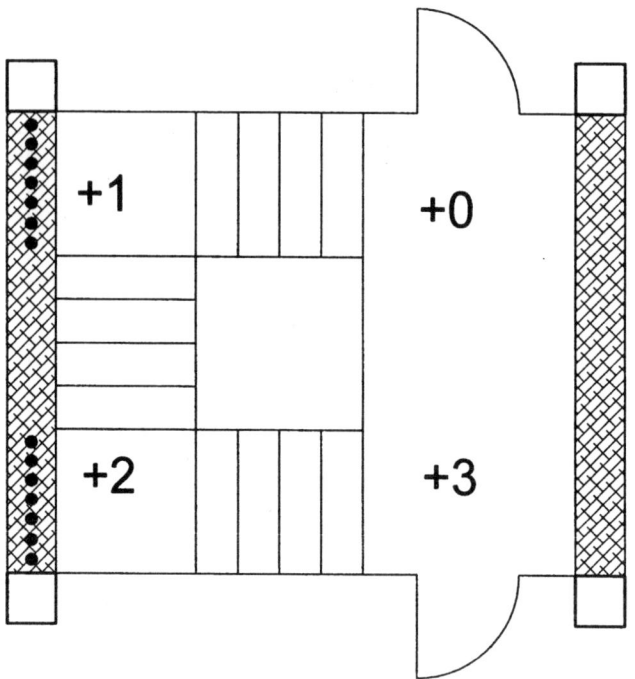

▨ Jácena a nivel del forjado

● Redondos sustentan losa colgada

ESCALERA 01
Solución 4

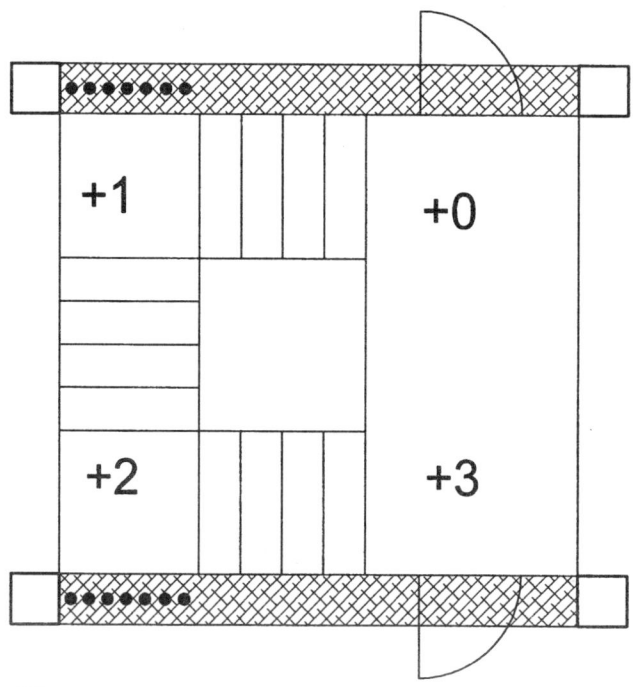

▨ Jácena a nivel del forjado

● Redondos sustentan losa colgada

ESCALERA 01
Solución 5

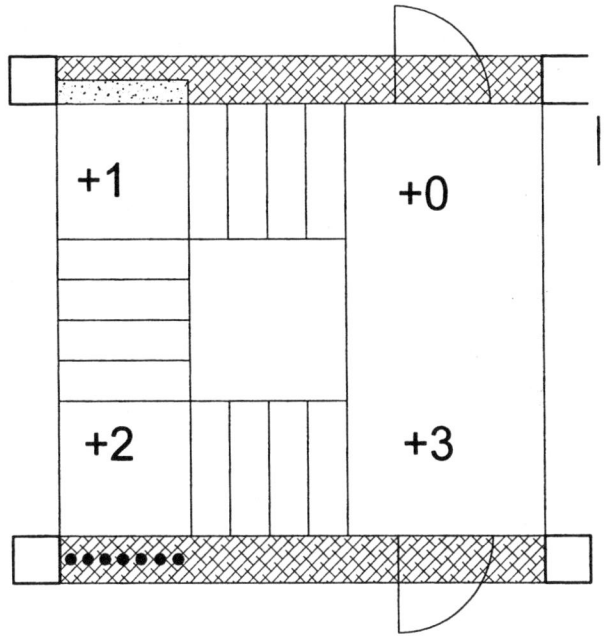

▦ Murete de 1 metro, apoyado en viga para sustentar la losa

▨ Jácena a nivel del forjado

● Redondos sustentan losa colgada

ESCALERA 01
Sección A-Á

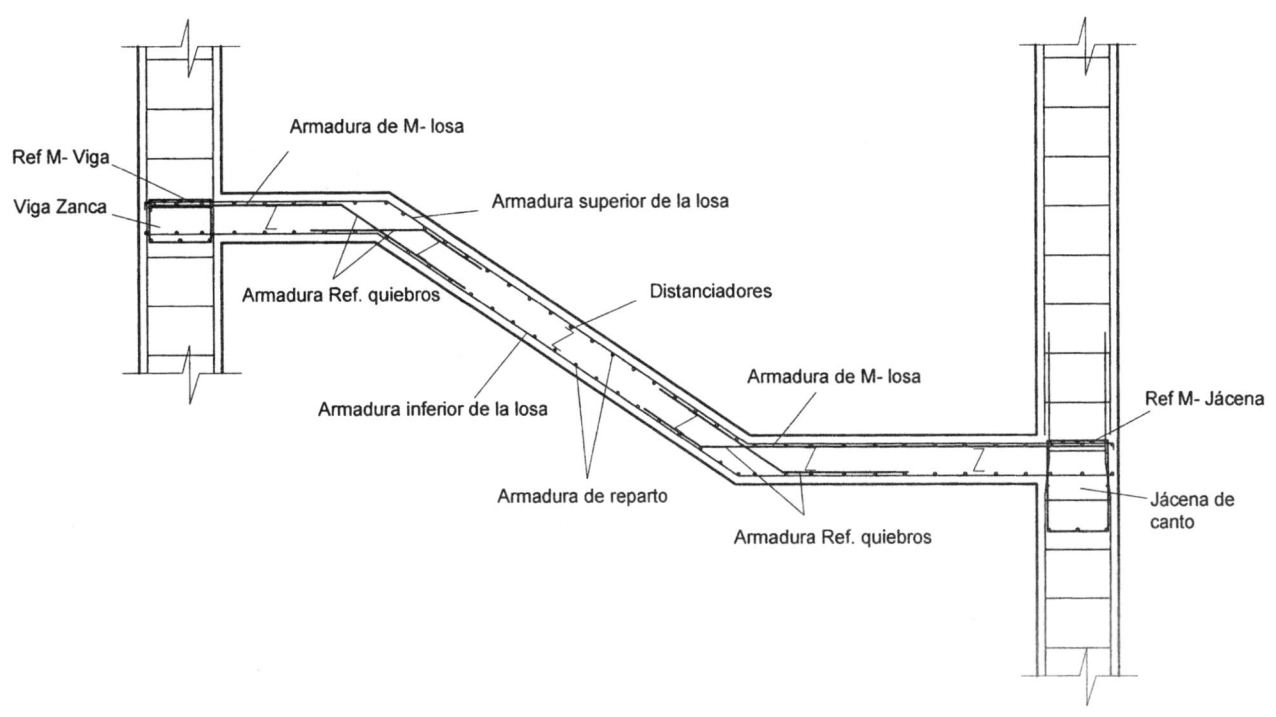

ESCALERA 02
Solución 1

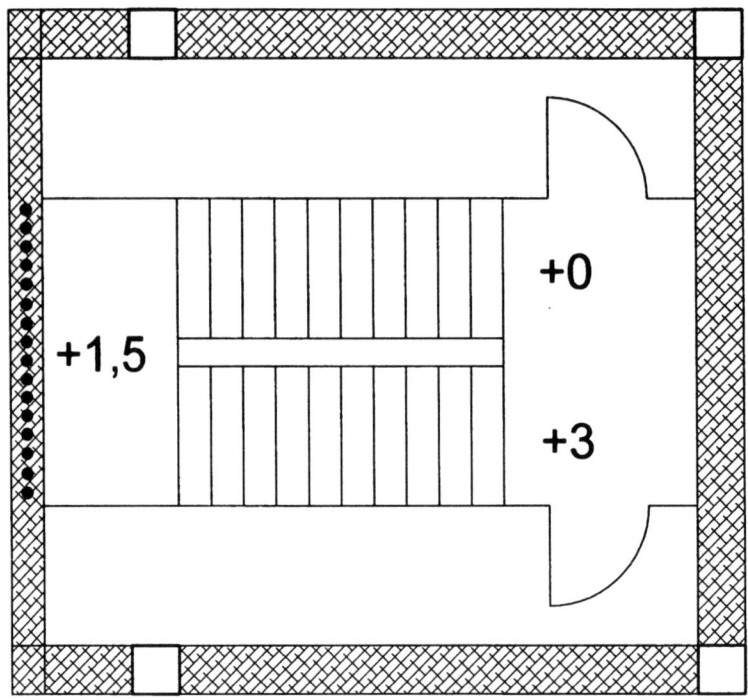

☒ Jácena a nivel del forjado

● Redondos sustentan losa
   colgada

ESCALERA 02
Solución 2

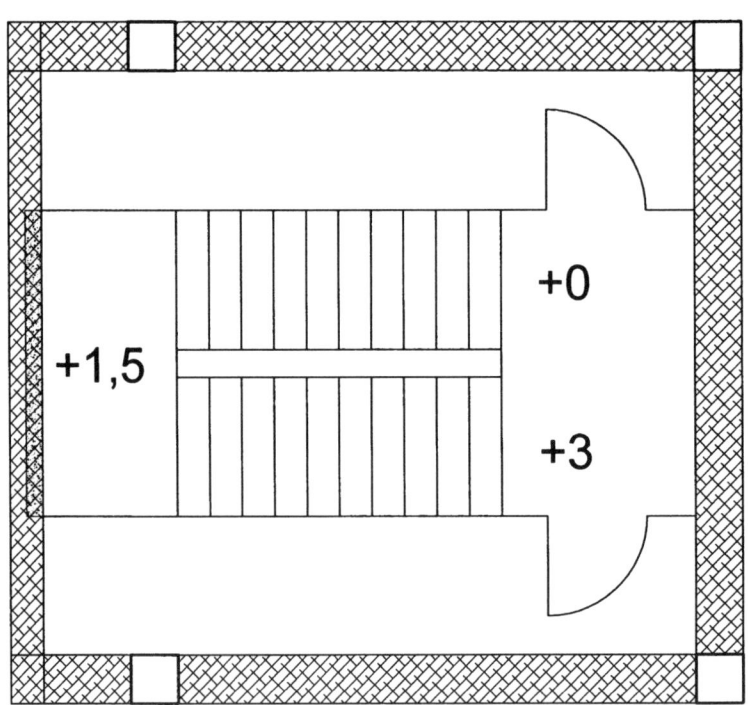

☒ Jácena a nivel del forjado

░ Murete de 1,5 metros, apoyado
   en viga para sustentar la losa

ESCALERA 02
Solución 3

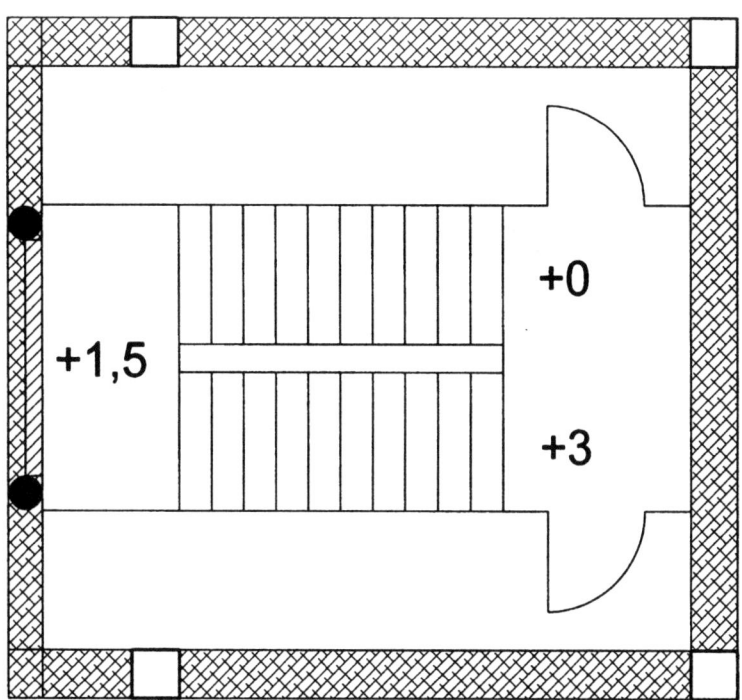

⬛ Jácena a nivel del forjado

▨ Jácena de pilarcillo a pilarcillo, a cota +1,5 para sustentar losa

● Pilarcillo apeado de jácena hasta cota +1,5 metros

ESCALERA 02
Solución 4

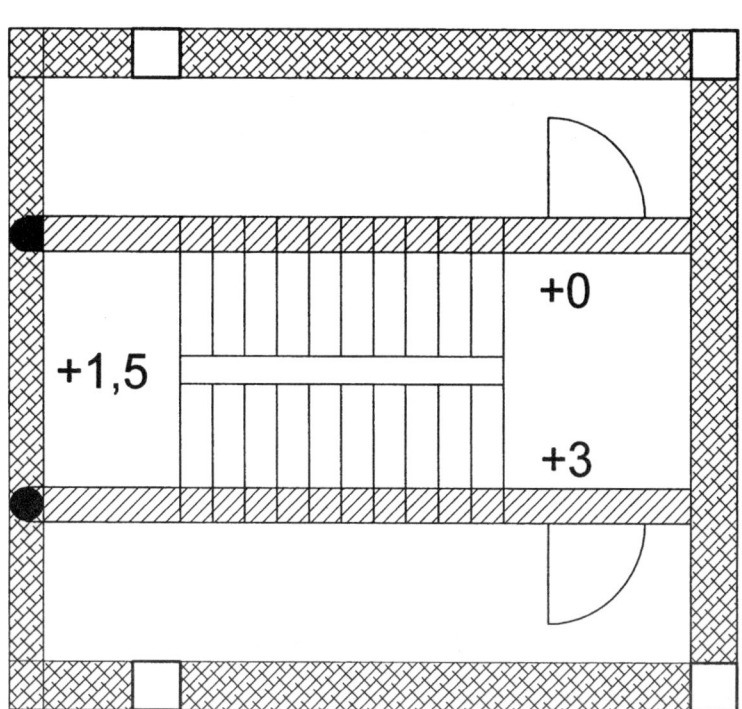

⬛ Jácena a nivel del forjado

▨ Viga zanca, en un lado apoya en la jácena y en el otro en el pilarcillo, a cota +1,75

● Pilarcillo apeado de jácena hasta cota +1,5 metros

ESCALERA 03
Solución 1

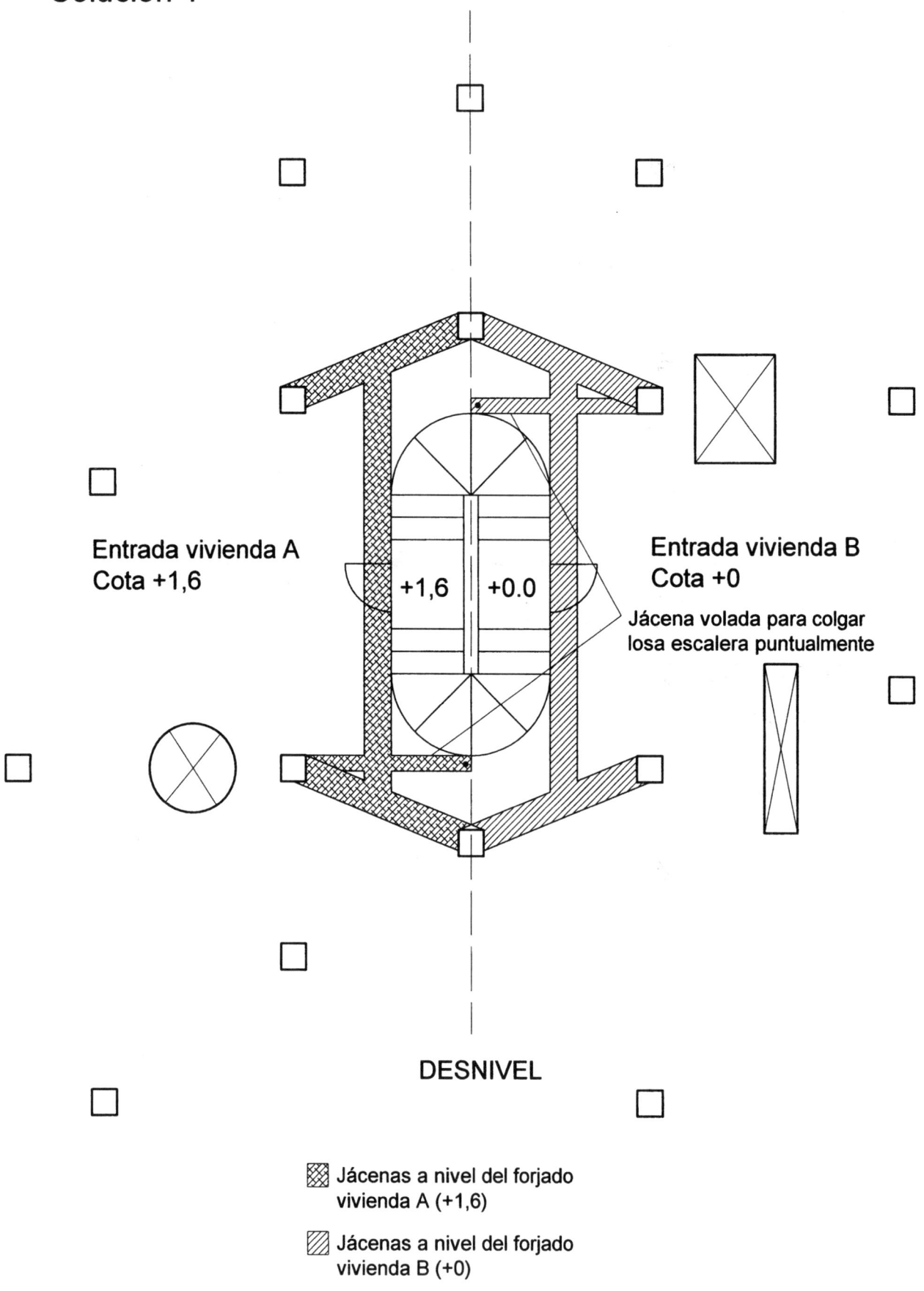

Entrada vivienda A
Cota +1,6

+1,6   +0.0

Entrada vivienda B
Cota +0

Jácena volada para colgar
losa escalera puntualmente

DESNIVEL

▨ Jácenas a nivel del forjado
vivienda A (+1,6)

▨ Jácenas a nivel del forjado
vivienda B (+0)

ESCALERA 03
Solución 2

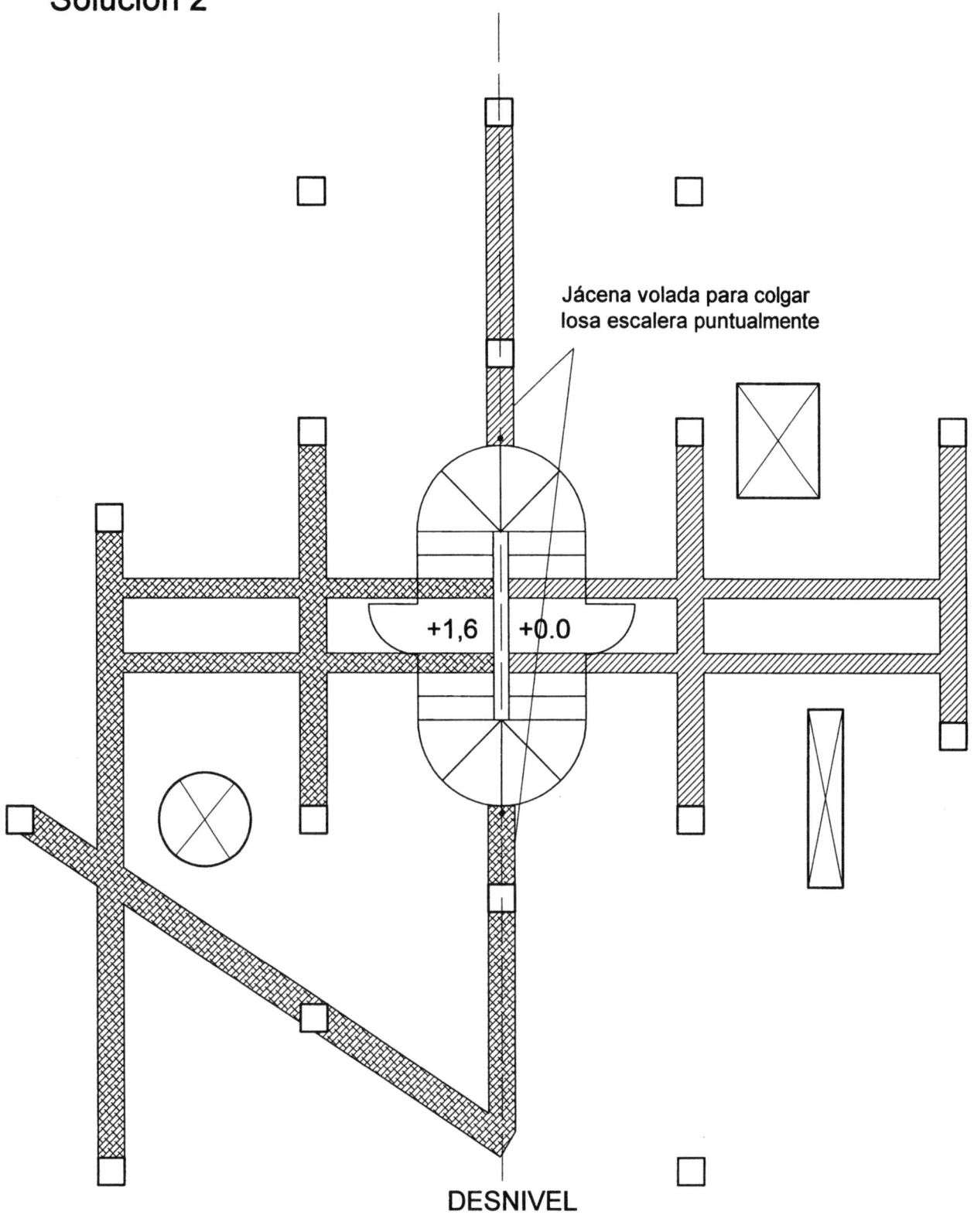

Jácena volada para colgar
losa escalera puntualmente

+1,6   +0.0

DESNIVEL

Jácenas a nivel del forjado
vivienda A (+1,6)

Jácenas a nivel del forjado
vivienda B (+0)

ESCALERA 04
Solución 1

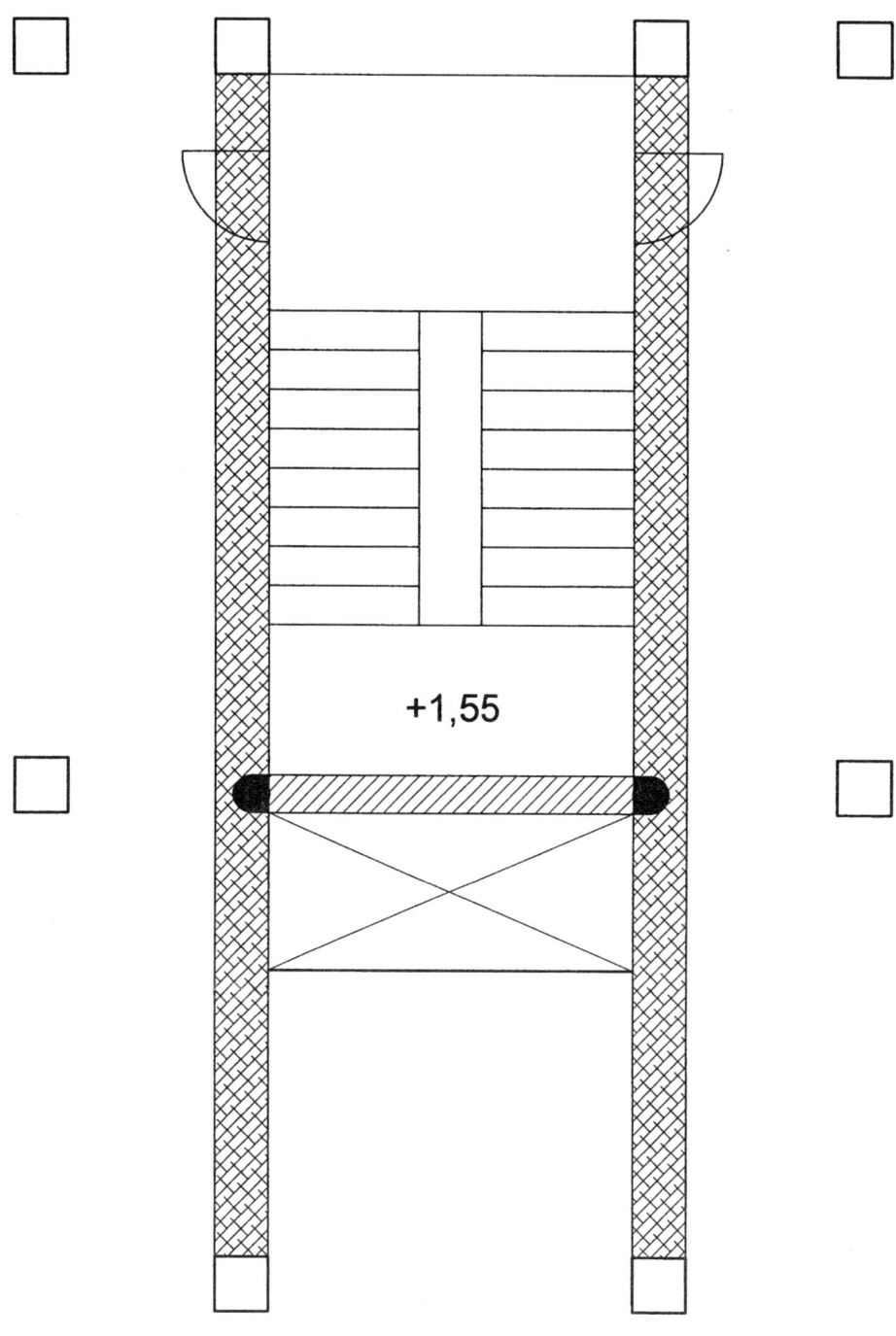

+1,55

⊠ Jácena a nivel de forjado

▨ Jácena a cota +1.55, de pilarcillo a pilarcillo, para sustentar losa de rellano

● Pilarcillo colgado de jácena hasta cota +1.55 metros

ESCALERA 04
Solución 2

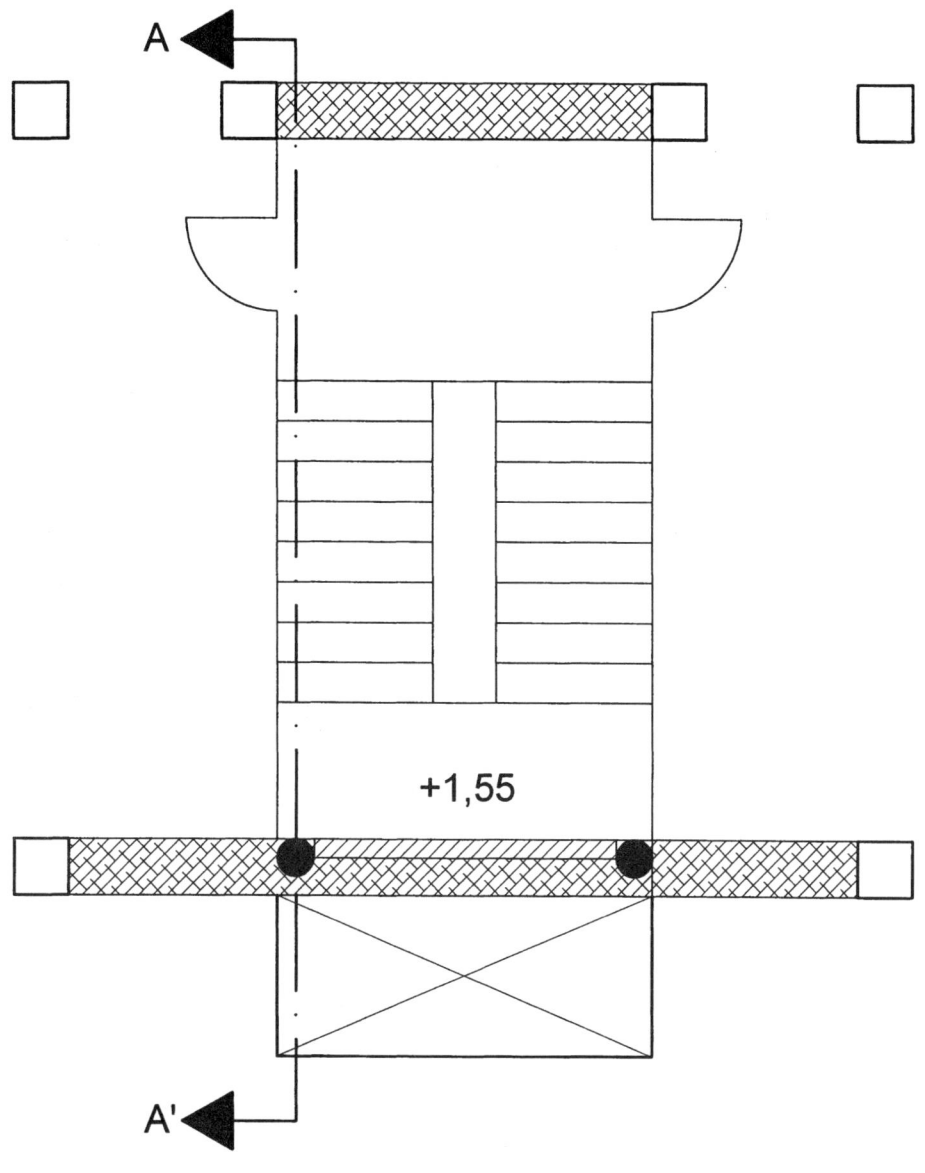

A

+1,55

A'

☒ Jácena a nivel de forjado

▨ Jácena a cota +1.55, de
pilarcillo a pilarcillo, para
sustentar losa de rellano

● Pilarcillo colgado de jácena hasta
cota +1.55 metros

ESCALERA 04
Sección A-Á

Jácena de canto a nivel de forjado

Pilarcillo colgado de jácena a nivel de forjado hasta cota +1,55

Armadura de M- losa

+1.55

Armadura superior de la losa

Distanciadores

Armadura de M- losa

+0.00

Armadura Ref. quiebros

Jácena de canto a nivel de forjado

Armadura Ref. quiebros

Armadura inferior de la losa

Armadura de reparto

Jácena de canto a nivel de forjado

Viga de pilarcillo a pilarcillo

ESCALERA 05
Solución 1

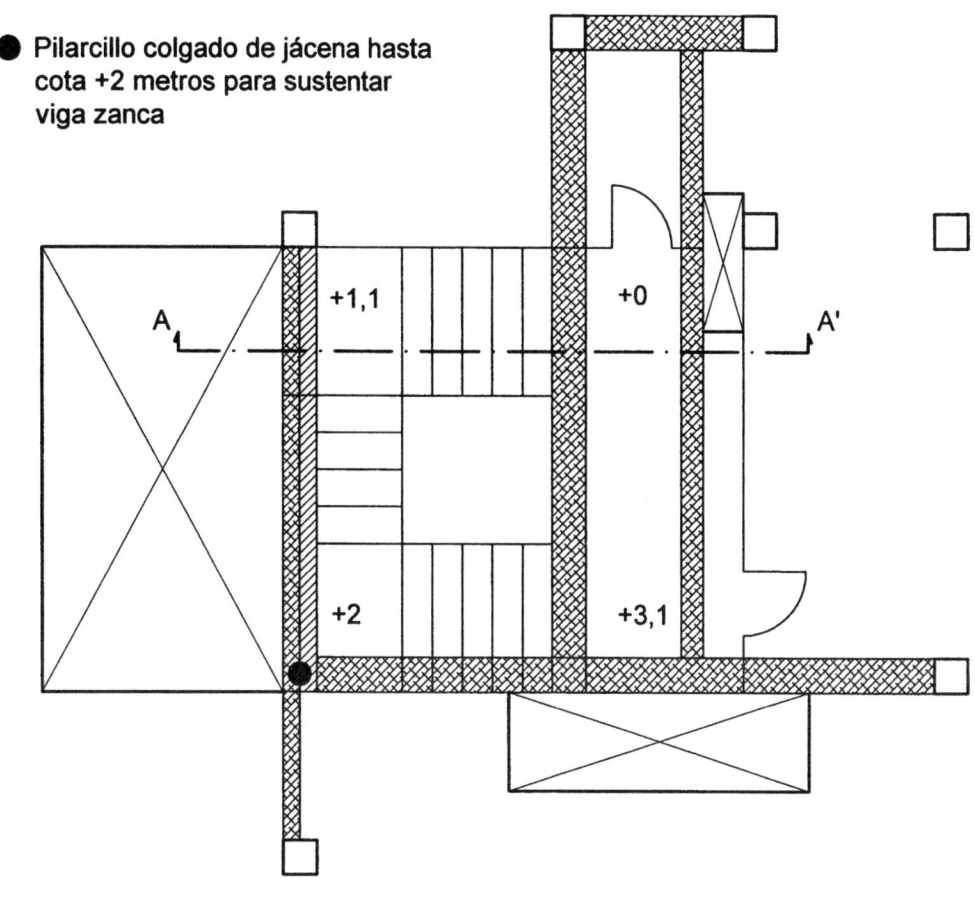

▨ Jácena a nivel de forjado

▨ Viga zanca colgada de la jácena roja

● Pilarcillo colgado de jácena hasta cota +2 metros para sustentar viga zanca

ESCALERA 05
Solución 2

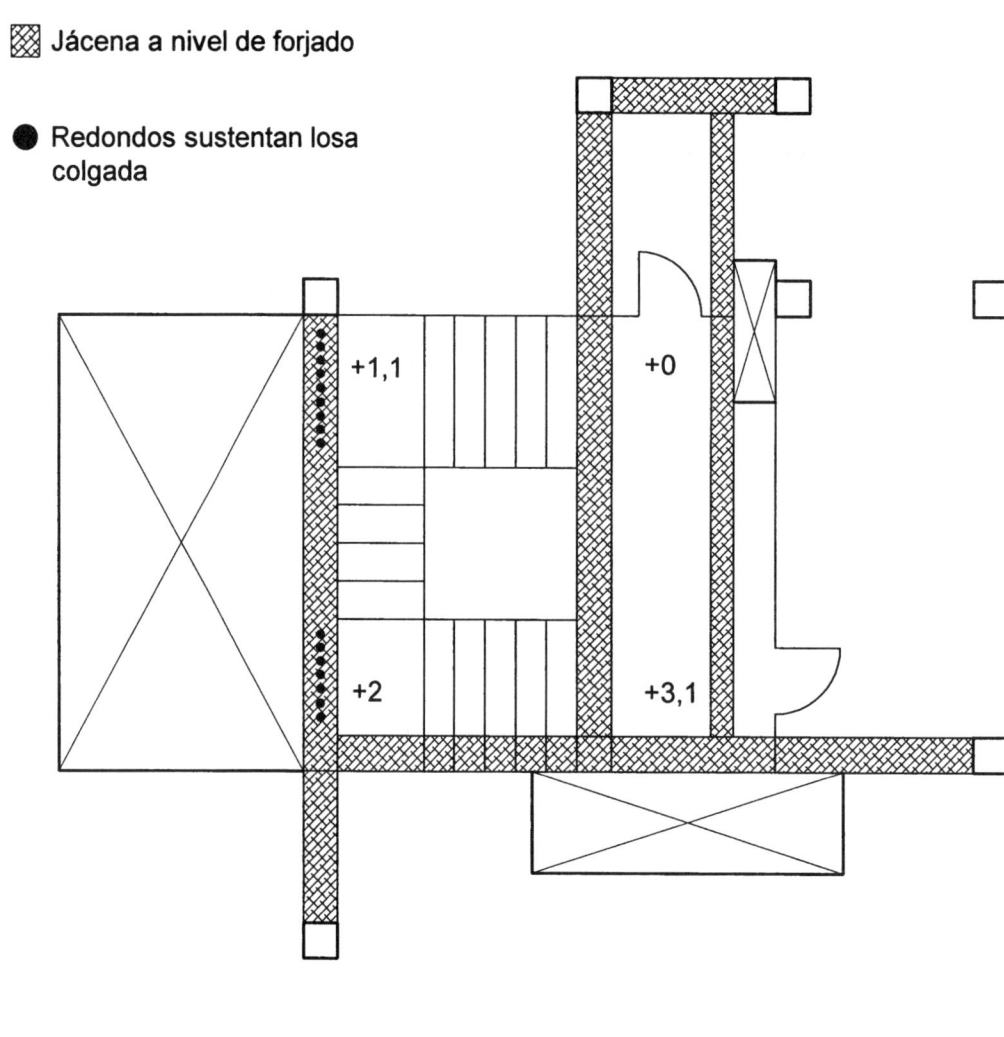

Jácena a nivel de forjado

● Redondos sustentan losa colgada

+1,1

+0

+2

+3,1

ESCALERA 05
Sección A-Á
(Según solución 1)

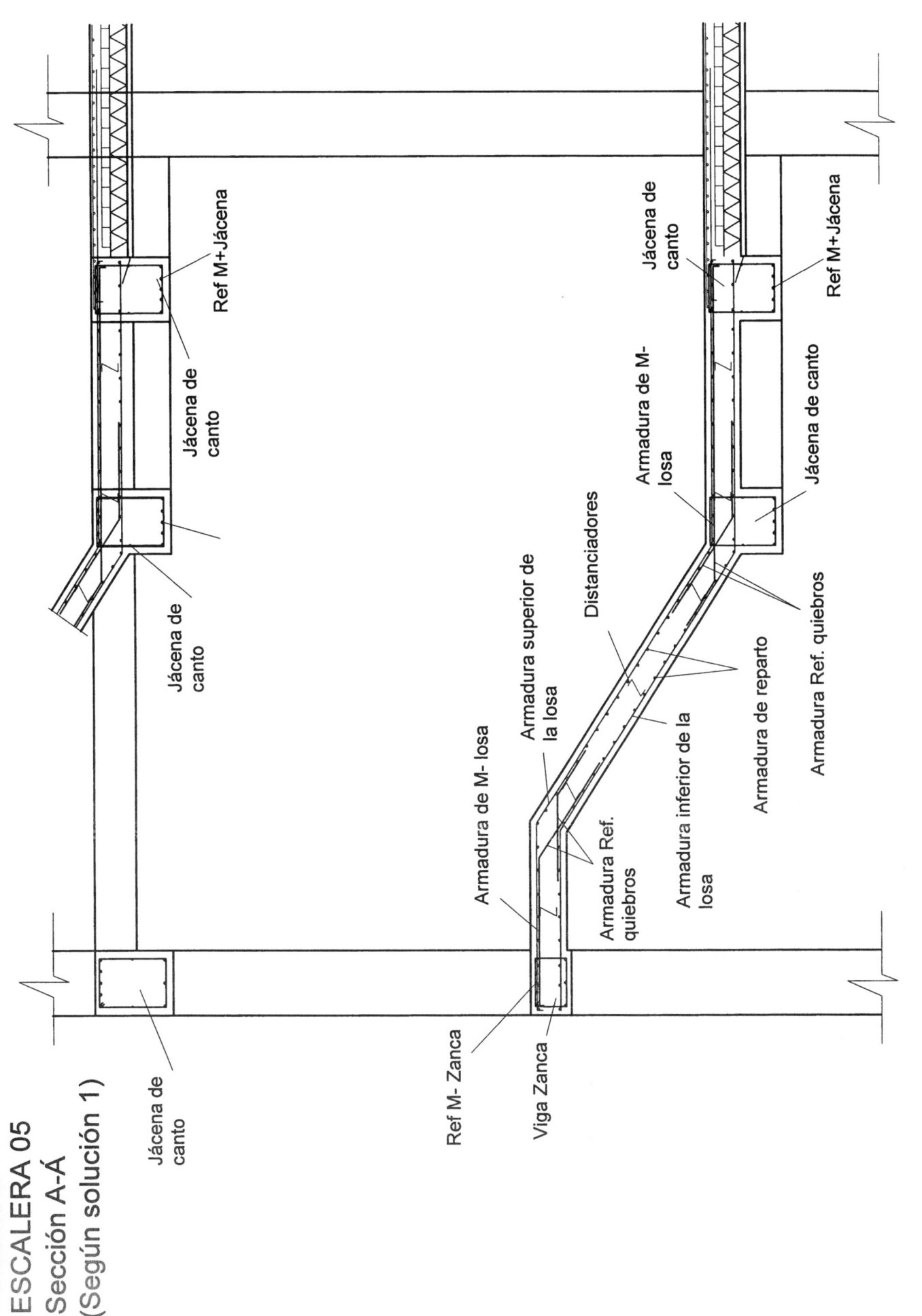

Jácena de canto

Ref M+Jácena

Jácena de canto

Jácena de canto

Jácena de canto

Jácena de canto

Ref M+Jácena

Armadura de M- losa

Distanciadores

Armadura de M- losa

Armadura superior de la losa

Armadura Ref. quiebros

Armadura inferior de la losa

Armadura de reparto

Armadura Ref. quiebros

Armadura de M- losa

Armadura Ref. quiebros

Ref M- Zanca

Viga Zanca

PRÁCTICA 6. CONSTRUCCIÓN DE ESTRUCTURAS - NOVIEMBRE 08

Se pide: resolver el esquema estructural sustentante de las 6 escaleras, indicando la dirección de armado y anclaje de losas.

EJERCICIO 1   EJERCICIO 2

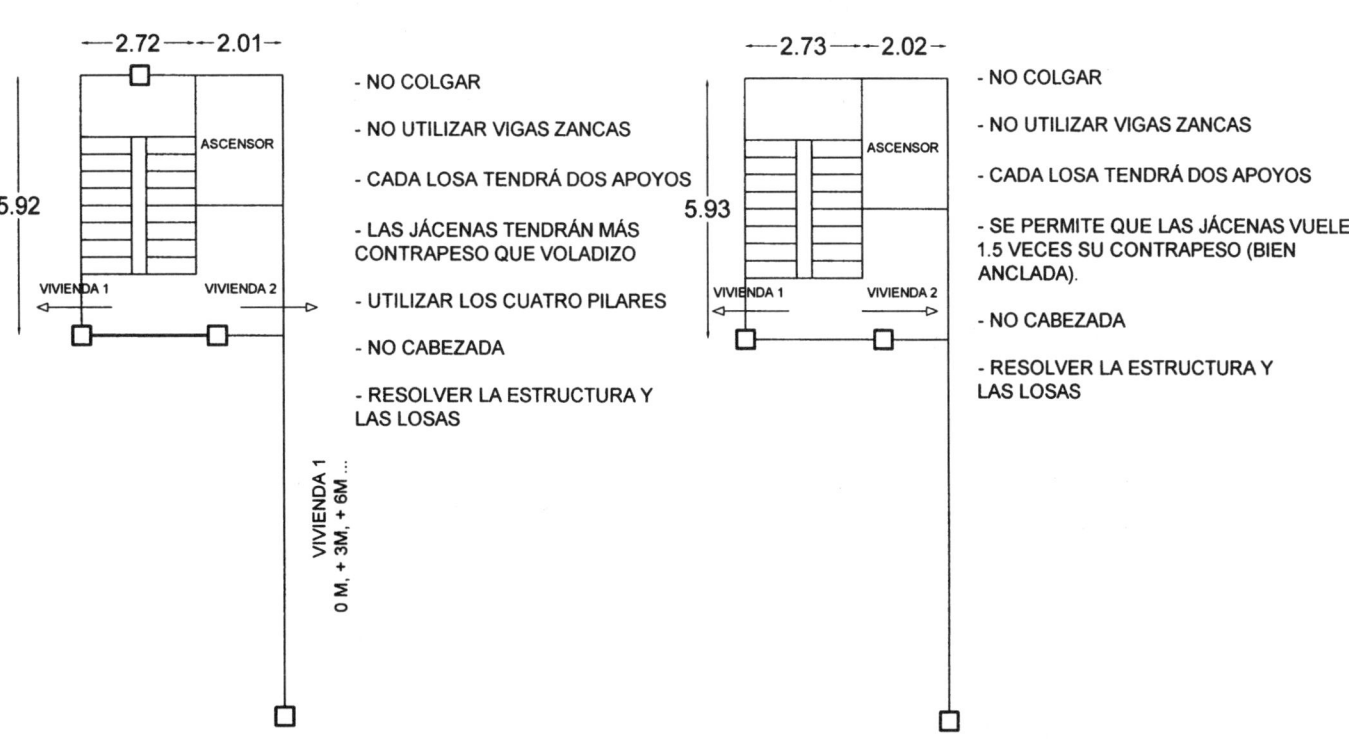

EJERCICIO 1:
- NO COLGAR
- NO UTILIZAR VIGAS ZANCAS
- CADA LOSA TENDRÁ DOS APOYOS
- LAS JÁCENAS TENDRÁN MÁS CONTRAPESO QUE VOLADIZO
- UTILIZAR LOS CUATRO PILARES
- NO CABEZADA
- RESOLVER LA ESTRUCTURA Y LAS LOSAS

EJERCICIO 2:
- NO COLGAR
- NO UTILIZAR VIGAS ZANCAS
- CADA LOSA TENDRÁ DOS APOYOS
- SE PERMITE QUE LAS JÁCENAS VUELEN 1.5 VECES SU CONTRAPESO (BIEN ANCLADA).
- NO CABEZADA
- RESOLVER LA ESTRUCTURA Y LAS LOSAS

EJERCICIO 3

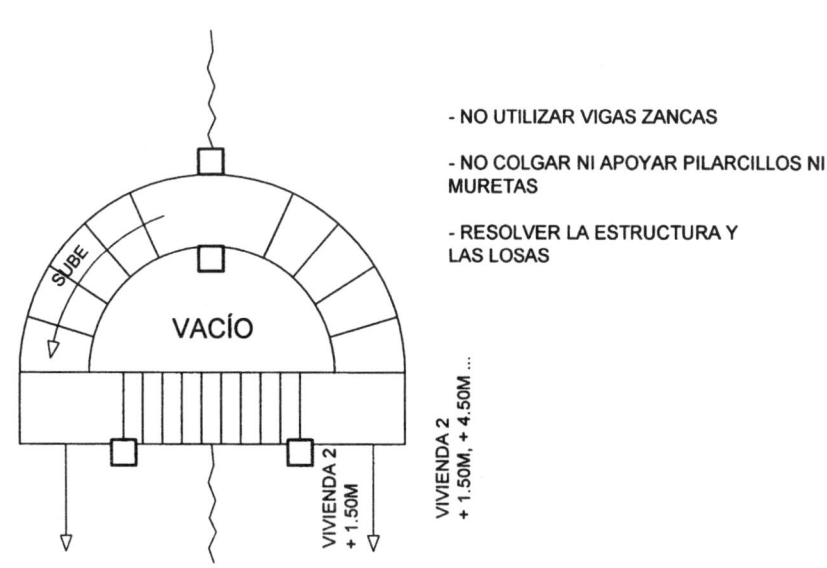

- NO UTILIZAR VIGAS ZANCAS
- NO COLGAR NI APOYAR PILARCILLOS NI MURETAS
- RESOLVER LA ESTRUCTURA Y LAS LOSAS

EJERCICIO 4

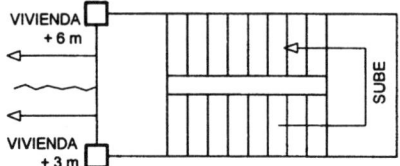

- LA ESCALERA ESTÁ FUERA DEL EDIFICIO, UNIDA AL MISMO POR RELLANO PRINCIPAL, DANDO ACCESO A VIVIENDAS A COTAS + 3 m, + 6 m, + 9 m, + 12 m ... ETC.

- RESOLVER LA ESTRUCTURA Y LOSAS.

EJERCICIO 5

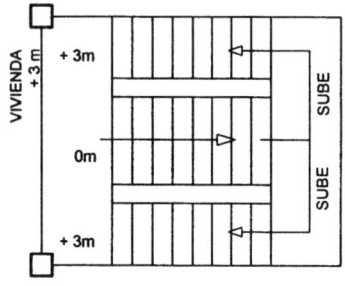

- LA ESCALERA SUBE DE PLANTA BAJA (0 m) AL PISO PRIMERO A COTA + 3 m.

- CONSTA DE UN TRAMO ANCHO HASTA COTA + 1,5 m Y DOS TRAMOS MÁS ESTRECHOS HASTA COTA + 3 m.

- EL TRAMO CENTRAL ANCHO ARRANCA DEL CIMIENTO.

- RESOLVER LA ESTRUCTURA.

EJERCICIO 6

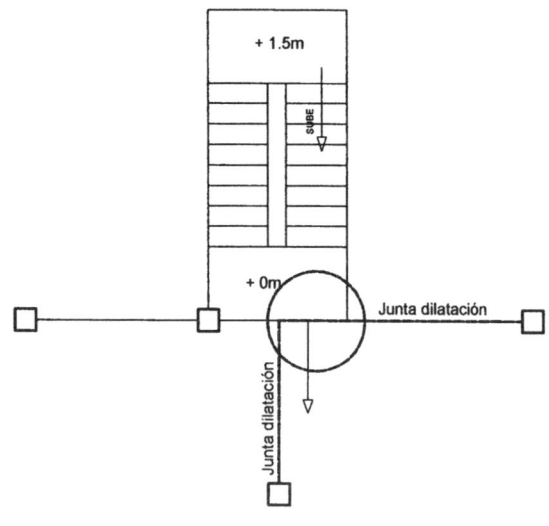

- LA ESCALERA ACCEDE A VIVIENDAS A COTAS A + 3 m, + 6 m ... ETC Y EN DICHO ACCESO EXISTE UNA JUNTA DE DILATACIÓN (MARCADA EN LÍNEA DISCONTINUA).

- RESOLVER LA ESTRUCTURA EN PLANTA, DETALLANDO EN ALZADO-SECCIÓN-PERSPECTIVA LA ZONA MARCADA CON REDONDEL A PUNTO-RAYA.

EJERCICIO 1

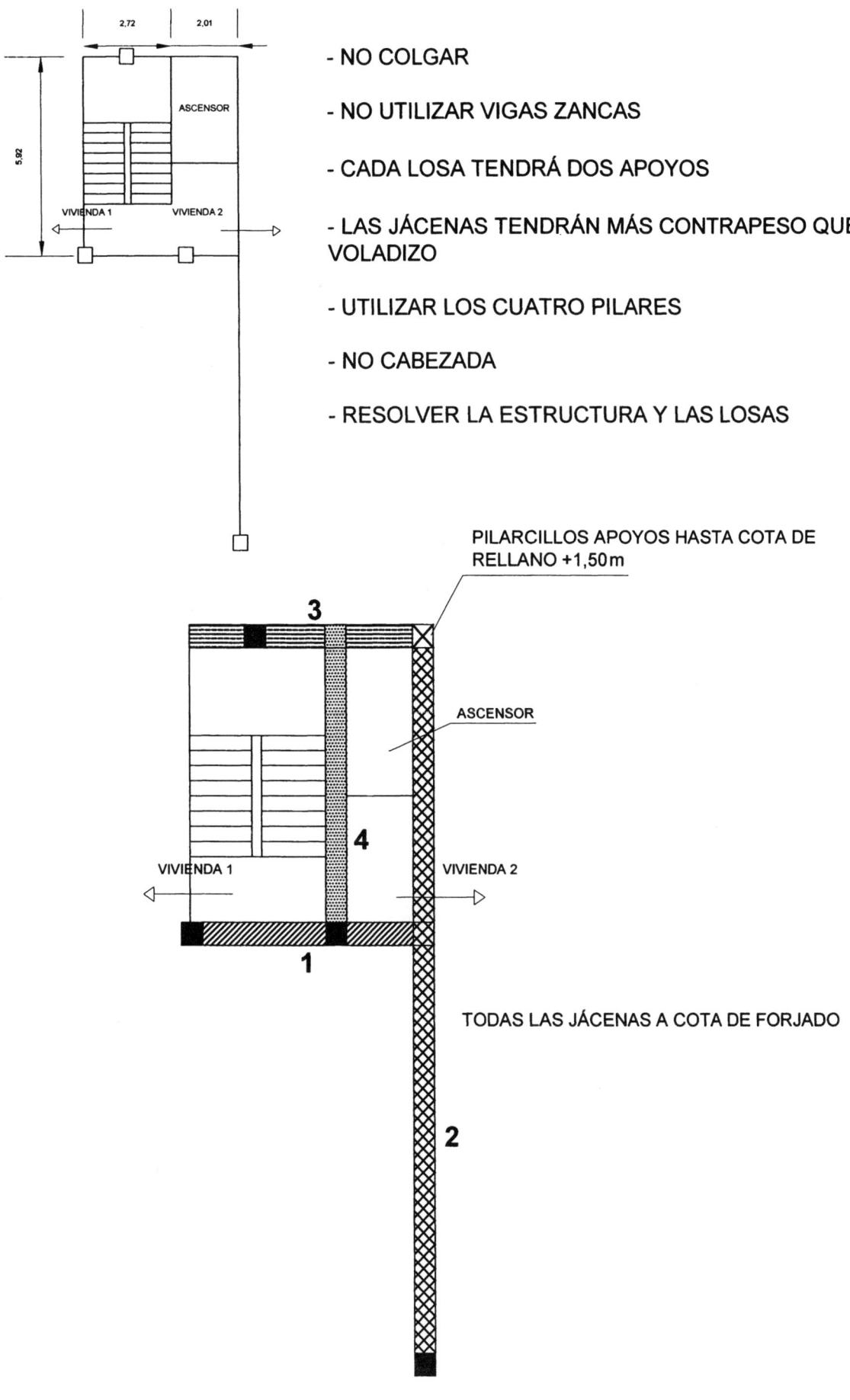

- NO COLGAR

- NO UTILIZAR VIGAS ZANCAS

- CADA LOSA TENDRÁ DOS APOYOS

- LAS JÁCENAS TENDRÁN MÁS CONTRAPESO QUE VOLADIZO

- UTILIZAR LOS CUATRO PILARES

- NO CABEZADA

- RESOLVER LA ESTRUCTURA Y LAS LOSAS

PILARCILLOS APOYOS HASTA COTA DE RELLANO +1,50m

TODAS LAS JÁCENAS A COTA DE FORJADO

EJERCICIO 1

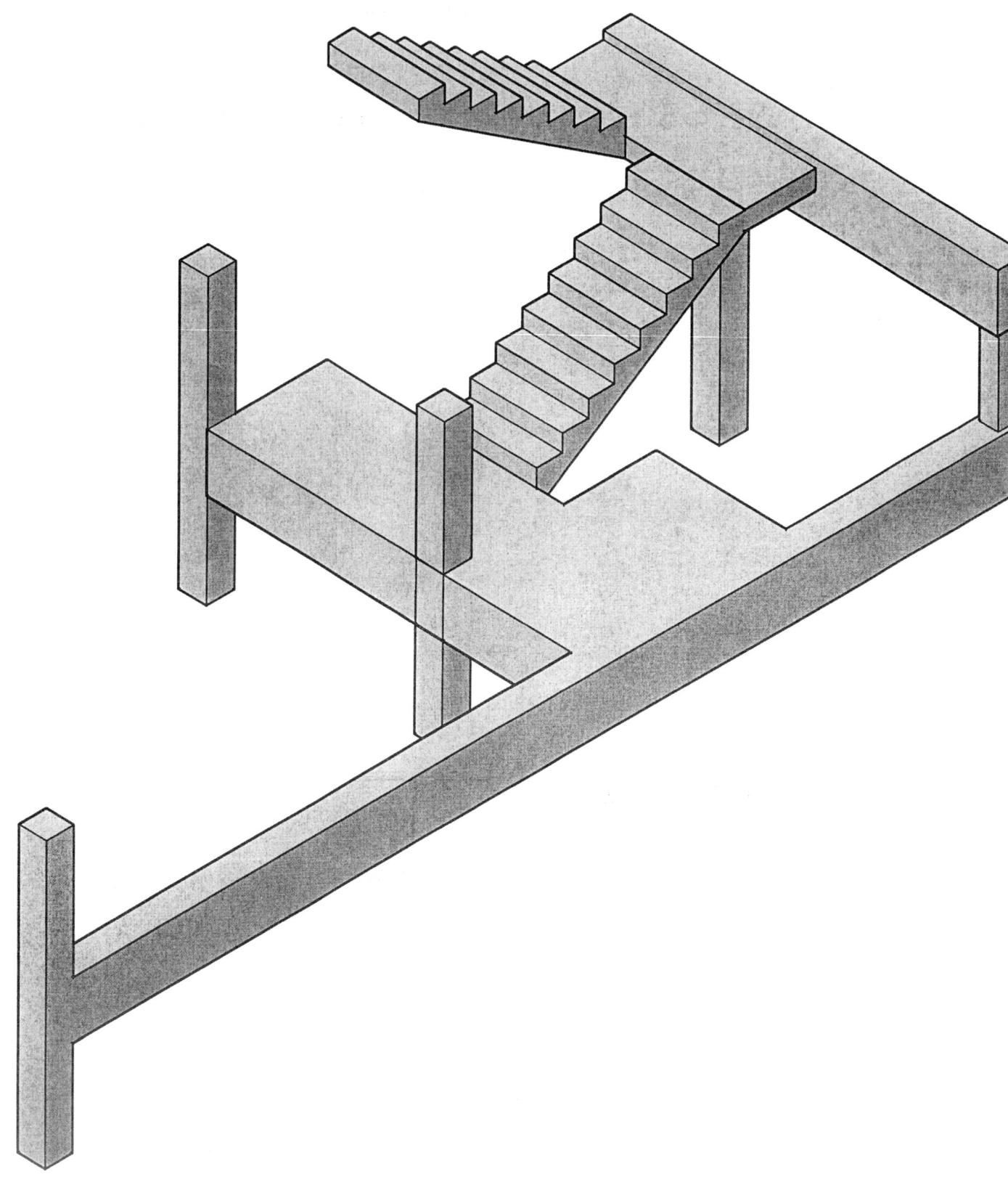

EJERCICIO 2

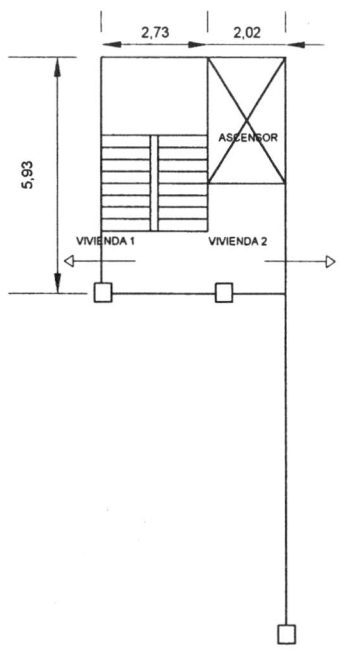

- NO COLGAR

- NO UTILIZAR VIGAS ZANCAS

- CADA LOSA TENDRÁ DOS APOYOS

- SE PERMITE QUE LAS JÁCENAS VUELEN 1,5 VECES SU CONTRAPESO (BIEN ANCLADA)

- NO CABEZADA

- RESOLVER LA ESTRUCTURA Y LAS LOSAS

OPCIÓN 1: VOLAR 1,5 V LA JÁCENA 5 Y SOBRE ELLA ANCLAR LA N.º6

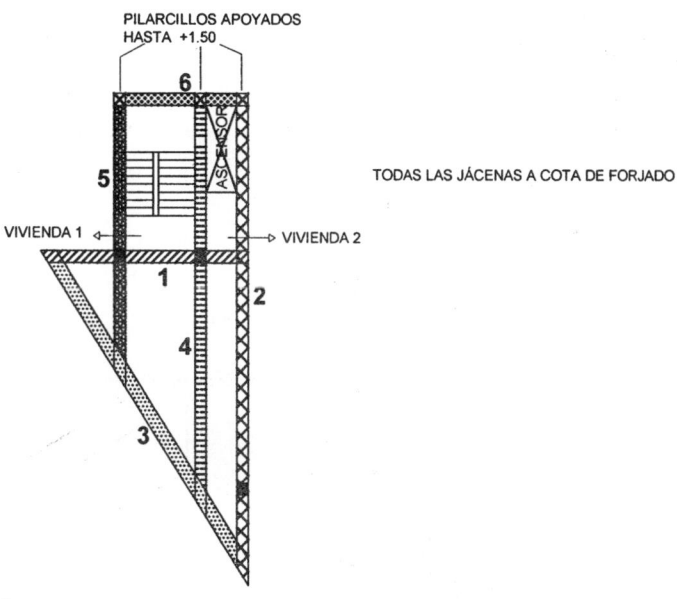

TODAS LAS JÁCENAS A COTA DE FORJADO

OPCIÓN 2: VOLAR 1,5 V LA JÁCENA 6 Y SOBRE ELLA ANCLAR LA N.º5

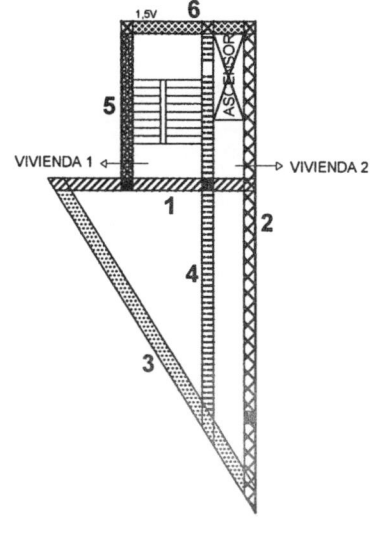

EJERCICIO 2
Solución 01

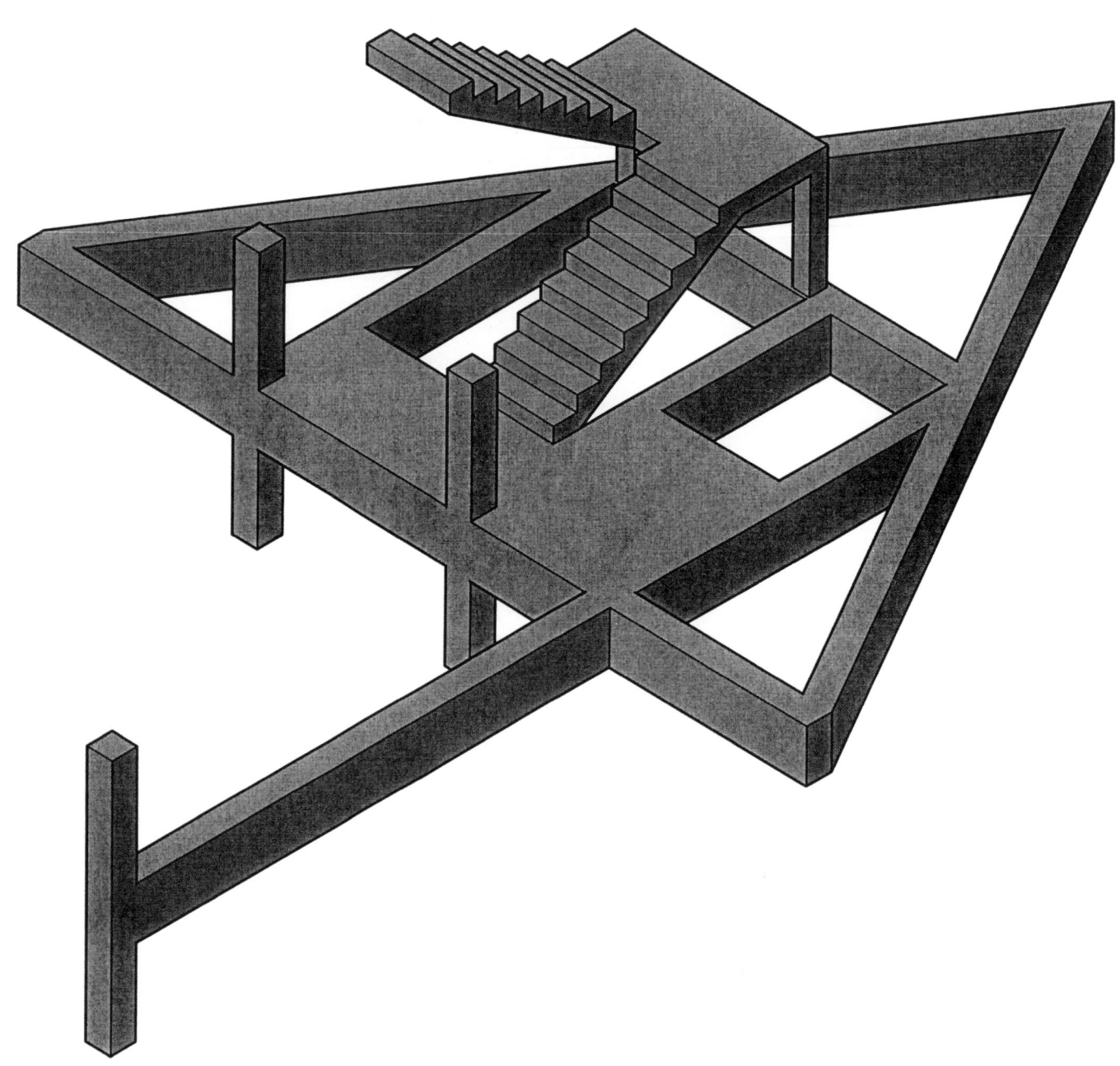

EJERCICIO 2
Solución 02

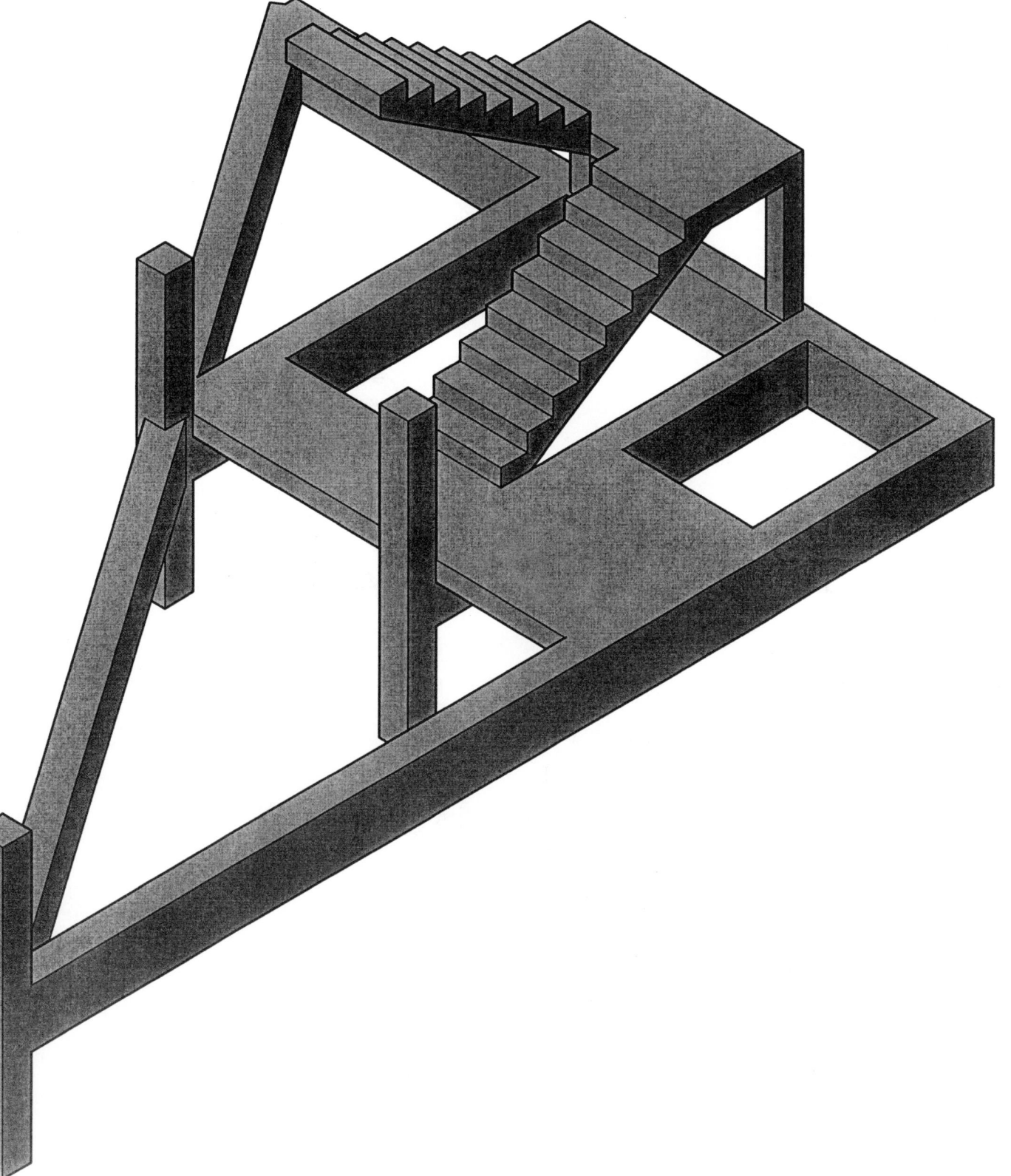

OPCIÓN 3:

PILARCILLOS APOYOS HASTA +1,50m

1,5V   **5**

ASCENSOR

VIVIENDA 1 ◁   ▷ VIVIENDA 2

1   **2**

4

3

OPCIÓN 4:

PILARCILLOS APOYOS HASTA
COTA DE RELLANO

5

4   **3**

6   ASCENSOR   **7**

VIVIENDA 1 ◁   ▷ VIVIENDA 2

1

2

OPCIÓN 5:

PILARCILLOS APOYOS

4   1,5V

ASCENSOR

VIVIENDA 1 ◁   ▷ VIVIENDA 2

1

2

3

70

EJERCICIO 2
Solución 04

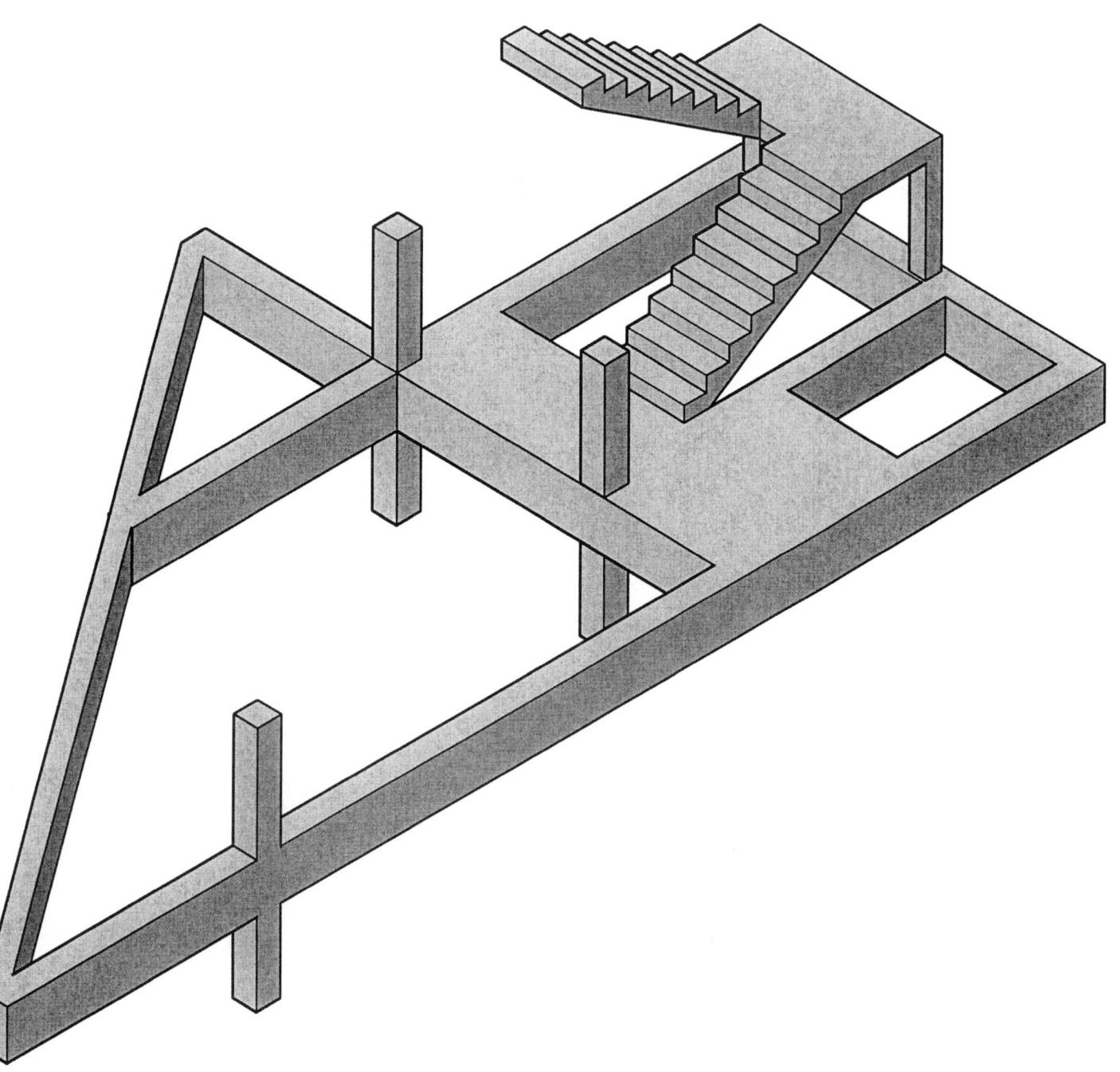

EJERCICIO 3

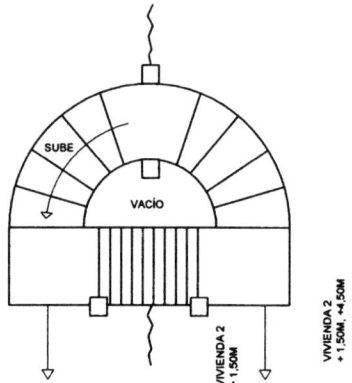

- NO UTILIZAR VIGAS ZANCAS

- NO COLGAR NI APOYAR PILARCILLOS NI MURETAS

- RESOLVER LA ESTRUCTURA Y LAS LOSAS

OPCIÓN 1

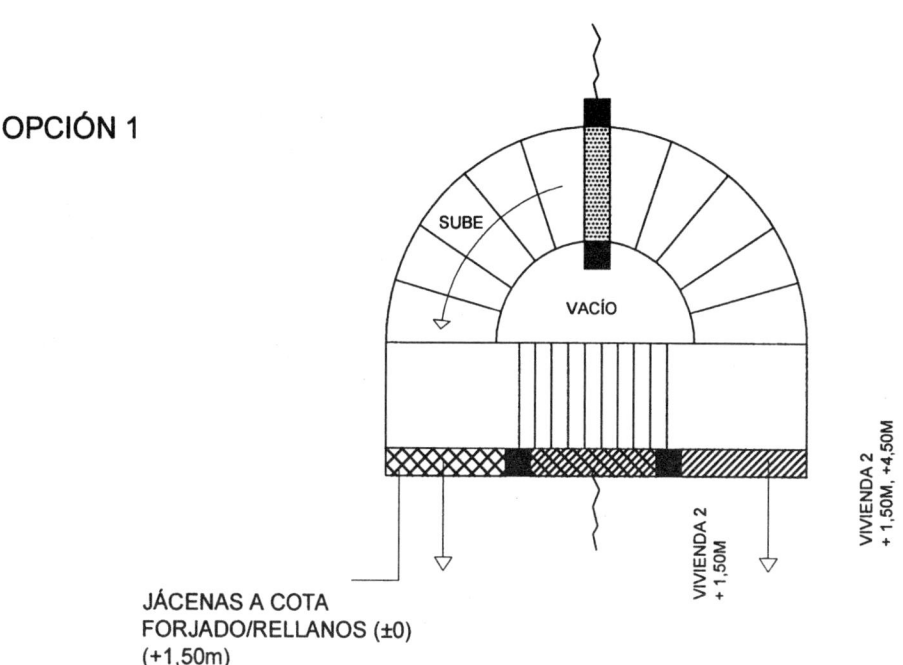

JÁCENAS A COTA
FORJADO/RELLANOS (±0)
(+1,50m)

OPCIÓN 2

¡OJO! (NO APOYAR PILARCILLOS NI MURETAS)

PILARCILLO APOYADO SOBRE LA
VIGA COTA (+0,75) (+2,25) HASTA
JÁCENA 4 (COTA +1,50m) Y JÁCENA 5
(COTA ±0m)

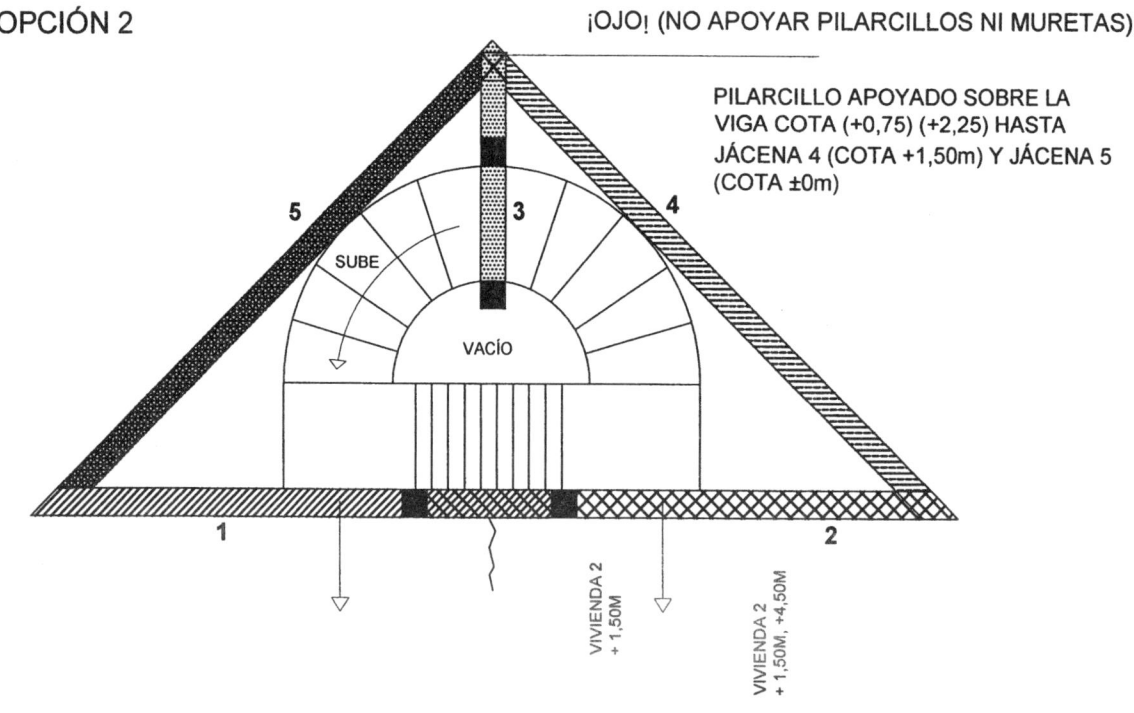

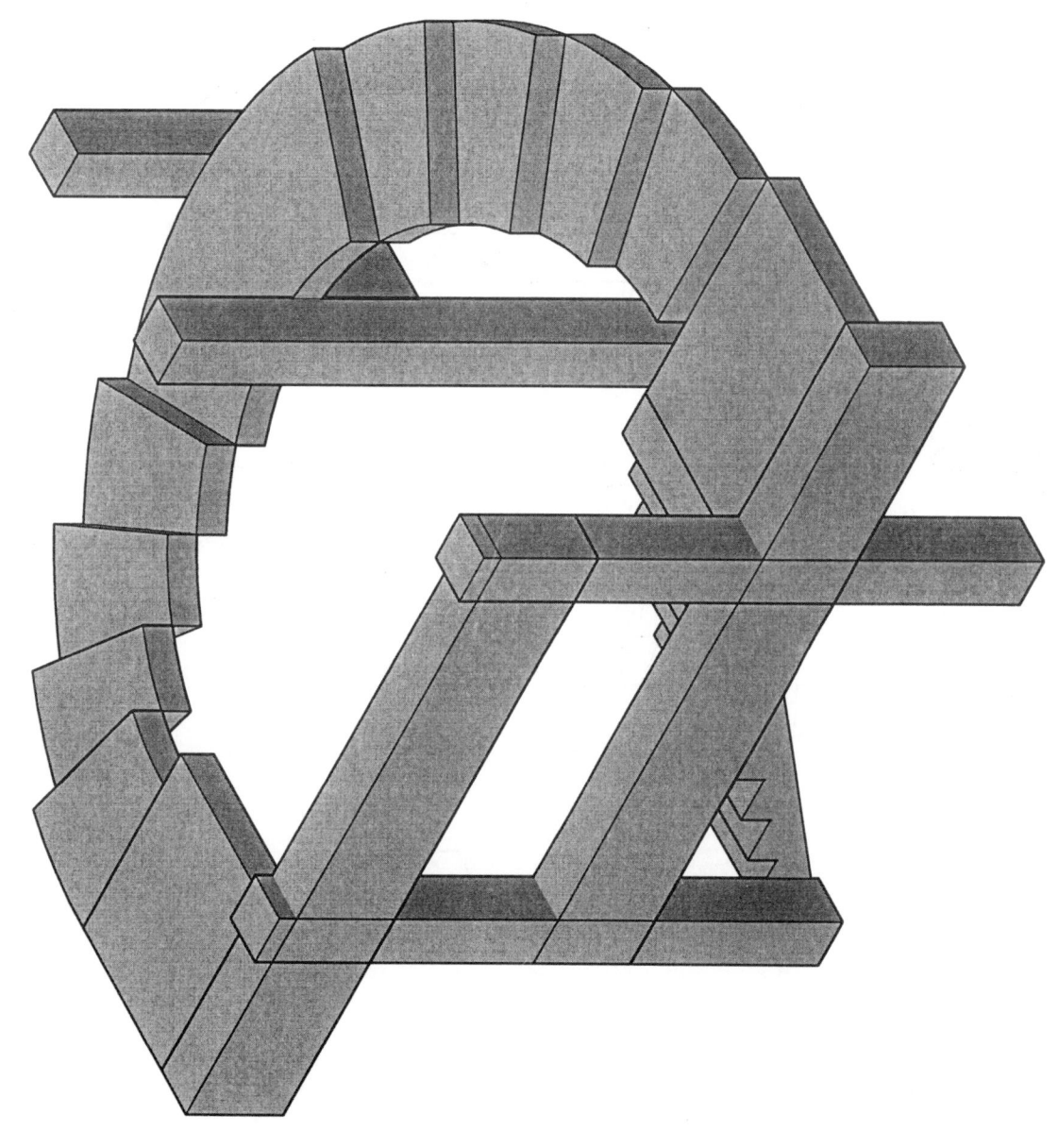

73

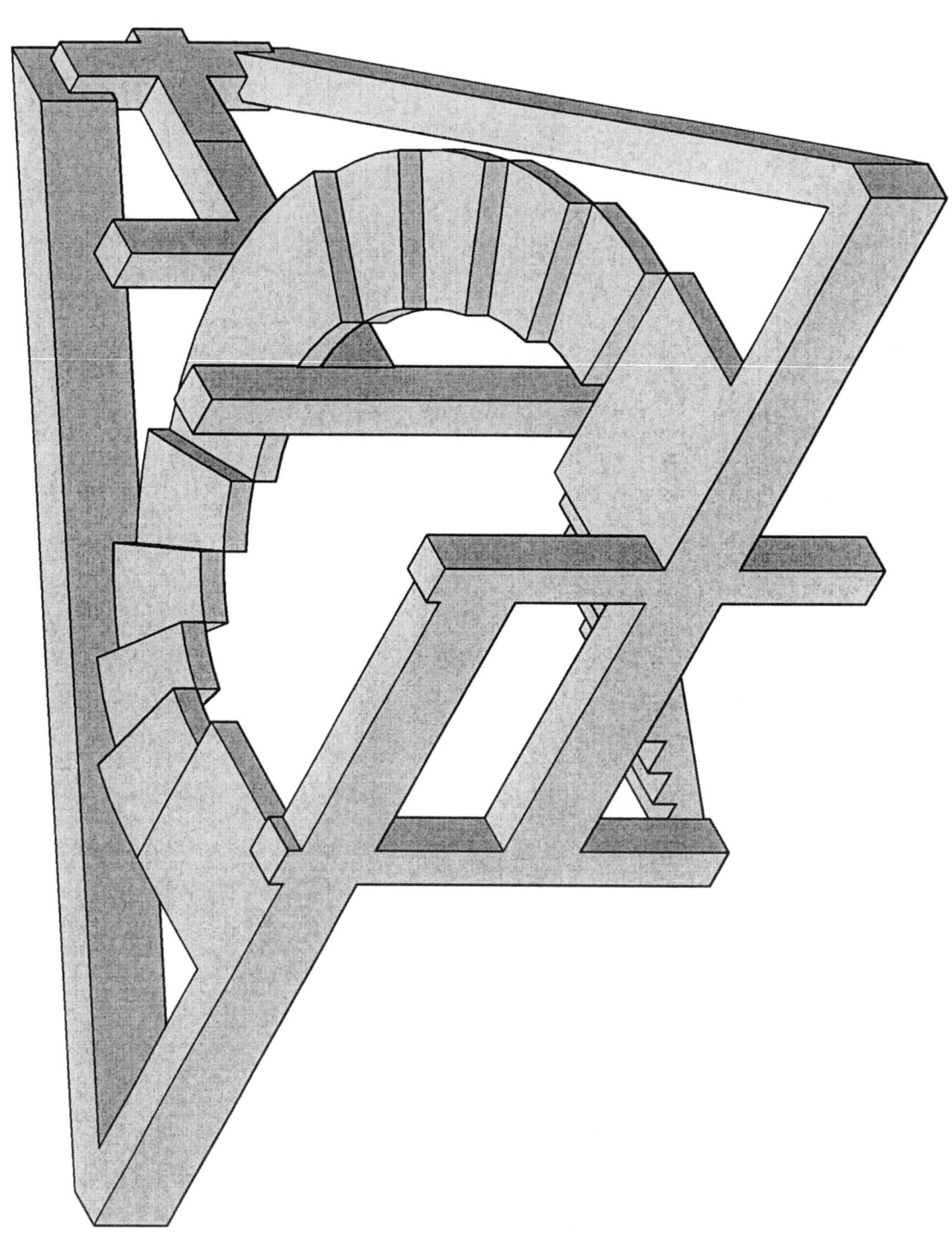

EJERCICIO 4

- LA ESCALERA ESTÁ FUERA DEL EDIFICIO, UNIDA AL MISMO POR RELLANO PRINCIPAL, DANDO ACCESO A VIVIENDAS A COTAS + 3 m, + 6 m, + 9 m, + 12 m... ETC.

- RESOLVER LA ESTRUCTURA Y LOSAS

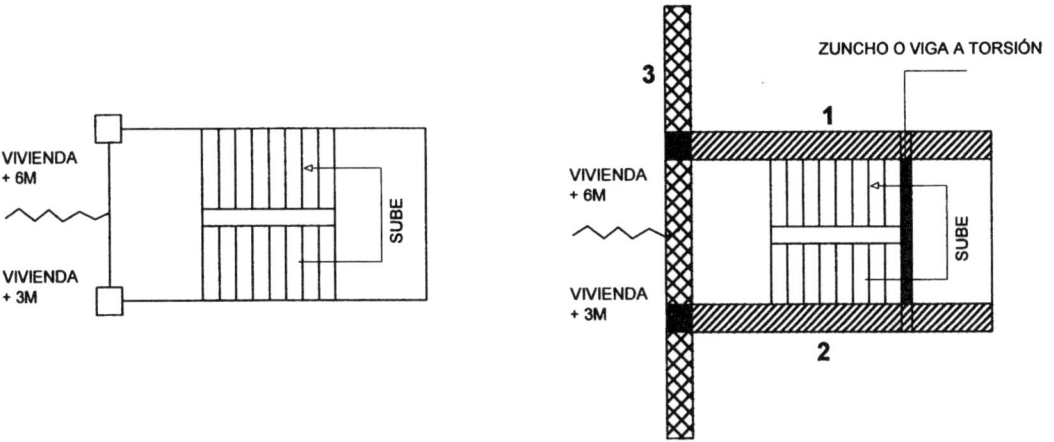

1 Y 2: DOS VIGAS ZANCAS MUY REFORZADAS EN LOS QUIEBROS

3: UNA VIGA A COTA +3 m Y OTRA A COTA +6 m

EJERCICIO 5

- LA ESCALERA SUBE A PLANTA BAJA (0 m) AL PISO PRIMERO A COTA + 3 m.

- CONSTA DE UN TRAMO ANCHO HASTA COTA +1,5 m Y DOS TRAMOS MÁS ESTRECHOS HASTA COTA +3 m.

- EL TRAMO CENTRAL ANCHO ARRANCA DEL CIMIENTO.

- RESOLVER LA ESTRUCTURA.

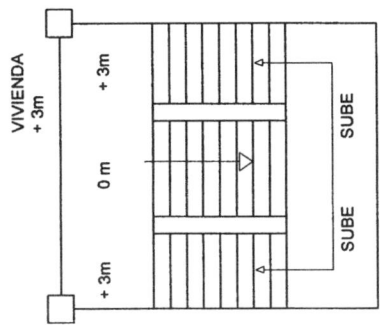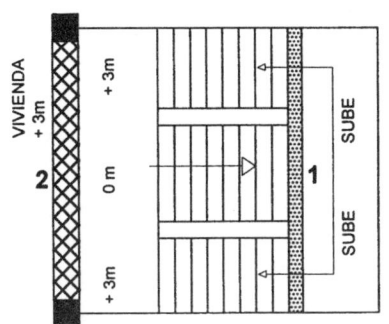

1: VIGA/ZUNCHO HORIZONTAL A COTA +1,50 m APOYADO/COLGADO DE LA LOSA CONTRAL Y DE LAS DOS LATERALES

2: DOS VIGAS HORIZONTALES A COTA ±0m Y +3m

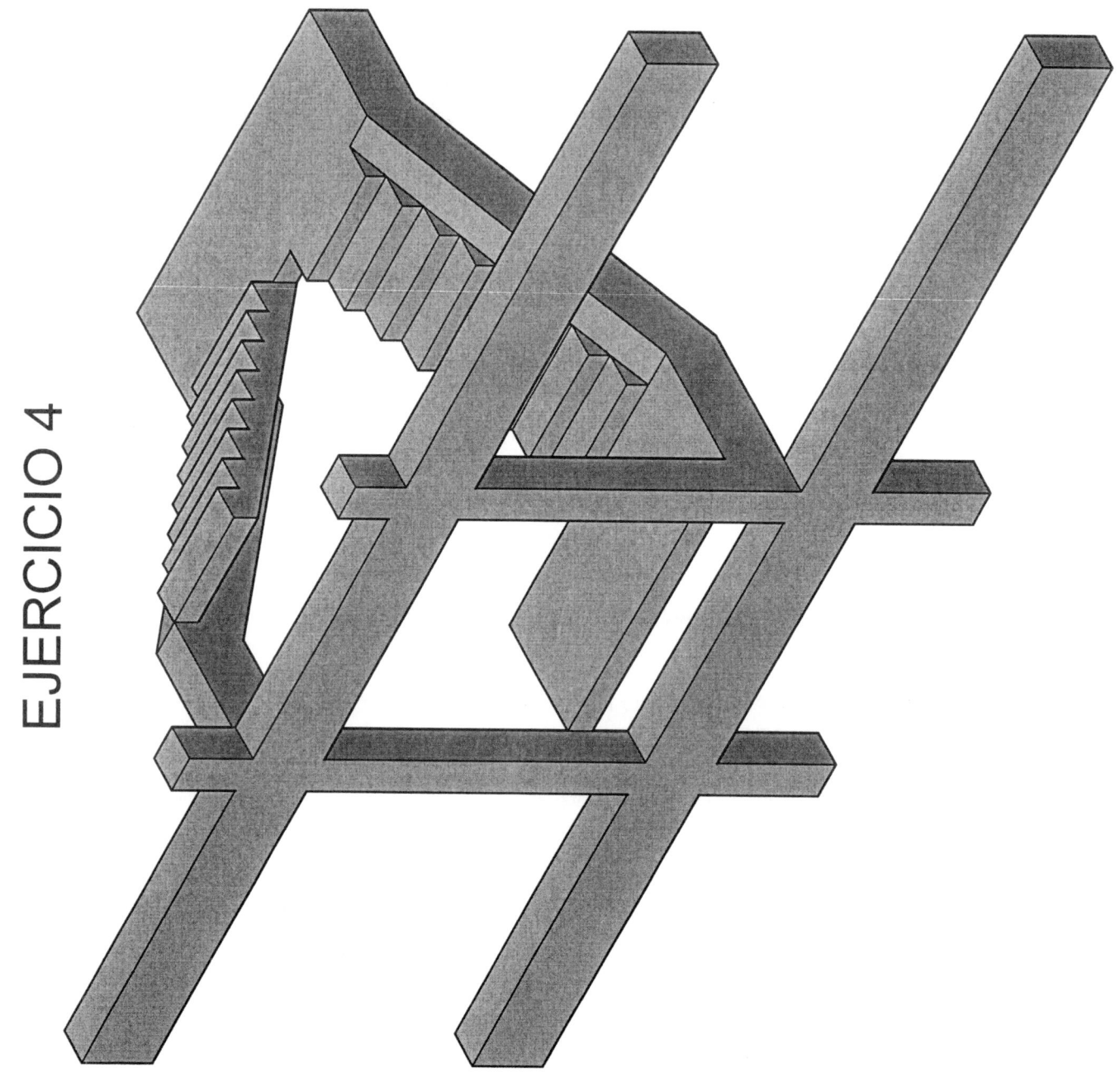

EJERCICIO 5

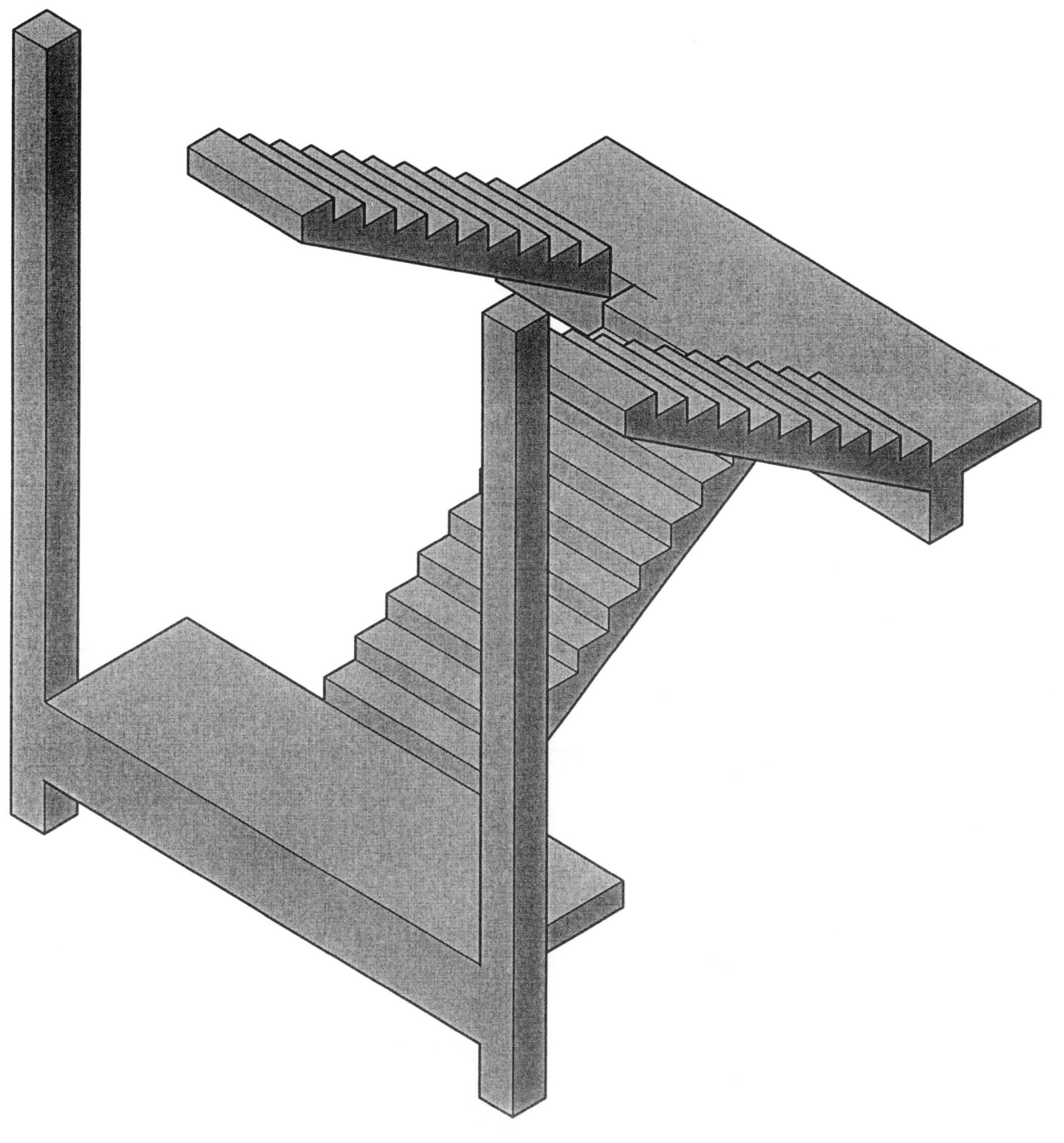

EJERCICIO 6

- LA ESCALERA ACCEDE A VIVIENDAS A COTAS A +3m, +6m... ETC Y EN DICHO ACCESO EXISTE UNA JUNTA DE DILATACIÓN (MARCADA EN LÍNEA DISCONTINUA).

- RESOLVER LA ESTRUCTURA EN PLANTA, DETALLANDO EN ALZADO-SECCIÓN-PERSPECTIVA LA ZONA MARCADA CON EL REDONDEL.

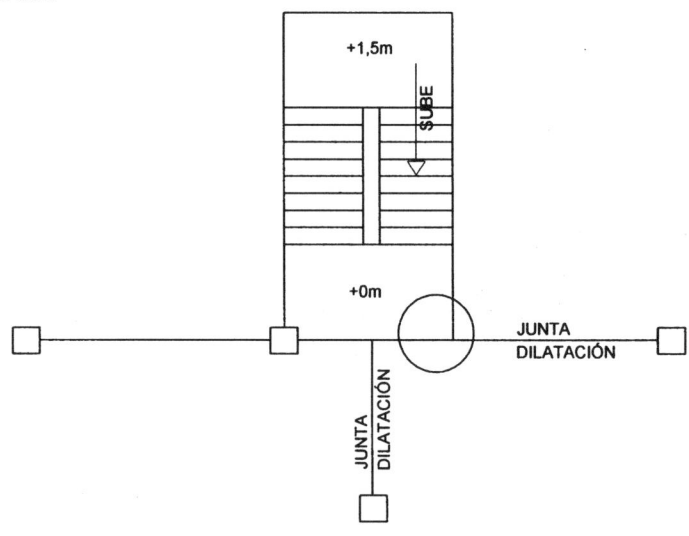

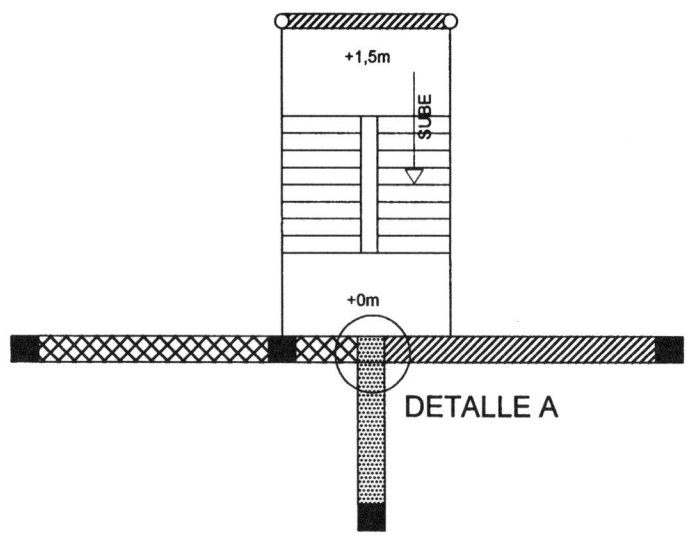

DETALLE A

DETALLE A

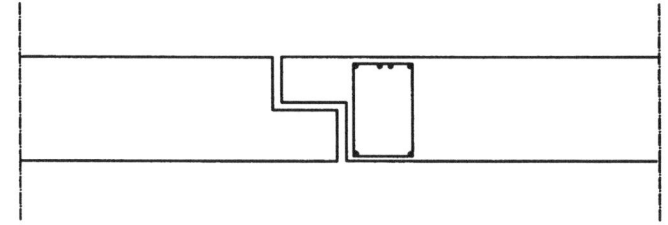

EJERCICIO 6

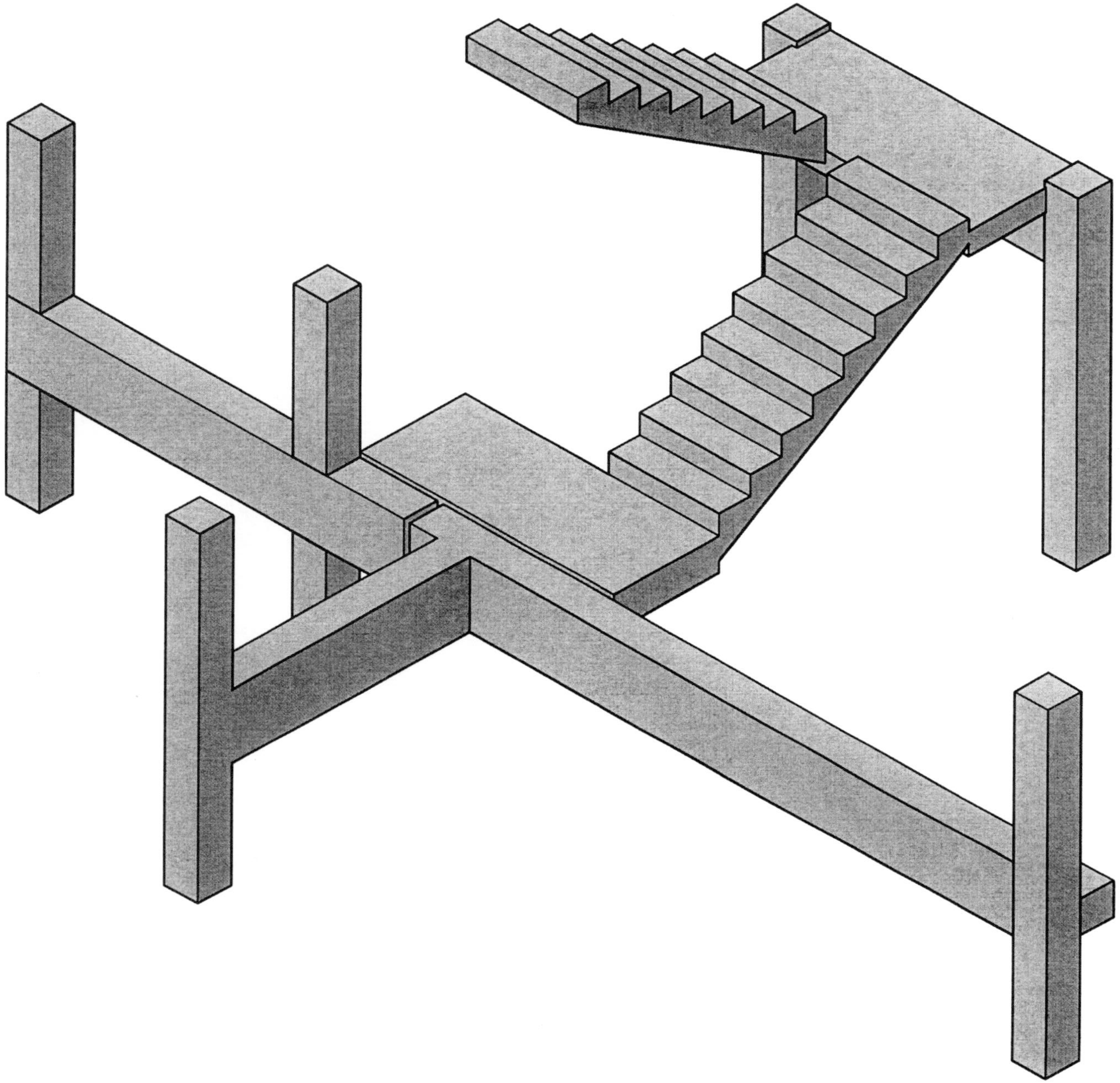

PRÁCTICA 7. CONSTRUCCIÓN DE ESTRUCTURAS. ESCALERAS
MAYO 2003

La escalera adjunta corresponde a un edificio singular de planta baja diáfana y un piso superior. Está totalmente independiente del edificio.

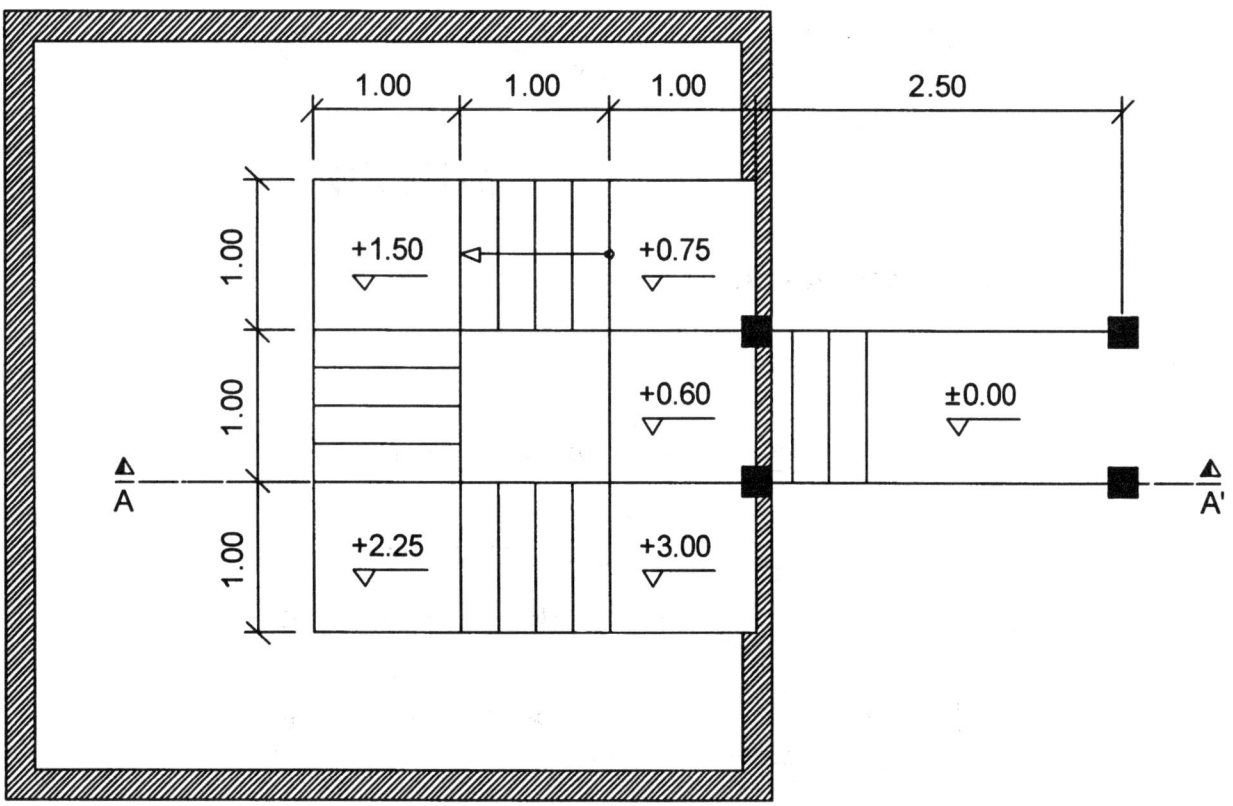

Dicha escalera se sustenta sobre los 4 pilares indicados en el croquis. Está volada por encima de un gran estanque de agua de 3 m de profundidad, cuyo muro perimetral coincide con los pilares 1 y 3 de la escalera.

1.ª opción: estructura de H.A. todo.

2.ª opción: pilares y jácenas metálicas. Bóveda de la escalera de H.A.

3.ª opción: toda la estructura metálica, excepto los peldaños.

SE PIDE:

A) Solucionar en planta el esquema estructural sustentante de la escalera, definiendo sus elementos.

B) Efectuar el alzado-sección A-A' completo, incluyendo desde la cimentación hasta el techo, detallando uniones con cimentación, muros, uniones pilares-jácenas, etc. Todo bien detallado y completo.

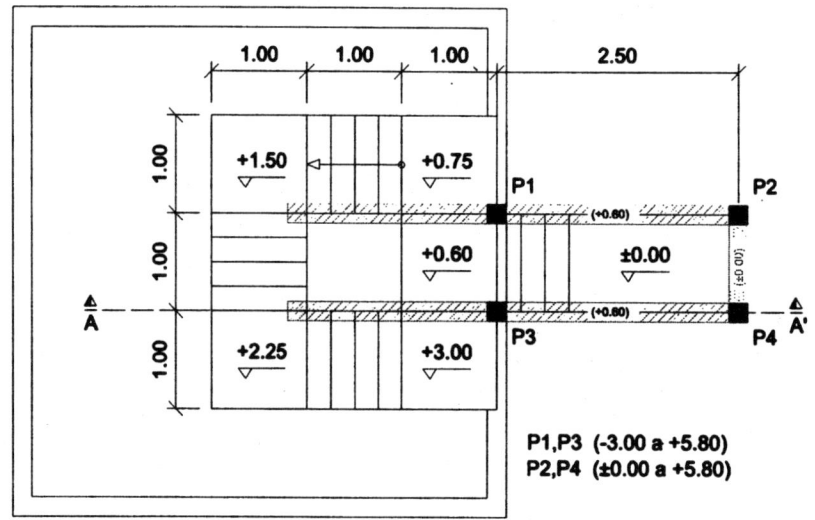

PLANTA-SECCIÓN a cota +0.60

P1,P3 (-3.00 a +5.80)
P2,P4 (±0.00 a +5.80)

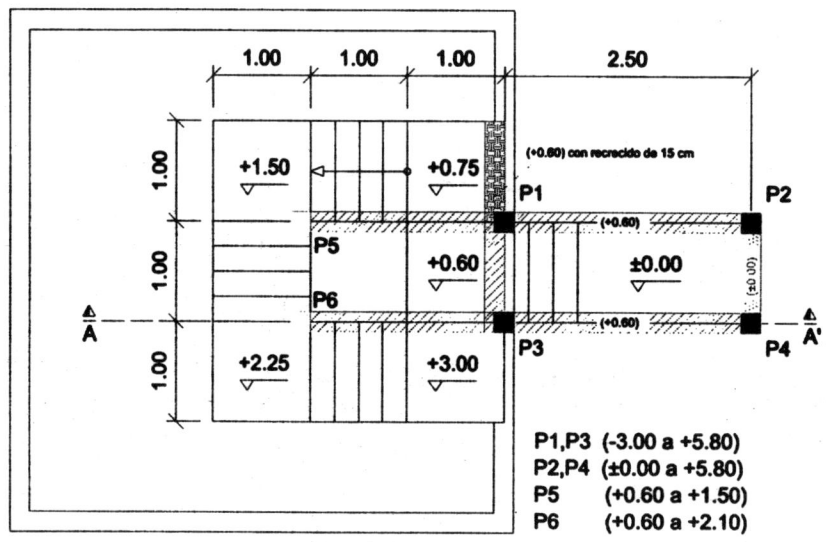

PLANTA-SECCIÓN a cota +0.60

P1,P3 (-3.00 a +5.80)
P2,P4 (±0.00 a +5.80)
P5 (+0.60 a +1.50)
P6 (+0.60 a +2.10)

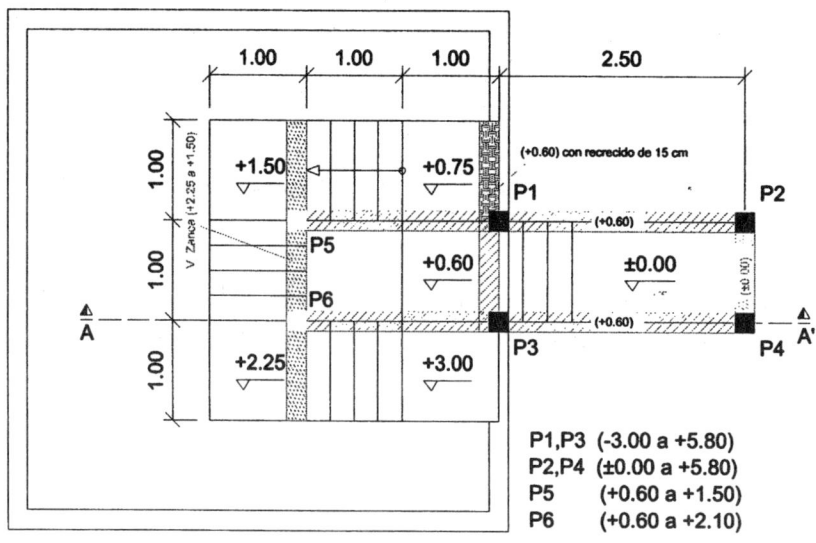

PLANTA-SECCIÓN a cota +2.25

P1,P3 (-3.00 a +5.80)
P2,P4 (±0.00 a +5.80)
P5 (+0.60 a +1.50)
P6 (+0.60 a +2.10)

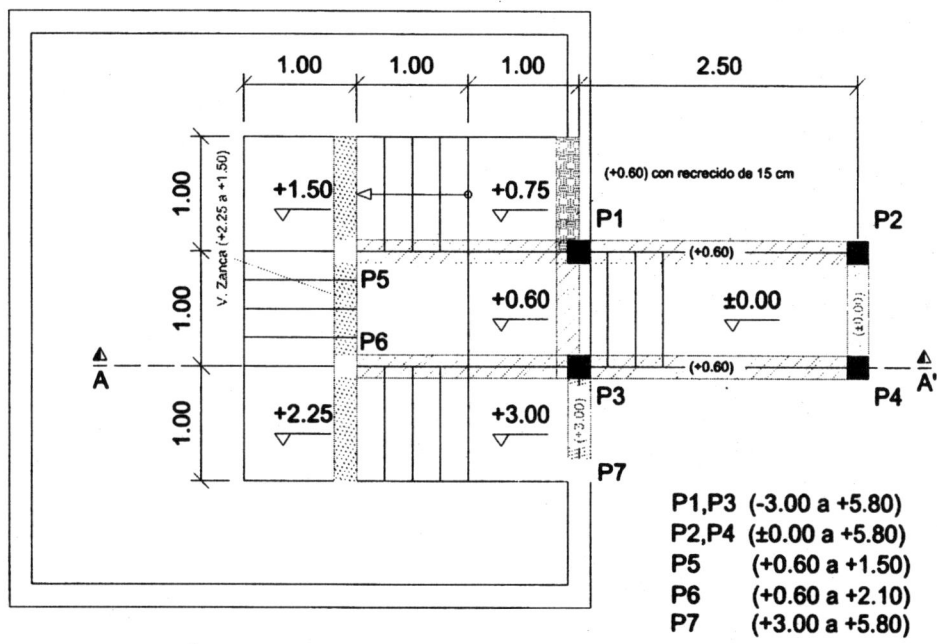

P1,P3	(-3.00 a +5.80)	
P2,P4	(±0.00 a +5.80)	
P5	(+0.60 a +1.50)	
P6	(+0.60 a +2.10)	
P7	(+3.00 a +5.80)	

PLANTA-SECCIÓN a cota +3.00

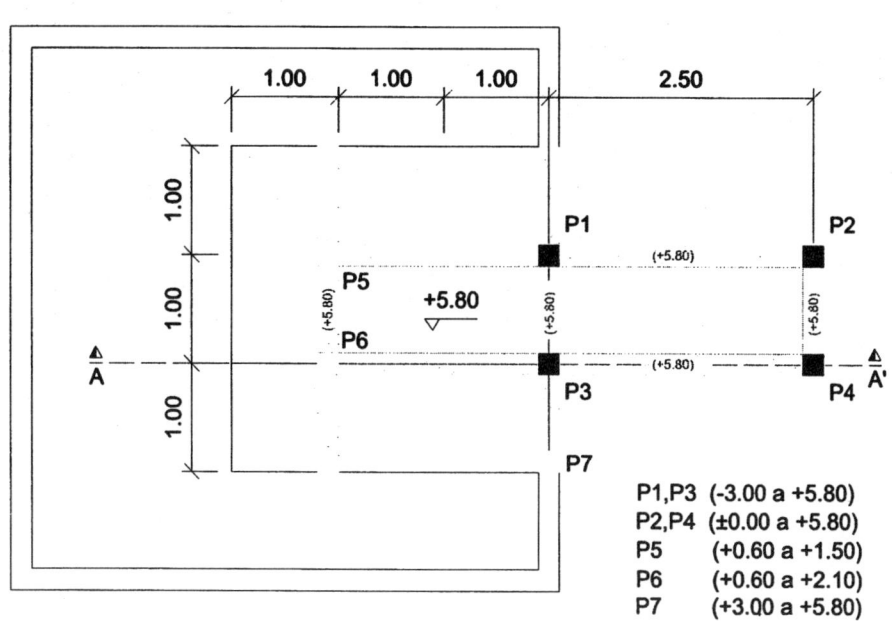

P1,P3	(-3.00 a +5.80)	
P2,P4	(±0.00 a +5.80)	
P5	(+0.60 a +1.50)	
P6	(+0.60 a +2.10)	
P7	(+3.00 a +5.80)	

PLANTA-SECCIÓN a cota +5.80

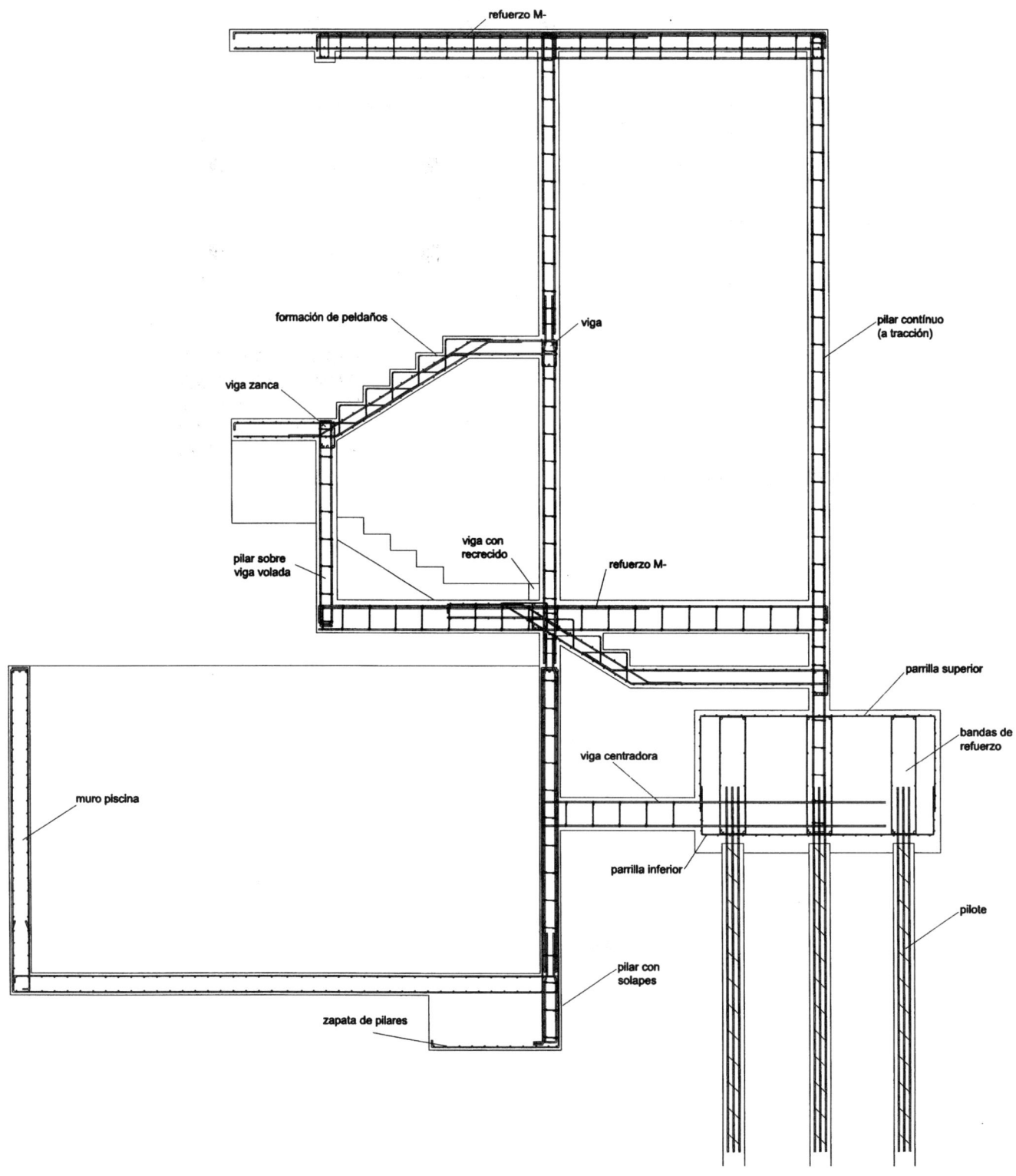

refuerzo M-

formación de peldaños

viga

pilar contínuo
(a tracción)

viga zanca

pilar sobre
viga volada

viga con
recrecido

refuerzo M-

parrilla superior

viga centradora

bandas de
refuerzo

muro piscina

parrilla inferior

pilote

pilar con
solapes

zapata de pilares

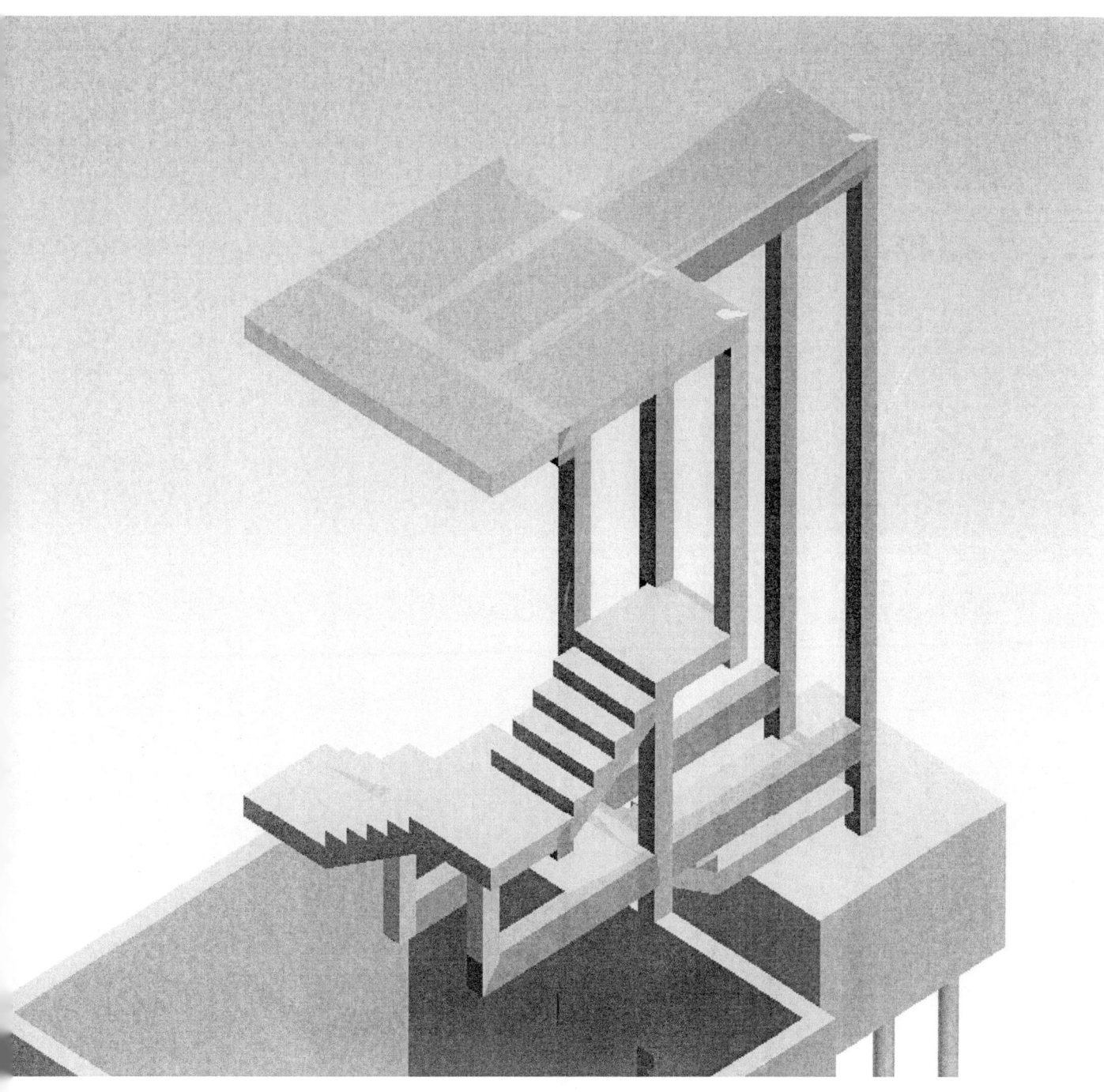

PRÁCTICA 8. CONSTRUCCIÓN DE ESTRUCTURAS. OCTUBRE 2007

Resolver el esquema estructural sustentante de las siguientes escaleras, especificando el tipo de viga, cotas, etc., de las mismas. Ayudarse con perspectivas.

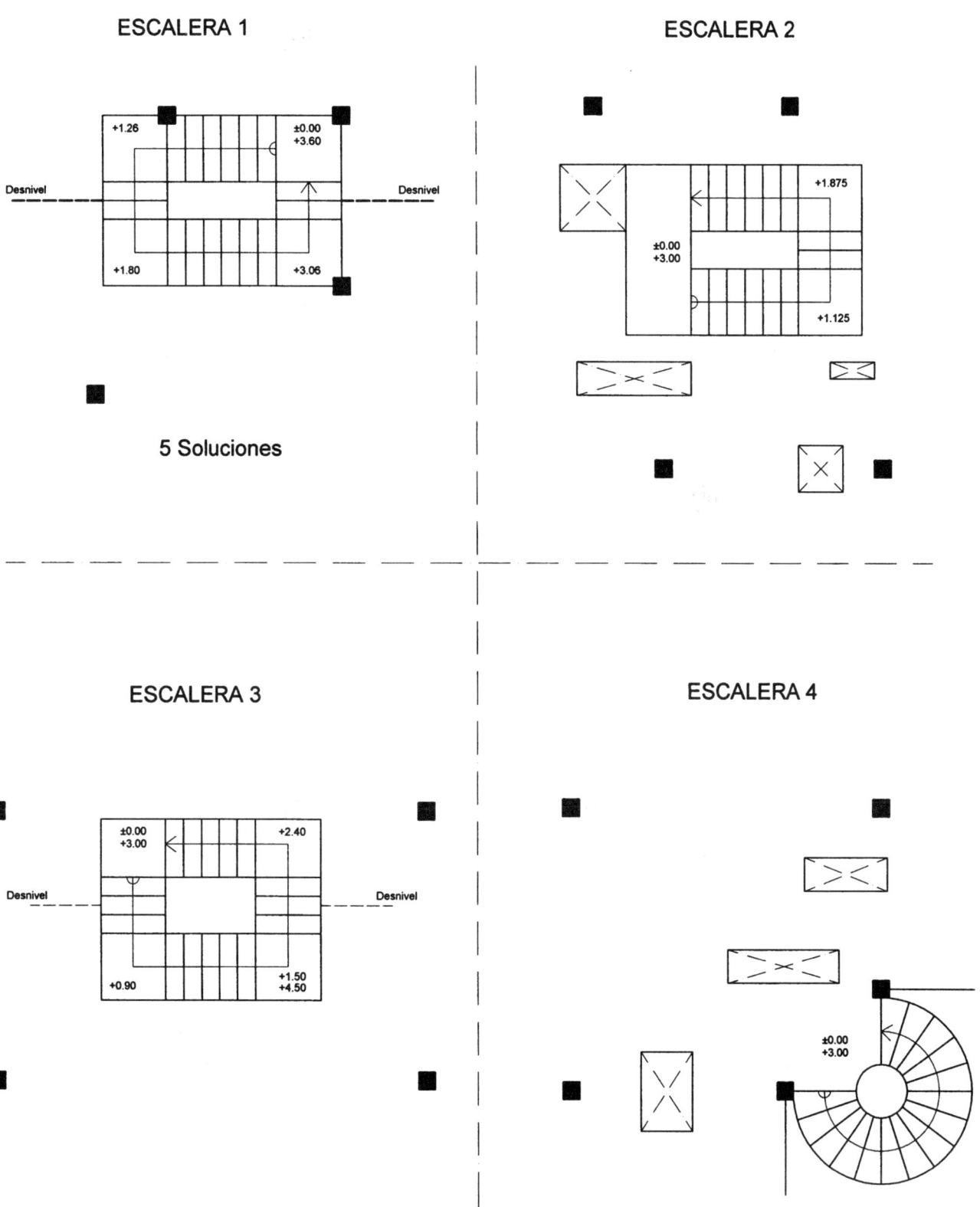

ESCALERA 1

Solución 1

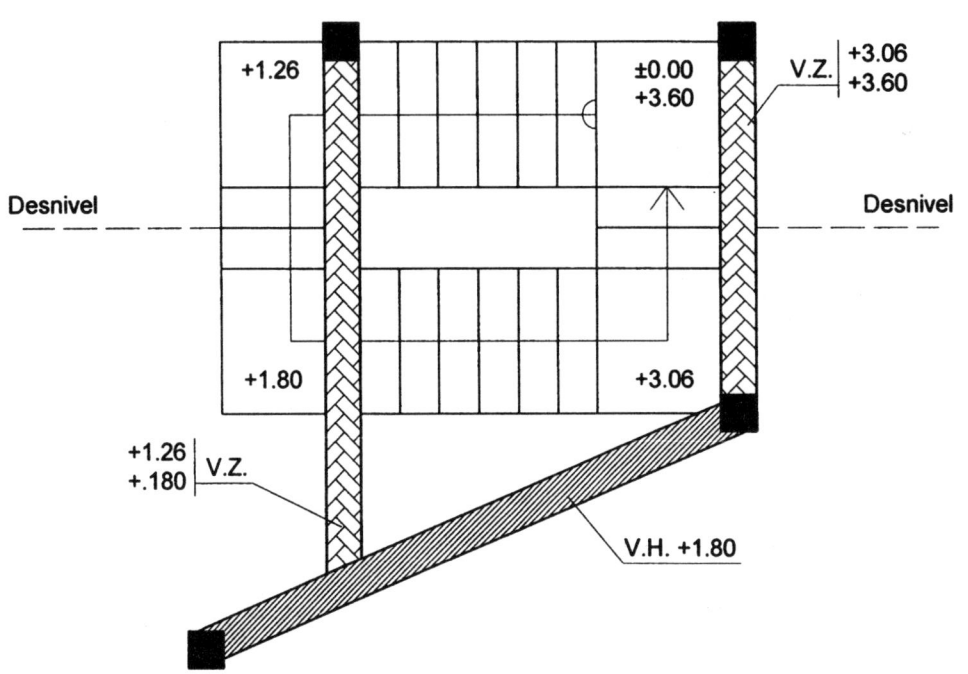

ESCALERA 1

Solución 2

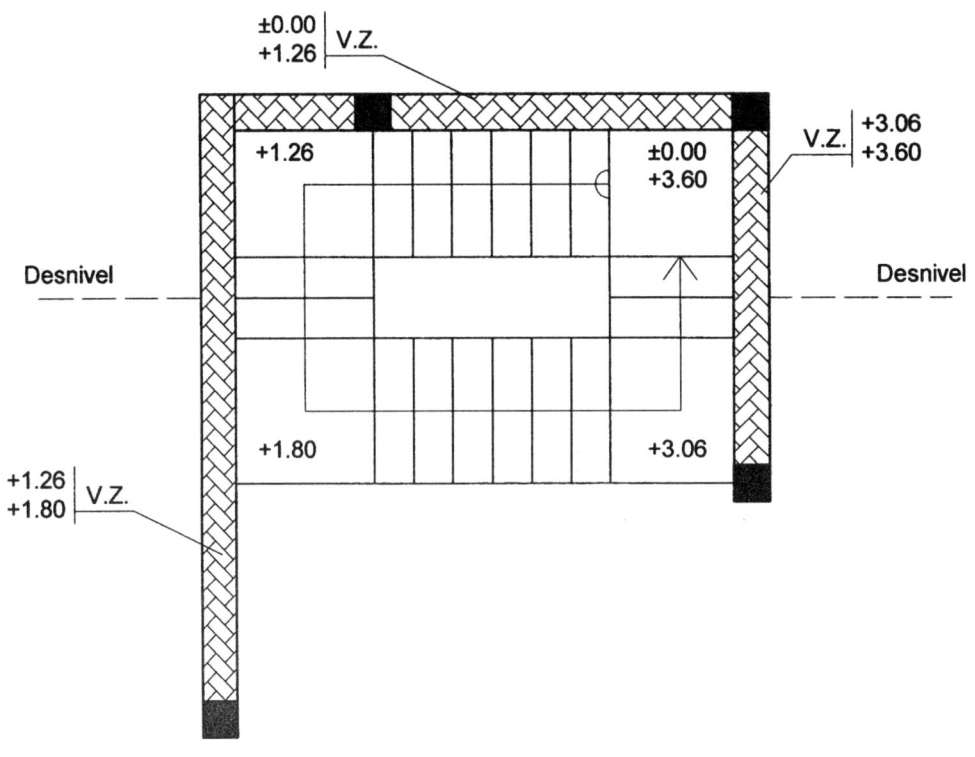

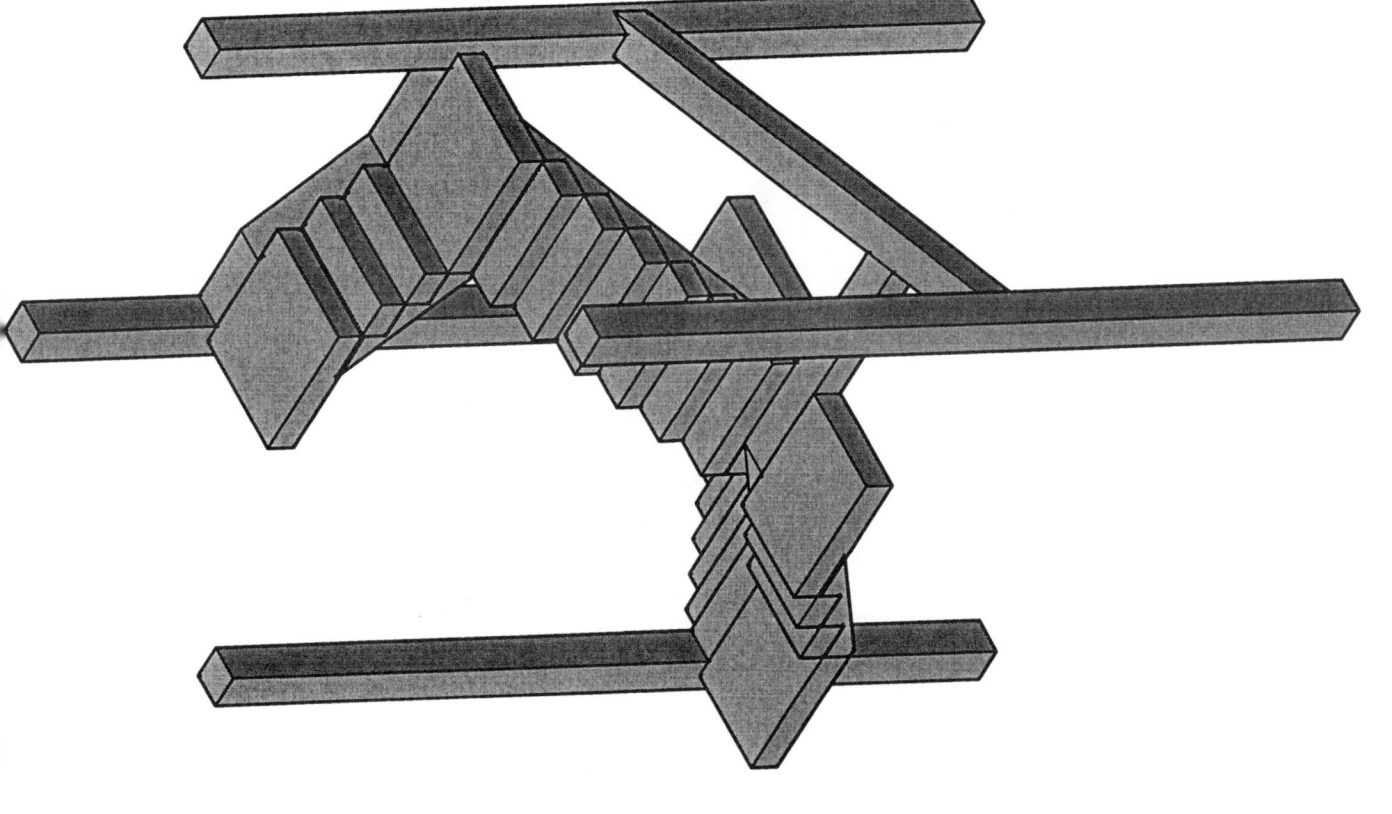

ESCALERA 1.
Solución 1

**ESCALERA 1.
Solución 2**

ESCALERA 1

Solución 3

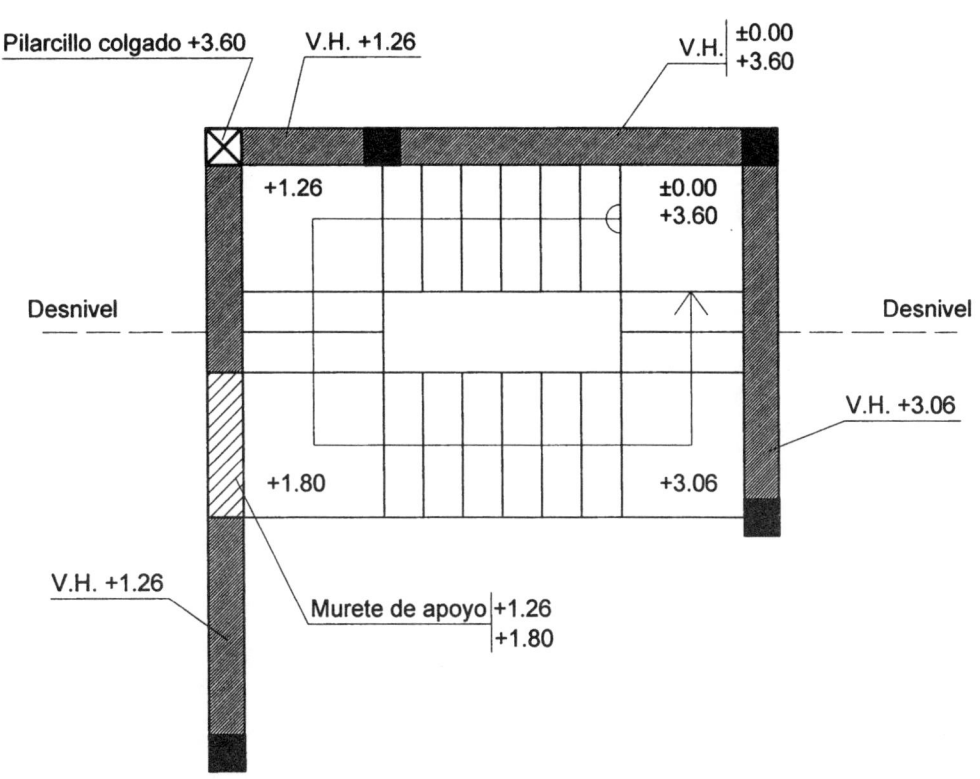

Pilarcillo colgado +3.60   V.H. +1.26   V.H. ±0.00 +3.60

+1.26

±0.00 +3.60

Desnivel   Desnivel

V.H. +3.06

+1.80   +3.06

V.H. +1.26

Murete de apoyo +1.26 +1.80

ESCALERA 1

Solución 4

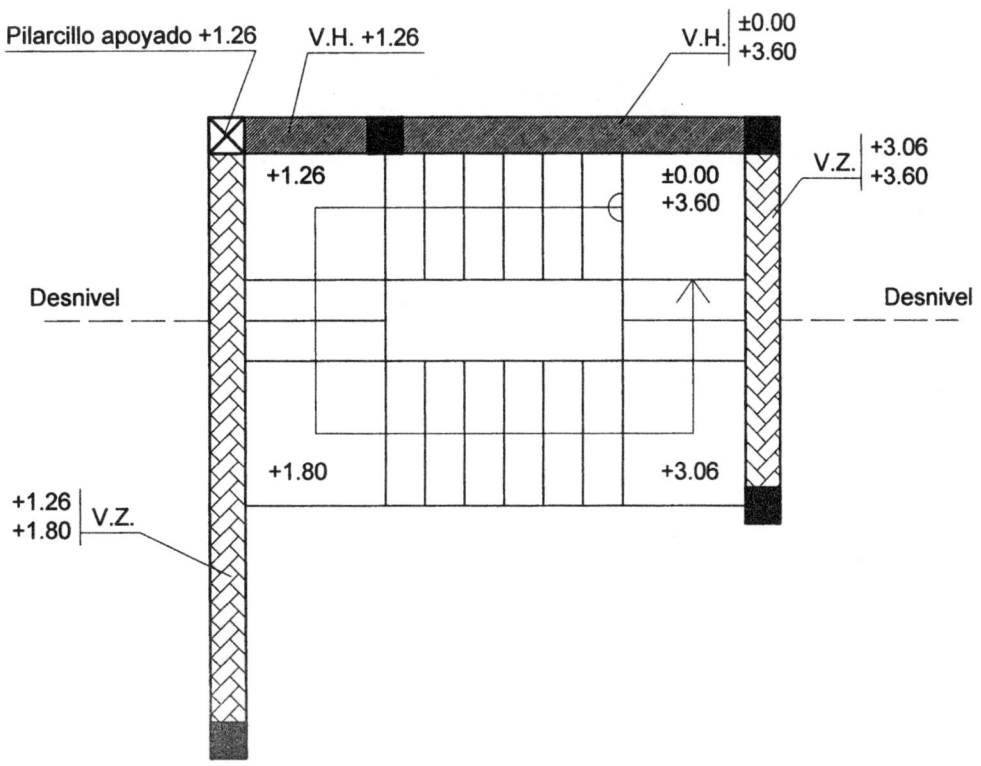

Pilarcillo apoyado +1.26   V.H. +1.26   V.H. ±0.00 +3.60

+1.26

±0.00 +3.60

V.Z. +3.06 +3.60

Desnivel   Desnivel

+1.80   +3.06

+1.26 +1.80   V.Z.

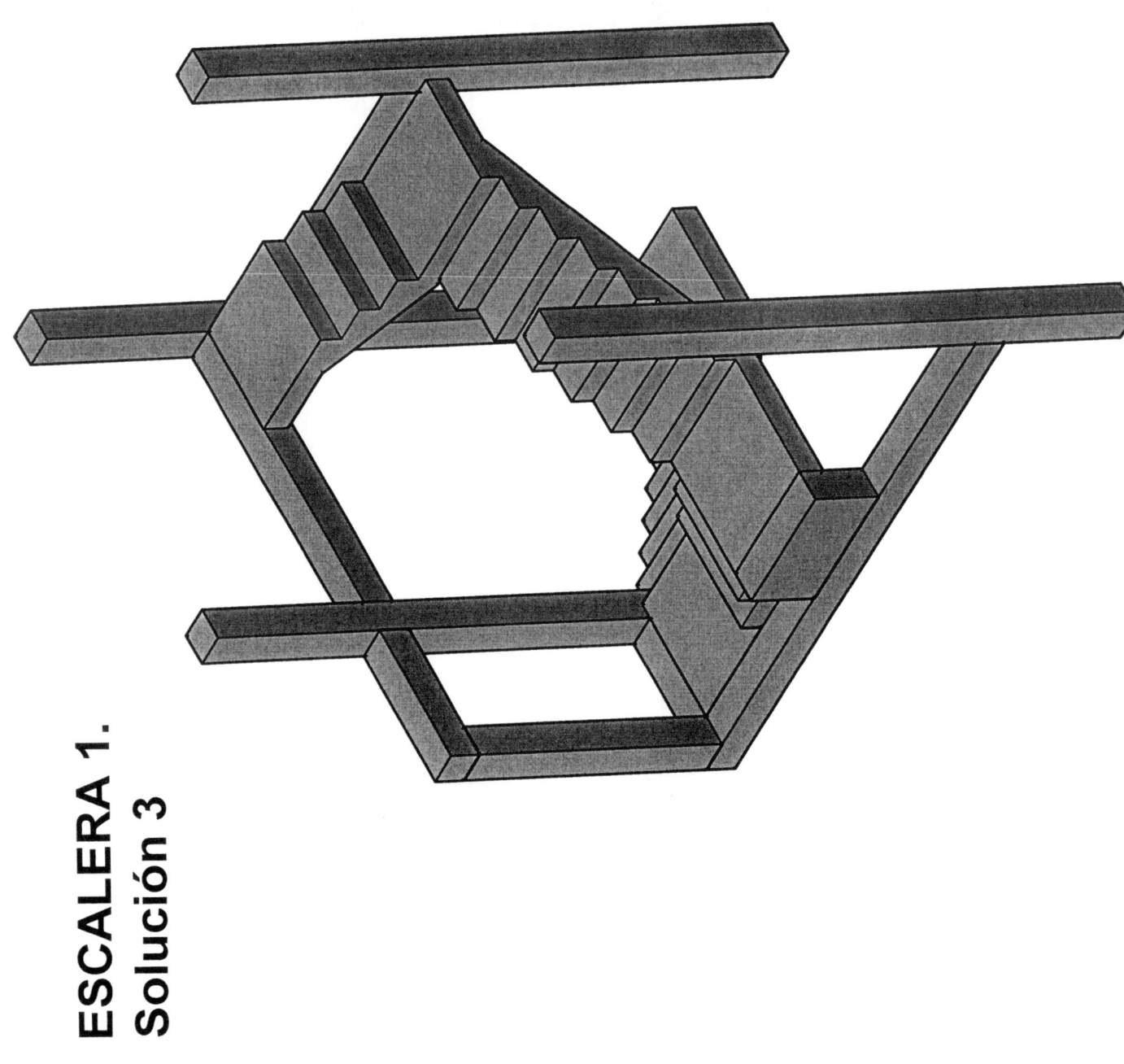

ESCALERA 1.
Solución 3

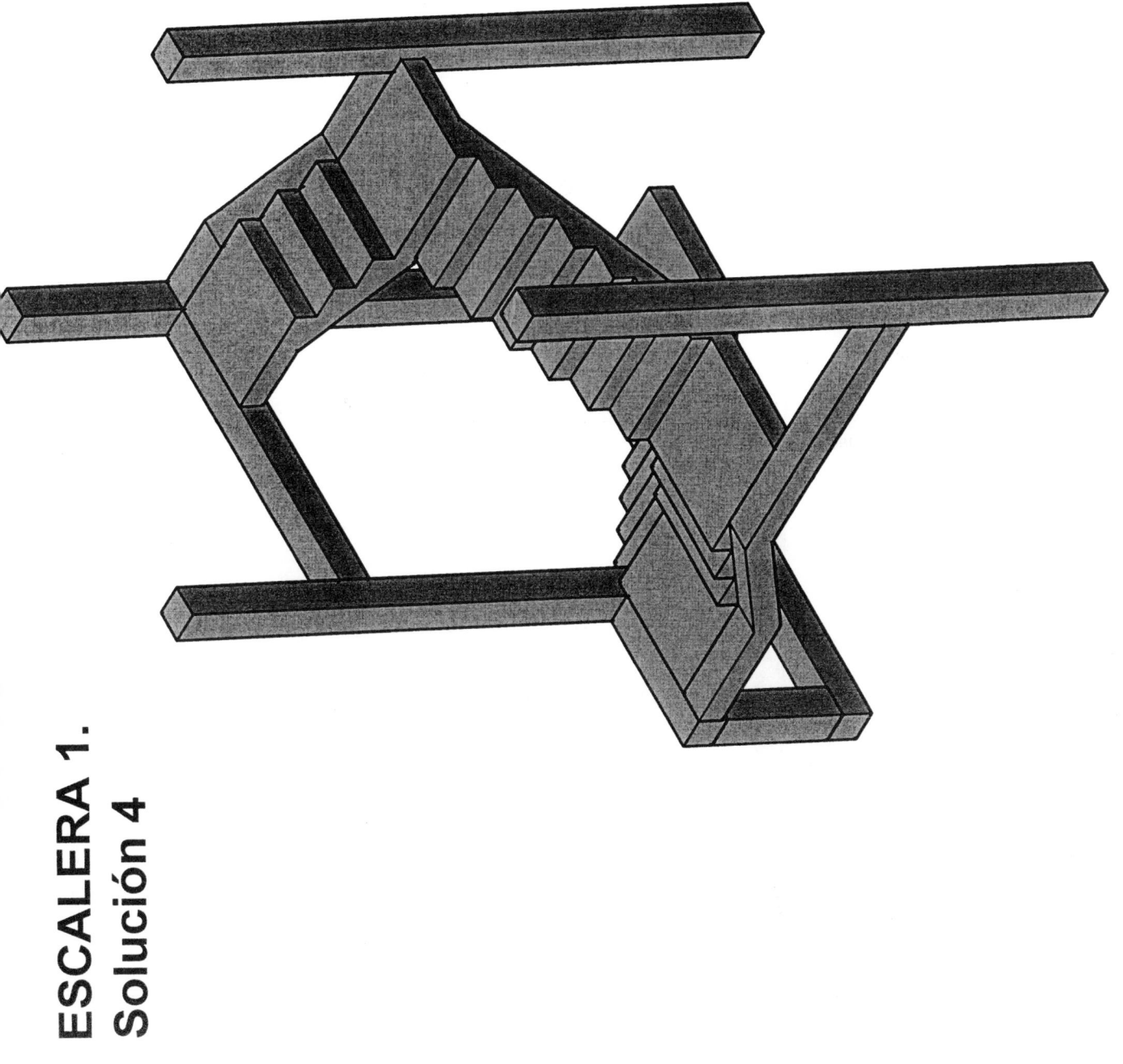

ESCALERA 1.
Solución 4

ESCALERA 1

Solución 5

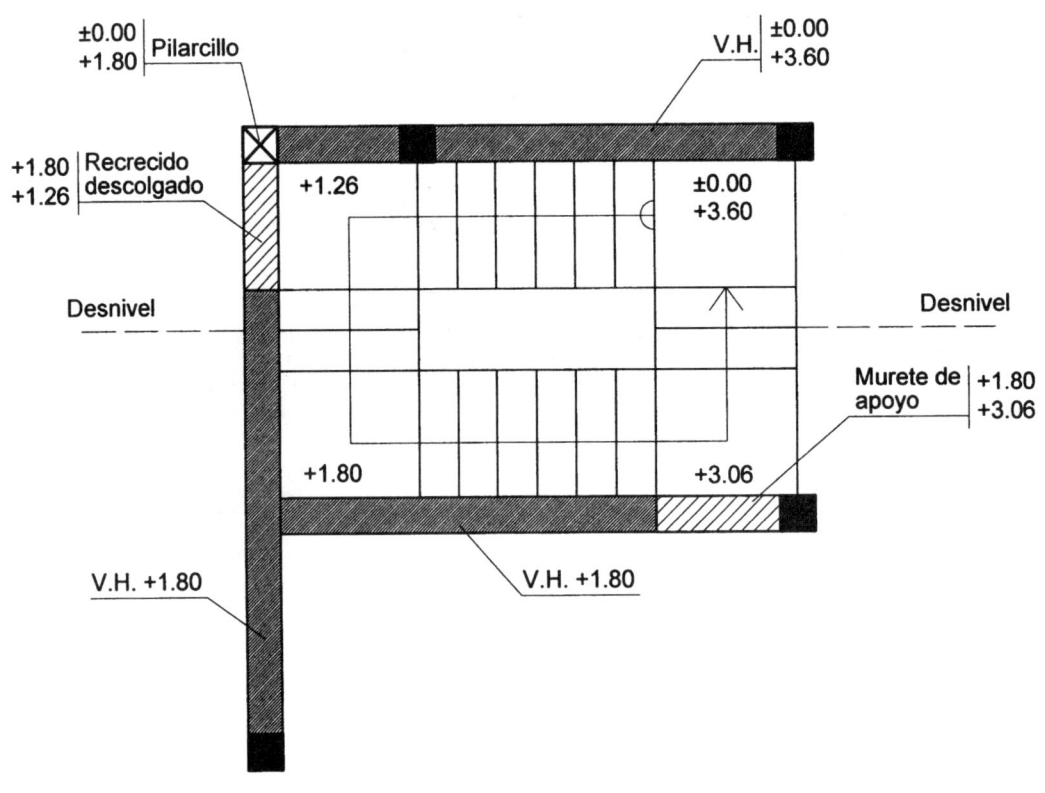

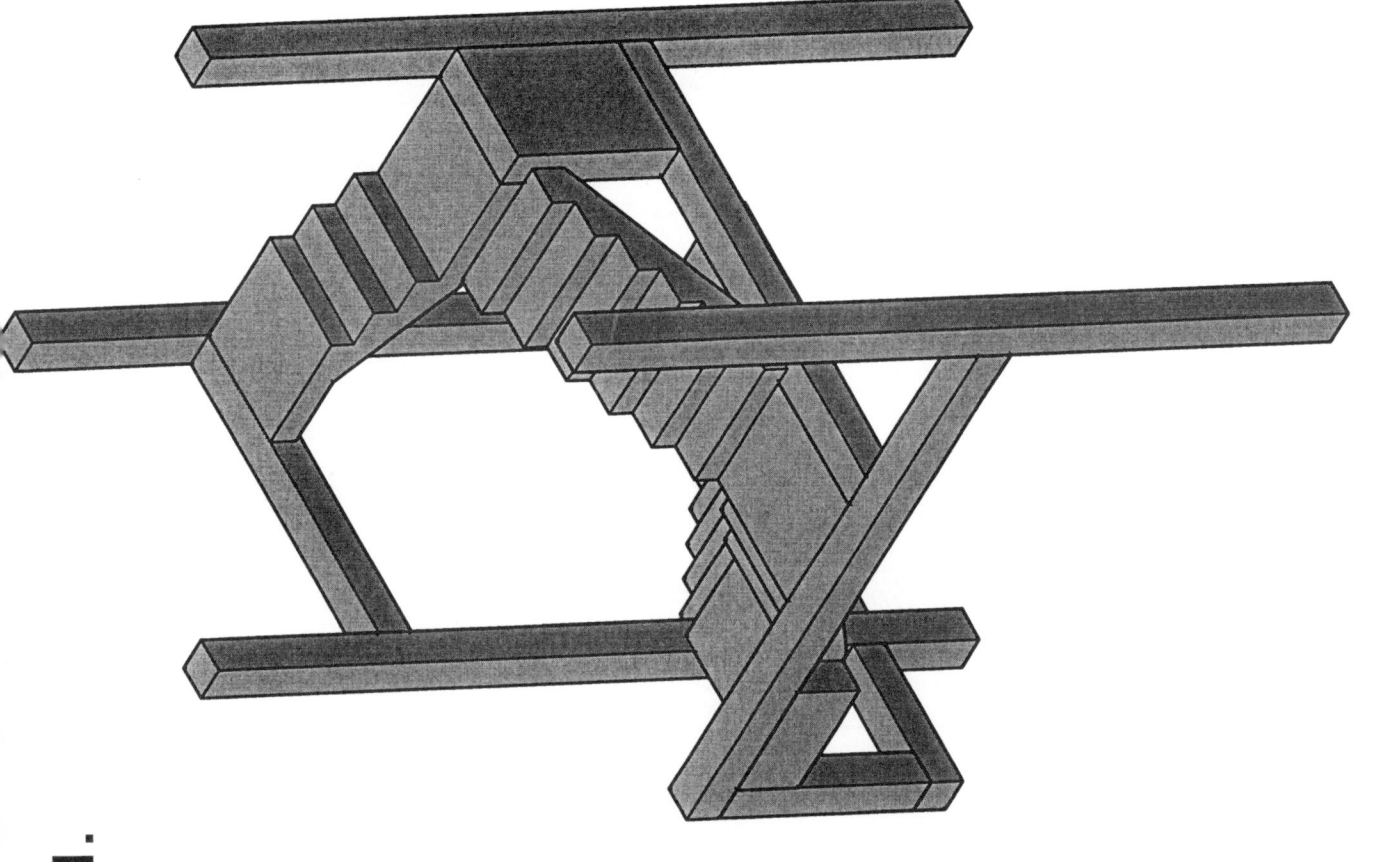

ESCALERA 1.
Solución 5

ESCALERA 2

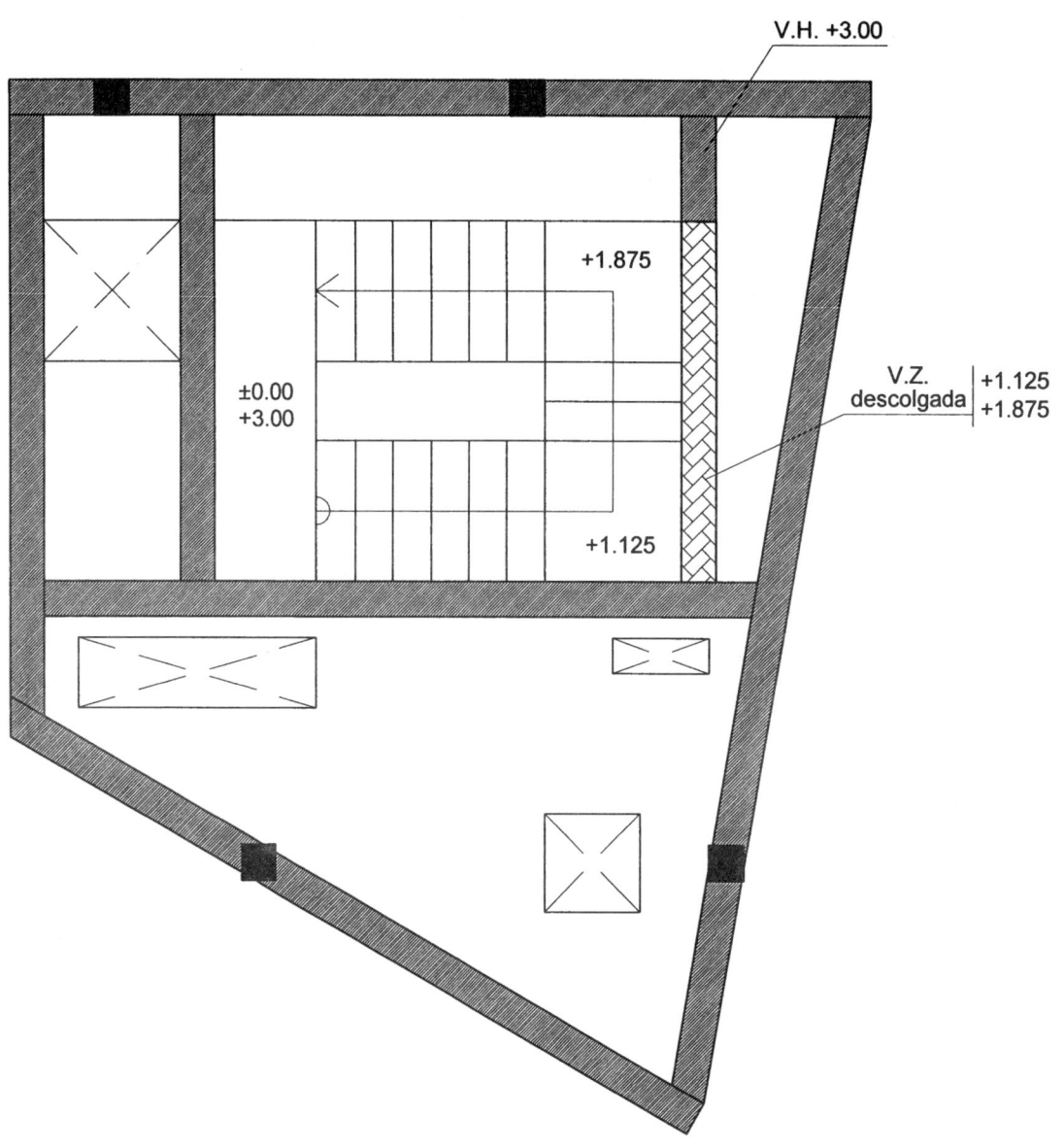

Todas las vigas horizontales se encuentran a ±0.00 y a +3.00

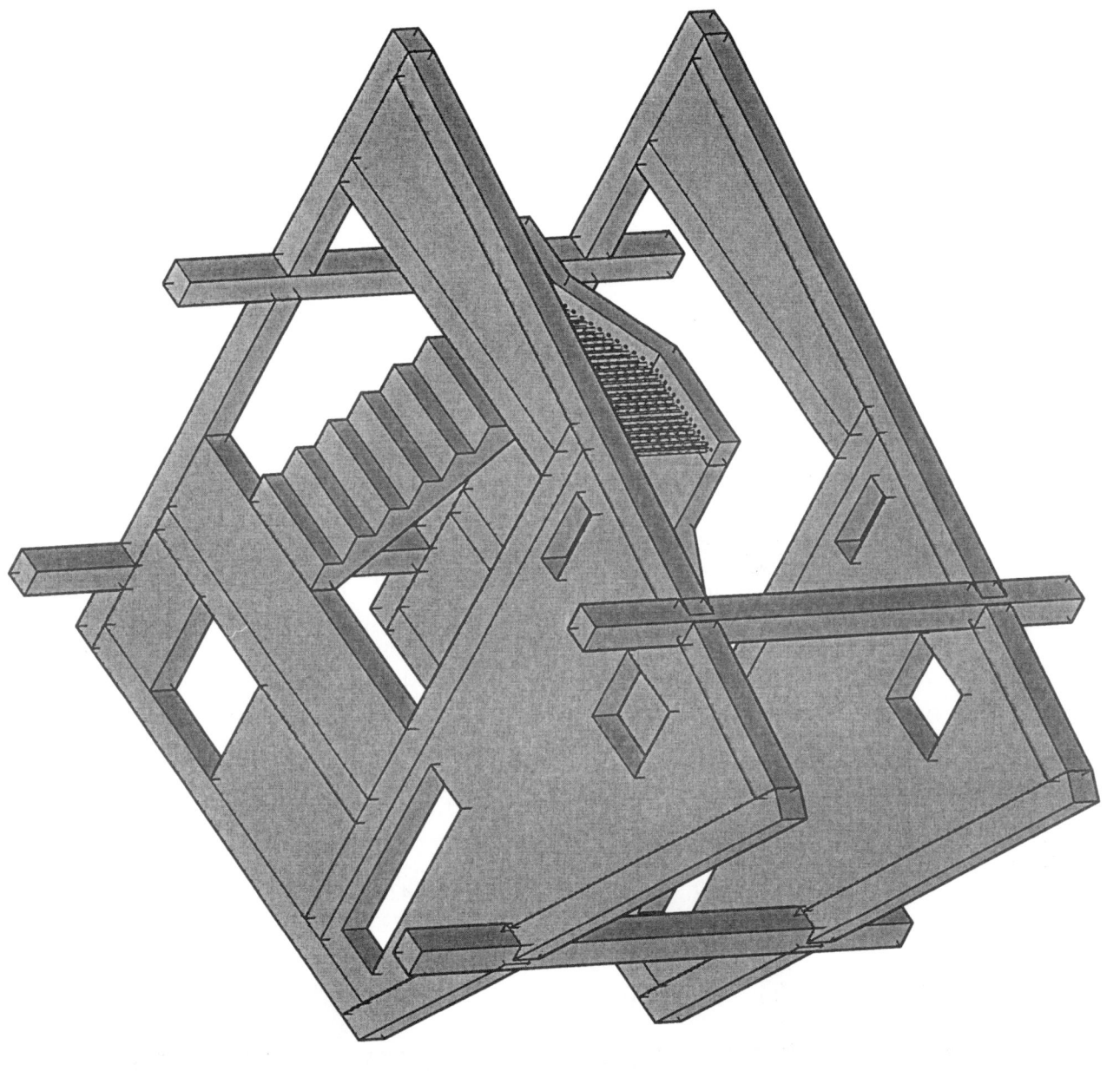

ESCALERA 2

ESCALERA 3

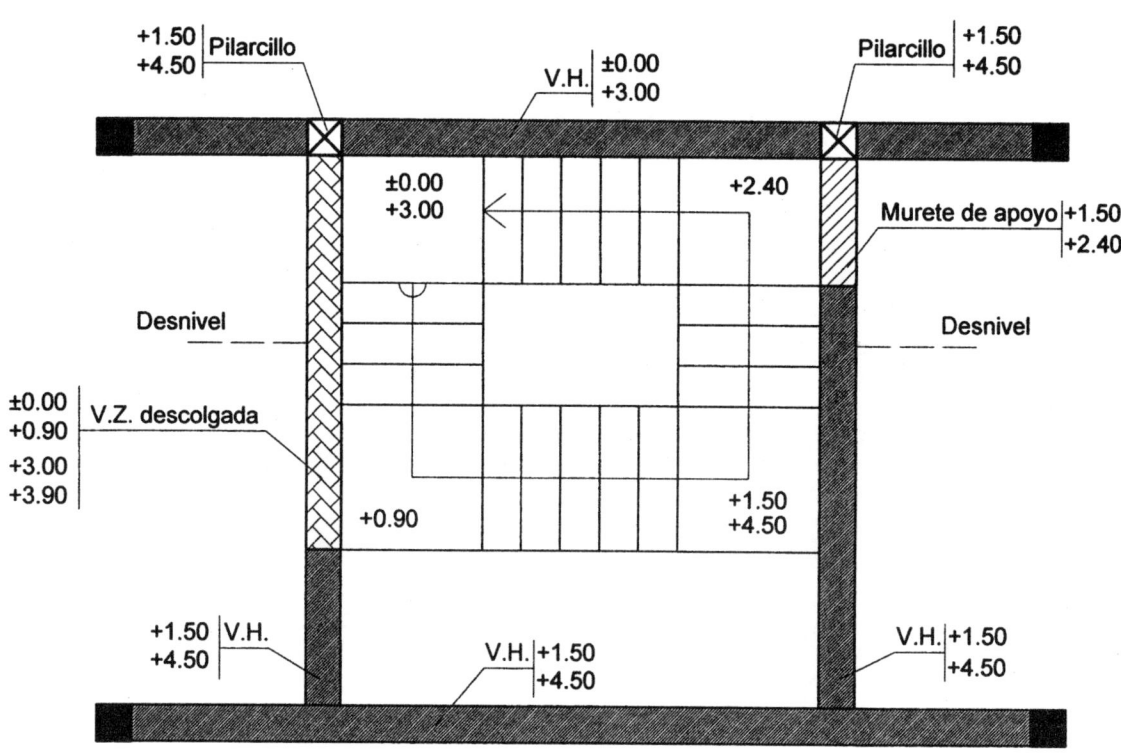

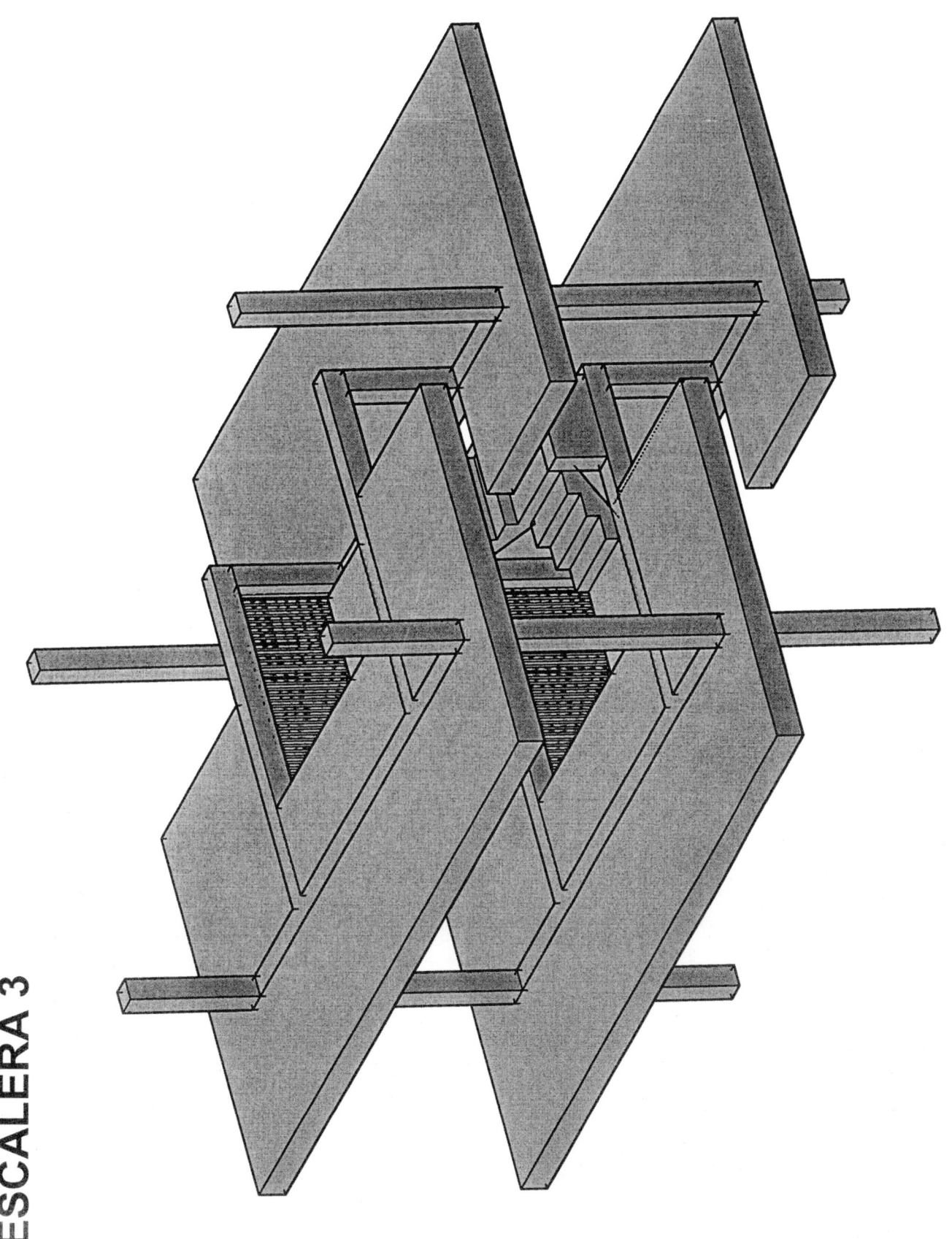

ESCALERA 4

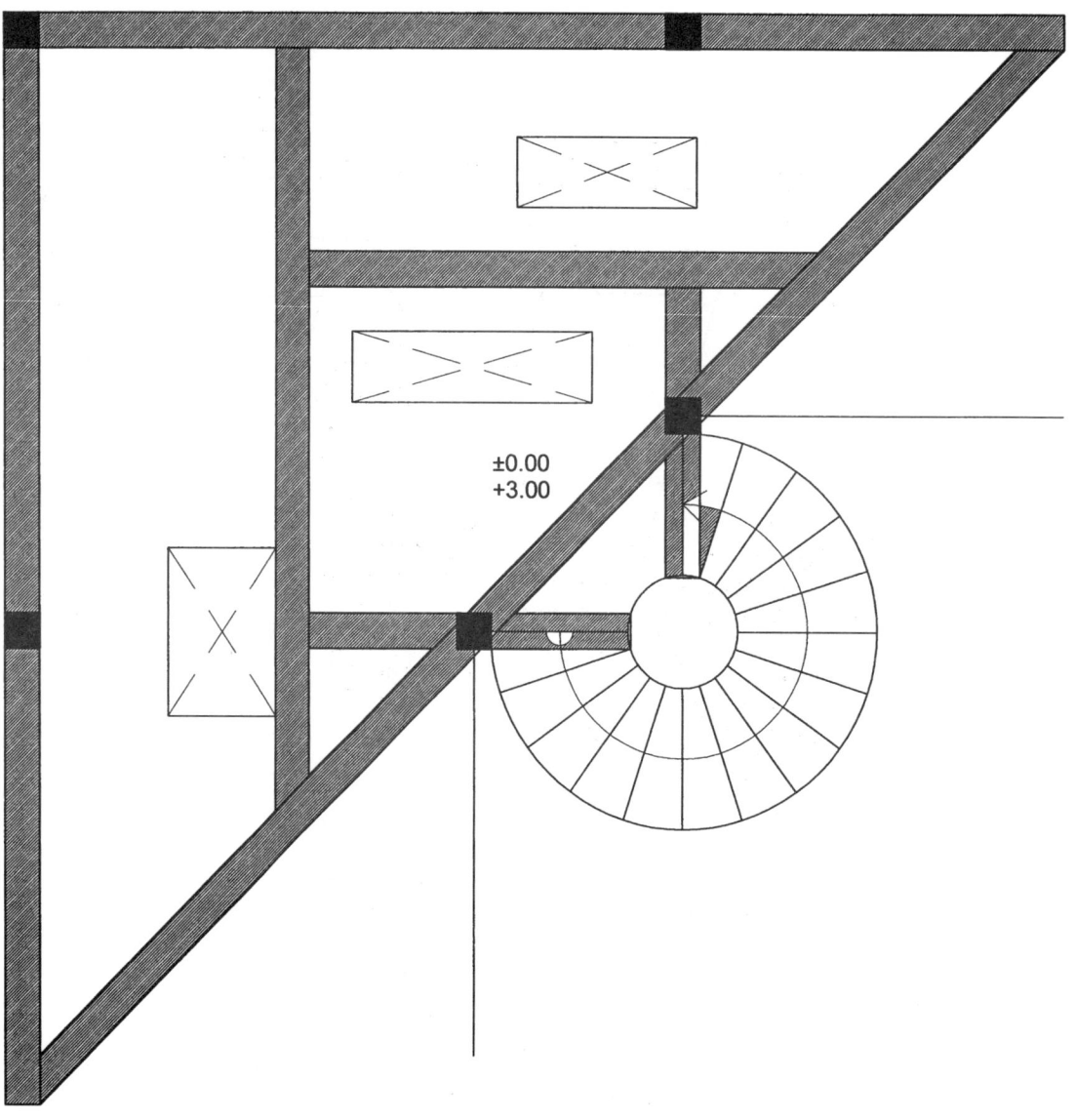

±0.00
+3.00

Todas las vigas horizontales se encuentran a   ±0.00 y a +3.00

ESCALERA 4

101

PRÁCTICA 9. CONSTRUCCIÓN DE ESTRUCTURAS. 2003-2004

Escalera de planta intermedia de edificio para viviendas.

ESCALERA 1

Solucionar el esquema estructural sustentante de la escalera adjunta, con las siguientes limitaciones:
-no utilizar vigas zancas,
-no colgar, ni apoyar, en las plantas superiores, ni en las inferiores.

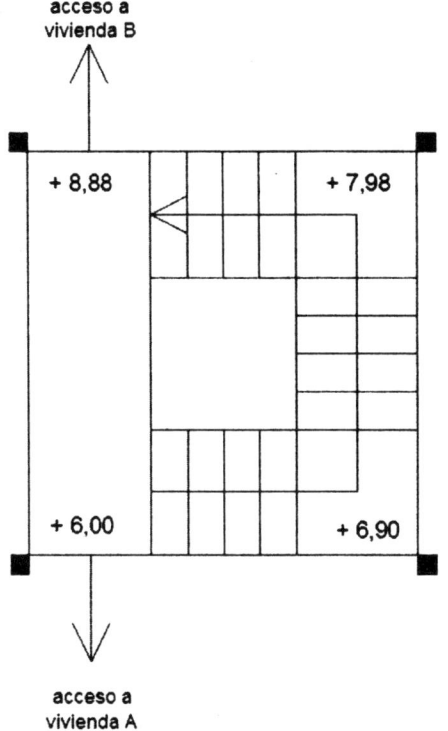

ESCALERA 2

Solucionar el esquema estructural sustentante de la escalera adjunta, definiendo cotas y efectuar la sección A-A' viendo armaduras de la escalera y anclajes a la estructura.
Prohibido utilizar vigas zancas. Prohibido colgar de plantas superiores.

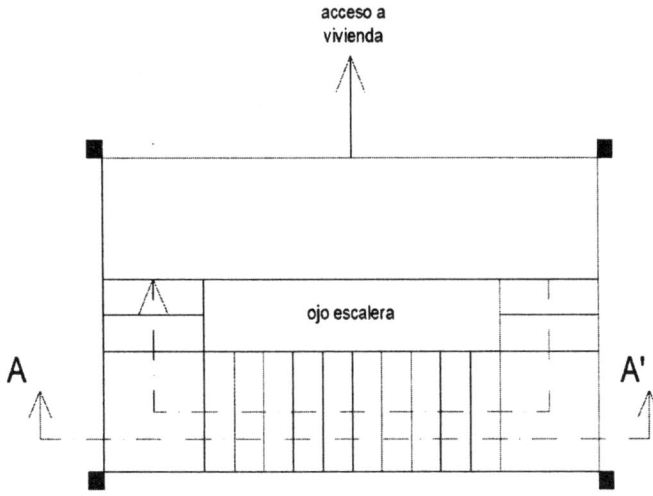

ESCALERA 3

Los peldaños 8-9-10 y 11-12-13 se construirán con ladrillos encima de la bancada horizontal que forma la losa de escalera en cada uno de los dos rellanos.

El rellano (losa hormigón) donde irán los peldaños 8-9-10 será horizontal e irá a una cota diferente al de los peldaños 11-12-13.

Se pide solucionar el esquema estructural sustentante de la escalera y efectuar el alzado sección A-A' bien definido.

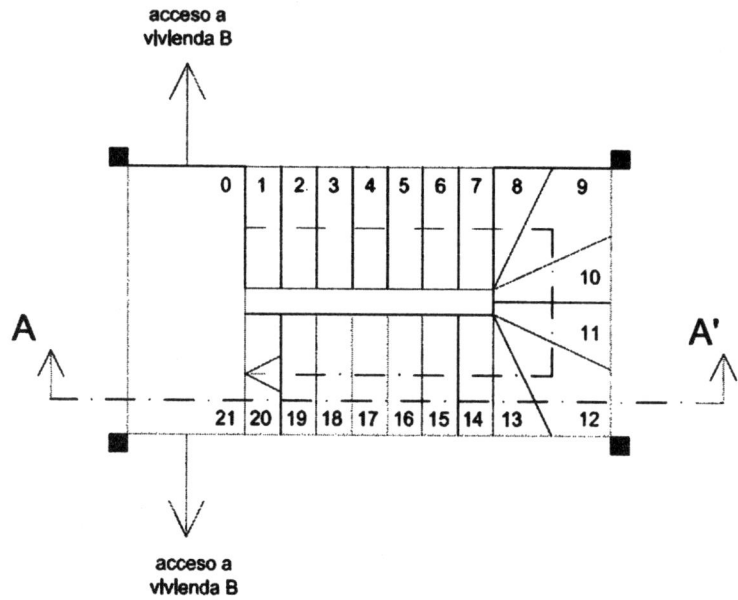

SOLUCIONES

ESCALERA 1: Opción 1

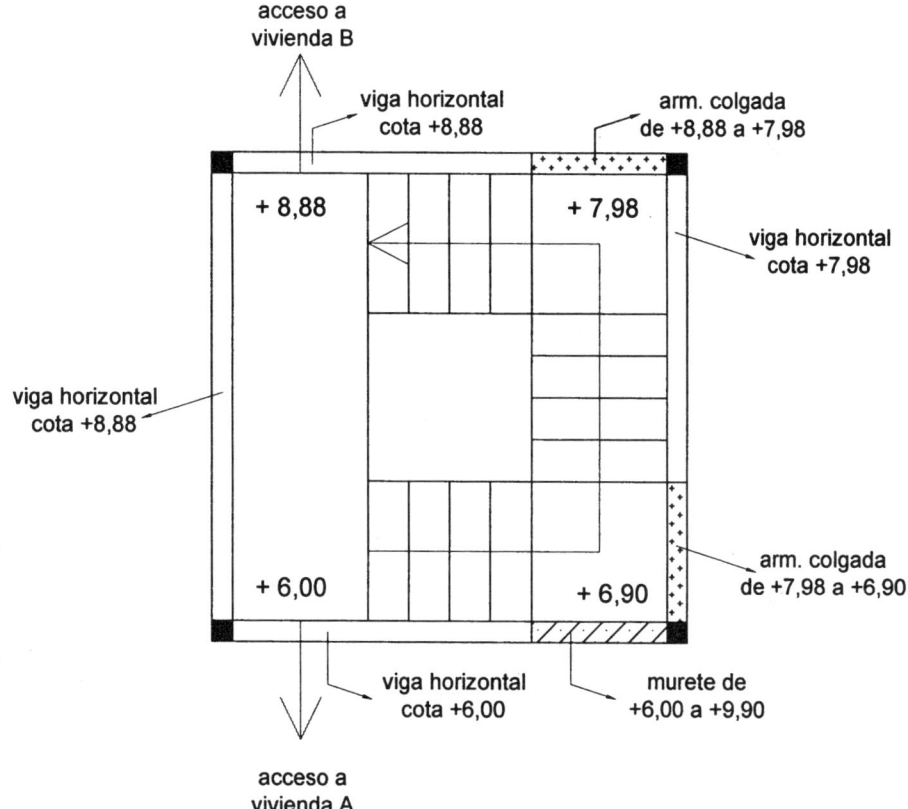

ESCALERA 1: Opción 2

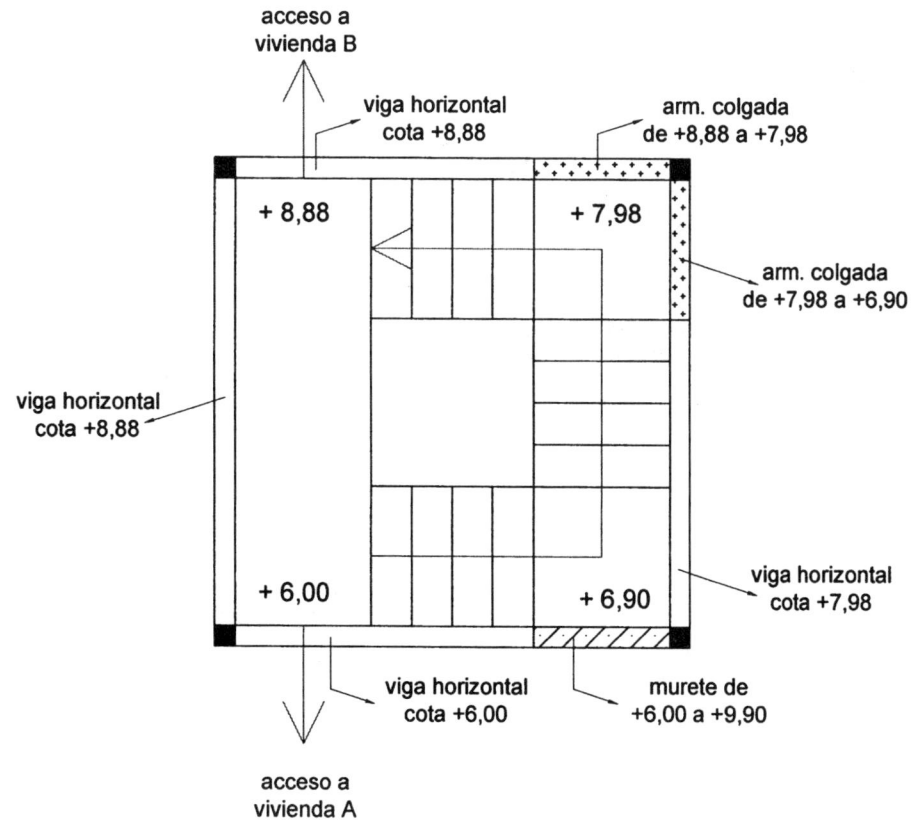

ESCALERA 2

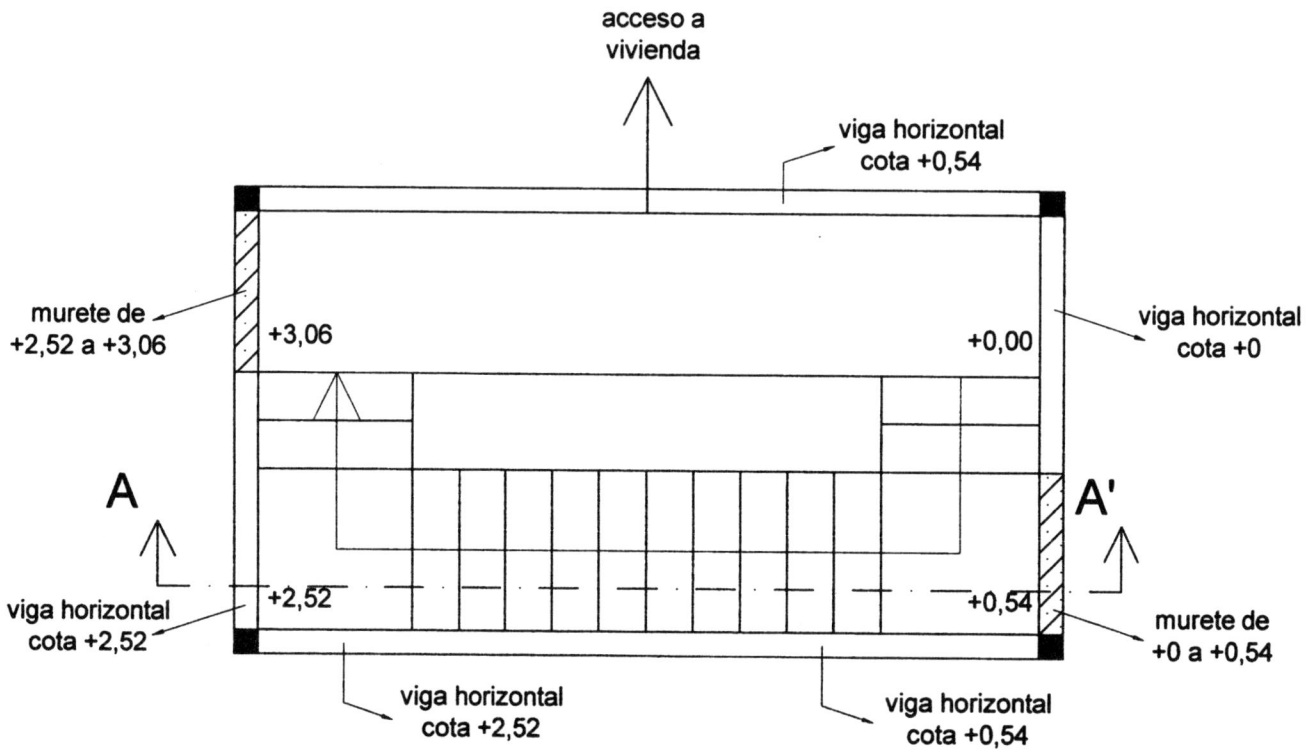

SECCIÓN A-A'

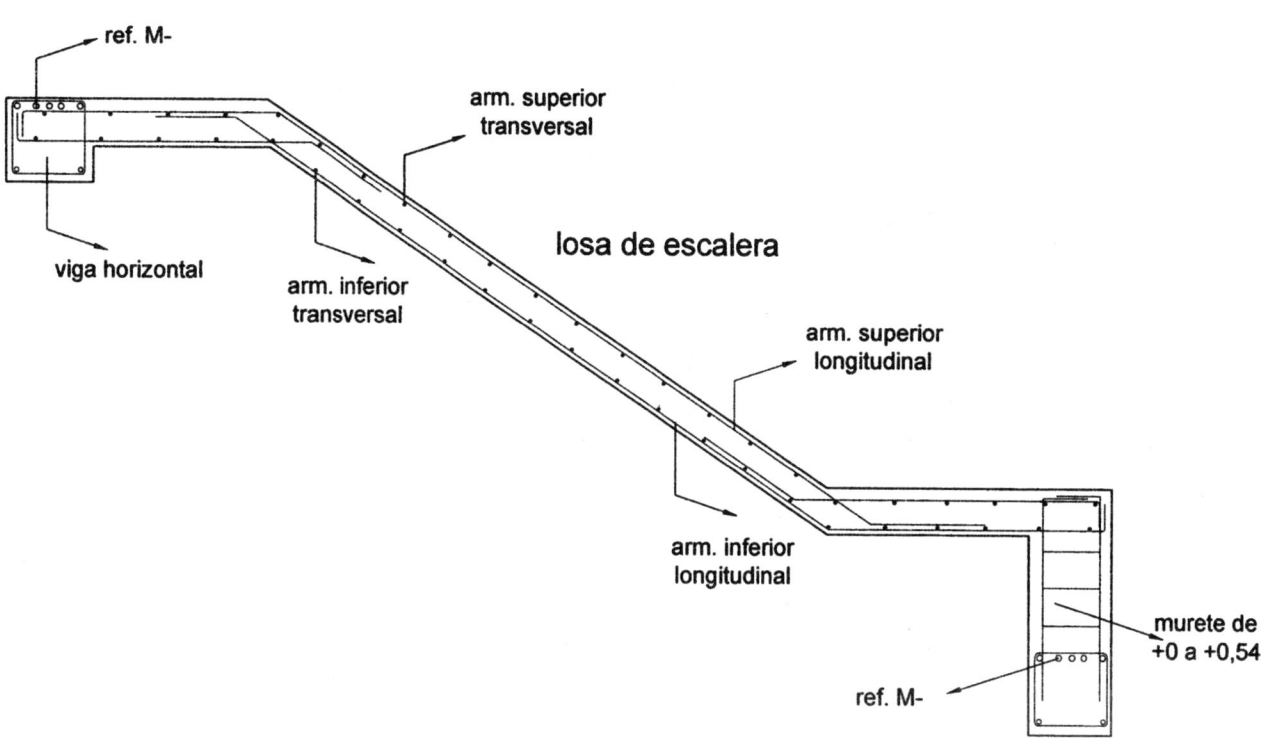

ESCALERA 3

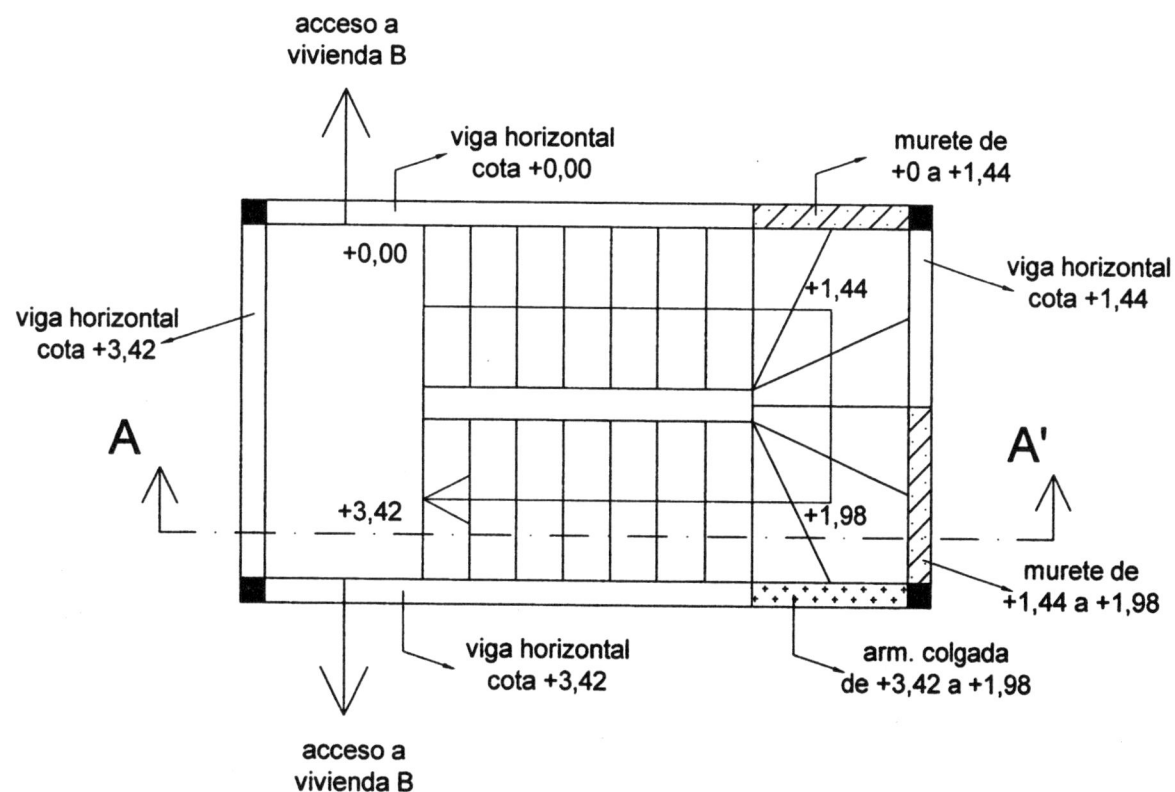

acceso a vivienda B

viga horizontal cota +0,00

murete de +0 a +1,44

+0,00

+1,44

viga horizontal cota +3,42

viga horizontal cota +1,44

A

A'

+3,42

+1,98

murete de +1,44 a +1,98

viga horizontal cota +3,42

arm. colgada de +3,42 a +1,98

acceso a vivienda B

SECCIÓN A-A'

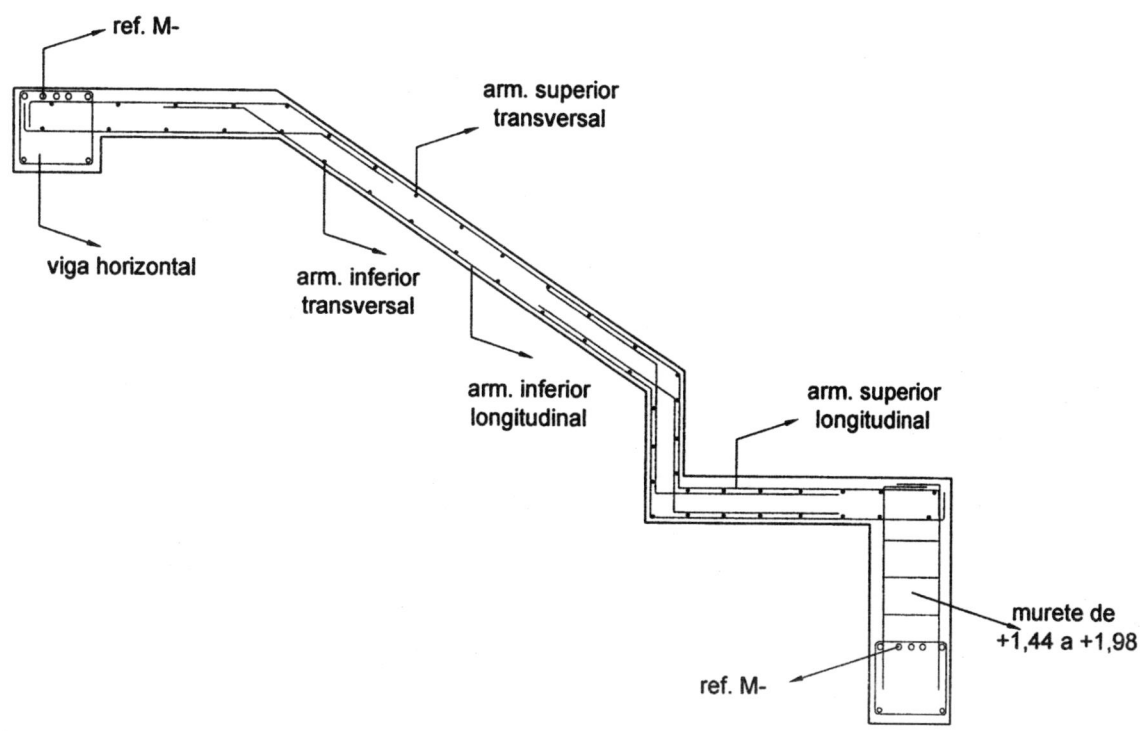

ref. M-

arm. superior transversal

viga horizontal

arm. inferior transversal

arm. inferior longitudinal

arm. superior longitudinal

murete de +1,44 a +1,98

ref. M-

EXAMEN EXTRAORDINARIO DE CONSTRUCCIÓN DE ESTRUCTURAS A.T. Febrero de 1989

En el cuadro de escalera del dibujo adjunto los ejes de las jácenas coinciden con los ejes de los pilares 1-2-3 y 4.

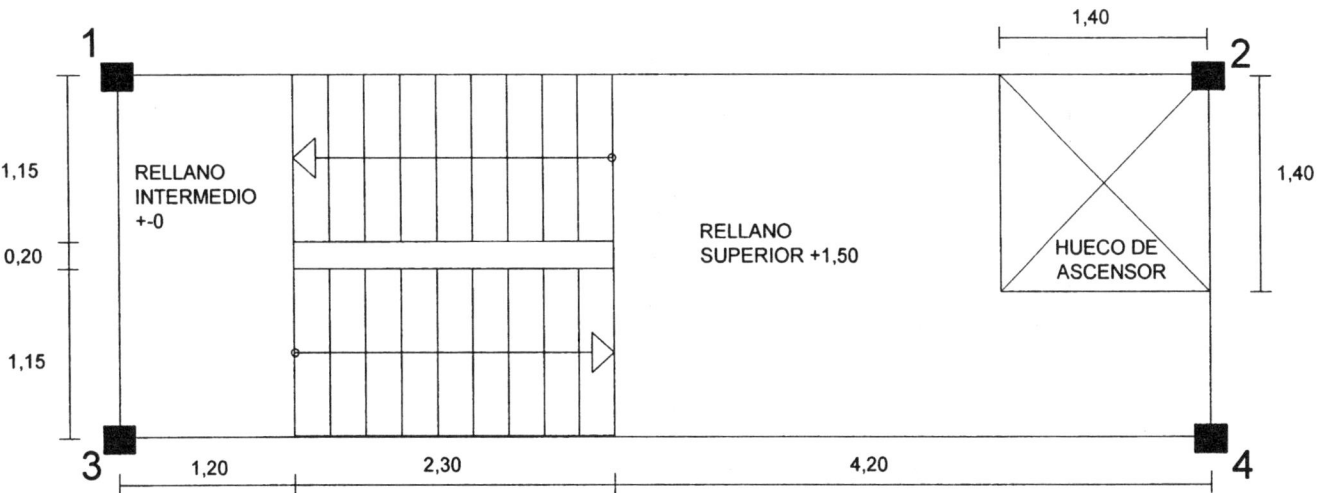

DATOS:

Jácena de H.A. entre pilares 1-2 y 3-4: 25 cm de ancho y 50 cm de alto.
Armadura tracción: 8 Ø 20. Armadura compresión: 4 Ø 16.
Cercos: de acuerdo con la EHE.

Jácena 1-3 y 2-4: 25 cm de ancho y 20 cm de alto.
Armadura tracción: 3 Ø 20. Armadura compresión: 3 Ø 20.
Cercos: Ø 8 cada 20 cm.

Pilares: 35 x 35 armados con 6 Ø 20. Cercos según EHE.

Losas. Hormigón armado. Canto total: 20 cm.
Disponemos de armaduras de Ø 16 y Ø 12.

Resto de datos a criterio del alumno.

SE PIDE:

Los detalles constructivos necesarios para definir el armado de la losa de la escalera, de la losa del rellano superior y sus encuentros —empotramientos— con el resto de elementos estructurales.

ESCALERA

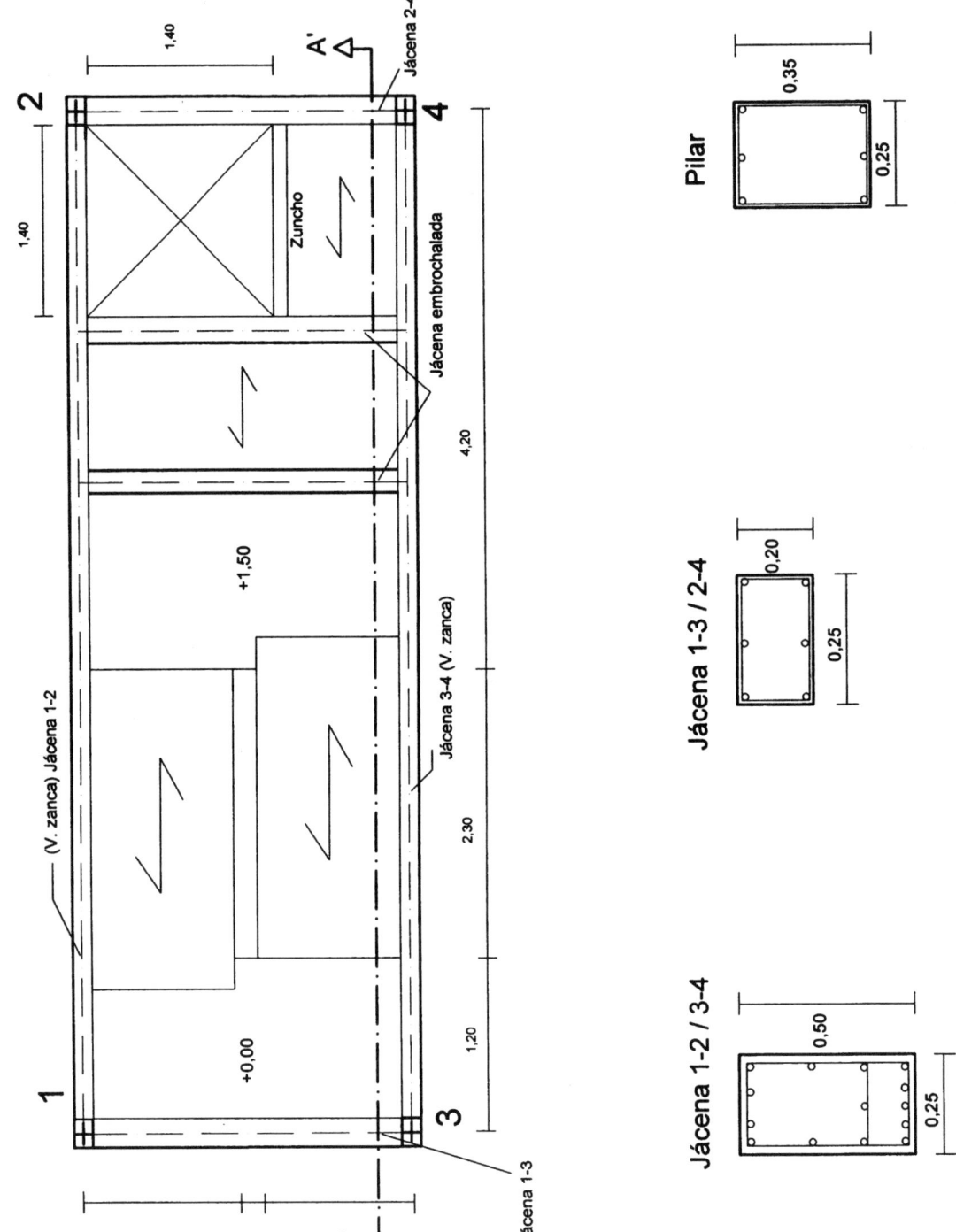

Pilar

Jácena 1-3 / 2-4

Jácena 1-2 / 3-4

110

ALZADO-SECCIÓN ESCALERA

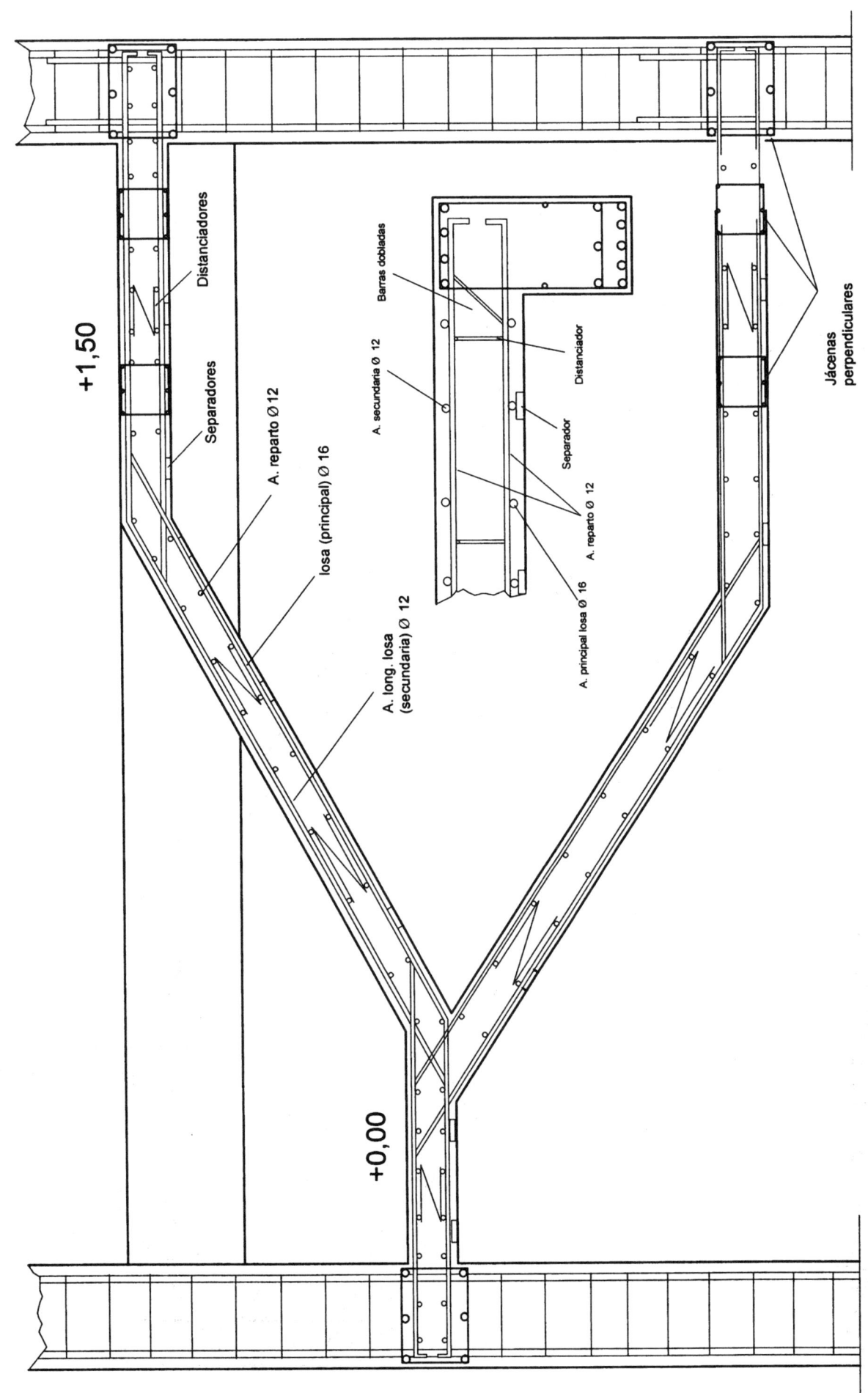

+1,50

+0,00

Distanciadores

Separadores

A. reparto Ø 12

losa (principal) Ø 16

A. long. losa
(secundaria) Ø 12

Barras dobladas

A. secundaria Ø 12

Distanciador

Separador

A. reparto Ø 12

A. principal losa Ø 16

Jácenas
perpendiculares

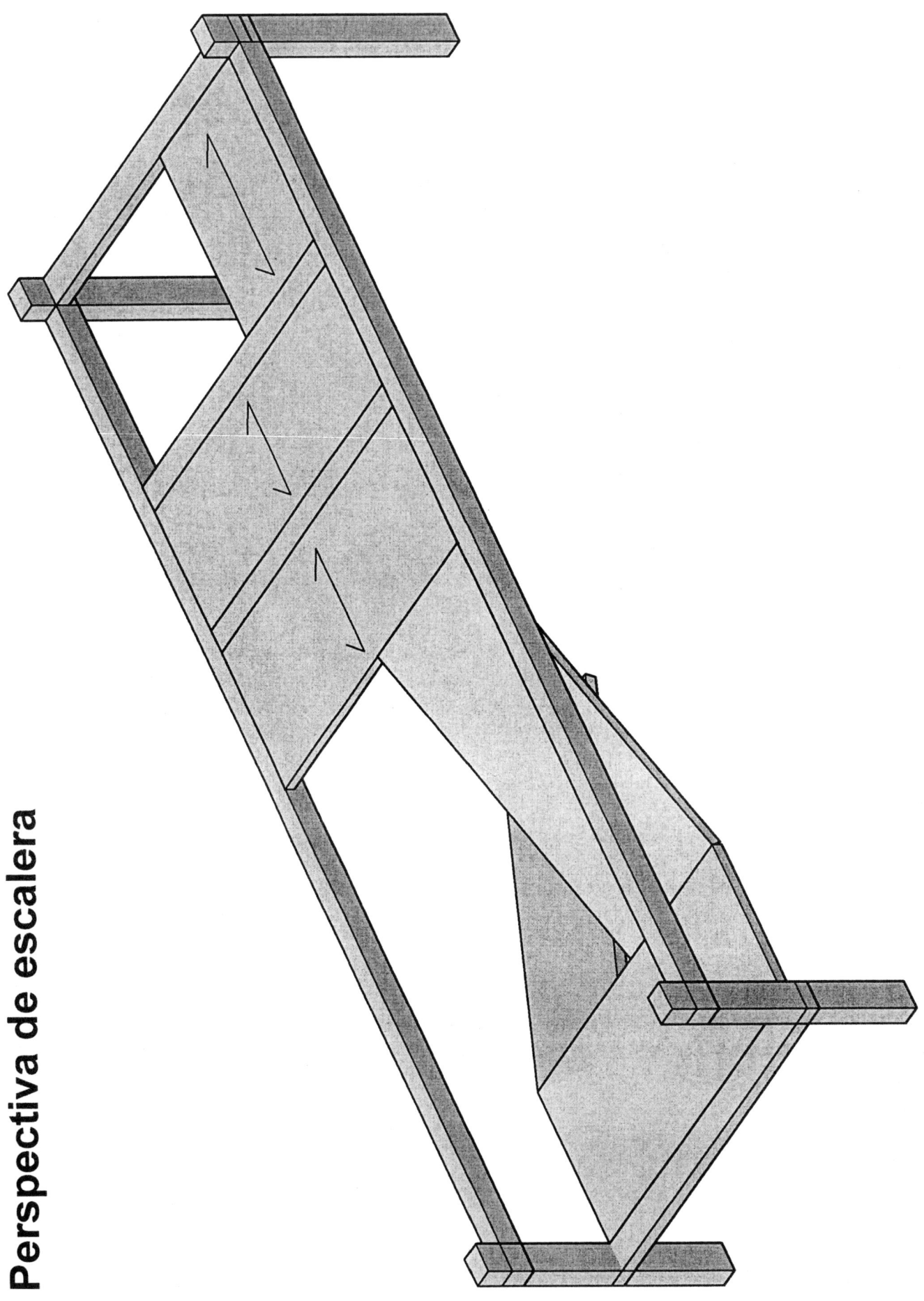

Perspectiva de escalera

PRIMER EXAMEN PARCIAL DE CONSTRUCCIÓN DE ESTRUCTURAS.
A.T. Febrero de 1990

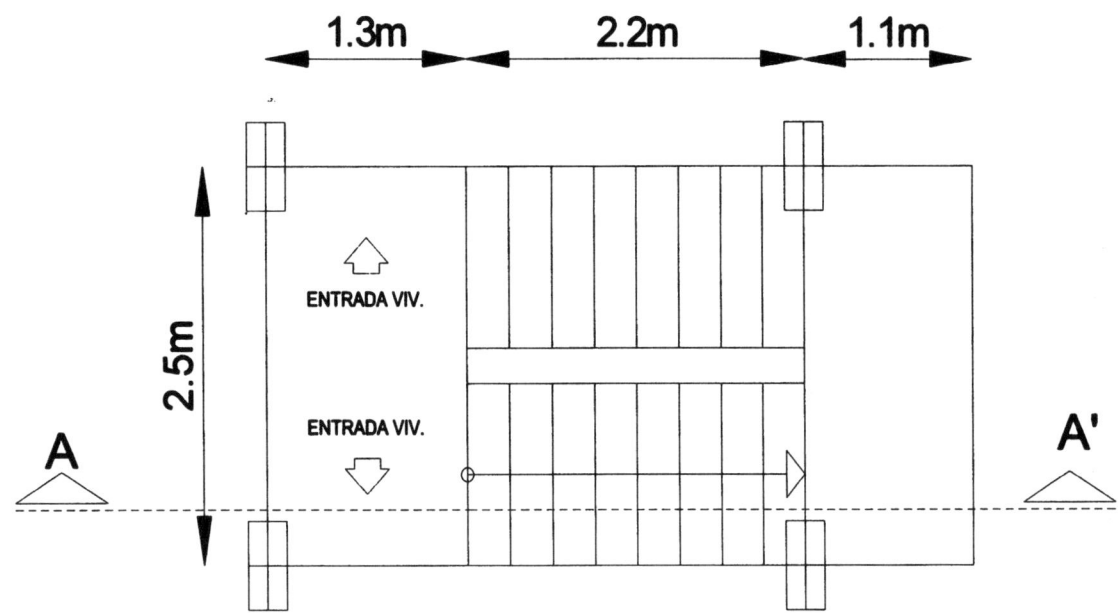

Dado el cuadro de escalera del esquema adjunto, escala 1/40, que corresponde a un edificio con 2 viviendas por planta, con luz libre entre forjados 2,80 m, con estructura de hormigón armado y con los datos siguientes:

Losa de escalera: de hormigón armado, de 18 cm. De canto, armada con Ø16 y Ø del 10.

Pilares: marcados con una cruz en cuadro adjunto, de 50 x 25 con 4 Ø 25, cercos según EHE.

Resto de datos: a criterio del alumno. Dada la amplitud de la escalera, posteriormente, si en alguna zona interesa, se podrá efectuar el cerramiento con muretes de ladrillo por encima de la bóveda, con el fin de evitar que los pilares sobresalgan tanto por el interior de la escalera.

SE PIDE: solucionar estructuralmente dicha escalera, definiendo todos los detalles constructivos necesarios.

Mínimo: - Planta con todo el esquema estructural.

- Sección A-A' con toda la armadura (losa que sube desde el rellano principal hasta el intermedio).

- Despiece a mano alzada (o con instrumentos de dibujo) de las armaduras de la citada sección A-A'.

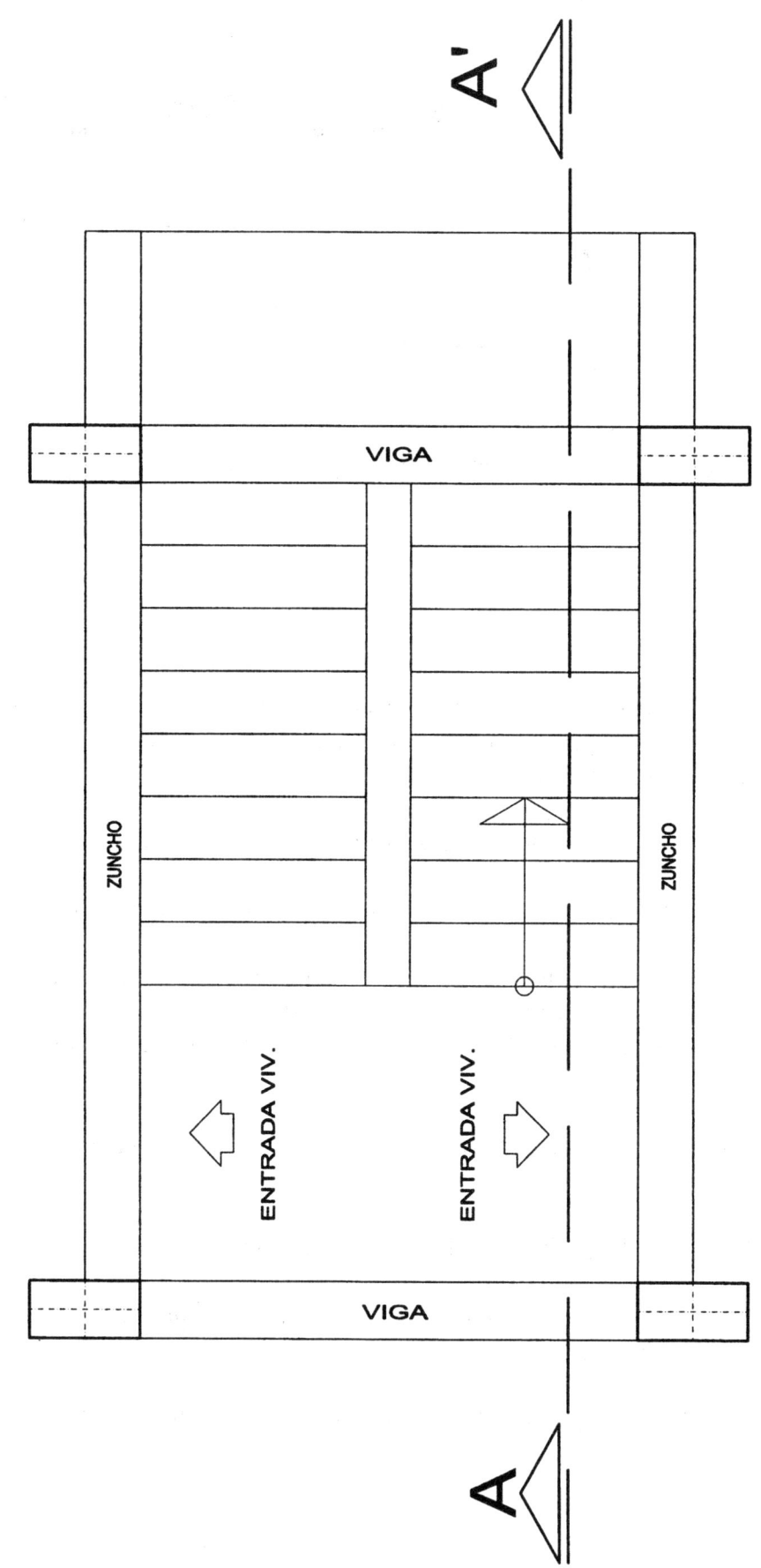

SECCIÓN A-A'

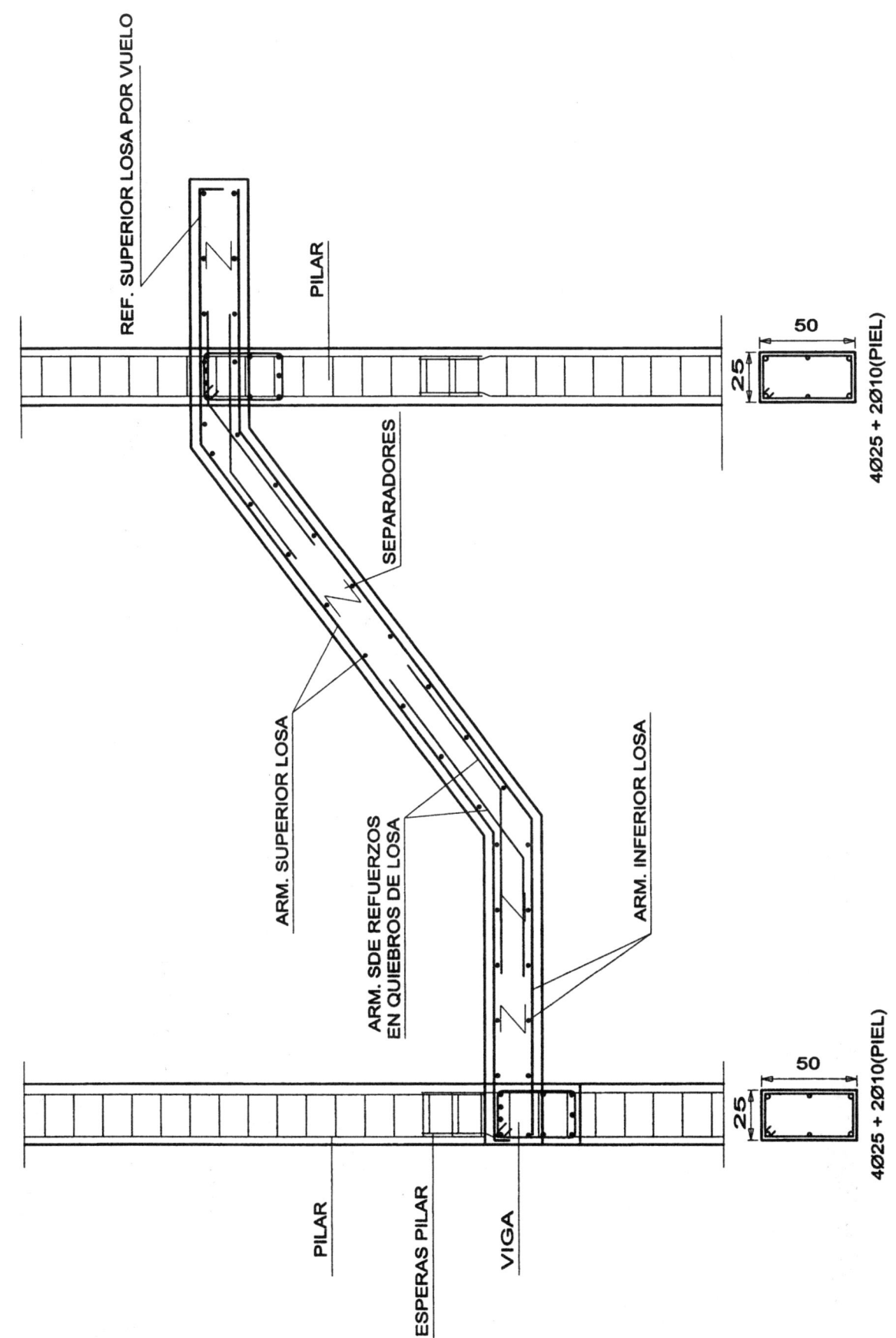

REF. SUPERIOR LOSA POR VUELO

PILAR

SEPARADORES

ARM. SUPERIOR LOSA

ARM. SDE REFUERZOS
EN QUIEBROS DE LOSA

ARM. INFERIOR LOSA

PILAR

ESPERAS PILAR

VIGA

50

25

4Ø25 + 2Ø10(PIEL)

50

25

4Ø25 + 2Ø10(PIEL)

DESPIECE ACOTADO

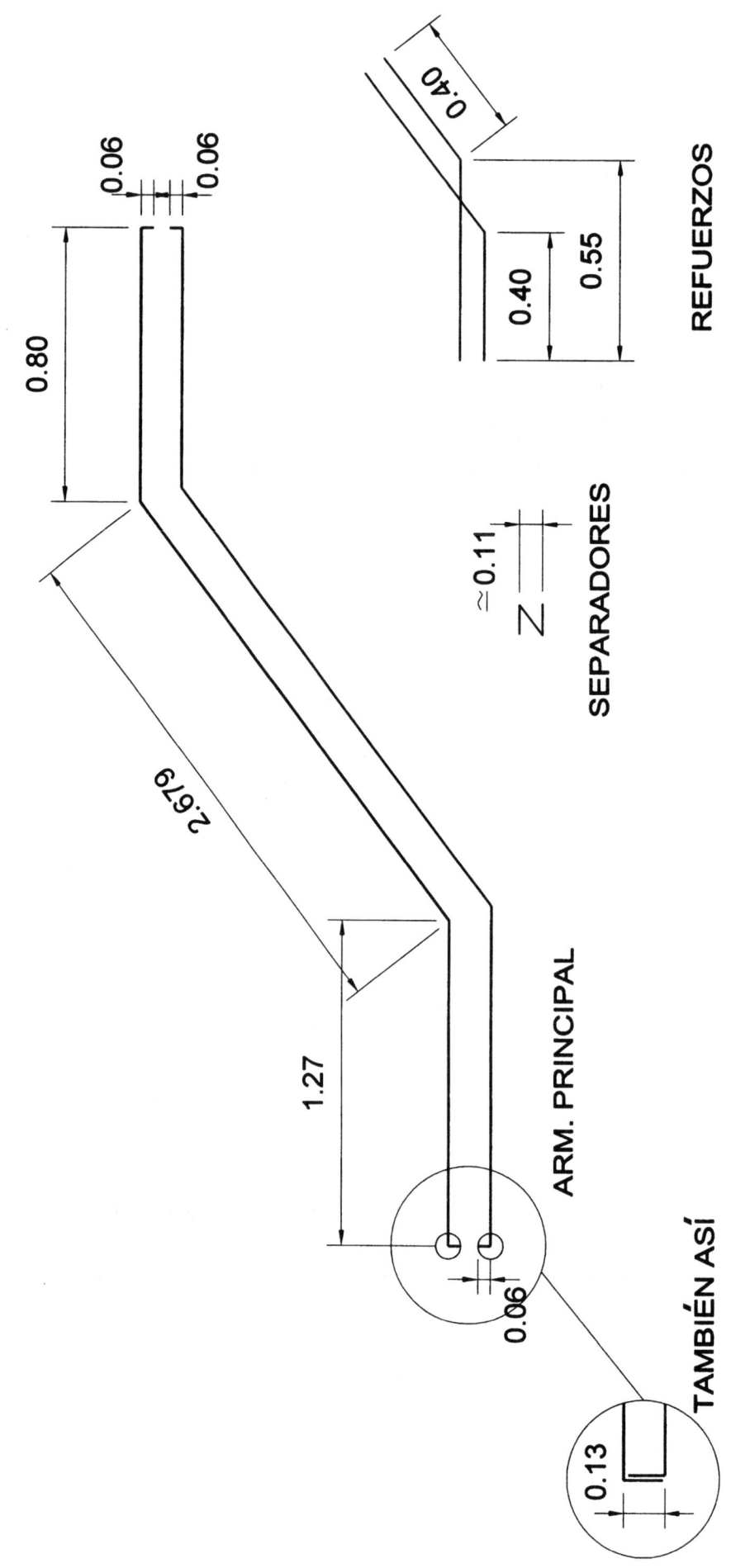

REFUERZOS

0.40

0.40

0.55

SEPARADORES

≃ 0.11

0.80

0.06

0.06

2.679

1.27

ARM. PRINCIPAL

0.06

TAMBIÉN ASÍ

0.13

116

EXAMEN FINAL DE CONSTRUCCIÓN PRIMER PARCIAL
22 de junio de 1990

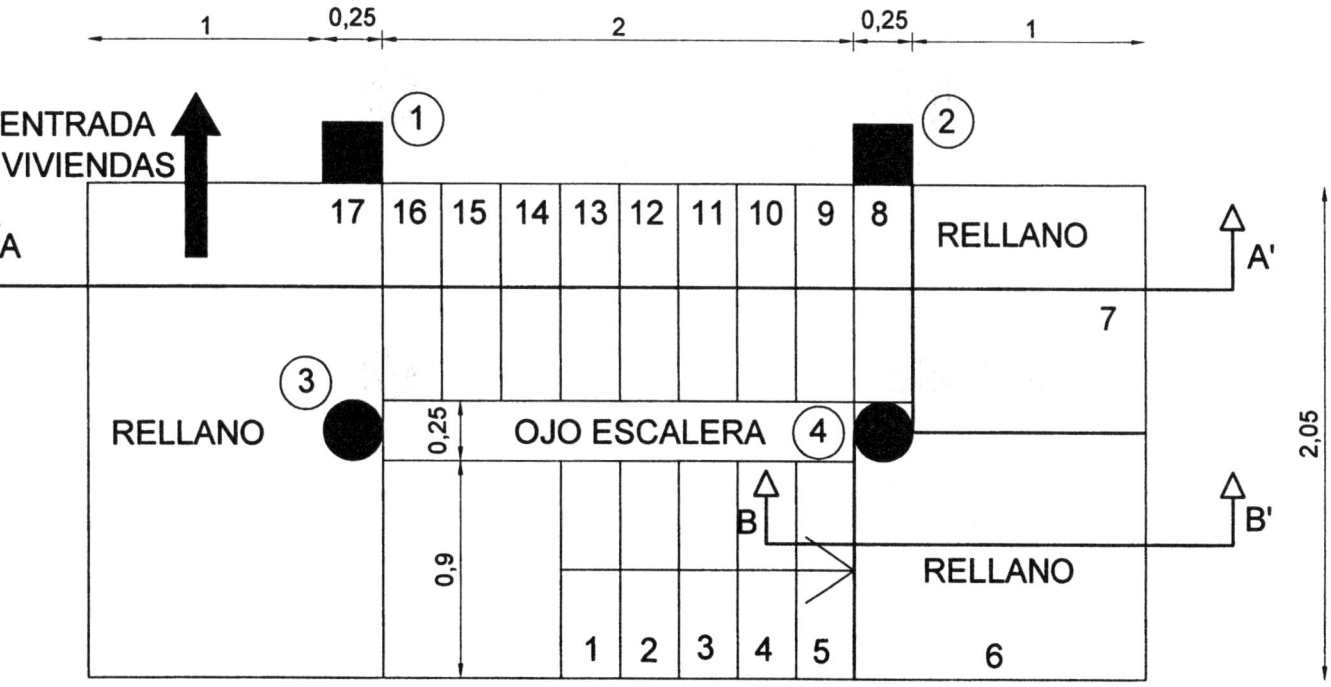

La escalera adjunta corresponde a un edificio de viviendas y se encuentra situada en la parte exterior del bloque, parcialmente volada, enlazada al edificio a través de los pilares n.º 1 y n.º 2. Los pilares n.º 3 y n.º 4 son circulares de 25 cm de diámetro y solo sustentan la escalera.

Los peldaños son de 25 cm de huella y 17 cm de altura.

El espesor de la losa de escalera es constante, de 17 cm.

Resto de datos a criterio del alumno.

SE PIDE:

a) Sección A-A', <u>acotada</u>, detallando el sistema estructural de sustentación, armaduras de losa, etc. (tamaño grande para que queden bien definidos todos los elementos).
b) Ídem de la sección B-B'.

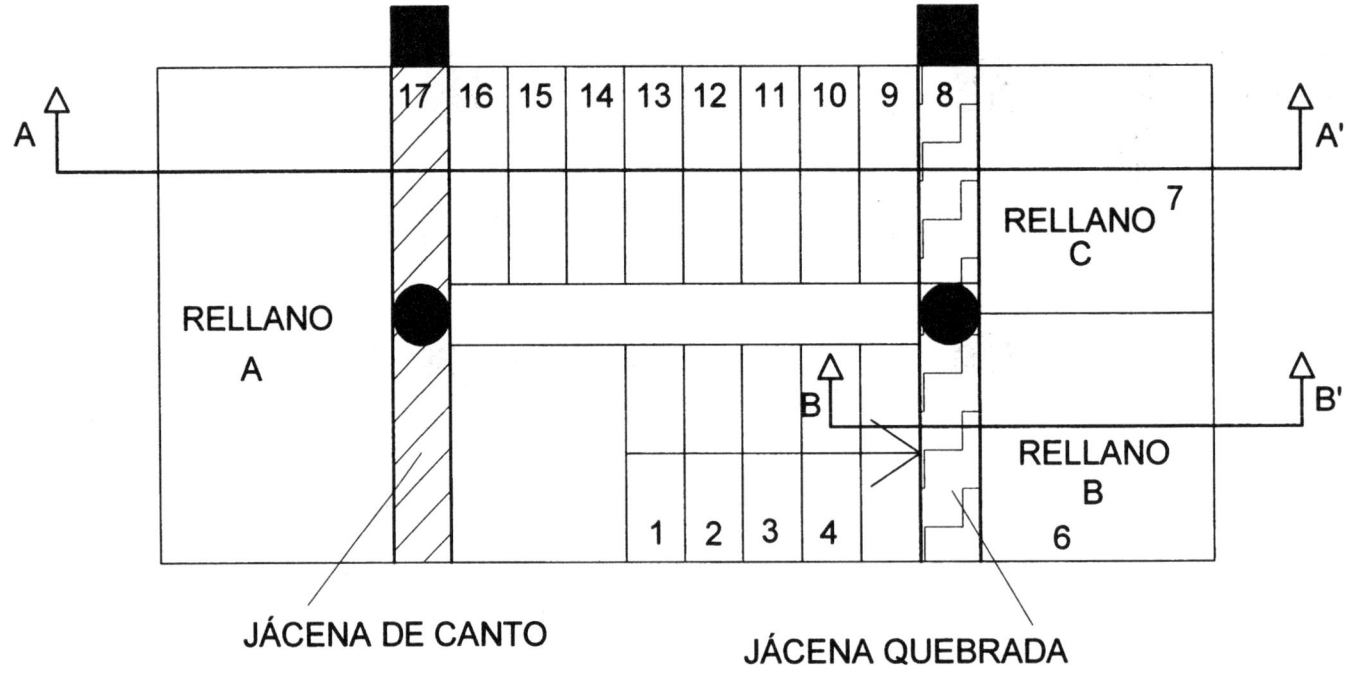

La jácena de canto se encuentra a la cota del rellano A y la jácena quebrada se encuentra a la cota del rellano B, y luego tiene un recrecido hasta la cota del peldaño 8

ESQUEMA JÁCENA QUEBRADA

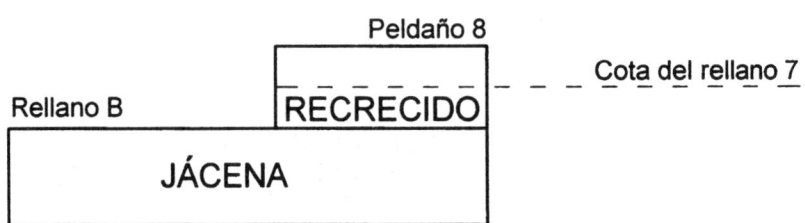

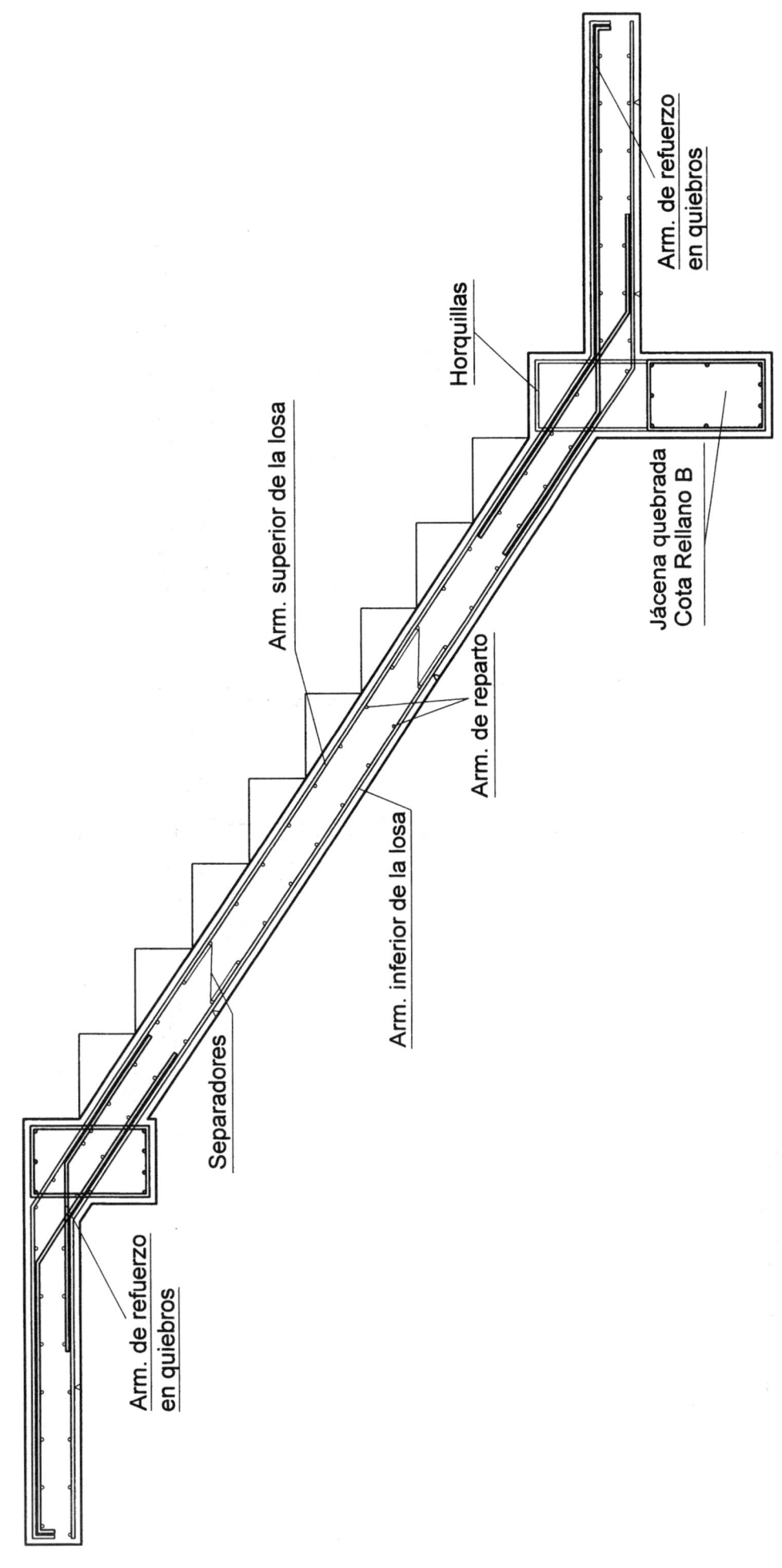

SECCIÓN A-A'

Arm. de refuerzo en quiebros

Separadores

Arm. inferior de la losa

Arm. superior de la losa

Arm. de reparto

Horquillas

Jácena quebrada Cota Rellano B

Arm. de refuerzo en quiebros

SECCIÓN B-B'

Cota Rellano C

Cota Rellano B

Jácena quebrada
(parte sin recrecido)

120

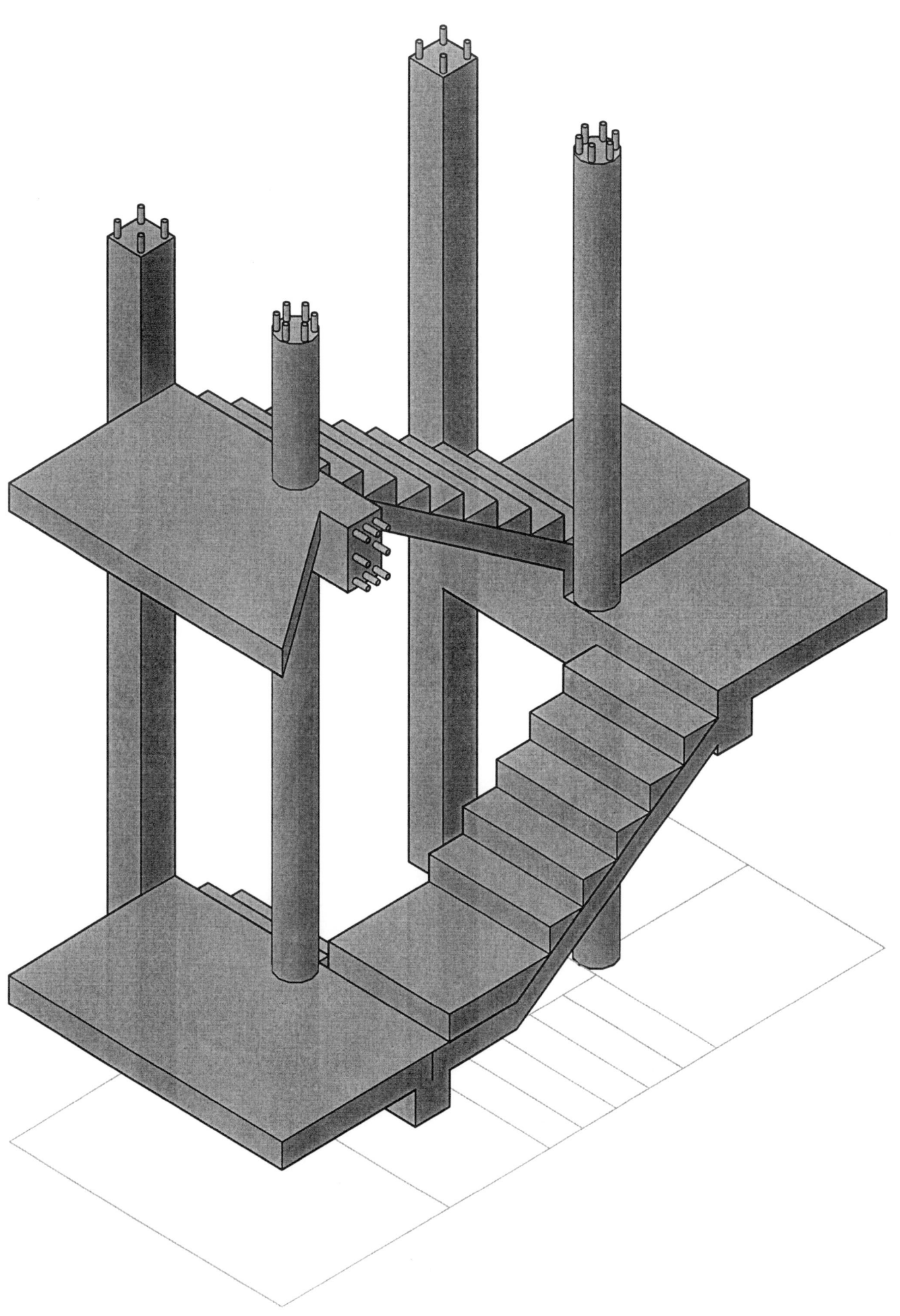

EXAMEN DE CONSTRUCCIÓN DE ESTRUCTURAS, A.T. 1.er PARCIAL. Febrero 1991

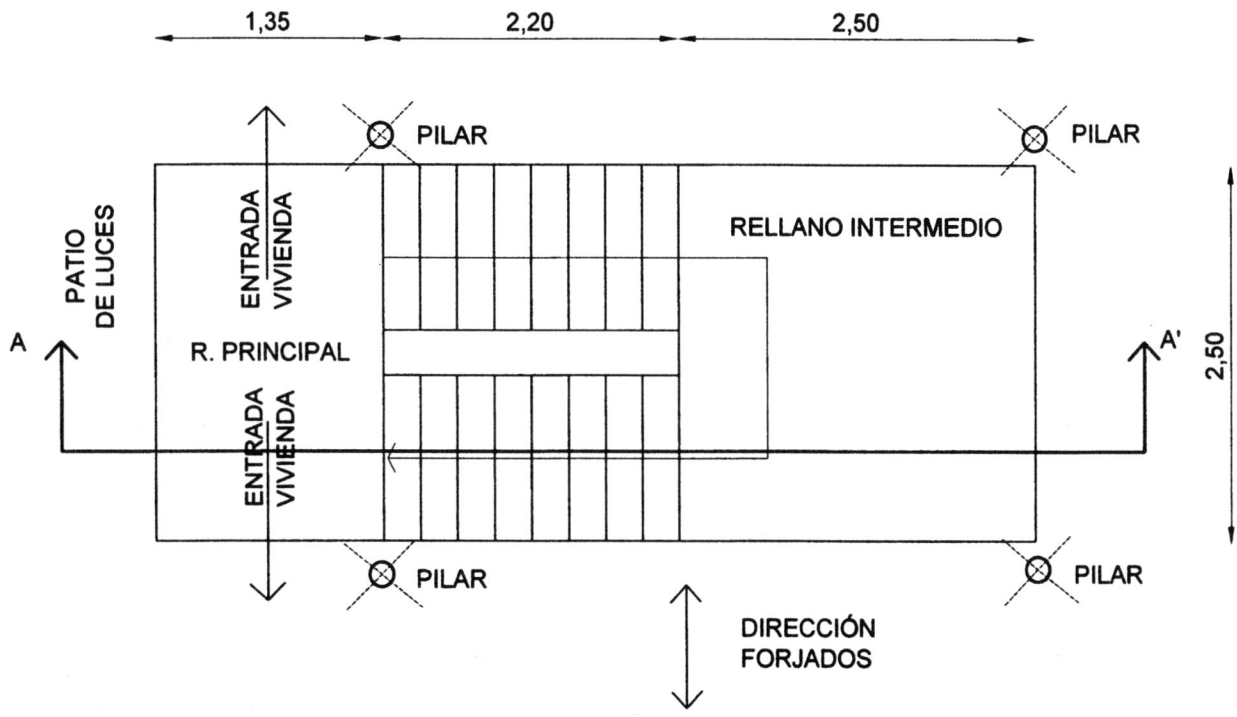

El cuadro de escalera del esquema adjunto, a escala 1/50, corresponde a un edificio con 2 viviendas por cada planta, con luz libre entre forjados de 2,80. Canto total del forjado, 25 cm. Estructura de hormigón armado. Datos:

LOSA ESCALERA: de hormigón armado, de 18 cm canto, armada con redondos del 16 y del 12. Máxima dimensión de la losa en rellanos (funcionando como losa horizontal plana de escalera) = 1,40 m.

PILARES: cuyos ejes están enmarcados con una cruz en el esquema adjunto, de dimensiones 50x25 cm, armados con 6 redondos del 20, cercos según EHE.

RESTO DE DATOS: a criterio del alumno, cumpliendo la EHE.

SE PIDE: solucionar estructuralmente dicha escalera, definiendo todos los detalles constructivos necesarios.

MÍNIMO EXIGIDO:
- Planta con todo el esquema estructural definido.
- Sección A-A' completa, con todas las armaduras y cotas.
- Despiece acotado de las armaduras de la sección A-A'.

PLANTA ESTRUCTURAL ESCALERA

VIGA ZANCA

VIGA ZANCA

JÁCENA

JÁCENA

BROCHAL

A

A'

SECCIÓN A-A'

Mallazo 15x25

Negativo

Arm. de refuerzo Ø 16

Brochal

Vigueta Resistente

Arm. losa inferior
Ø16/15 cm

Arm. superior losa
Ø16/15 cm

Arm. reparto
Ø12/15 cm

Ref. M- de viga

Distanciador

Zuncho de borde

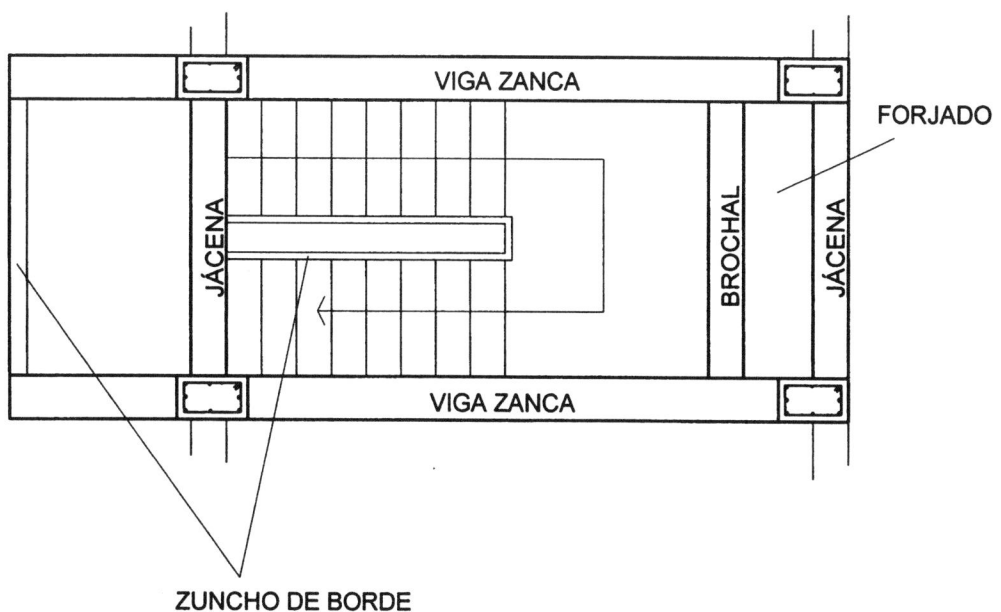

ESQUEMA ESTRUCTURAL EN PLANTA

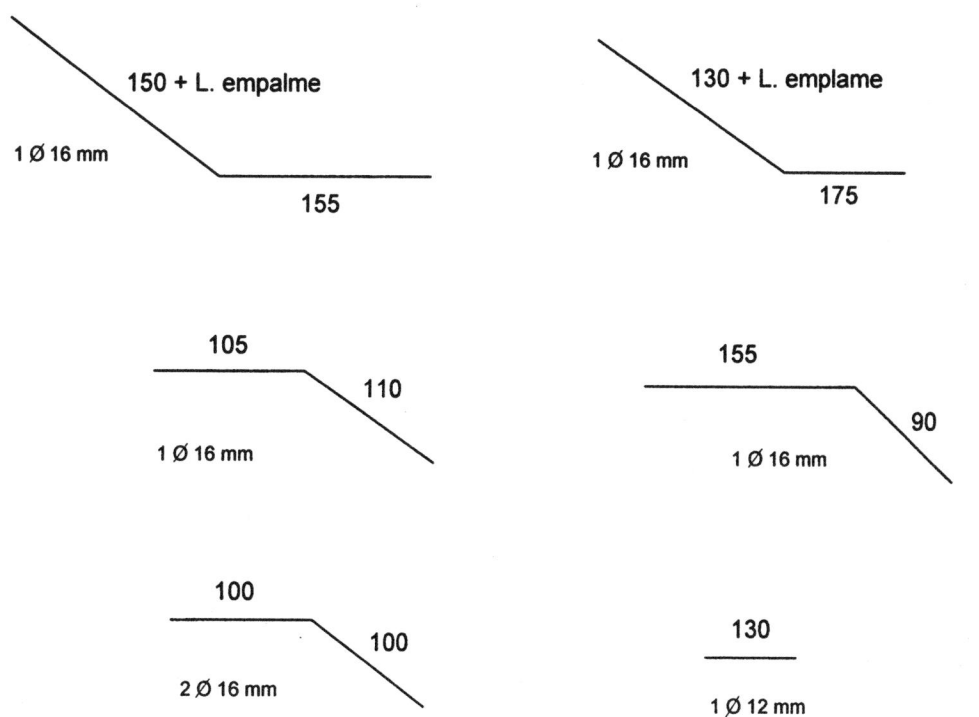

DESPIECE ACOTADO DE LAS ARMADURAS

EXAMEN PARCIAL DE CONSTRUCCIÓN DE ESTRUCTURAS A.T.
6 Febrero 1992.

El plano adjunto corresponde a la escalera de una planta intermedia de un edificio con varias plantas. Peldaños: 17 cm de altura y 28 cm de huella.

Pilares: de 35x35 armados con 12 ø 16. Cercos según EHE-08.

Para el cálculo de las longitudes de anclaje de pilares utilizaremos hormigón H-200, acero AEH-500, m = 19, fyk: 5100.

Losa de escalera: espesor 18 cm, armadura a criterio del alumno.

Restos de datos: a criterio del alumno.

SE PIDE:

Primero: resolver en planta la estructura completa de dicha escalera, definiendo todos los elementos estructurales de forma correcta.

En esa planta colocar el armado de pilares, pero no colocar el de la losa, indicándolo simplemente con flechas.

Segundo: sección AA´ considerando la transparencia del hormigón para ver las armaduras de la losa, etc., y las de los pilares.

Tercero: sección BB´, ídem.

Nota: dibujar claro y a tamaño suficientemente grande para que queden bien definidos todos los elementos y armaduras. A ser posible no utilizar colores rojos.

PLANTA ESCALERA

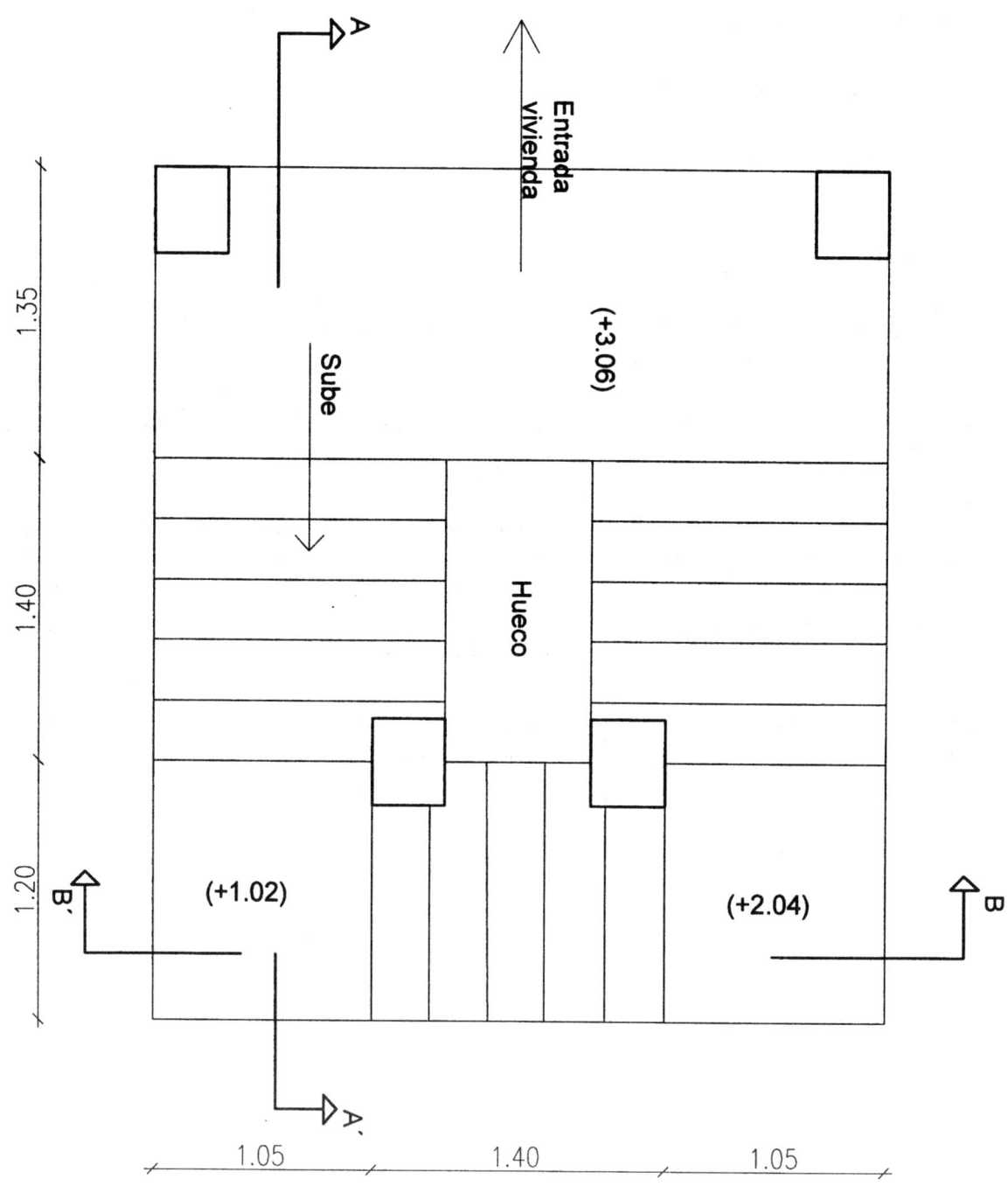

SOLUCIÓN

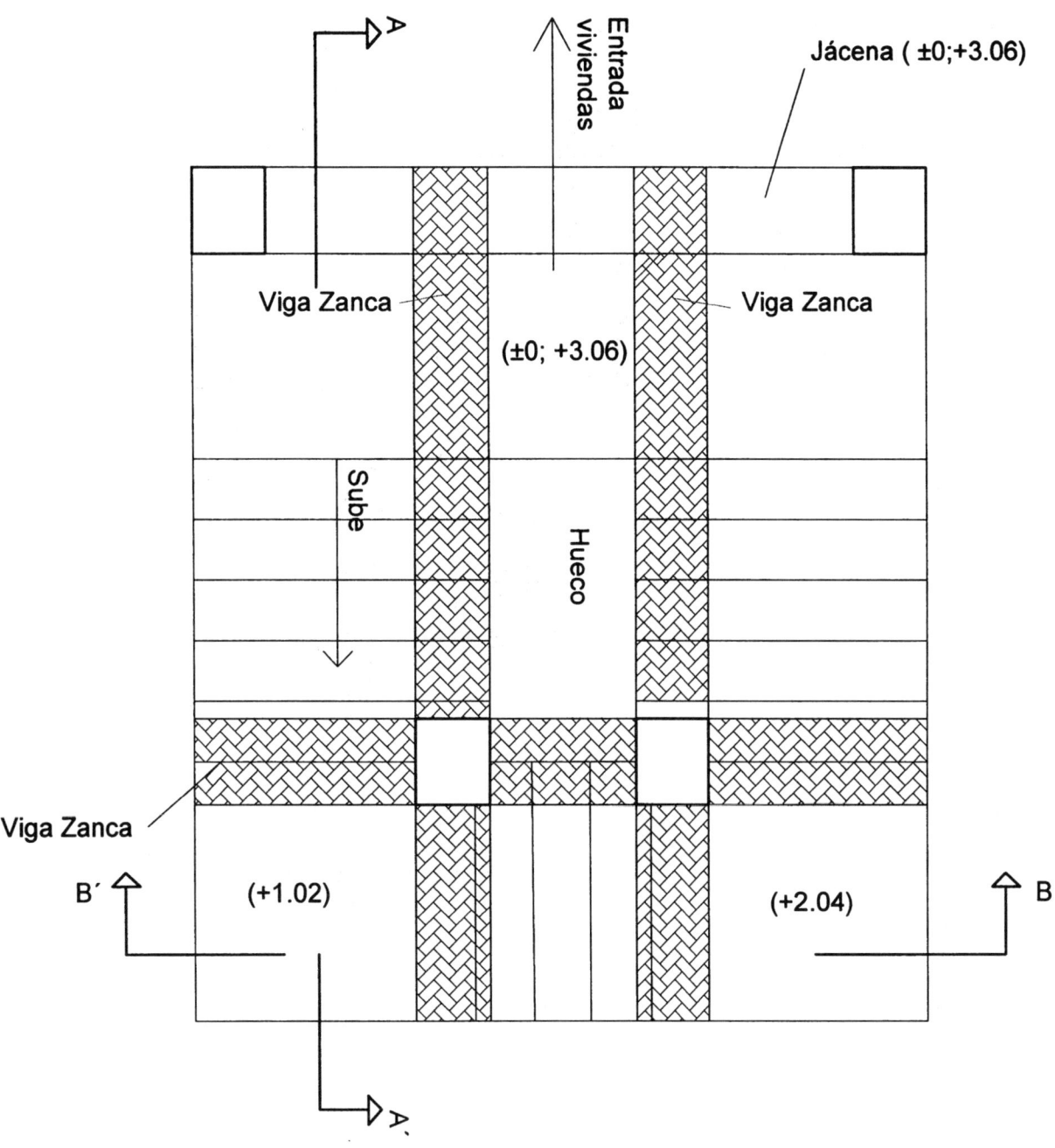

SECCIÓN AA'

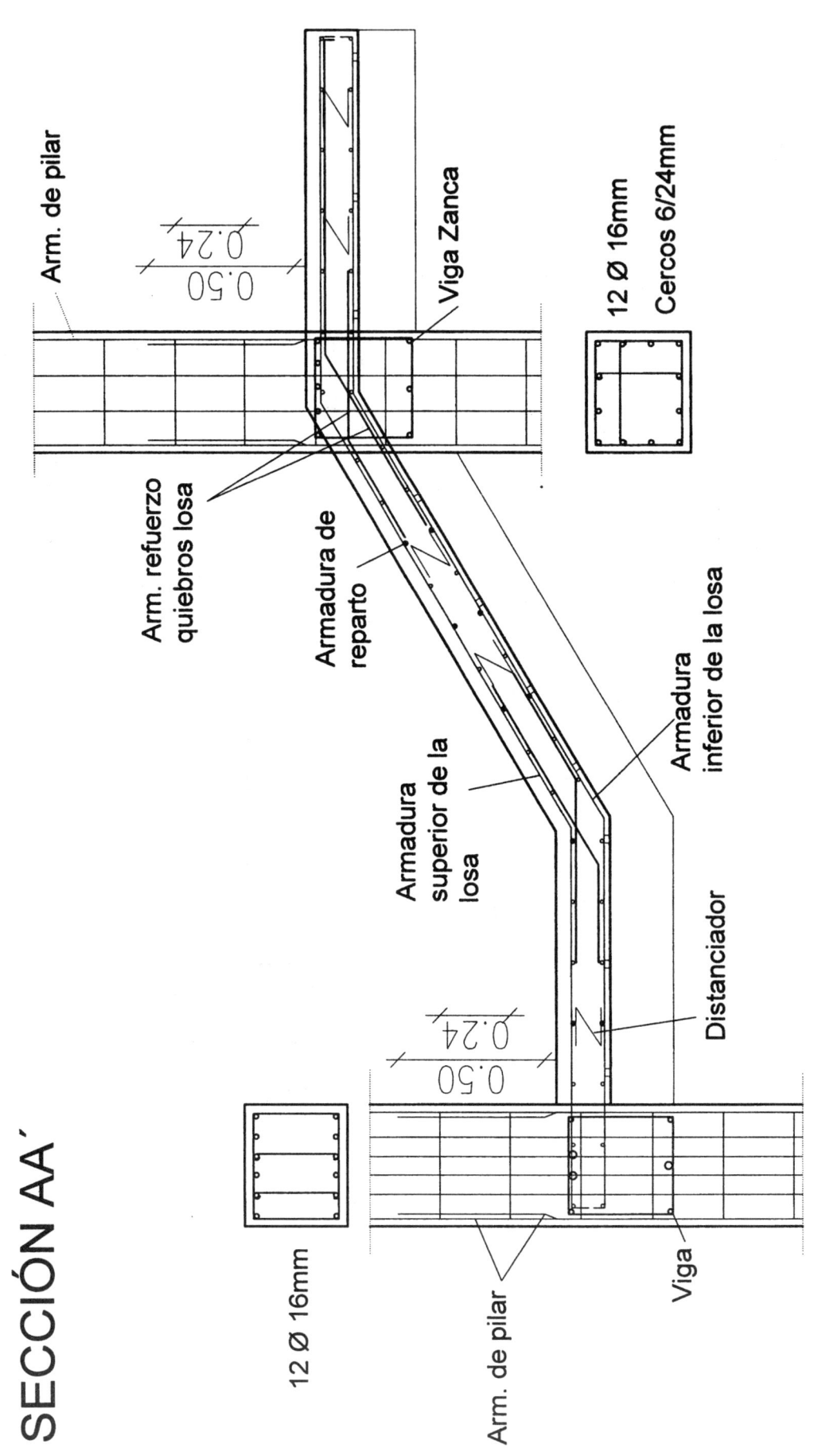

Arm. de pilar

0.50
0.24

Viga Zanca

12 Ø 16mm
Cercos 6/24mm

Arm. refuerzo
quiebros losa

Armadura de
reparto

Armadura
superior de la
losa

Armadura
inferior de la losa

0.50
0.24

Distanciador

12 Ø 16mm

Arm. de pilar

Viga

SECCIÓN BB'

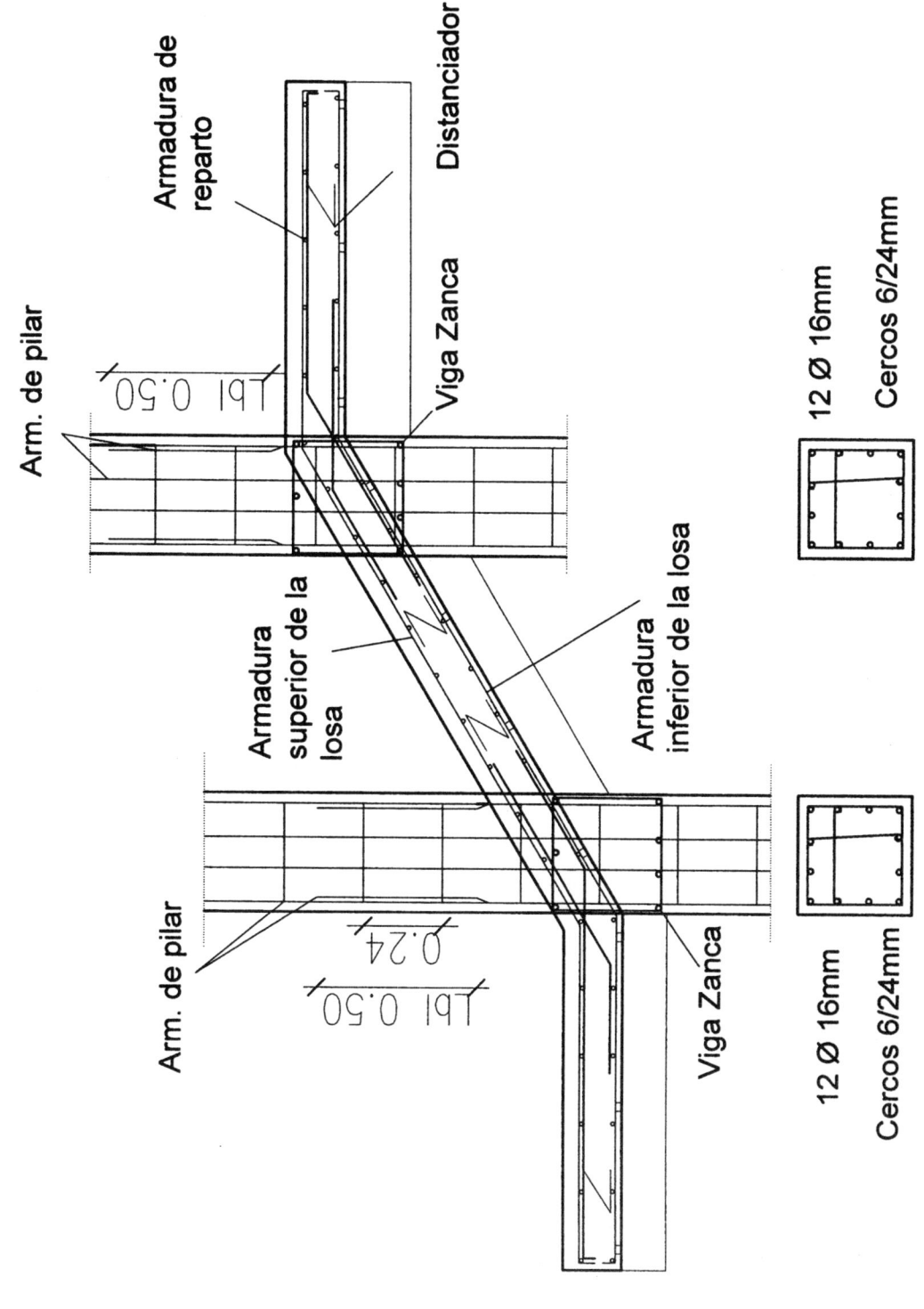

Arm. de pilar

Armadura de reparto

Distanciador

Viga Zanca

Arm. de pilar

Armadura superior de la losa

Armadura inferior de la losa

Viga Zanca

TØ1 0.50

0.24

TØ1 0.50

12 Ø 16mm

Cercos 6/24mm

12 Ø 16mm

Cercos 6/24mm

EXAMEN DE CONSTRUCCIÓN DE ESTRUCTURAS. ESCALERAS
DICIEMBRE 1992

Se adjunta croquis en planta y en alzado sección, de una escalera volada para acceder a edificio de viviendas.

DATOS

Altura total a salvar (medida desde la parte superior del pavimento de una planta hasta la parte superior del pavimento de la otra) es de 2,88 m.

Losa escalera de H. armado de 18 cm de alto.

16 peldaños (16 tabicas) de 18 cm de altura y 25 cm de huella.

Resto de datos: a criterio del alumno.

SE PIDE:

1.- Resolver la escalera en planta y alzado-sección.
2.- Resolverla estructuralmente y armarla de forma correcta, efectuando los detalles y secciones necesarios para definirla totalmente.

Como mínimo efectuar alzado-sección con detalles de la armadura, encuentro de rellano con losas, unión de losa con jácena, etc.

No dibujar la armadura en planta.

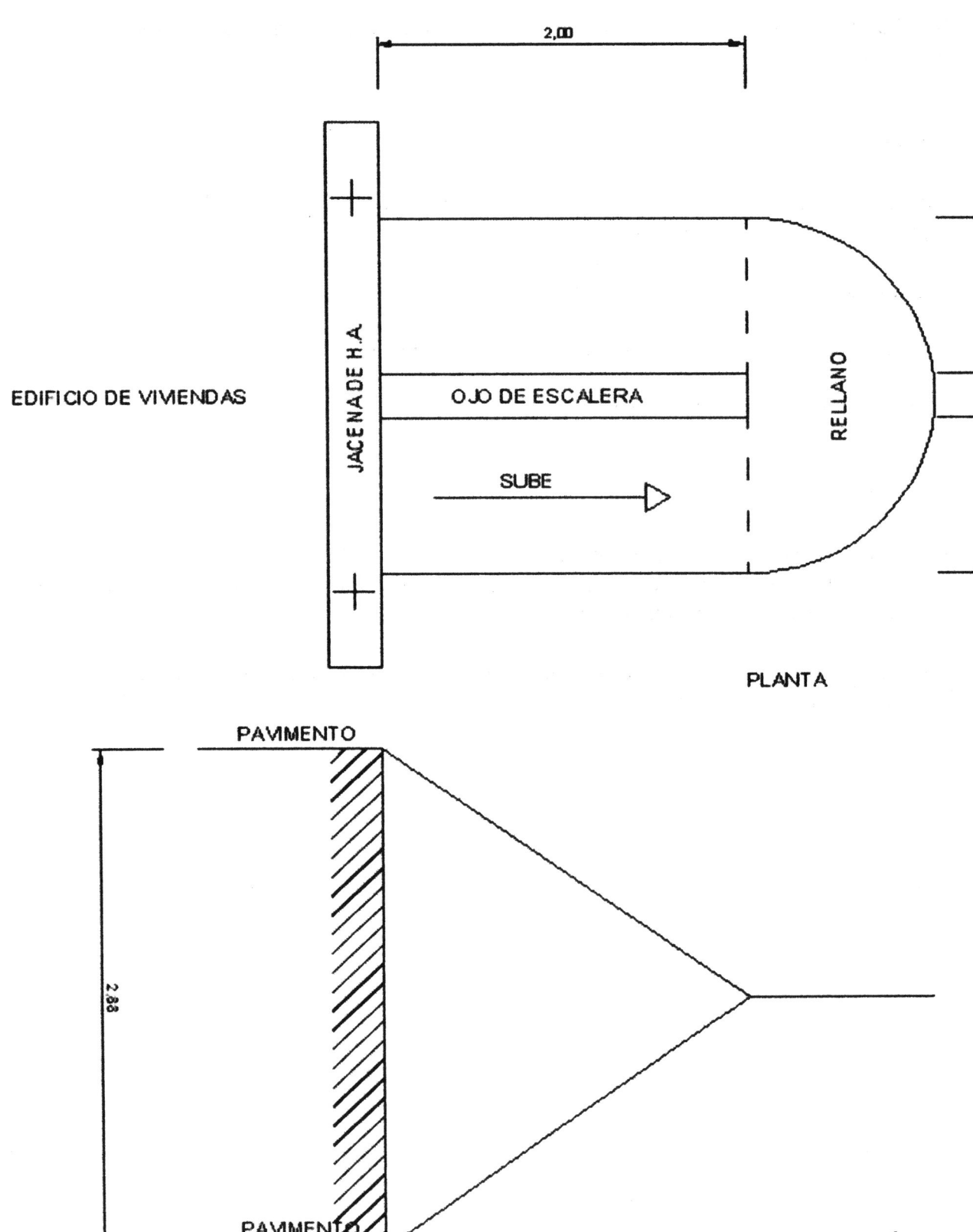

2,00

EDIFICIO DE VIVIENDAS

JACENA DE H.A

OJO DE ESCALERA

SUBE

RELLANO

0,60

0,25

0,60

PLANTA

PAVIMENTO

2,88

PAVIMENTO

ALZADO - SECCIÓN

134

SECCIÓN ESCALERA

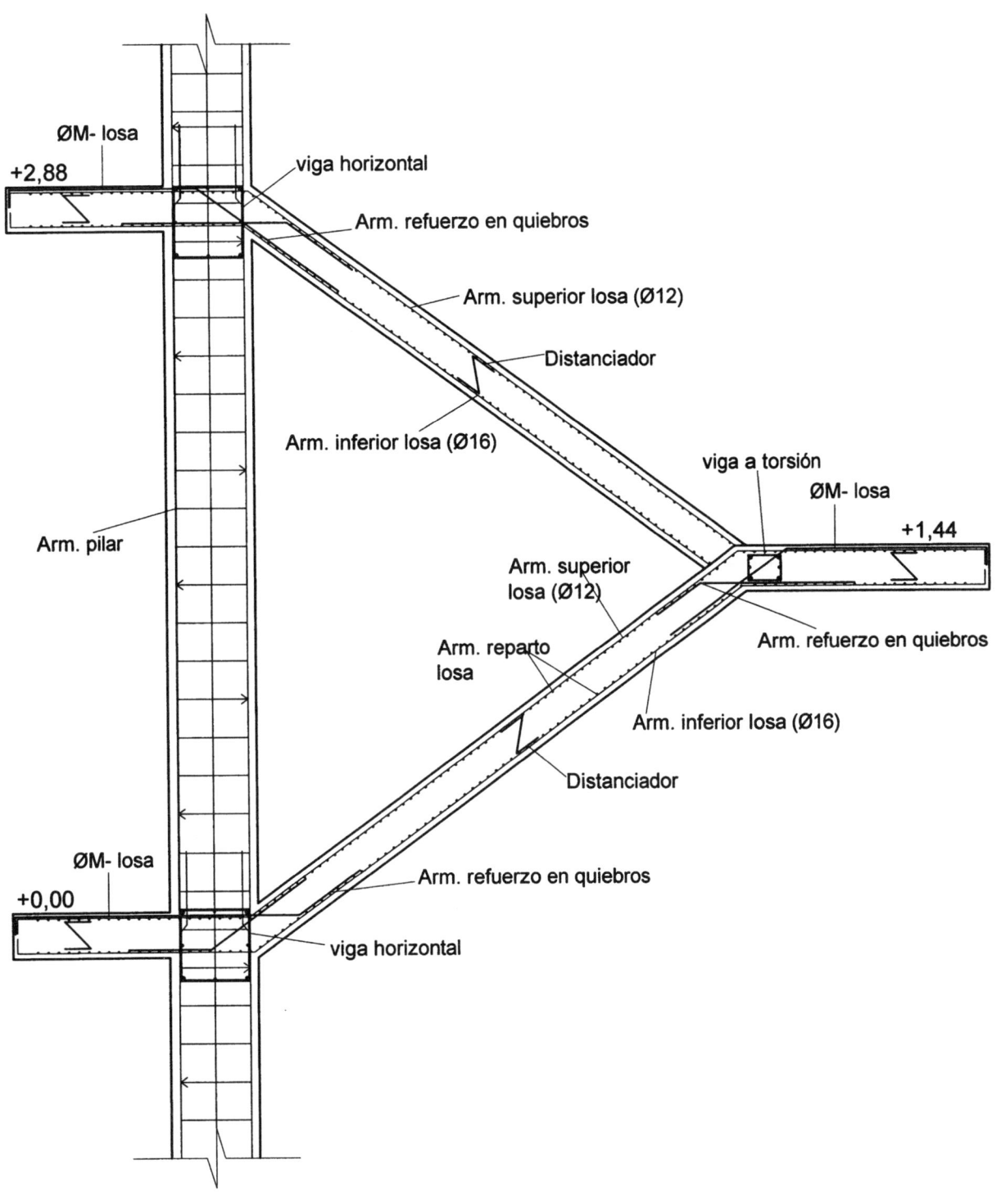

ØM- losa

+2,88

viga horizontal

Arm. refuerzo en quiebros

Arm. superior losa (Ø12)

Distanciador

Arm. inferior losa (Ø16)

viga a torsión

ØM- losa

+1,44

Arm. pilar

Arm. superior losa (Ø12)

Arm. refuerzo en quiebros

Arm. reparto losa

Arm. inferior losa (Ø16)

Distanciador

ØM- losa

+0,00

Arm. refuerzo en quiebros

viga horizontal

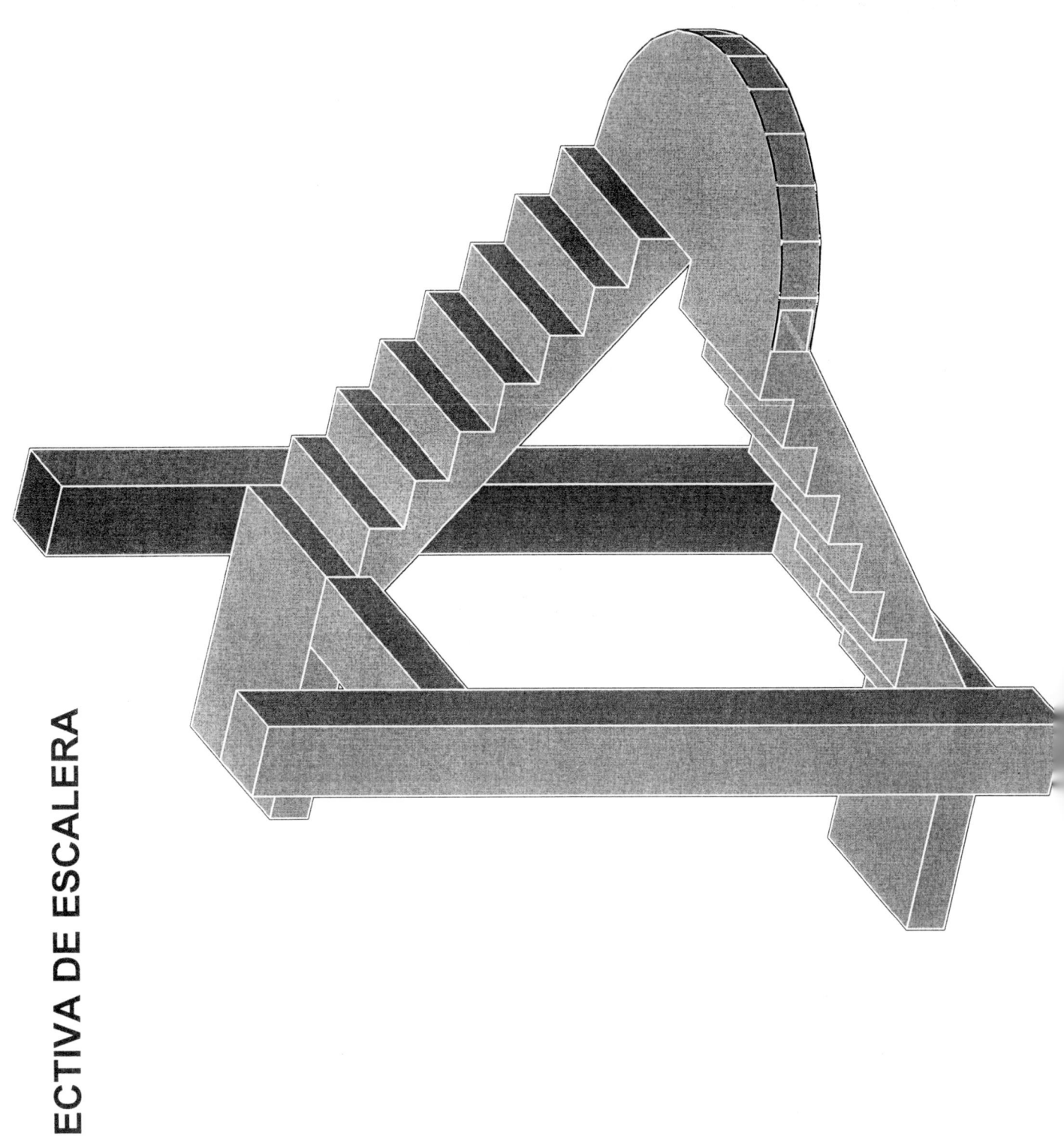

PERSPECTIVA DE ESCALERA

EXAMEN PARCIAL DE CONSTRUCCIÓN DE ESTRUCTURAS. A.T. 18-02-94

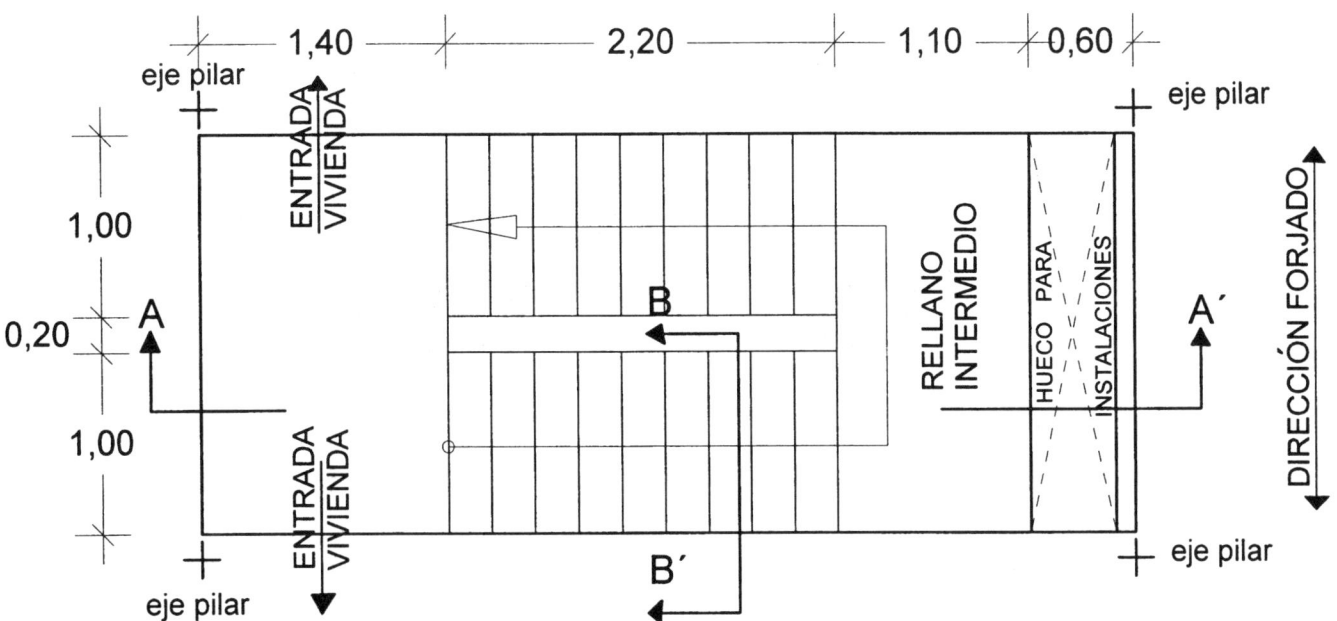

El plano adjunto corresponde a la escalera de una planta intermedia de un edificio con 2 viviendas por cada planta.

Pilares de 45 x 40 cm armados con 6 Ø 16, cercos según EHE.
Para el cálculo de la longitud del anclaje de armaduras pilares utilizaremos hormigón H-200, acero AEH - 500, m = 19.

Espesor de la losa de escalera de H. A. = 18 cm. Armadura a criterio del alumno.

Resto de datos a criterio del alumno.

SE PIDE:

Primero.- Resolver en planta la estructura completa de dicha escalera, definiendo todos los elementos estructurales, utilizando el mínimo número de jácenas y de embochalados. No dibujar las armaduras en esa planta.

Segundo.- Sección A-A' considerando la transparencia del hormigón para poder ver las armaduras de la losa, etc., y la de los pilares.

Tercero.- Sección transversal B-B' (perpendicular a la losa escalera).

Notas: dibujar claro y a tamaño suficientemente grande para que queden bien definidos todos los elementos y armaduras.

A ser posible no utilizar colores rojos.

No se admitirá la escalera con el rellano "colgado".

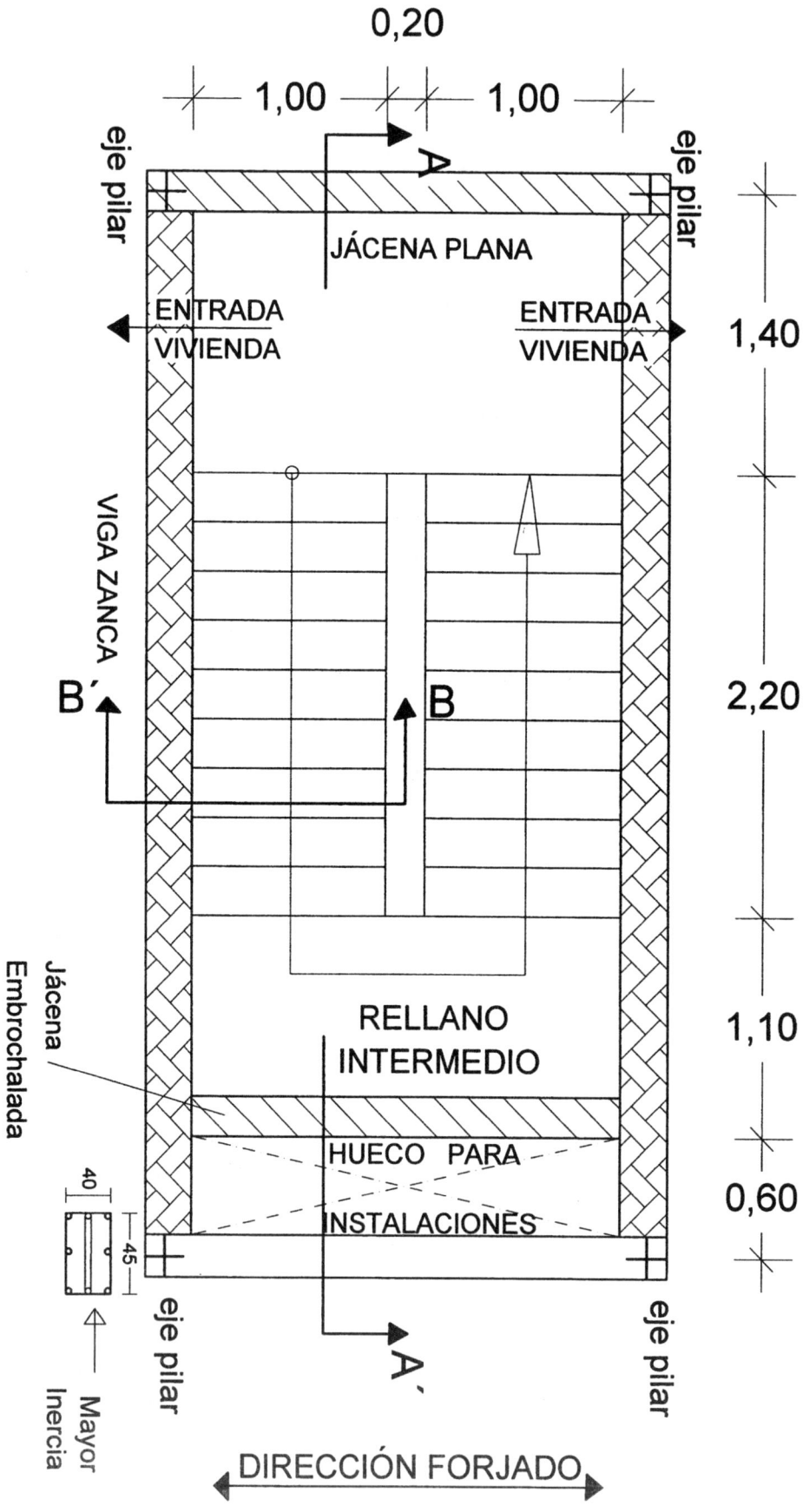

0,20

1,00   1,00

eje pilar   eje pilar

A

JÁCENA PLANA

ENTRADA   ENTRADA
VIVIENDA   VIVIENDA   1,40

VIGA ZANCA

B'   B   2,20

Jácena
Embrochalada

RELLANO
INTERMEDIO   1,10

40

45

HUECO   PARA

INSTALACIONES   0,60

eje pilar   eje pilar

A'

Mayor
Inercia

DIRECCIÓN FORJADO

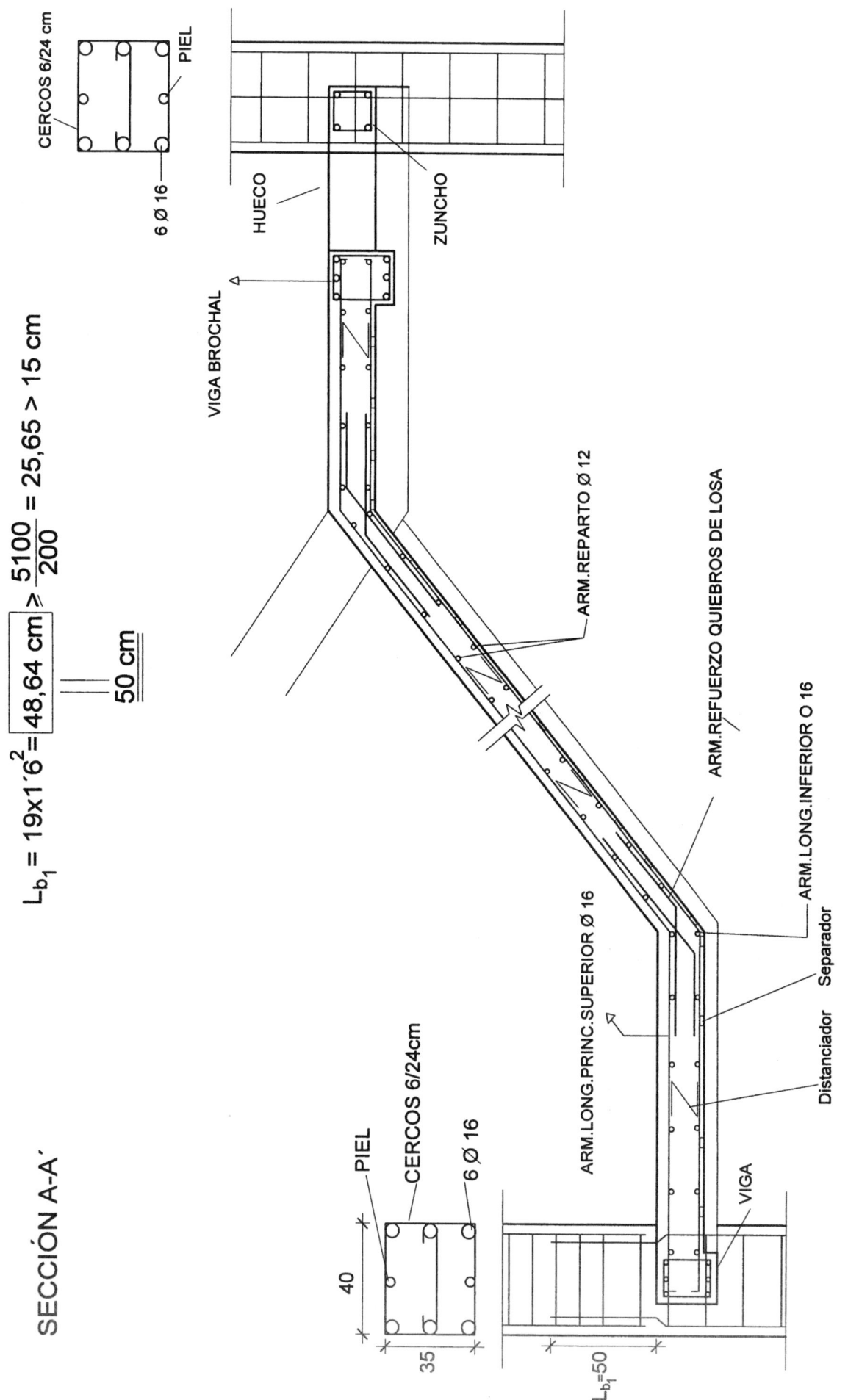

SECCIÓN A-A'

$$L_{b_1} = 19 \times 1'6^2 = \boxed{48,64 \text{ cm}} > \frac{5100}{200} = 25,65 > 15 \text{ cm}$$

50 cm

CERCOS 6/24 cm

PIEL

6 Ø 16

HUECO

ZUNCHO

VIGA BROCHAL

ARM.REPARTO Ø 12

ARM.REFUERZO QUIEBROS DE LOSA

ARM.LONG.INFERIOR O 16

ARM.LONG.PRINC.SUPERIOR Ø 16

Distanciador   Separador

VIGA

PIEL

CERCOS 6/24cm

6 Ø 16

40

35

L_{b_1}=50

SECCIÓN B-B´

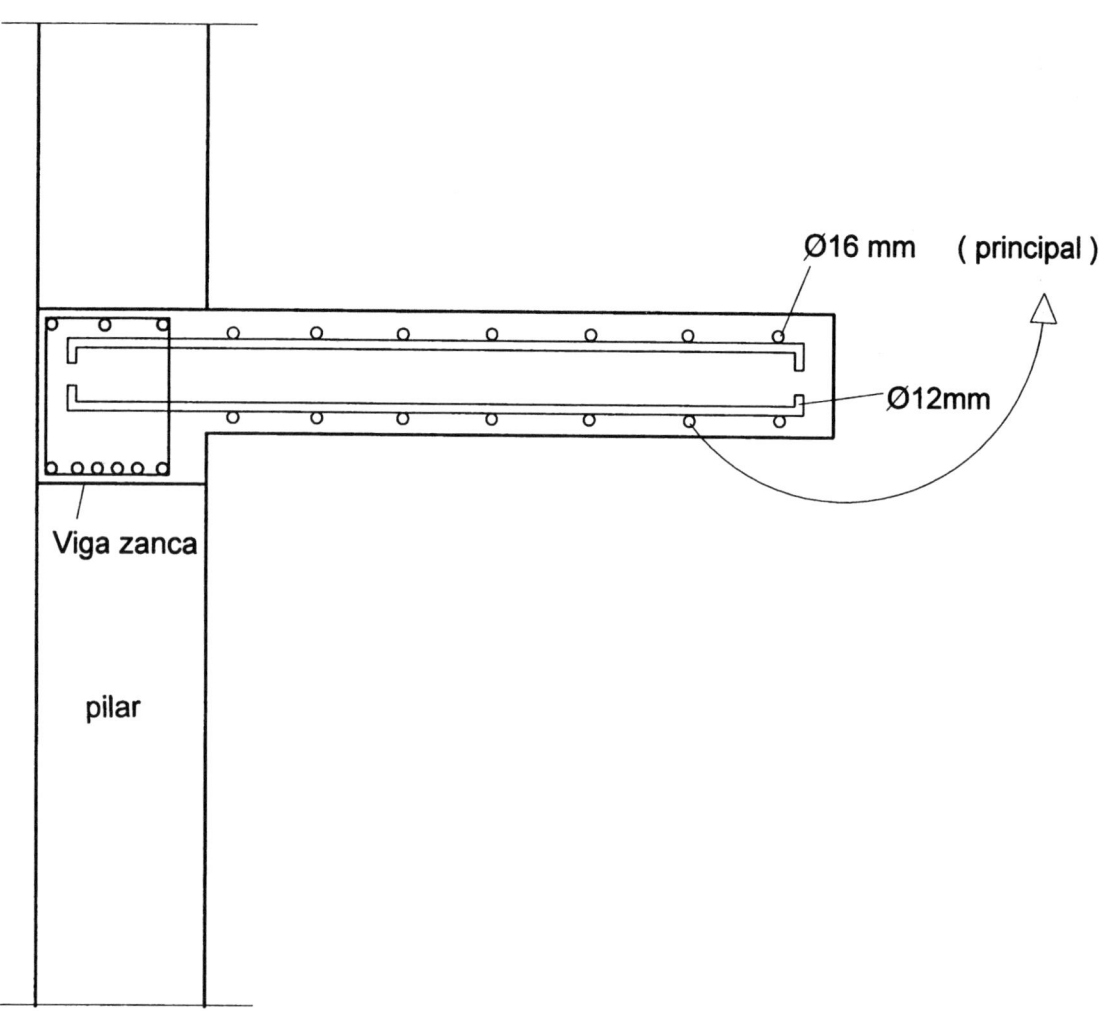

Ø16 mm   (principal)

Ø12mm

Viga zanca

pilar

EXAMEN PARCIAL DE CONSTRUCCIÓN DE ESTRUCTURAS. A.T.
14 enero 1995.

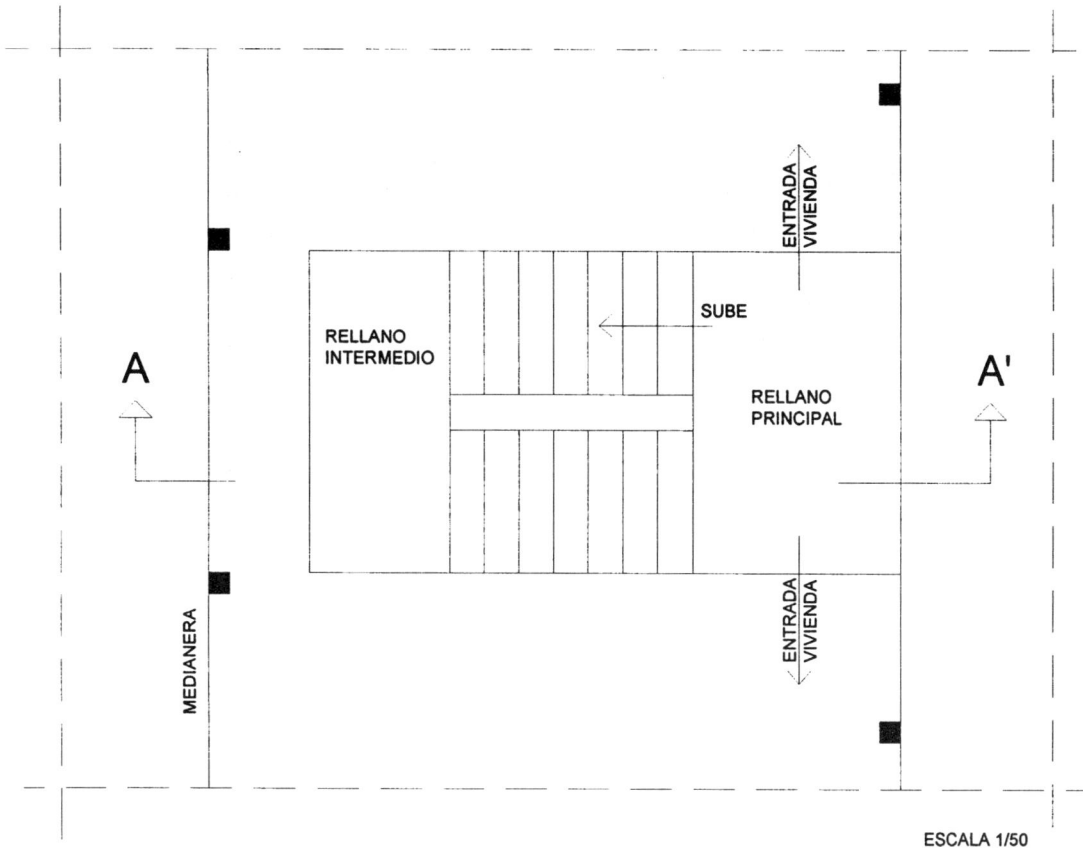

El esquema adjunto corresponde a una escalera de un edificio de viviendas, construida con losa de hormigón armado de 20 cm de canto.

Resto de datos a criterio del alumno.

SE PIDE:

Primero.- Solucionar en planta la estructura de la misma, definiendo los elementos estructurales correctamente.

Segundo.- Efectuar la sección A-A'.

PLANTA

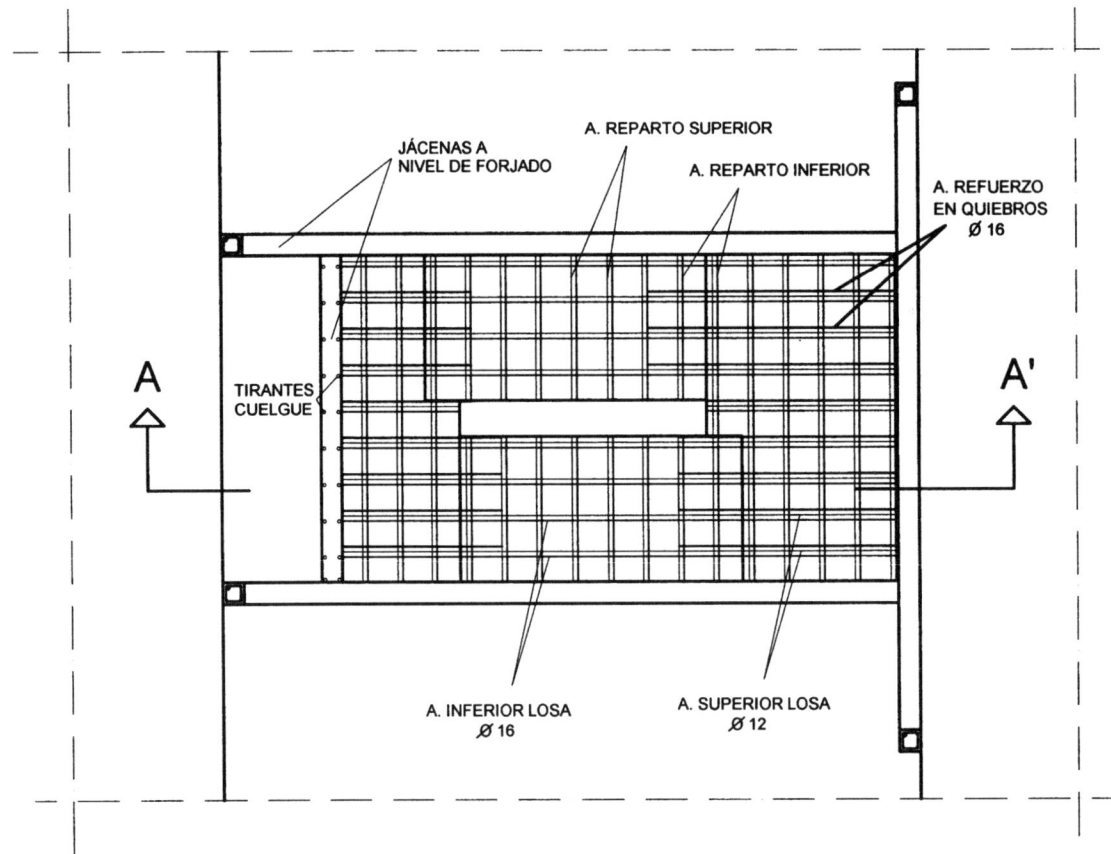

JÁCENAS A NIVEL DE FORJADO

A. REPARTO SUPERIOR

A. REPARTO INFERIOR

A. REFUERZO EN QUIEBROS Ø 16

A

A'

TIRANTES CUELGUE

A. INFERIOR LOSA Ø 16

A. SUPERIOR LOSA Ø 12

SECCIÓN A-A'

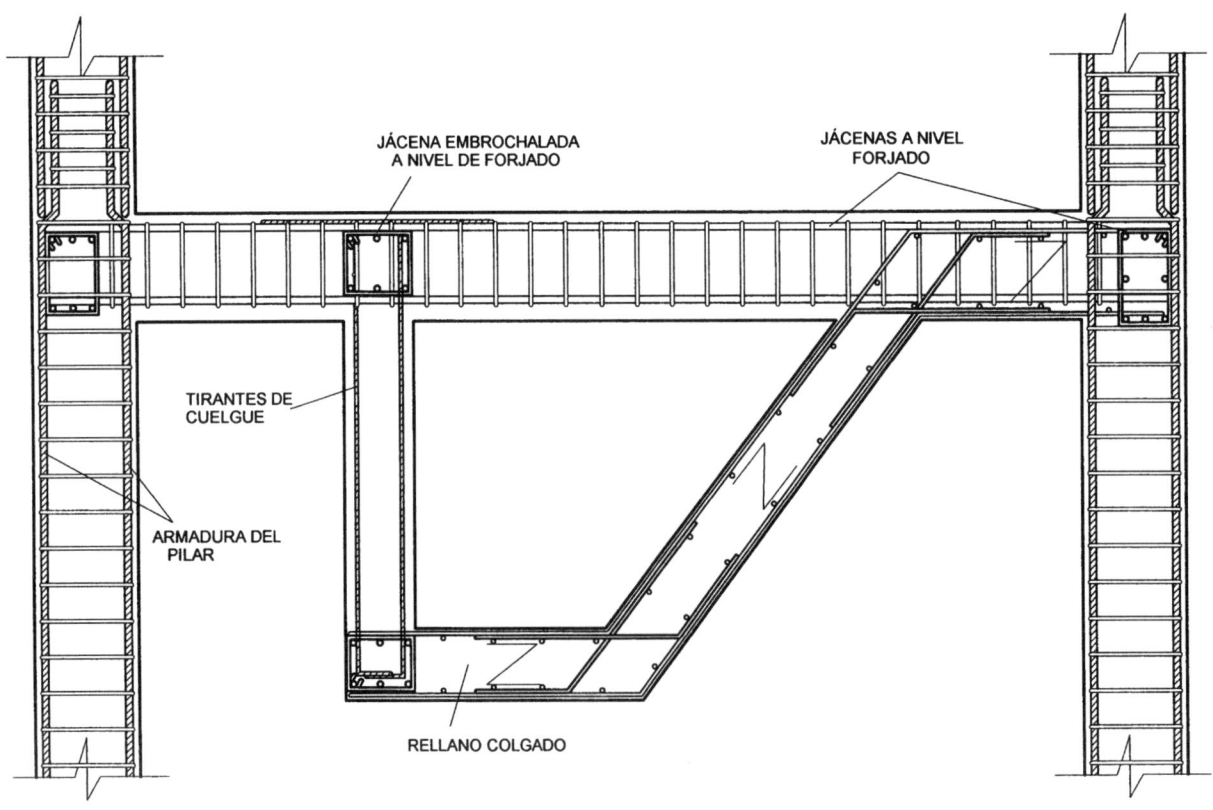

JÁCENA EMBROCHALADA A NIVEL DE FORJADO

JÁCENAS A NIVEL FORJADO

TIRANTES DE CUELGUE

ARMADURA DEL PILAR

RELLANO COLGADO

142

ESCALERA EN PERSPECTIVA

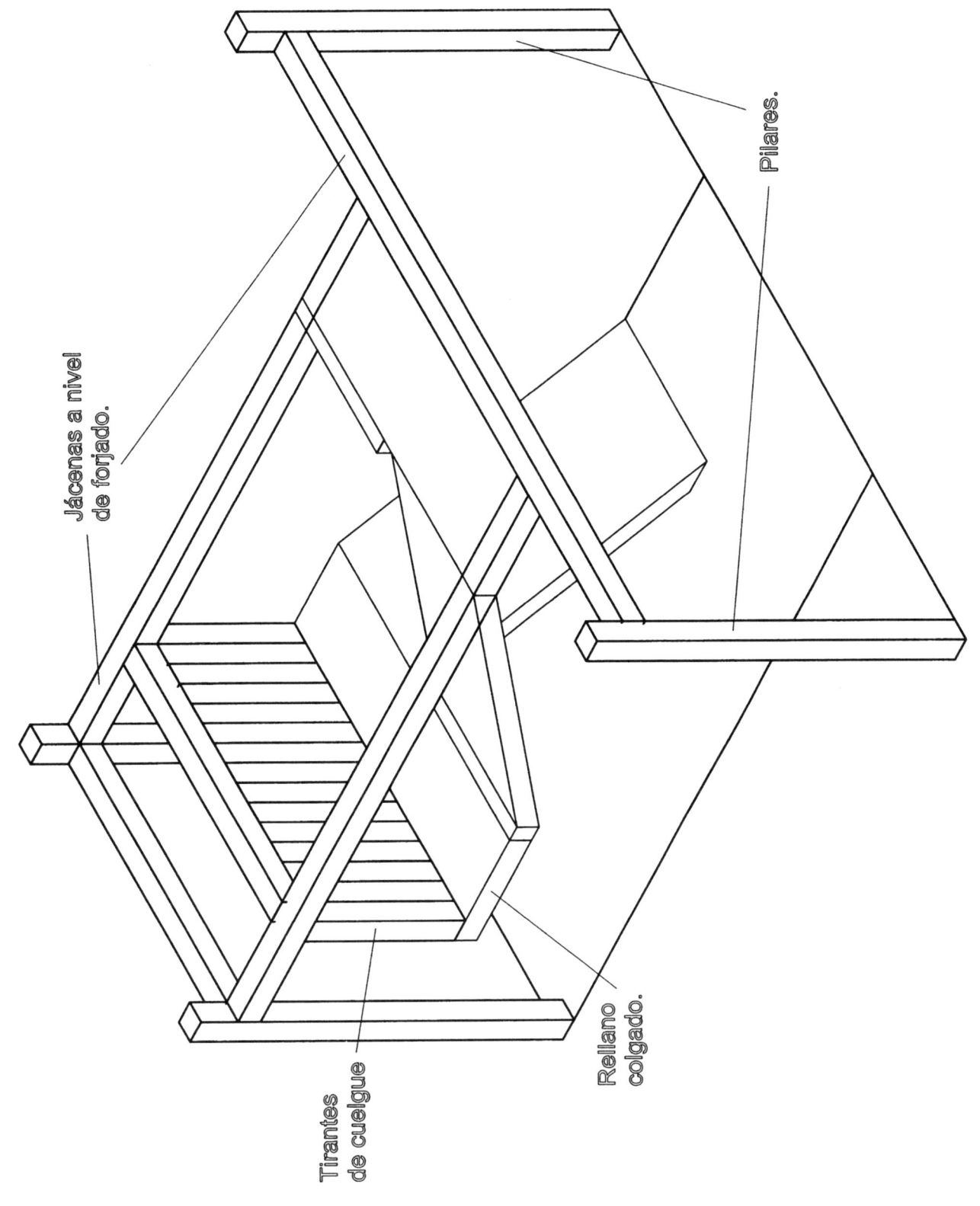

Pilares.

Jácenas a nivel
de forjado.

Tirantes
de cuelgue

Rellano
colgado.

EXAMEN PARCIAL DE CONSTRUCCIÓN DE ESTRUCTURAS. JUNIO 1995.

La escalera adjunta da acceso a 2 viviendas situadas a distinto nivel (3 y 3,36) con forjado reticular en la zona izquierda y forjado unidireccional en el lateral derecho.

SE PIDE:

Resolver el esquema sustentante de la escalera y efectuar una perspectiva para su mejor definición.

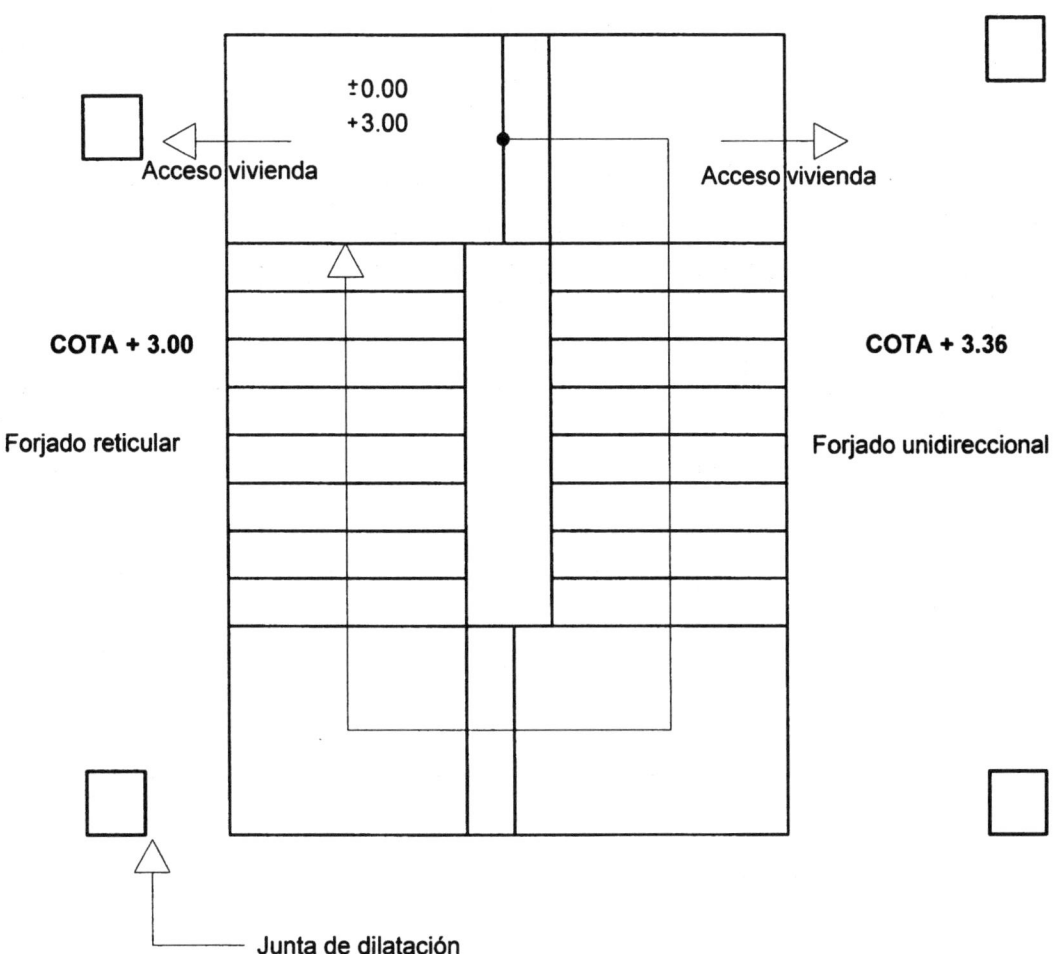

SOLUCIÓN

OPCIÓN 1: PILARCILLO APOYADO EN FORJADO INFERIOR

OPCIÓN 2: MURETE APOYADO EN FORJADO INFERIOR

VIGA ZANCA QUE APOYA POR UN LADO EN UNA VIGA DE FORJADO Y POR OTRO EN UN PILAR QUE SALE DE LA MISMA VIGA PERO DEL FORJADO INFERIOR

VIGA A COTA +3.36

FORJADO UNIDIRECCIONAL COTA +3.36

VIGA FORJADO, COTA +3.36

VIGA ZANCA APOYADA SOBRE VIGA FORJADO Y OTRA ZANCA

VIGA ZANCA QUE APOYA POR UN LADO SOBRE UNA MÉNSULA CORTA Y POR OTRO ANCLA EN UN PILAR

COTA +3.36	COTA +3.00
LOSA	LOSA
LOSA	LOSA
LOSA ESCALERA	LOSA ESCALERA
LOSA	LOSA
COTA +1.32	COTA +168
	VIGA ZANCA

VIGA ZANCA

VIGA ZANCA

APOYO EN JUNTA DE DILATACIÓN

FORJADO RETICULAR COTA +3.36

146

PERSPECTIVA DE ESCALERA

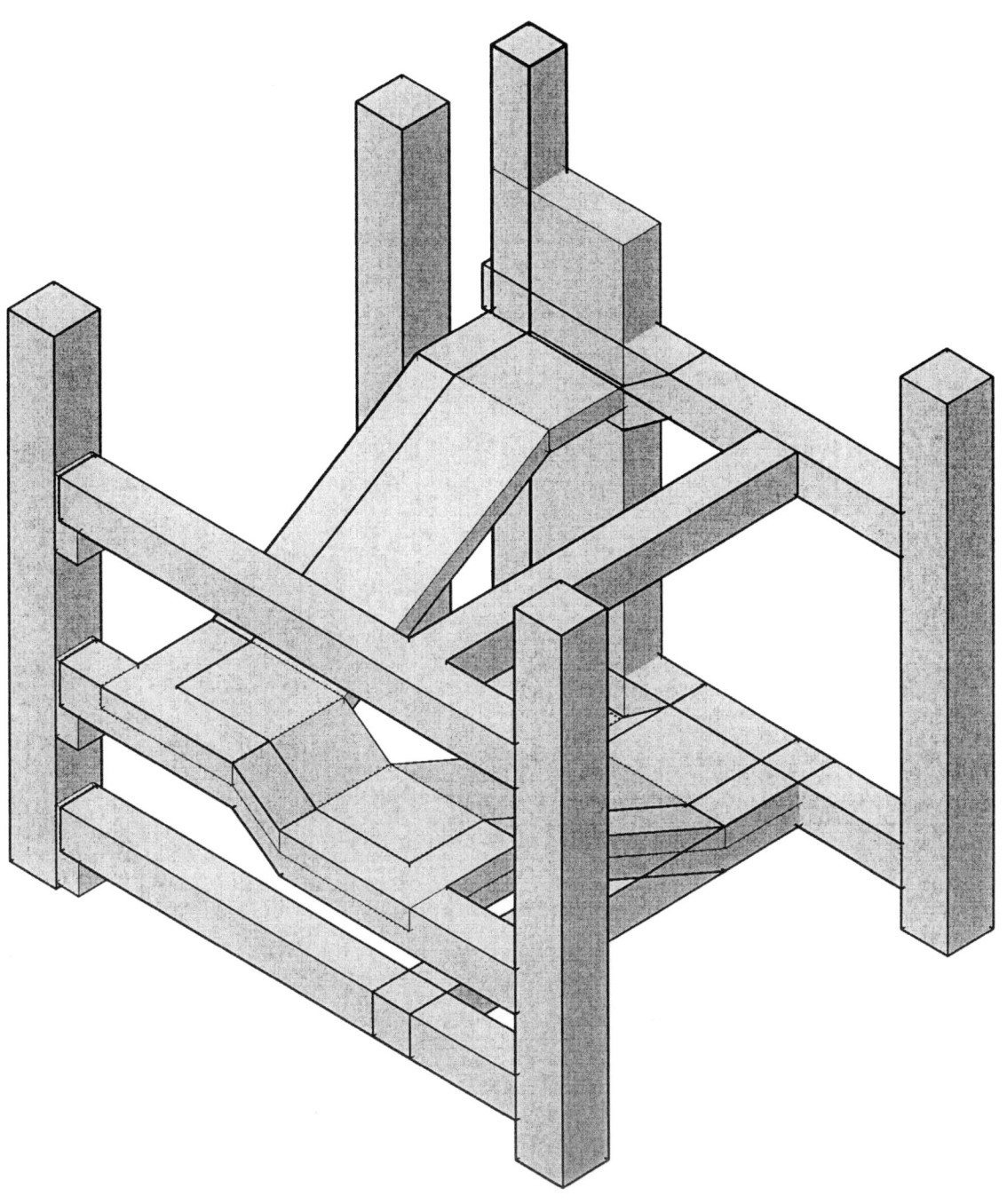

EXAMEN PARCIAL DE CONSTRUCCIÓN DE ESTRUCTURAS A.T.
10-09-95

Escalera 1

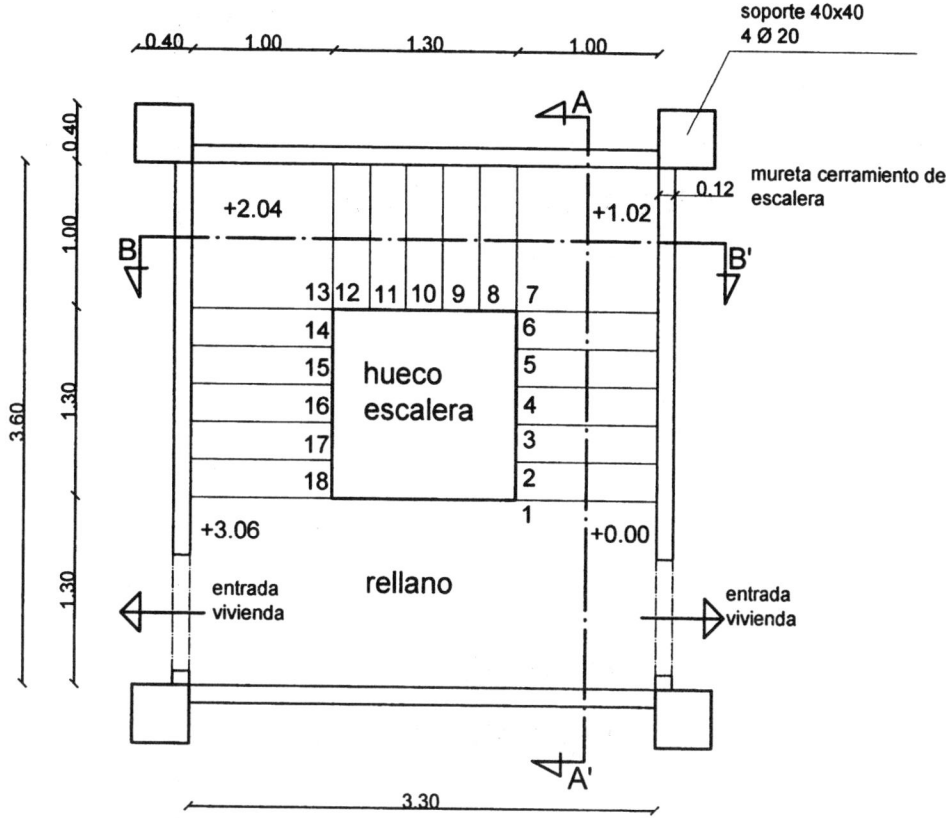

Dado el cuadro de escalera del esquema adjunto, que corresponde a un edificio con 2 viviendas por planta, cuya luz libre entre forjados es de 2,80 metros y sabiendo que la estructura es de hormigón armado, con forjados y jácenas planas de 26 cm de canto, la losa de escalera es de hormigón armado de canto de 16 cm, y que en la obra disponemos de Ø12 y de Ø10.

Resto de datos a criterio del alumno.

SE PIDE: solucionar estructuralmente dicha escalera, definiendo todos los detalles constructivos necesarios.

Como mínimo: - 1 planta con todo el esquema estructural.

- 2 secciones (que pueden ser a mano alzada) perpendiculares, indicadas con letras A-A' y B-B'.

- Despiece a mano alzada de las armaduras de la sección indicada A-A'.

ESQUEMA ESTRUCTURAL

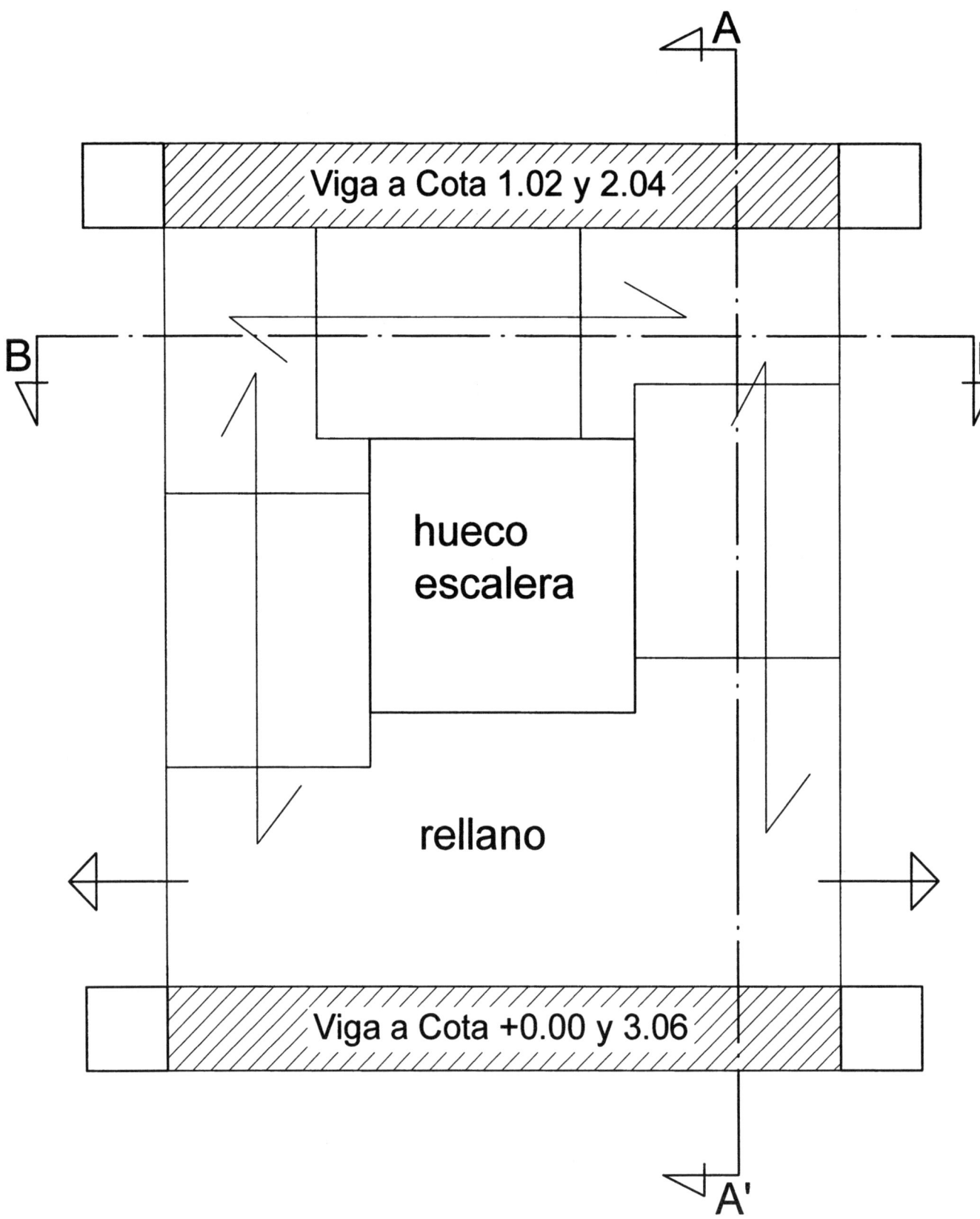

SECCIÓN A-A'

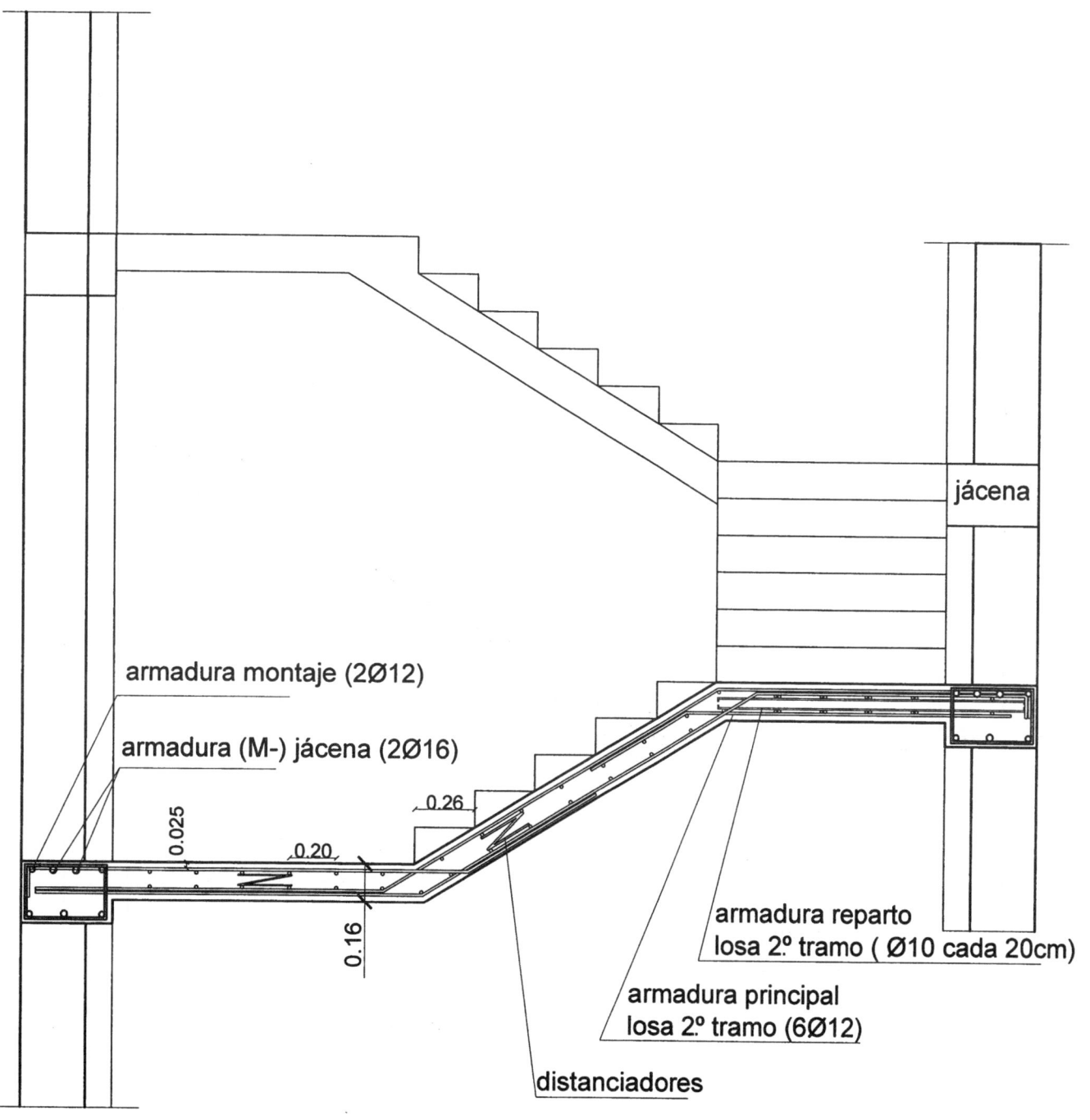

armadura montaje (2Ø12)

armadura (M-) jácena (2Ø16)

0.025

0.20

0.26

0.16

jácena

armadura reparto
losa 2º tramo (Ø10 cada 20cm)

armadura principal
losa 2º tramo (6Ø12)

distanciadores

SECCIÓN B-B'

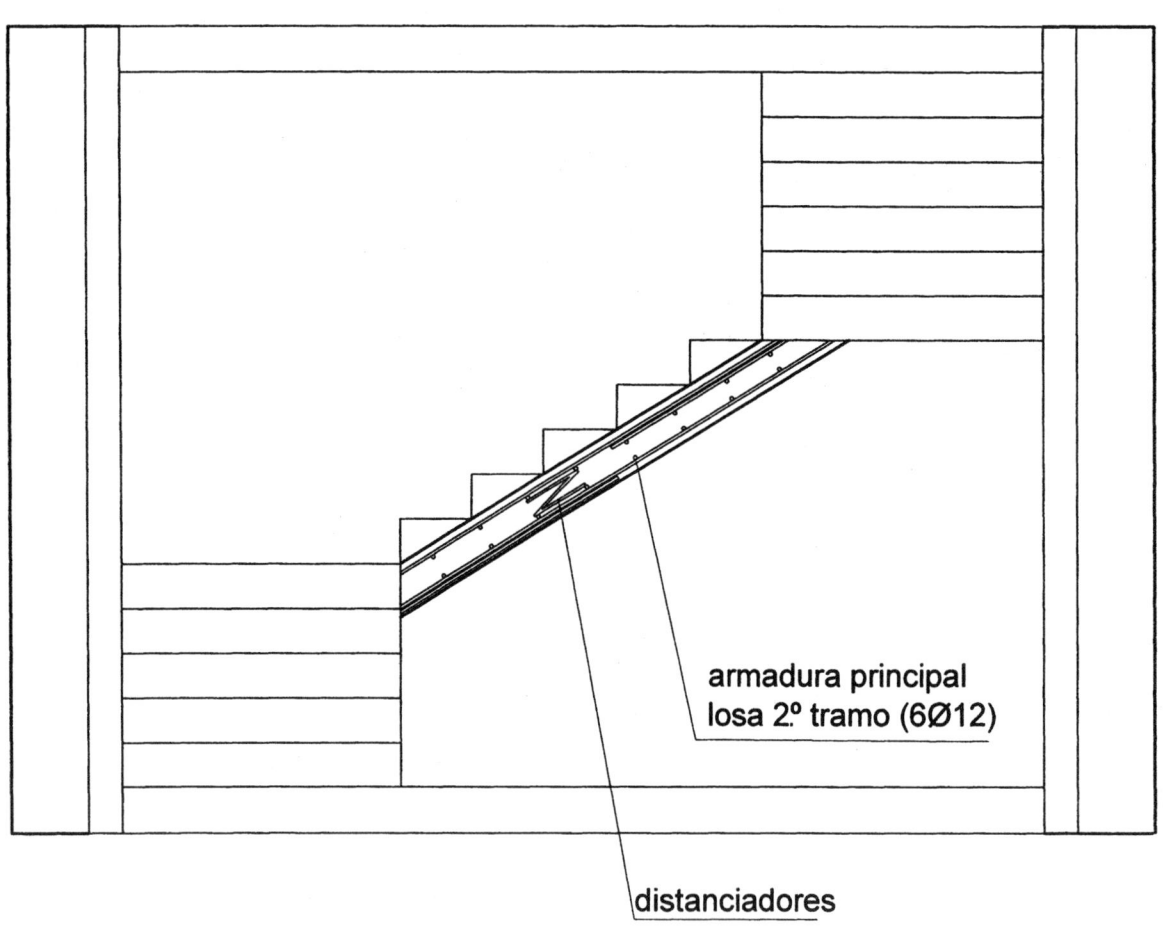

armadura principal
losa 2.º tramo (6Ø12)

distanciadores

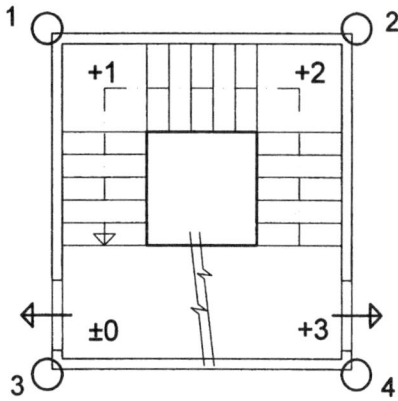

EVALUACIÓN CONTÍNUA

Los tres esquemas adjuntos corresponden a una escalera que da acceso a 2 viviendas en cada planta, a cotas 0 y 3 m.

Indica al menos 3 opciones diferentes (una en cada esquema) para solucionar la estructura sustentante de dicha escalera, teniendo en cuenta las siguientes limitaciones:

-No se podrá colgar la escalera ni sus elementos estructurales sustentantes, de las plantas superiores, ni tampoco se podrán apoyar en las plantas inferiores.

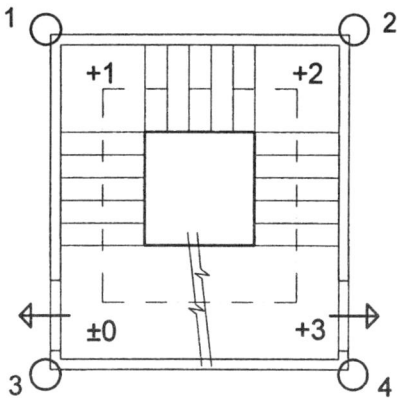

-Se considera suficiente con que cada losa de escalera apoye en 2 extremos. No se considera solución diferente si alguna apoya en más puntos.

-En ningún punto de la escalera puede haber una altura para pasar inferior a 2 m libres.

-No se admiten tramos de escalera volados.

NOTA. -Las soluciones deben estar bien definidas, indicando tipo de jácena, cota, etc., y su lugar de inicio y de final (referenciado a los números de los pilares).

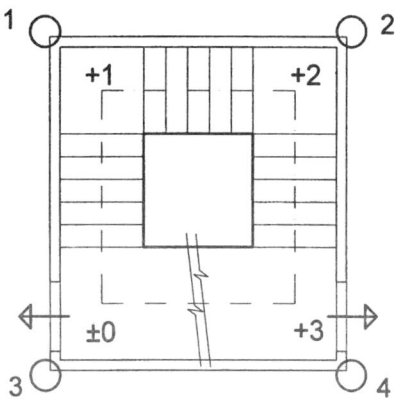

Escalera 2

Solución 1

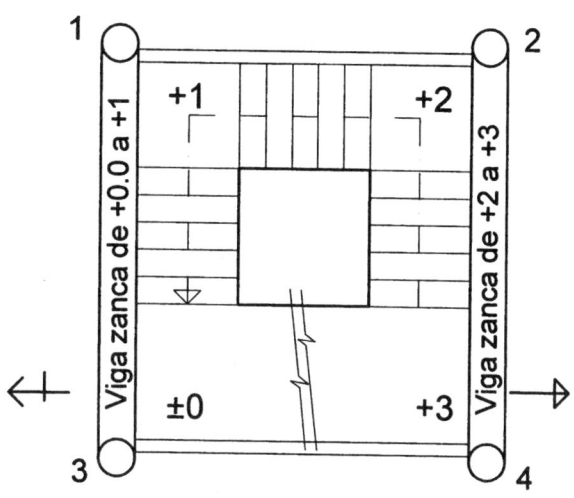

Solución 2

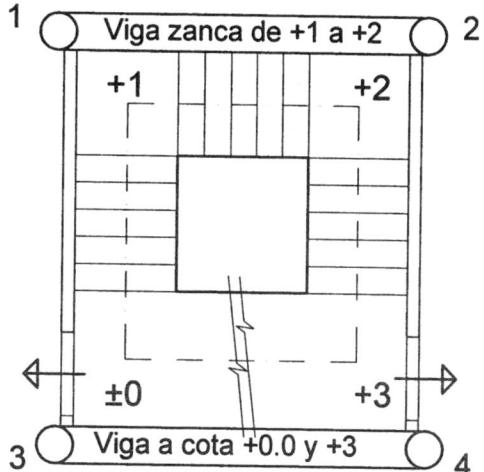

Solución 3

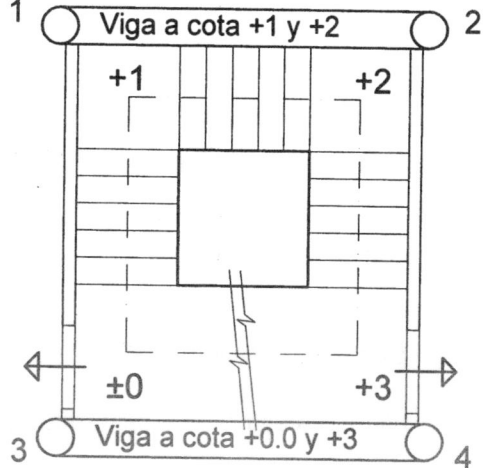

Escalera 3

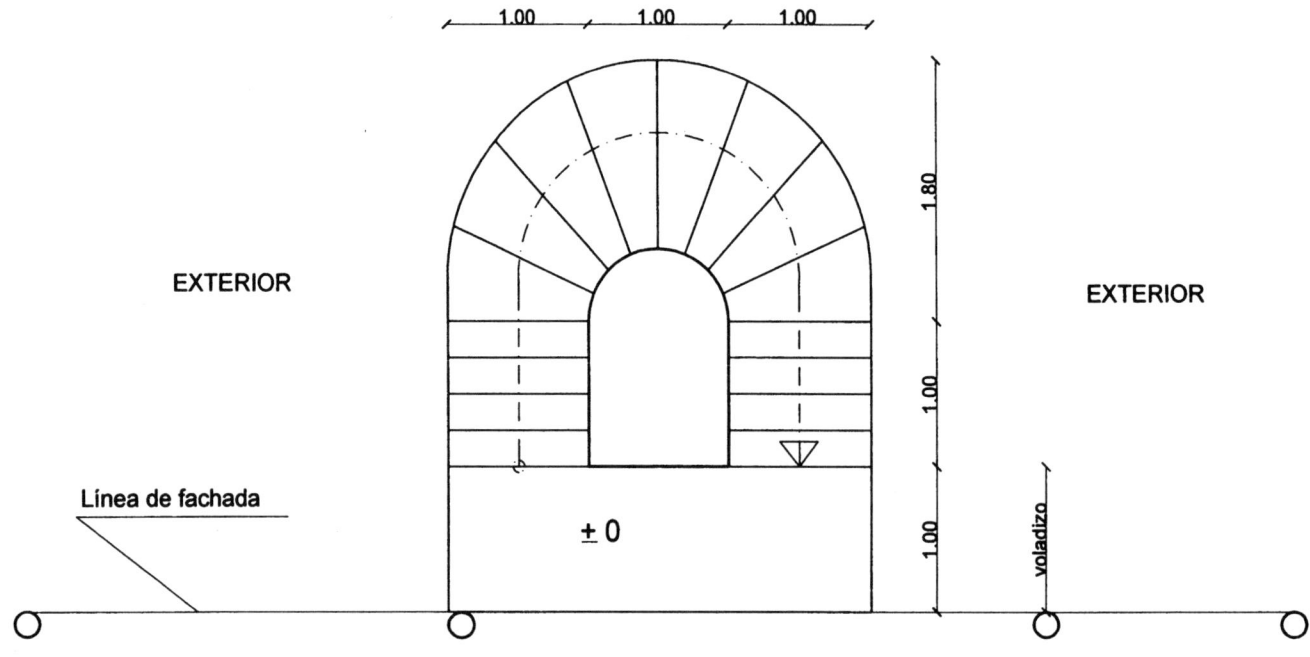

EXTERIOR

EXTERIOR

Línea de fachada

± 0

voladizo

La escalera del esquema adjunto facilita el acceso a un edificio con varias plantas para viviendas. Dispone de un rellano a cota del forjado, un tramo recto de 1 m y el resto es curvo.

Teniendo en cuenta que la escalera es exterior, que debe quedar vista, sin cerramientos, no podremos apoyar en dichos cerramientos ningún elemento sustentante, ni la propia losa de escalera.

El máximo voladizo permitido para jácenas es de 2 metros. Utilizar el mínimo número de jácenas.

Se pide: resolver el esquema estructural sustentante de la escalera y el armado esquemático de la losa, todo ello bien definido, con cotas.

SOLUCIÓN. Escalera 3

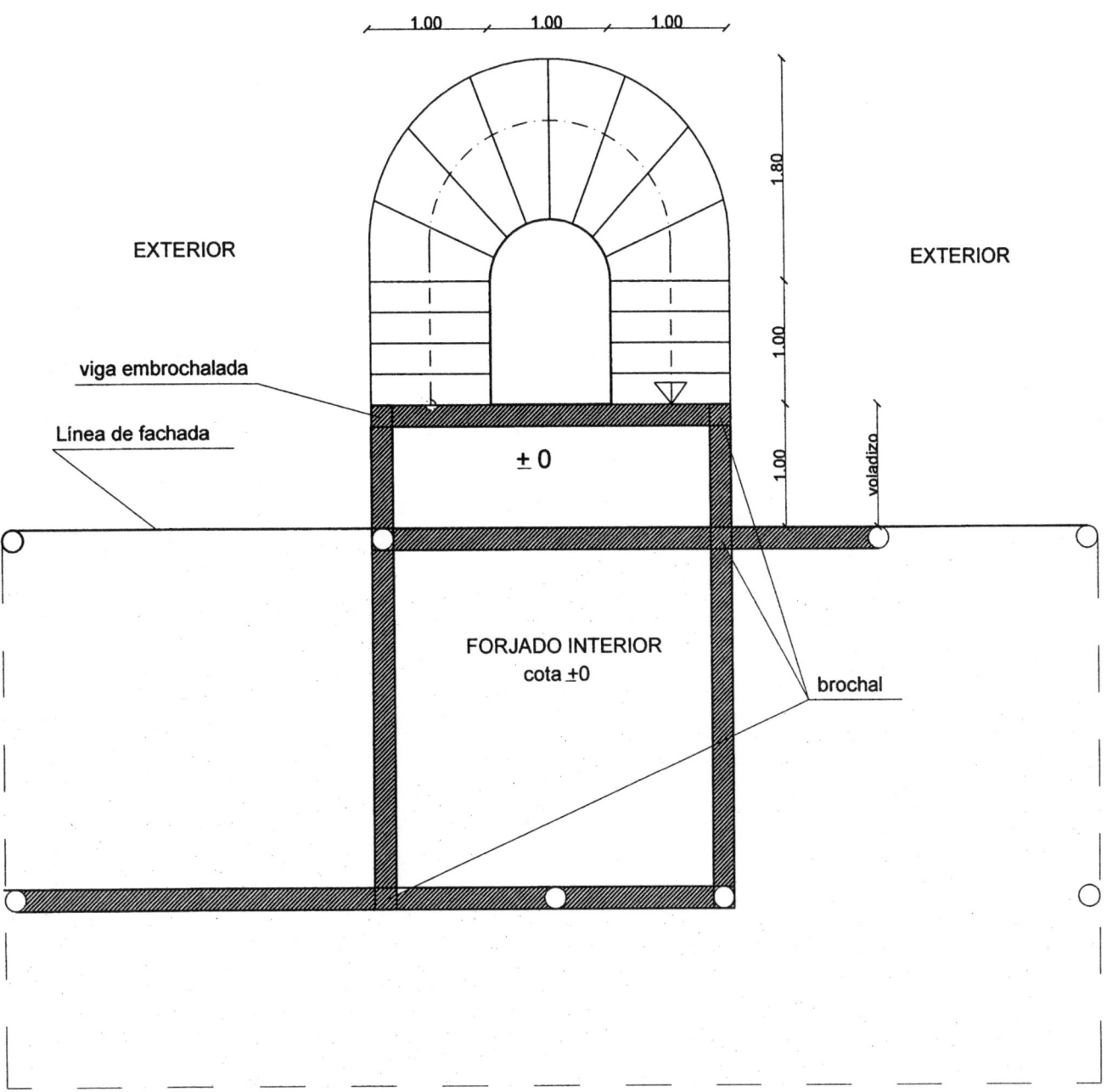

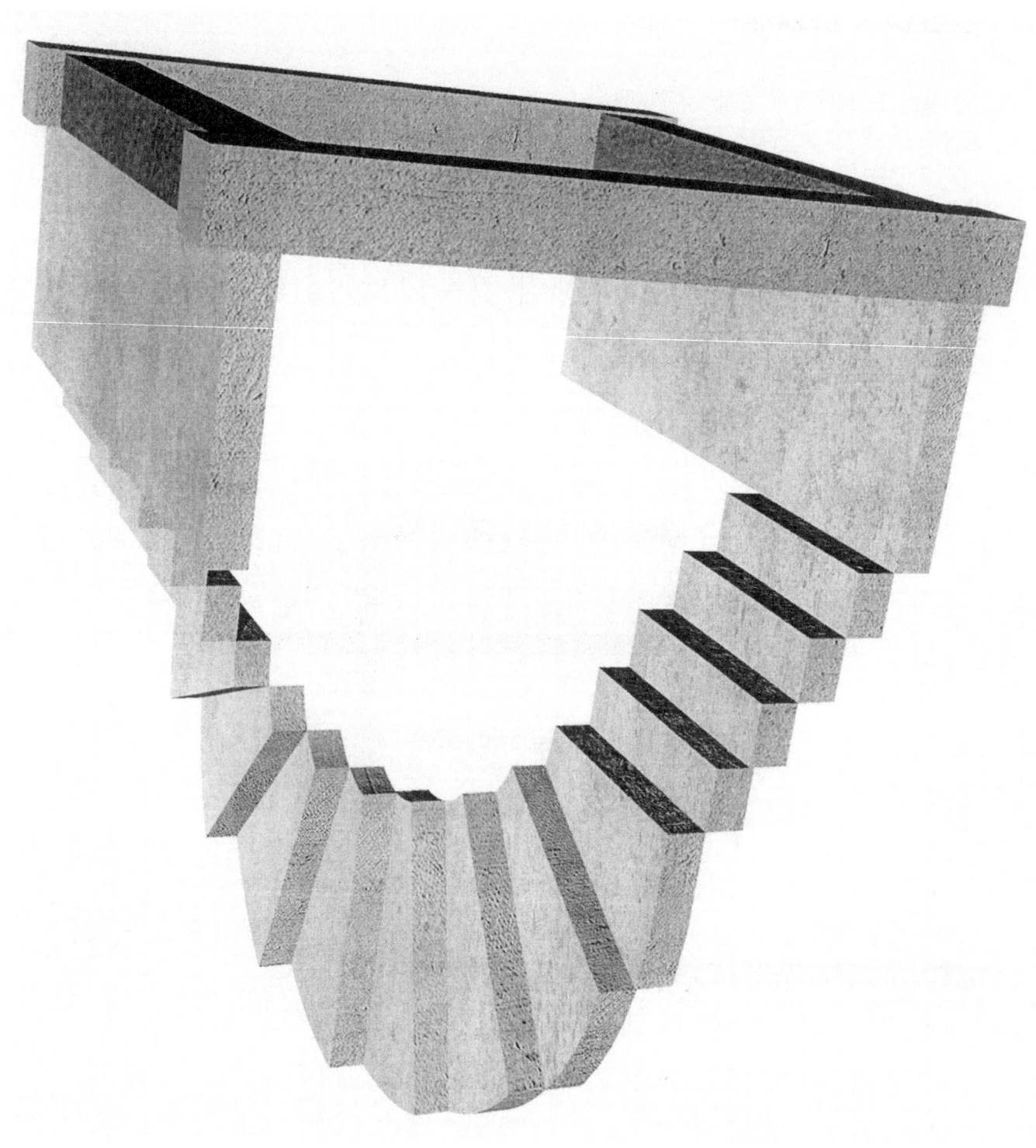

EXAMEN PARCIAL DE CONSTRUCCIÓN DE ESTRUCTURAS. A.T. 10-09-95

Escalera 4

Para sustentar la escalera adjunta disponemos de los pilares marcados con un círculo. De todos ellos podemos utilizar los necesarios. No se podrán atravesar con jácenas los patinillos.
La escalera de acceso a 2 viviendas situadas a 75 cm de desnivel.
Máximo voladizo permitido en jácenas 1,75 m. Se permite embrochalados.

SE PIDE: resolver el esquema estructural sustentante de la escalera, definiendo sus elementos y cotas.

Otros datos.
Ancho de los peldaños = 30 cm.
Las jácenas irán perpendiculares o paralelas a la línea de desnivel, no permitiéndose el uso de jácenas inclinadas.

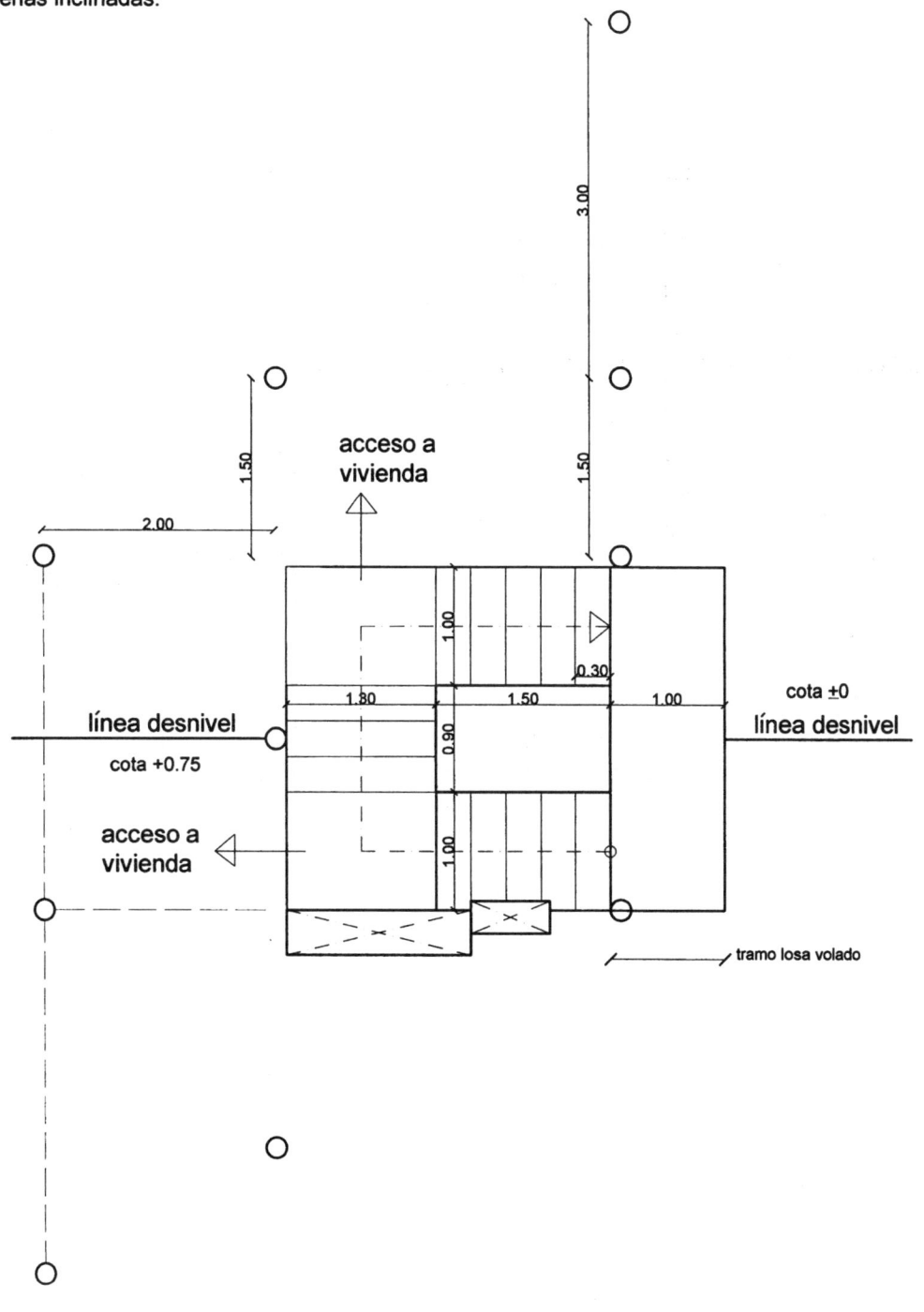

SOLUCIÓN. Escalera 4

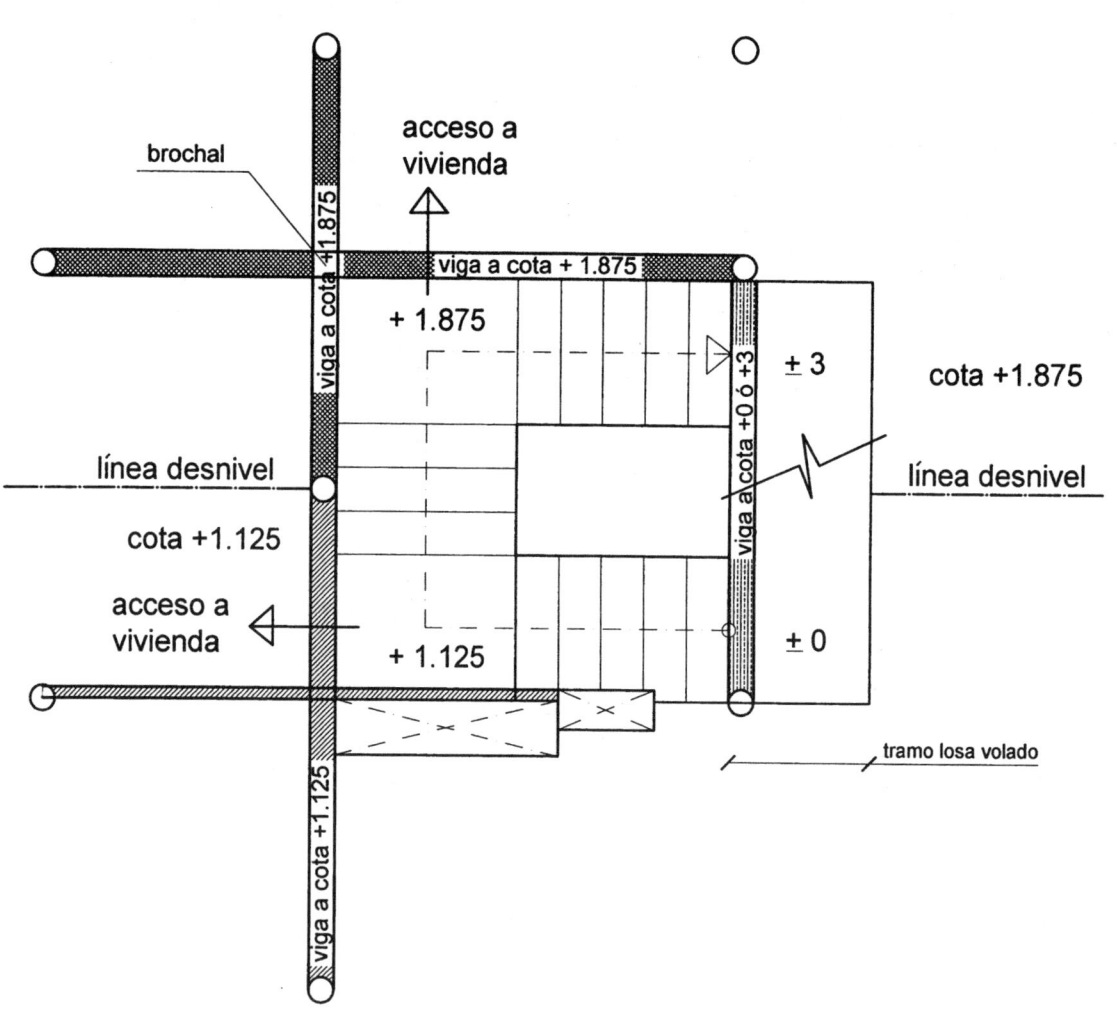

EXAMEN PARCIAL DE CONSTRUCCIÓN DE ESTRUCTURAS. A.T. 10-09-95

Escalera 5

La escalera del esquema adjunto corresponde a un edificio comercial, construido con estructura de hormigón armado y forjado de viguetas semirresistentes armadas, con un desnivel, dando acceso a dos oficinas, una de ellas situada a cota cero y la otra a cota 1,50 m, continuando la escalera en plantas superiores con los mismos desniveles, y hacia abajo el edificio tiene varios sótanos, también con los mismos desniveles.

Las jácenas no podrán atravesar el patio de luz, ni interrrumpir el paso por la escalera. Todo espacio con luz inferior a 2,40 m se considera con "cabezada" y no válido.

Resto de datos a criterio del alumno.

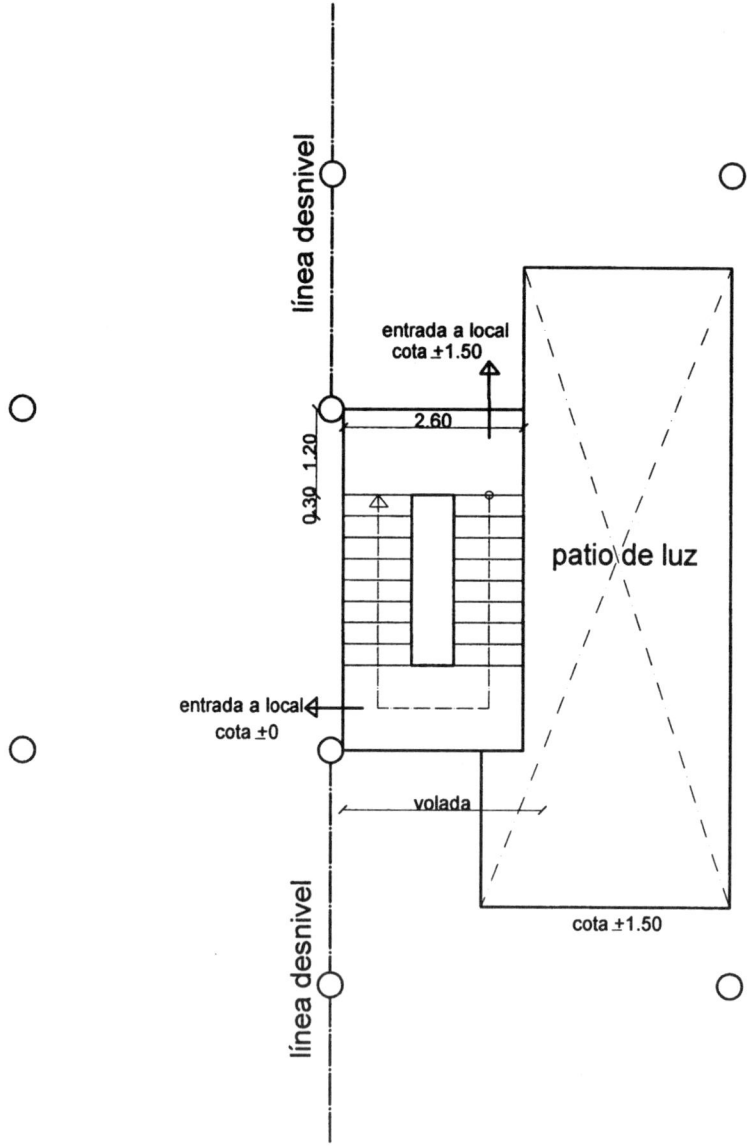

SE PIDE:

1.-Solucionar el esquema estructural sustentante de la escalera, definiendo tipo de jácenas, cotas y situación.

SOLUCIÓN. Escalera 5

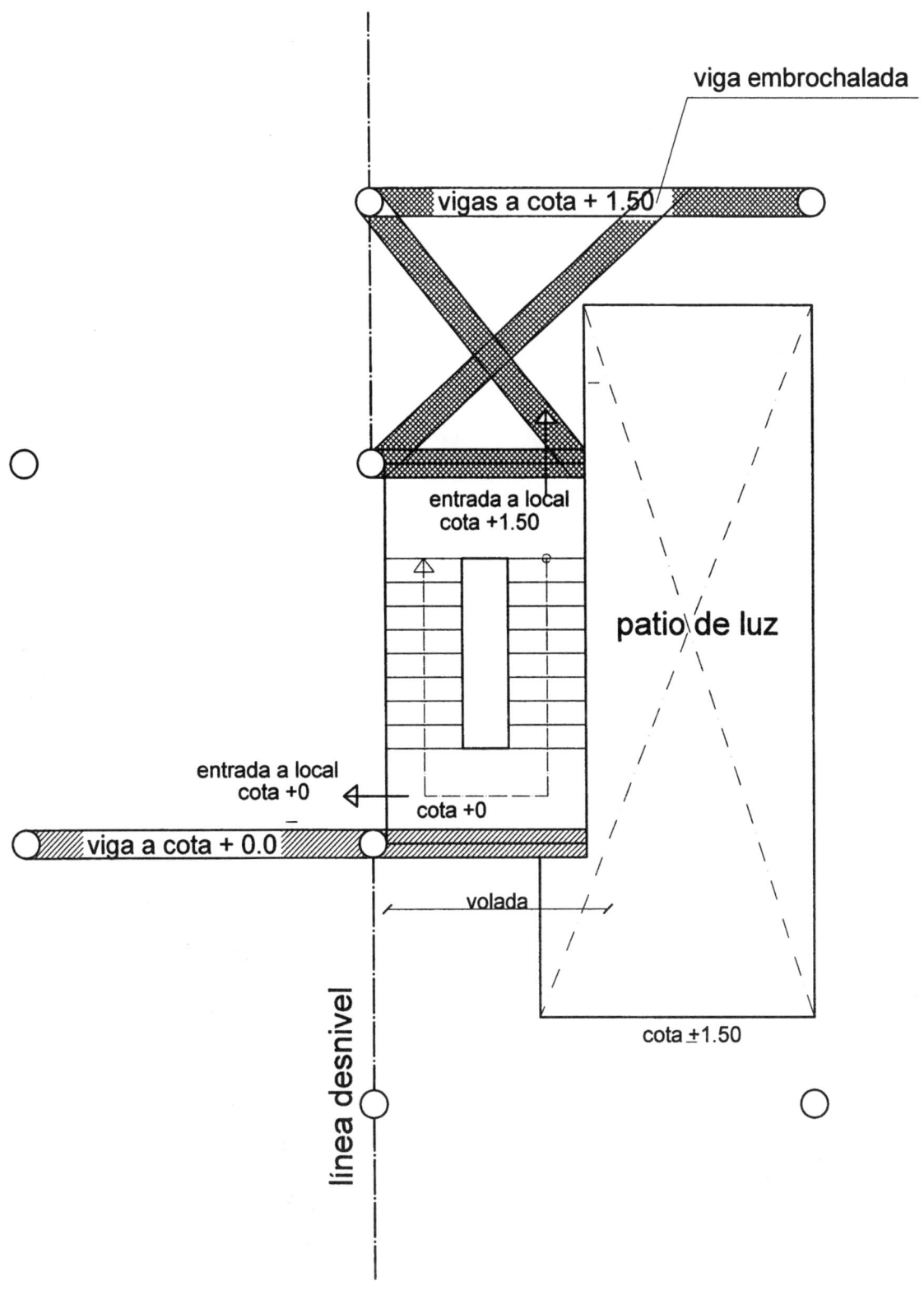

viga embrochalada

vigas a cota + 1.50

entrada a local
cota +1.50

patio de luz

entrada a local
cota +0

cota +0

viga a cota + 0.0

volada

cota ±1.50

línea desnivel

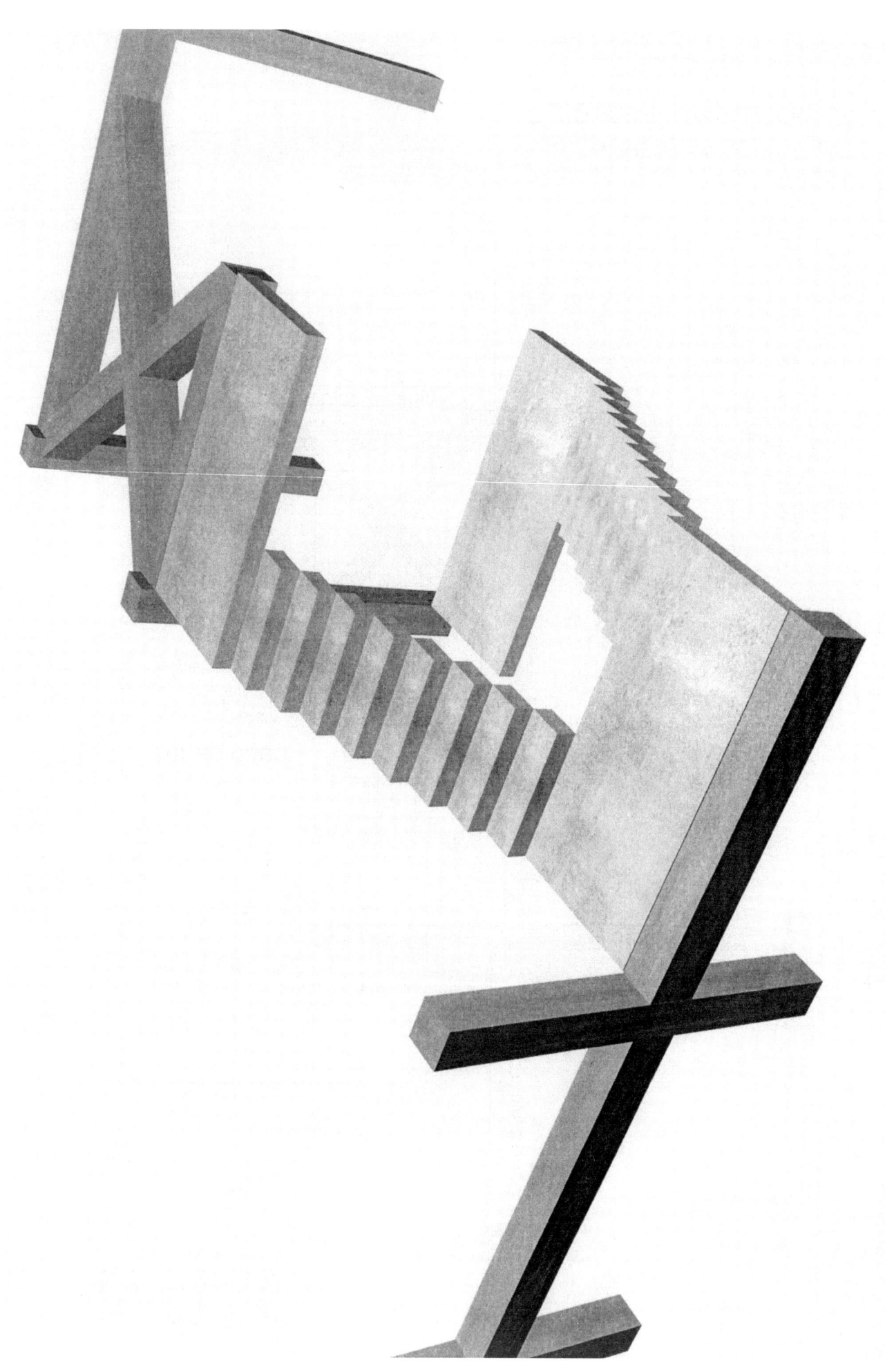

EXAMEN DE CONSTRUCCIÓN DE ESTRUCTURAS. A.T. H. ARMADO
18-09-1995

El esquema adjunto corresponde a la estructura y escaleras de un bungaló de planta baja y dos pisos altos, solucionada con estructura de hormigón armado.

En la parte superior del folio se ha dibujado la planta piso segundo, con la escalera que sube desde el 1.° al 2.° y en la mitad inferior del folio figura solamente la escalera que sube desde la planta baja al 1.°.

DATOS:

Jácena de canto:
25 cm de base y 50 cm de alto, armada con 3 Ø del 16 en zona central de momentos positivos, 5 Ø del 20 en zona de refuerzo de momentos positivos y 6 Ø del 25 en zona de refuerzo de momentos negativos.

Jácena plana:
50 cm de base y 25 cm de alto con la misma armadura.

Pilares:
De 45 x 45 cm, armados con 4 Ø del 25 + 4 Ø del 20.

Luz libre entre forjados = 2,63 m.

Canto del forjado = 25 cm.

Peldaños de escalera de 25 cm de huella y 18 cm de altura.

Losa de escalera de hormigón armado de 18 cm de alto, con armado típico.

Prohibido emplear vigas zancas en las escaleras.

Forjado unidireccional de viguetas semirresistentes empotradas.

Resto de datos: a criterio del alumno.

SE PIDE:

Primero.- Solucionar en planta el trozo de forjado y la escalera de la planta piso 2.° (mitad superior del folio), definiendo sus elementos.

Segundo.- Efectuar la sección A-A´ de dicha escalera (sube de 1.° a 2.°), detallando el sistema estructural sustentante y armado de la misma.

Tercero.- Indicar si en algún punto de la 1.ª escalera (parte inferior del folio: sube de planta baja a piso 1.°) existe "cabezada" (altura libre entresuelo y techo de la escalera menor de 2,10 m).

Cuarto.- Calcular los diámetros y la separación de cercos del pilar y de la jácena plana.

Quinto.- Comprobar si la jácena de canto cumple la cuantía geométrica mínima de 3,3 por mil, reflejando fórmula empelada y resultados.

NOTA IMPORTANTE:

En los puntos tercero, cuarto y quinto no se admitirán como válidos los resultados que no vayan acompañados de esquema, dibujo, fórmula y resultado subrayado.

EXAMEN DE C. ESTRUCTURAS A.T.-18 SEPTIEMBRE 1995.-H.ARMADO.-

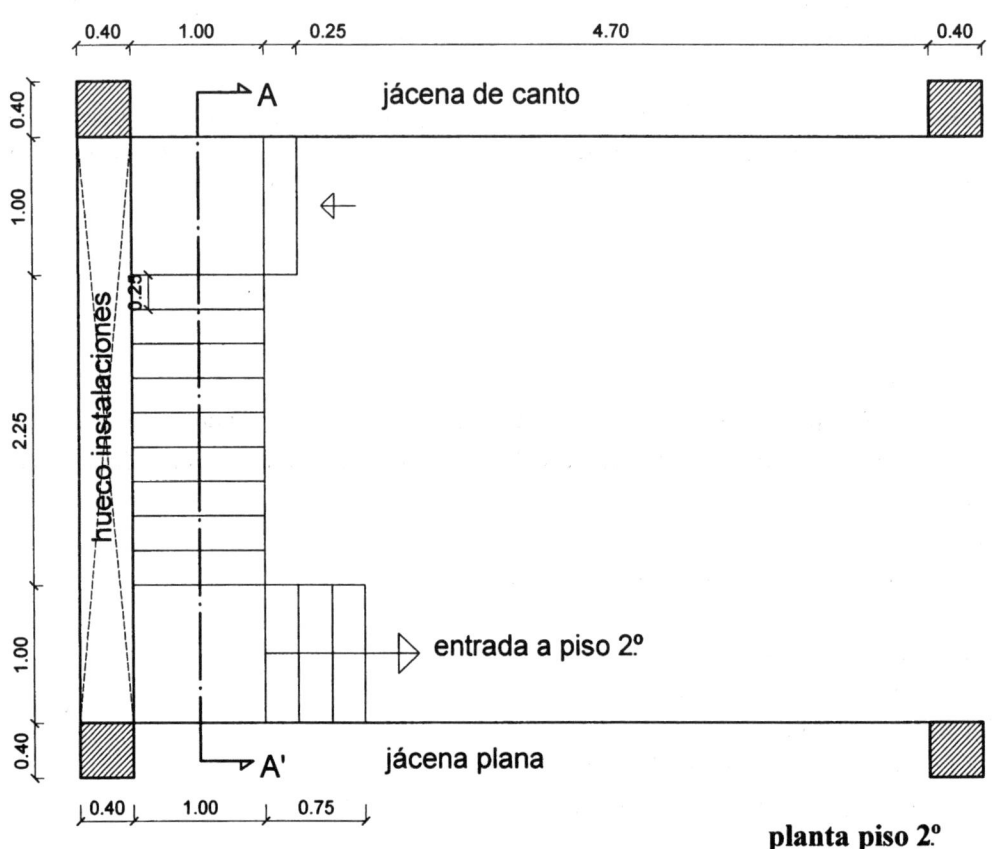

planta piso 2º

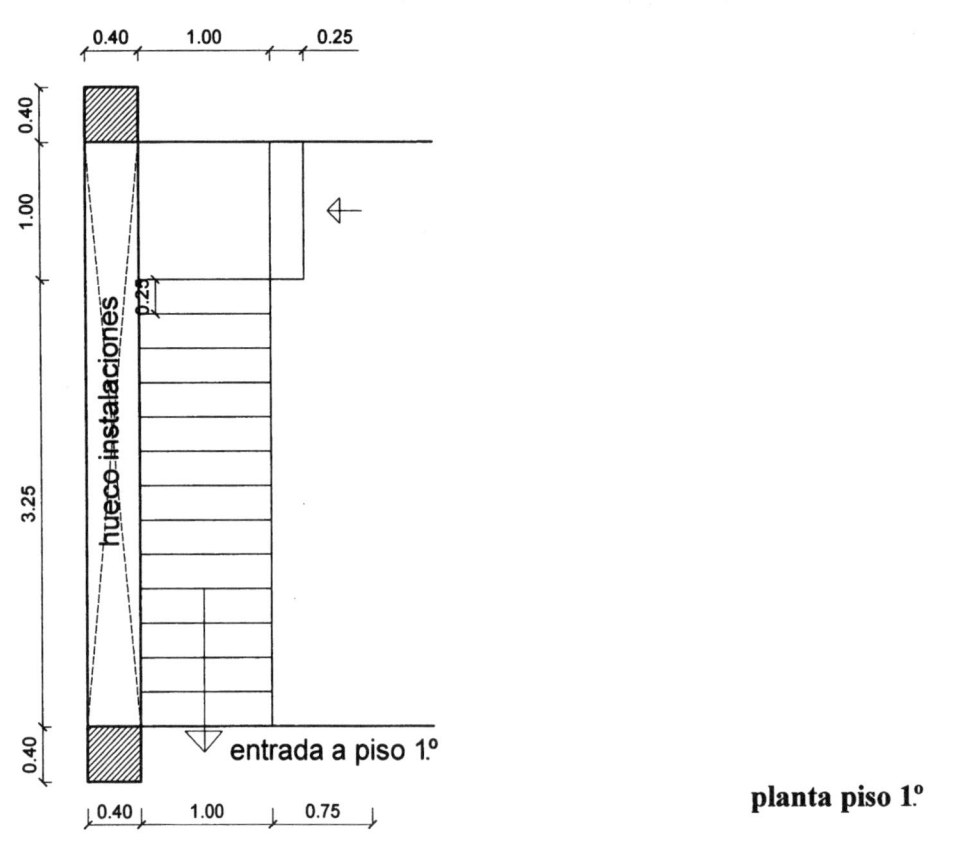

planta piso 1º

166

EXAMEN DE C. ESTRUCTURAS A.T.-18 SEPTIEMBRE 1995.-H.ARMADO.-

PLANTA 2ª.

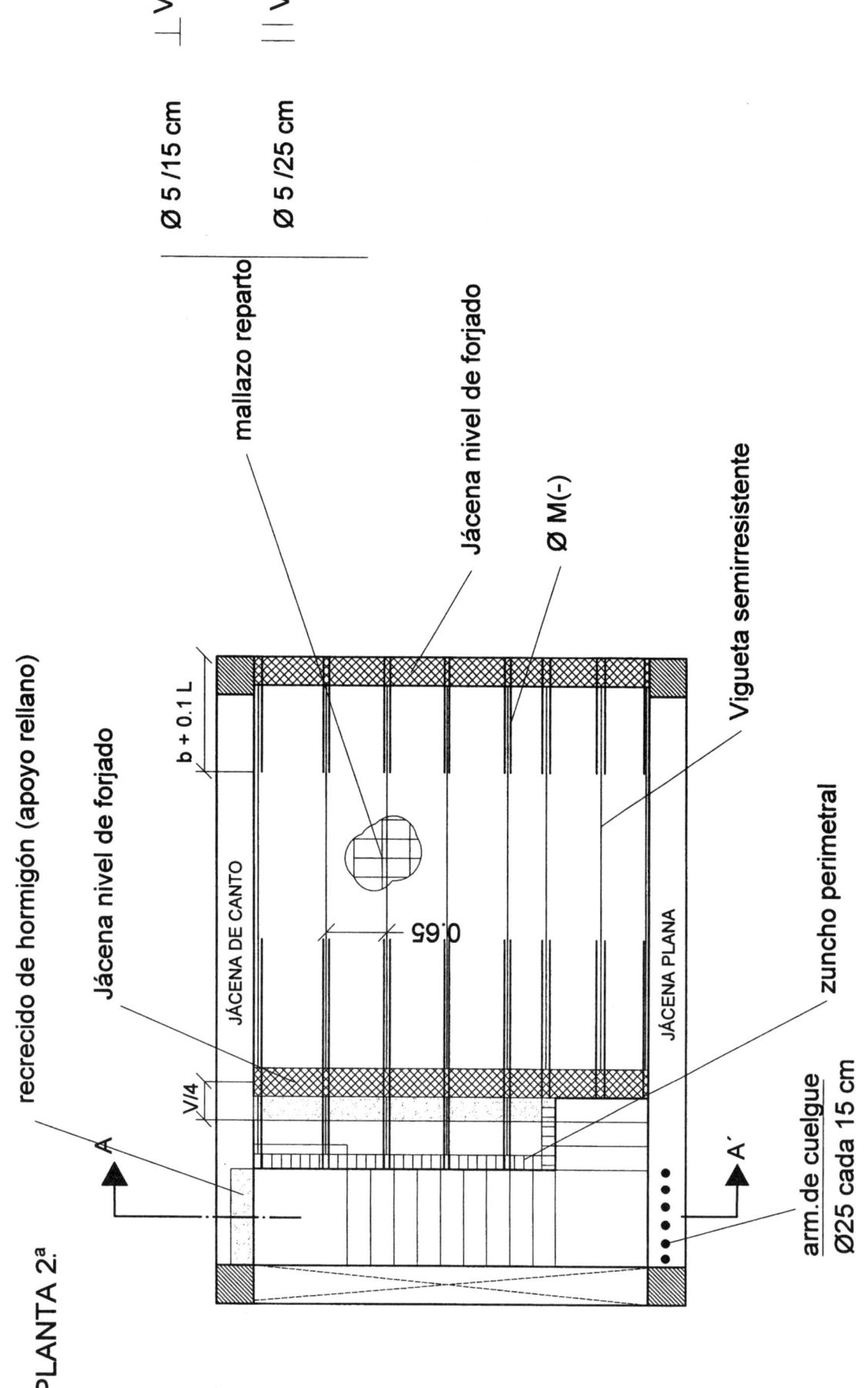

recrecido de hormigón (apoyo rellano)

Jácena nivel de forjado

mallazo reparto

Jácena nivel de forjado

Ø M(-)

Vigueta semirresistente

zuncho perimetral

arm.de cuelgue
Ø25 cada 15 cm

Ø 5 /15 cm ⊥ V

Ø 5 /25 cm ‖ V

JÁCENA DE CANTO

JÁCENA PLANA

b + 0.1 L

V/4

0.65

167

EXAMEN DE C. ESTRUCTURAS A.T.-18 SEPTIEMBRE 1995.-H.ARMADO.-

PLANTA 1ª.

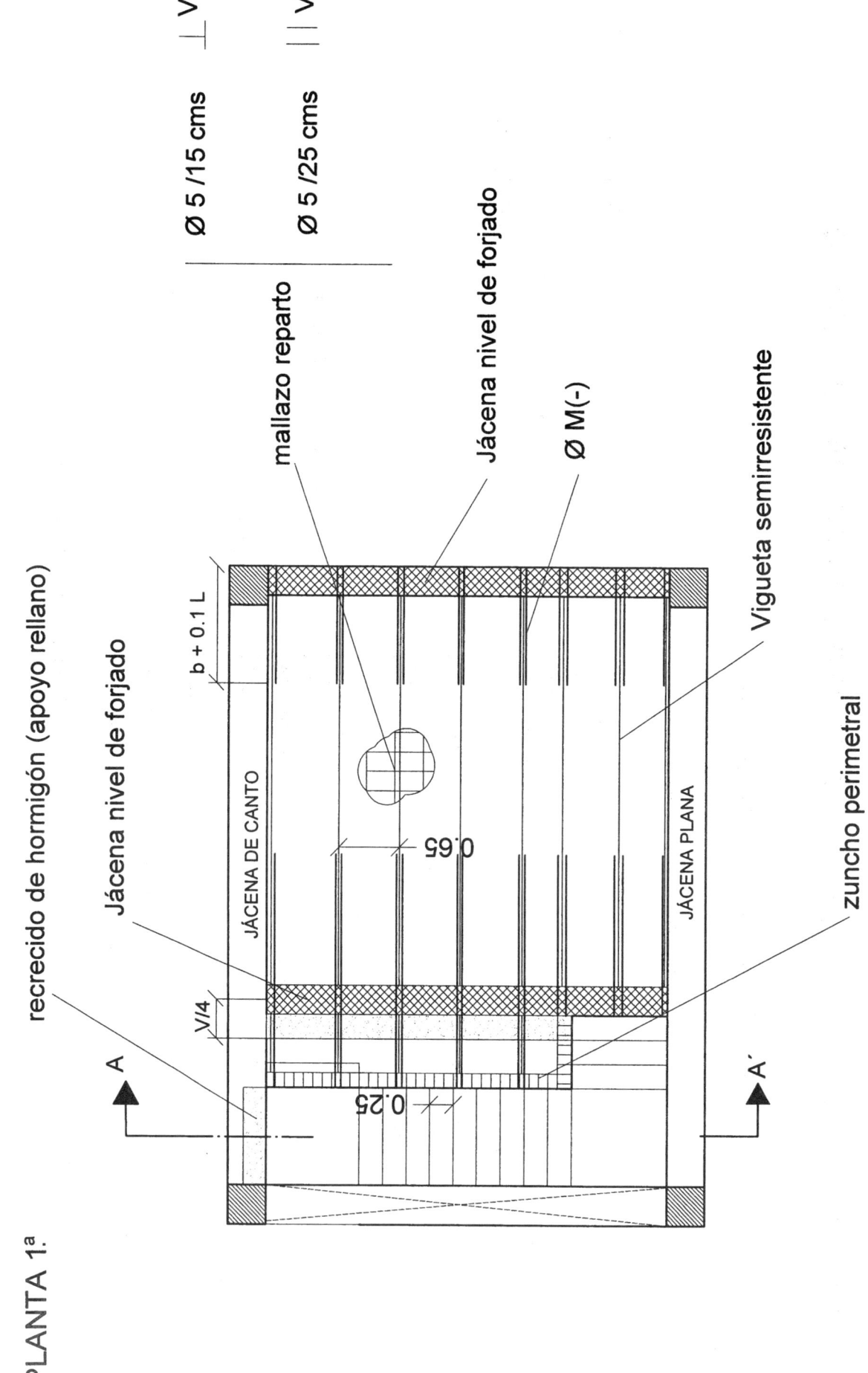

Ø 5 /15 cms   ⊥ V

Ø 5 /25 cms   ‖ V

mallazo reparto

Jácena nivel de forjado

Ø M(-)

Vigueta semirresistente

recrecido de hormigón (apoyo rellano)

Jácena nivel de forjado

zuncho perimetral

JÁCENA DE CANTO

JÁCENA PLANA

b + 0.1 L

V/4

0.65

0.25

SECCIÓN A - A'

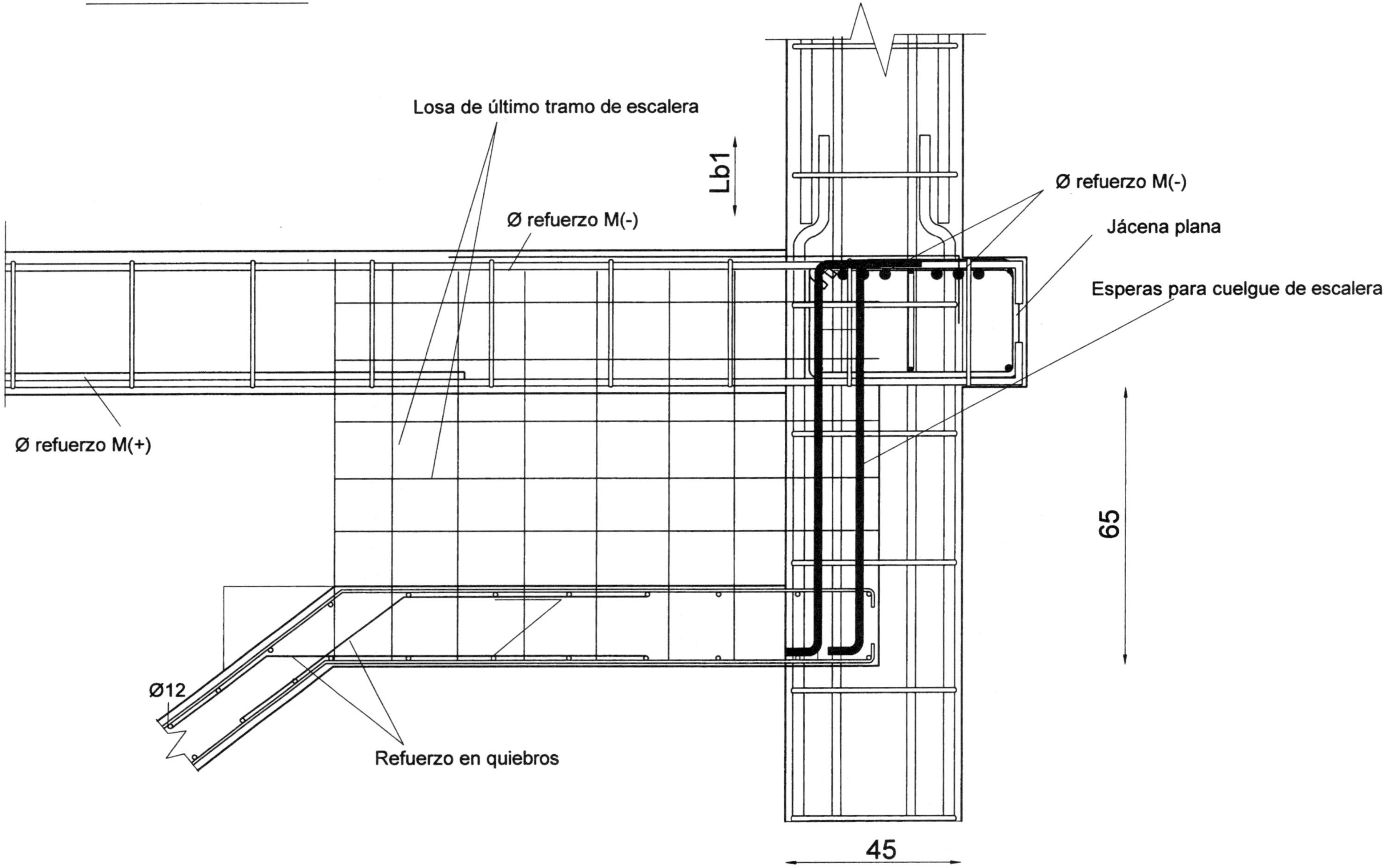

Ø refuerzo M(-)

Jácena plana

Esperas para cuelgue de escalera

65

45

L61

Losa de último tramo de escalera

Ø refuerzo M(-)

Refuerzo en quiebros

Ø12

Ø refuerzo M(+)

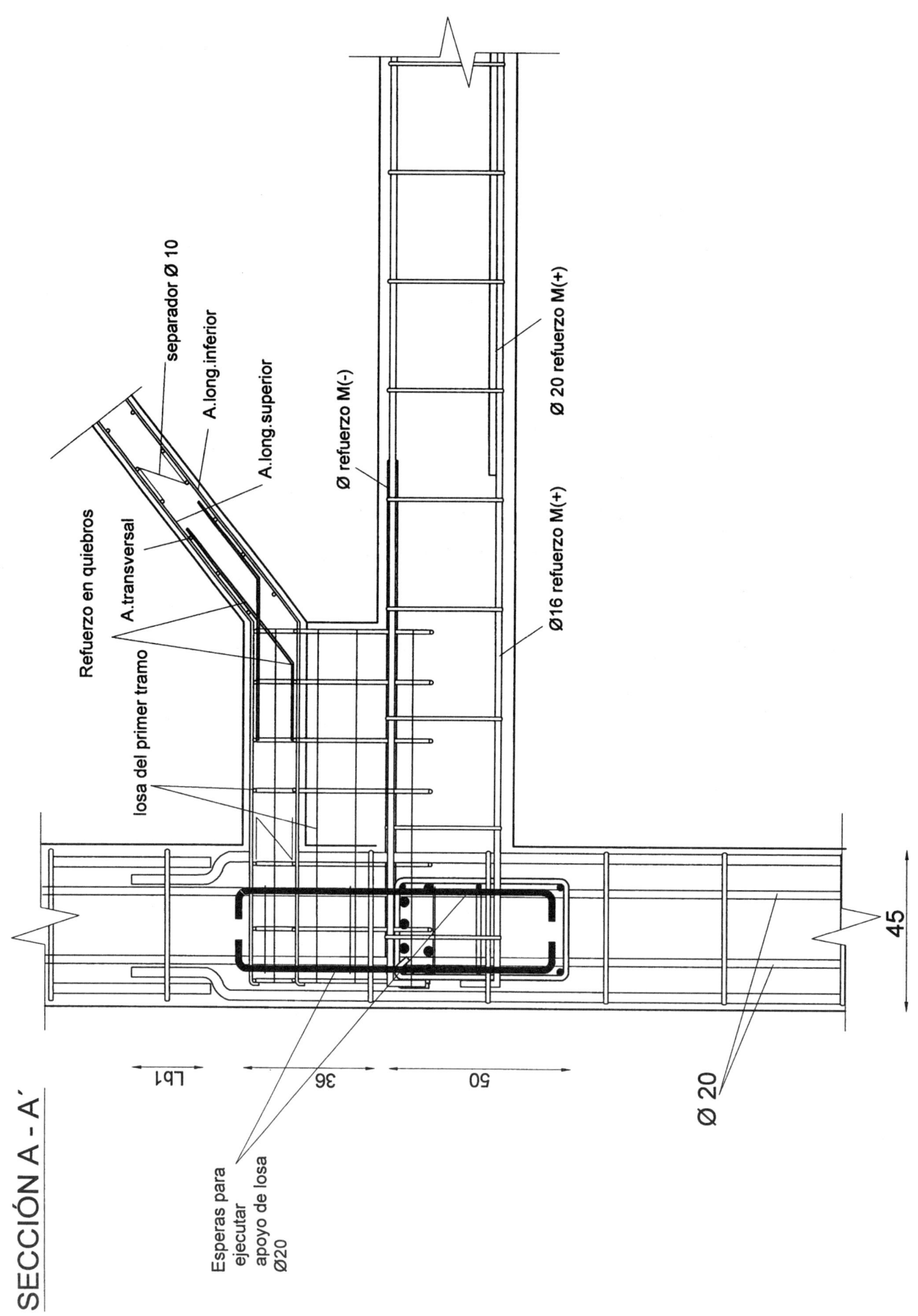

SECCIÓN A - A'

separador Ø 10

A.long.inferior

A.long.superior

Refuerzo en quiebros

A.transversal

losa del primer tramo

Ø refuerzo M(-)

Ø 20 refuerzo M(+)

Ø16 refuerzo M(+)

Esperas para ejecutar apoyo de losa Ø20

L61

36

50

45

Ø 20

EXAMEN DE C. ESTRUCTURAS A.T.-18 SEPTIEMBRE 1995.-H.ARMADO.-

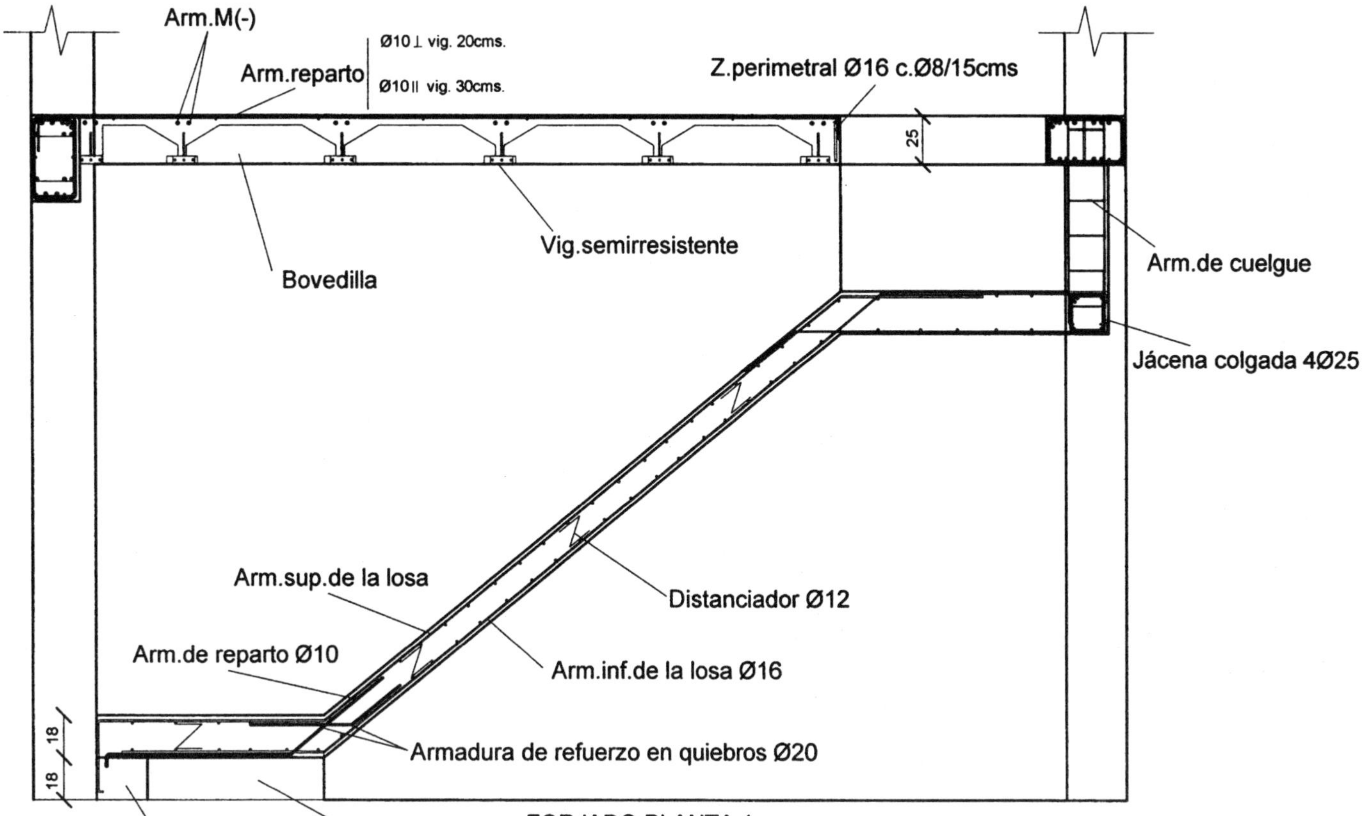

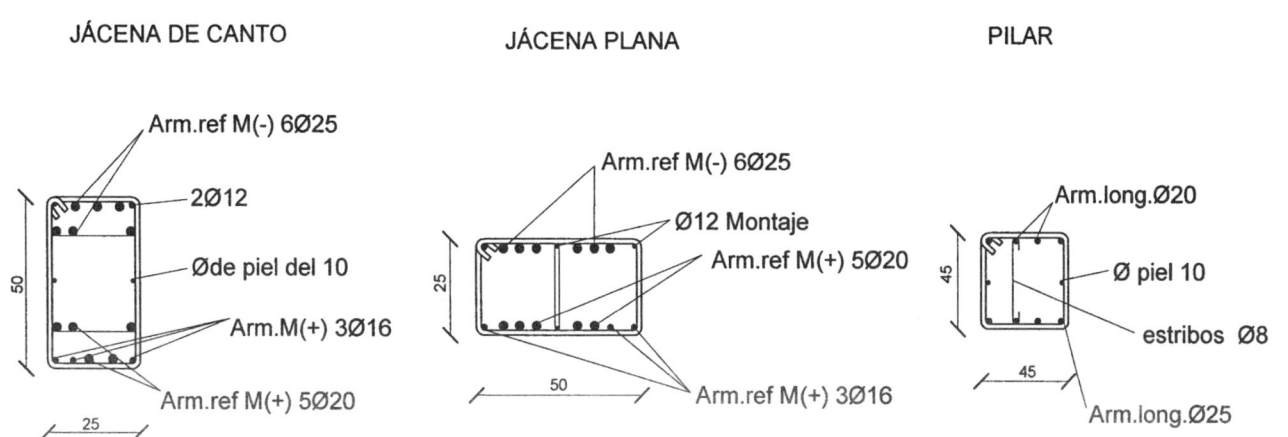

Arm.M(-)

Arm.reparto

Ø10⊥ vig. 20cms.

Ø10∥ vig. 30cms.

Z.perimetral Ø16 c.Ø8/15cms

25

Vig.semirresistente

Bovedilla

Arm.de cuelgue

Jácena colgada 4Ø25

Arm.sup.de la losa

Distanciador Ø12

Arm.de reparto Ø10

Arm.inf.de la losa Ø16

18 18

18

Armadura de refuerzo en quiebros Ø20

FORJADO PLANTA 1

Recrecido de hormigón

Peldaño de fábrica

JÁCENA DE CANTO

Arm.ref M(-) 6Ø25

2Ø12

Øde piel del 10

50

Arm.M(+) 3Ø16

Arm.ref M(+) 5Ø20

25

JÁCENA PLANA

Arm.ref M(-) 6Ø25

Ø12 Montaje

Arm.ref M(+) 5Ø20

25

Arm.ref M(+) 3Ø16

50

PILAR

Arm.long.Ø20

Ø piel 10

45

estribos Ø8

45

Arm.long.Ø25

171

EXAMEN DE C. ESTRUCTURAS A.T.-18 SEPTIEMBRE 1995.-H.ARMADO.-

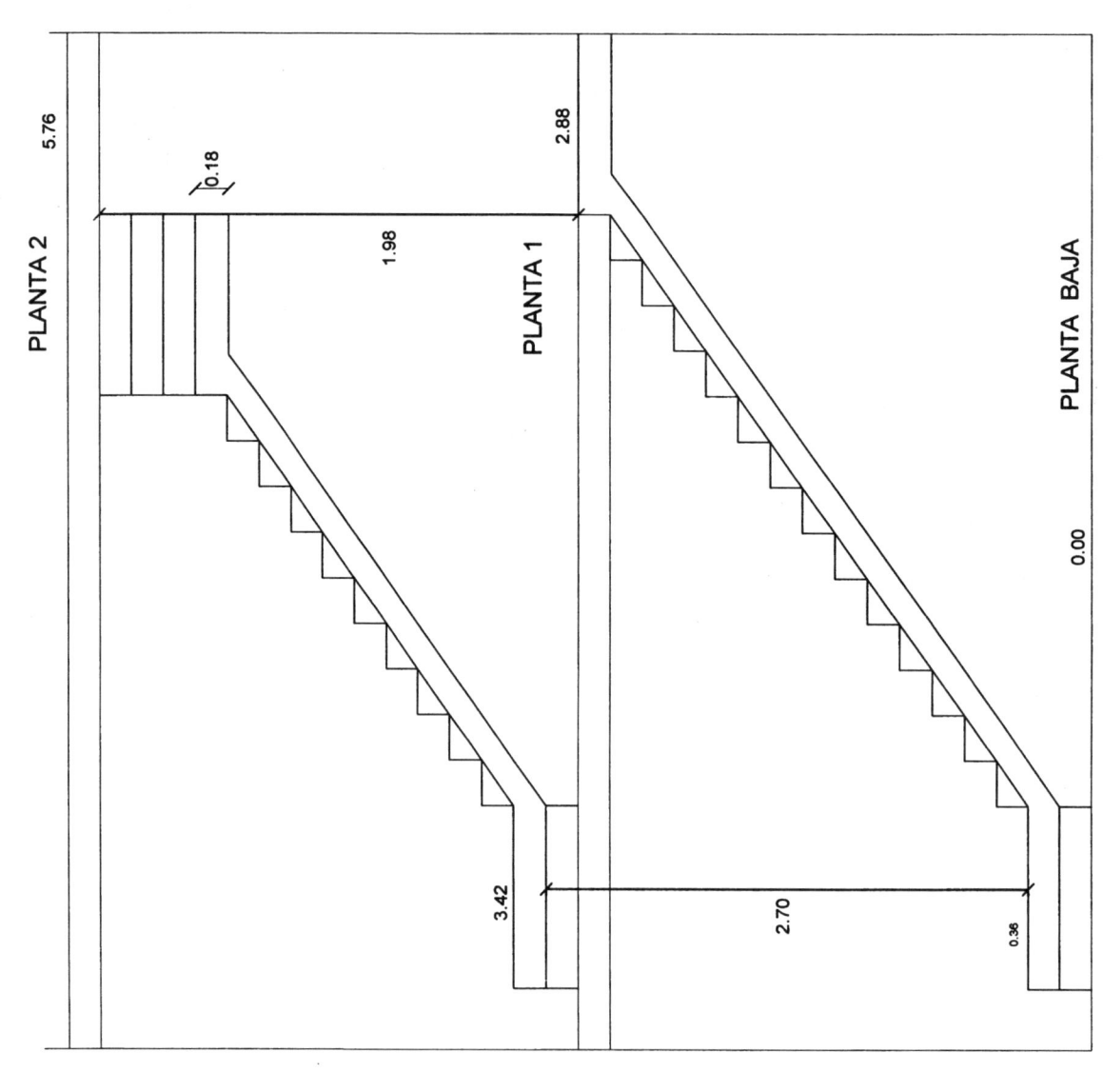

5.76-2.88=2.88-18*5=1.98 menor a 2.10 CABEZADA

172

EXAMEN PARCIAL DE CONSTRUCCIÓN DE ESTRUCTURAS. ESCALERAS. 27 DE ENERO 1996

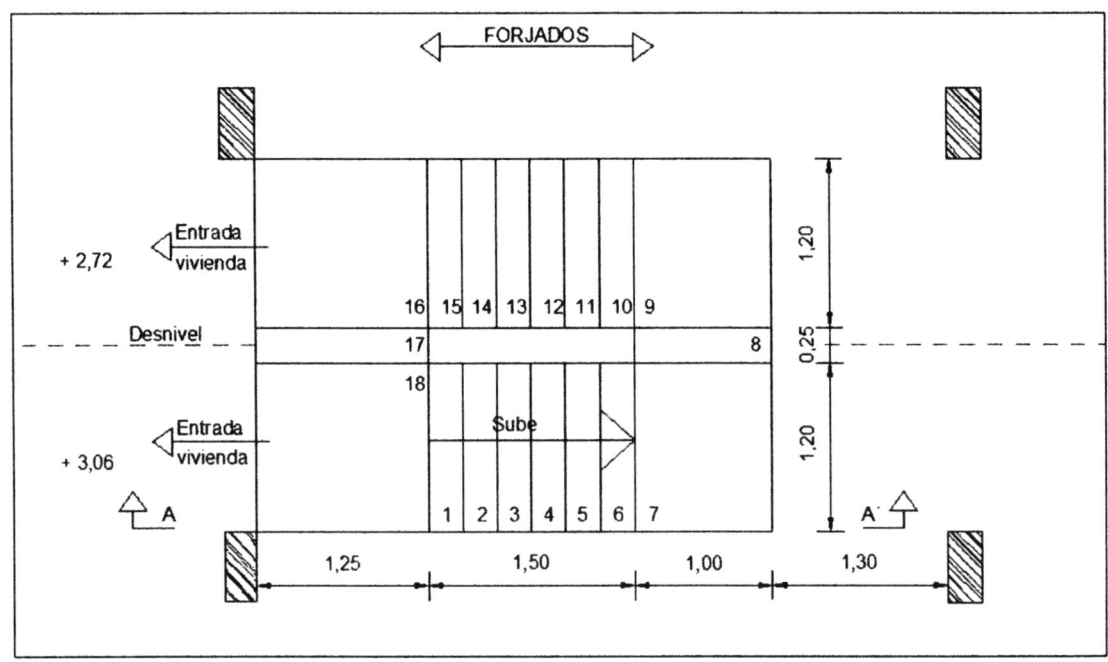

El esquema adjunto corresponde a la planta de una escalera para un edificio de 4 pisos, colocada justamente en el centro del desnivel existente entre las dos zonas del edificio, dando acceso a ambas viviendas, situadas a los niveles 2,72 y 3,06 m, cuyos datos son:

Pilares de 25 x 50 armados con 4 Ø 20 y 4 Ø 16. Espesor de la losa des escalera = 16 cm. Peldaños de 25 cm de huella y 17 cm de contrahuella. Resto de datos a criterio del alumno.

SE PIDE:

Primero.- Solucionar estructuralmente la escalera en planta, definiendo y detallando sus elementos sustentantes, efectuando cuantos dibujos sean necesarios para la total definición de su estructura.

Segundo.- Efectuar el alzado sección A-A´.

Nota aclaratoria: los 4 pilares aparecen marcados con un pequeño círculo, que indica la situación aproximada de los mismos.

RESOLUCIÓN ESCALERA

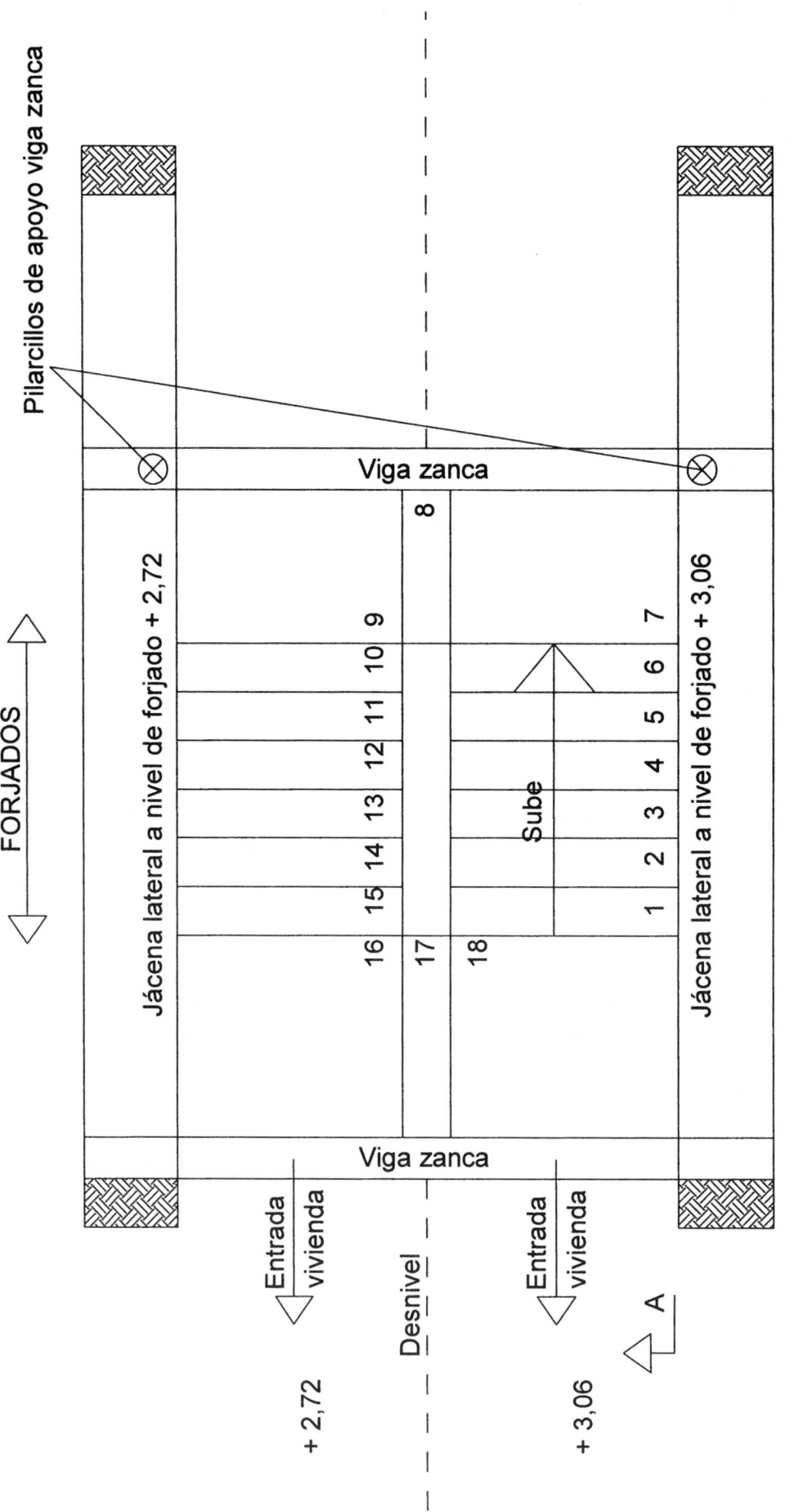

SECCIÓN ESCALERA

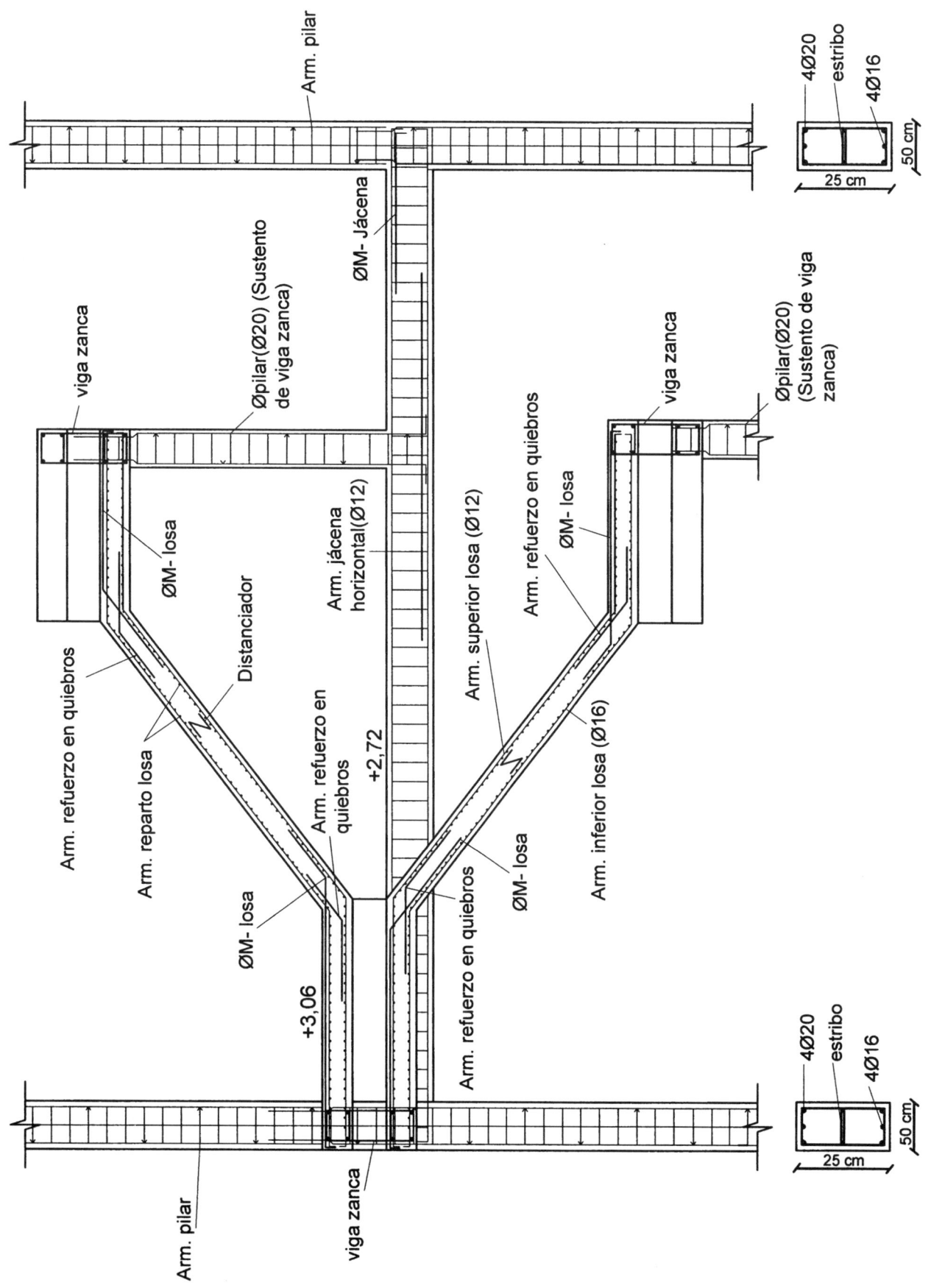

Arm. pilar

Arm. pilar

4Ø20

estribo

4Ø16

50 cm

25 cm

4Ø20

estribo

4Ø16

50 cm

25 cm

viga zanca

viga zanca

viga zanca

viga zanca

Arm. refuerzo en quiebros

Arm. reparto losa

Arm. refuerzo en quiebros

ØM- losa

Distanciador

Arm. jácena horizontal(Ø12)

Arm. refuerzo en quiebros

ØM- losa

ØM- losa

Arm. refuerzo en quiebros

ØM- losa

Arm. superior losa (Ø12)

Arm. refuerzo en quiebros

Arm. inferior losa (Ø16)

ØM- Jácena

Øpilar(Ø20) (Sustento de viga zanca)

Øpilar(Ø20) (Sustento de viga zanca)

+2,72

+3,06

177

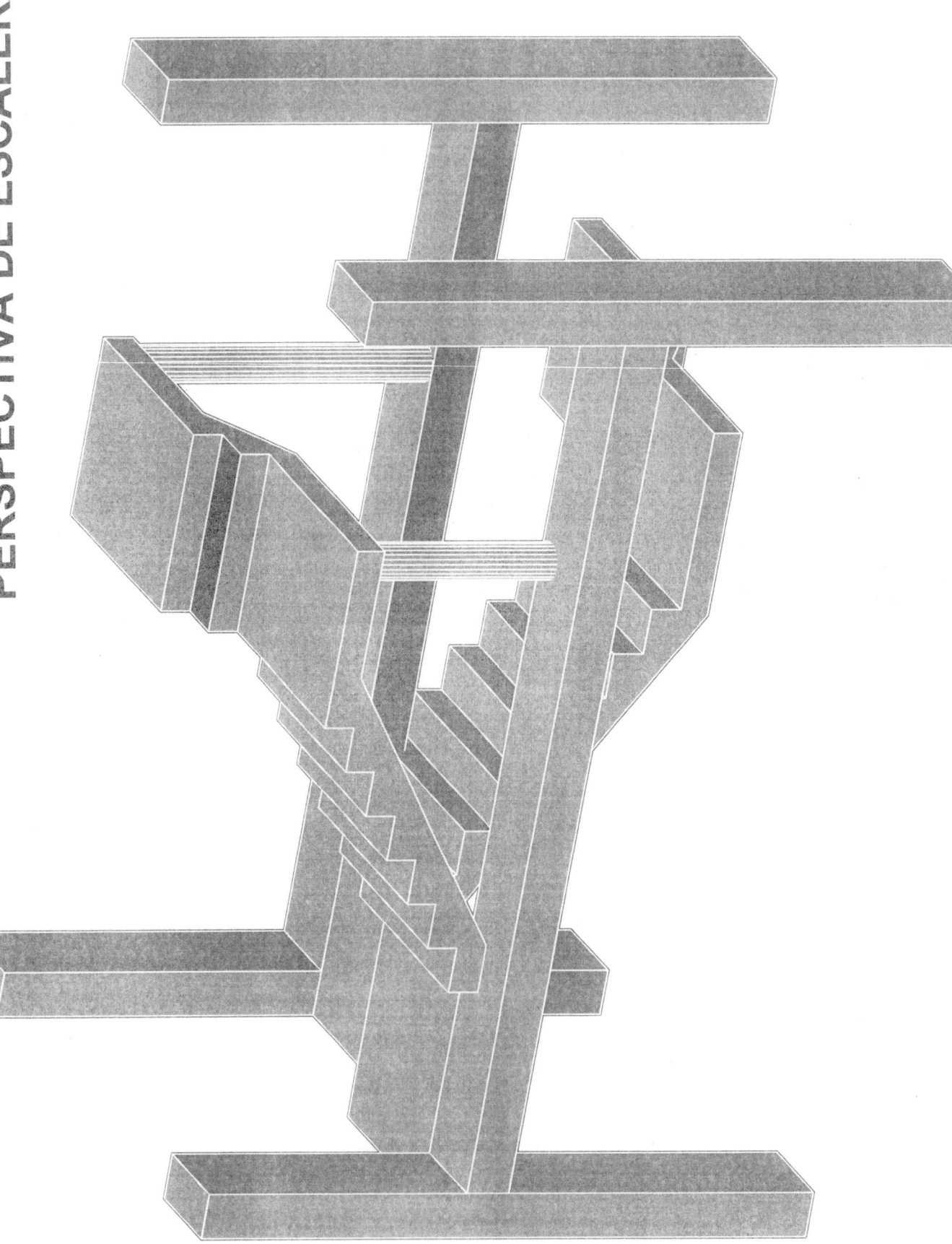

TERCER EXAMEN PARCIAL DE CONSTRUCCIÓN DE ESTRUCTURAS 11 MAYO 1996 - 3ª PARTE

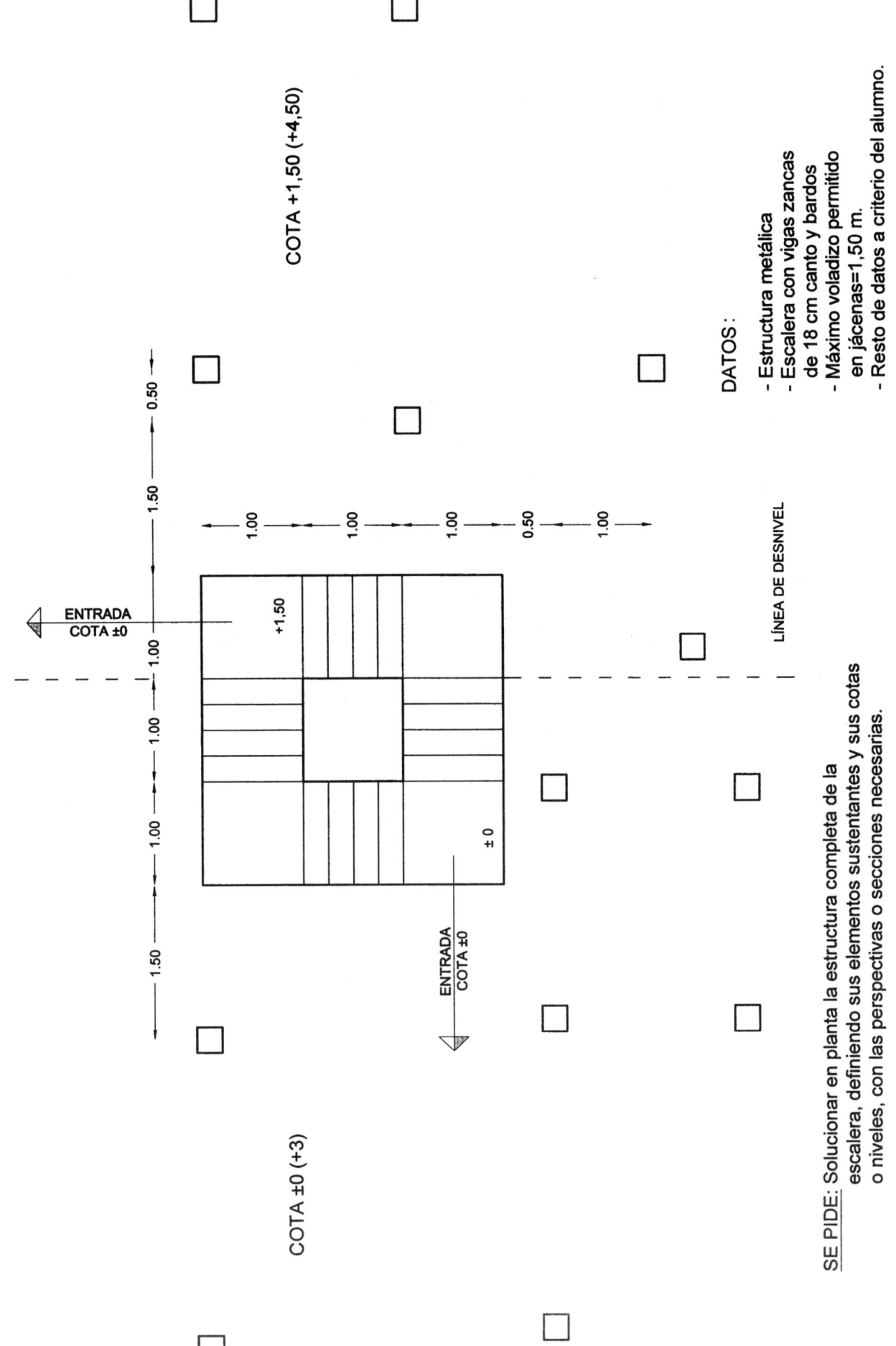

COTA +1,50 (+4,50)

DATOS :

- Estructura metálica
- Escalera con vigas zancas de 18 cm canto y bardos
- Máximo voladizo permitido en jácenas=1,50 m.
- Resto de datos a criterio del alumno.

ENTRADA COTA ±0

+1,50

± 0

ENTRADA COTA ±0

LÍNEA DE DESNIVEL

COTA ±0 (+3)

SE PIDE: Solucionar en planta la estructura completa de la escalera, definiendo sus elementos sustentantes y sus cotas o niveles, con las perspectivas o secciones necesarias.

179

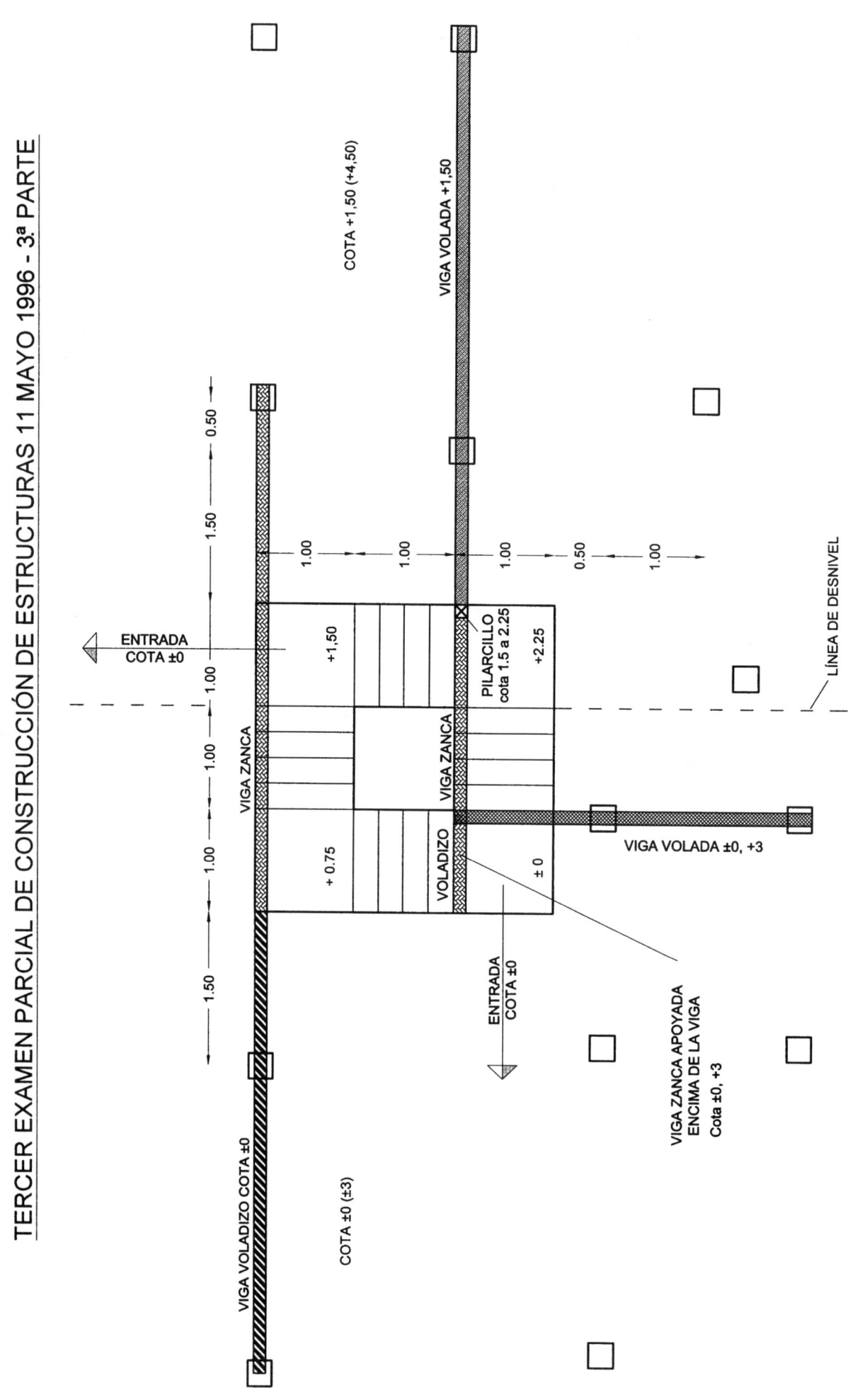

TERCER EXAMEN PARCIAL DE CONSTRUCCIÓN DE ESTRUCTURAS 11 MAYO 1996 - 3ª PARTE

COTA +1,50 (+4,50)

VIGA VOLADA +1,50

0.50

1.50

1.00

1.00

1.00

0.50

1.00

ENTRADA
COTA ±0

+1,50

VIGA ZANCA

VIGA ZANCA

PILARCILLO
cota 1.5 a 2.25

+2.25

1.00

1.00

+ 0.75

VOLADIZO

± 0

VIGA VOLADA ±0, +3

LÍNEA DE DESNIVEL

1.50

ENTRADA
COTA ±0

VIGA ZANCA APOYADA
ENCIMA DE LA VIGA
Cota ±0, +3

VIGA VOLADIZO COTA ±0

COTA ±0 (±3)

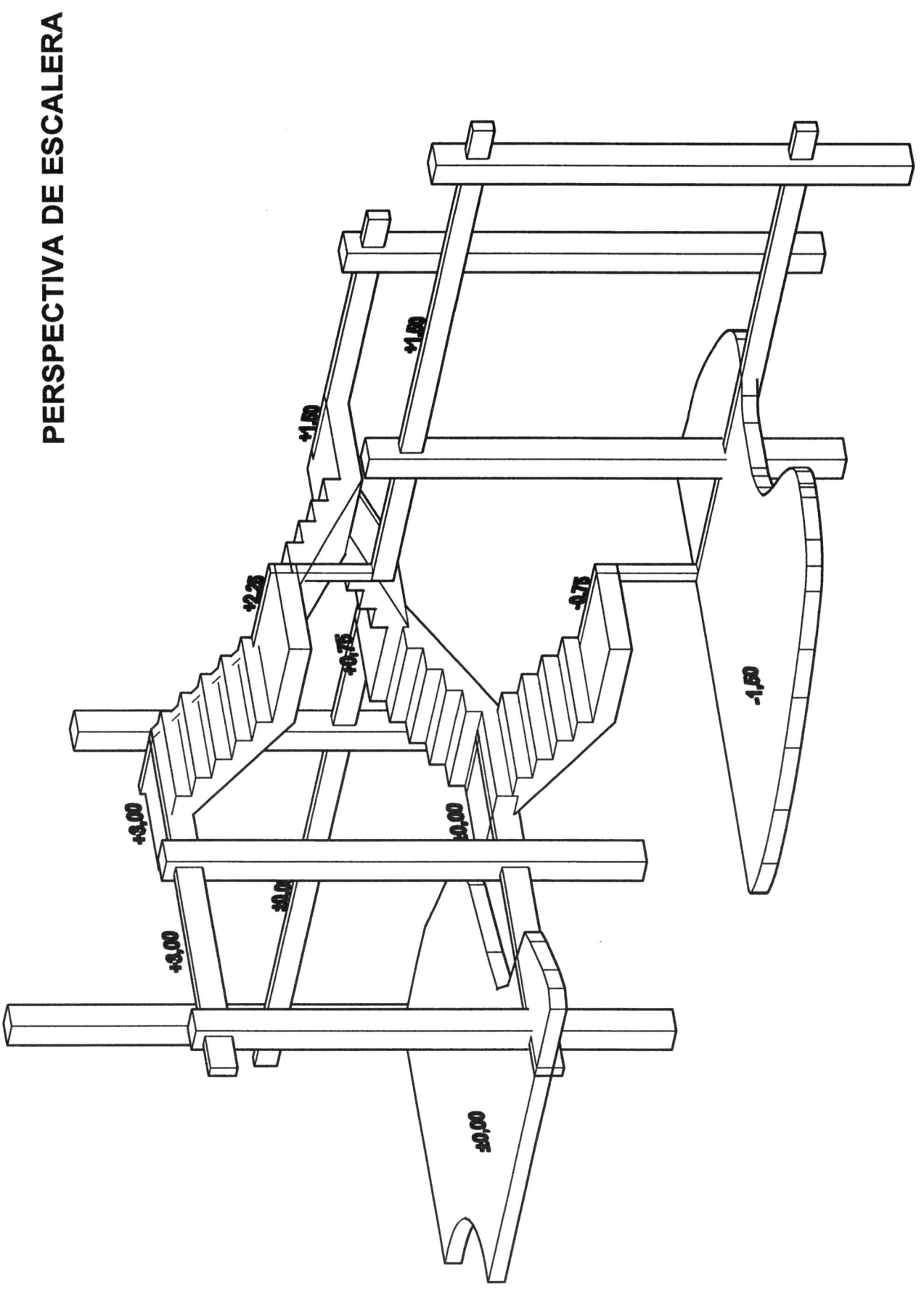

EXAMEN PARCIAL DE CONSTRUCCIÓN DE ESTRUCTURAS 2.ª PARTE
10 MARZO 1999

El esquema adjunto corresponde a la planta de una escalera de hormigón armado de tres tramos de un edificio con dos viviendas por planta. La escalera está exenta en sus laterales conectando con los forjados únicamente en los rellanos de acceso a viviendas.

SE SOLICITA solucionar en planta el esquema sustentante de la escalera y la sección A-A'; contadas sus armaduras.

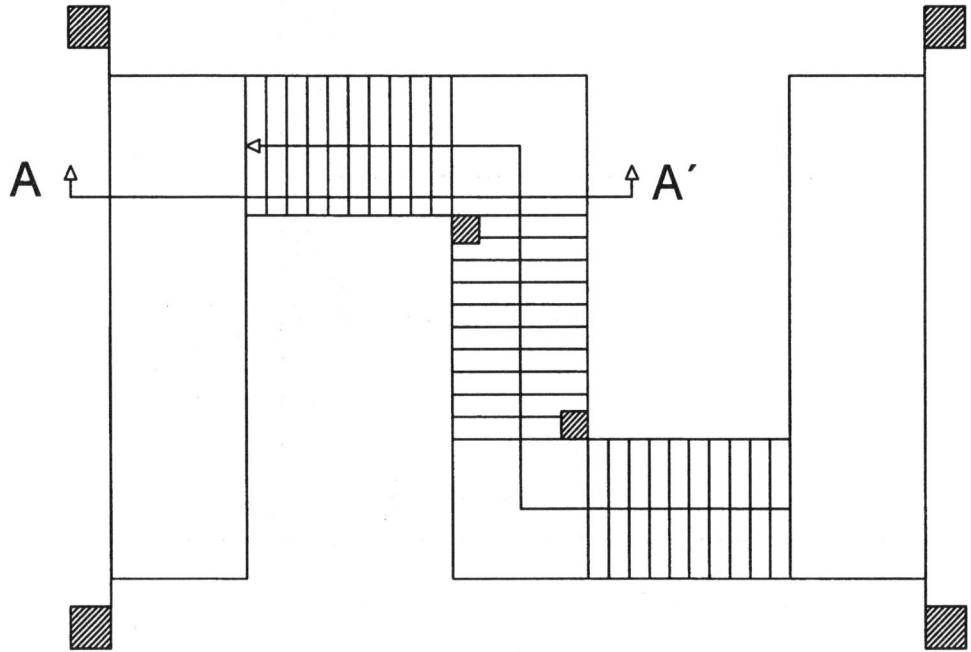

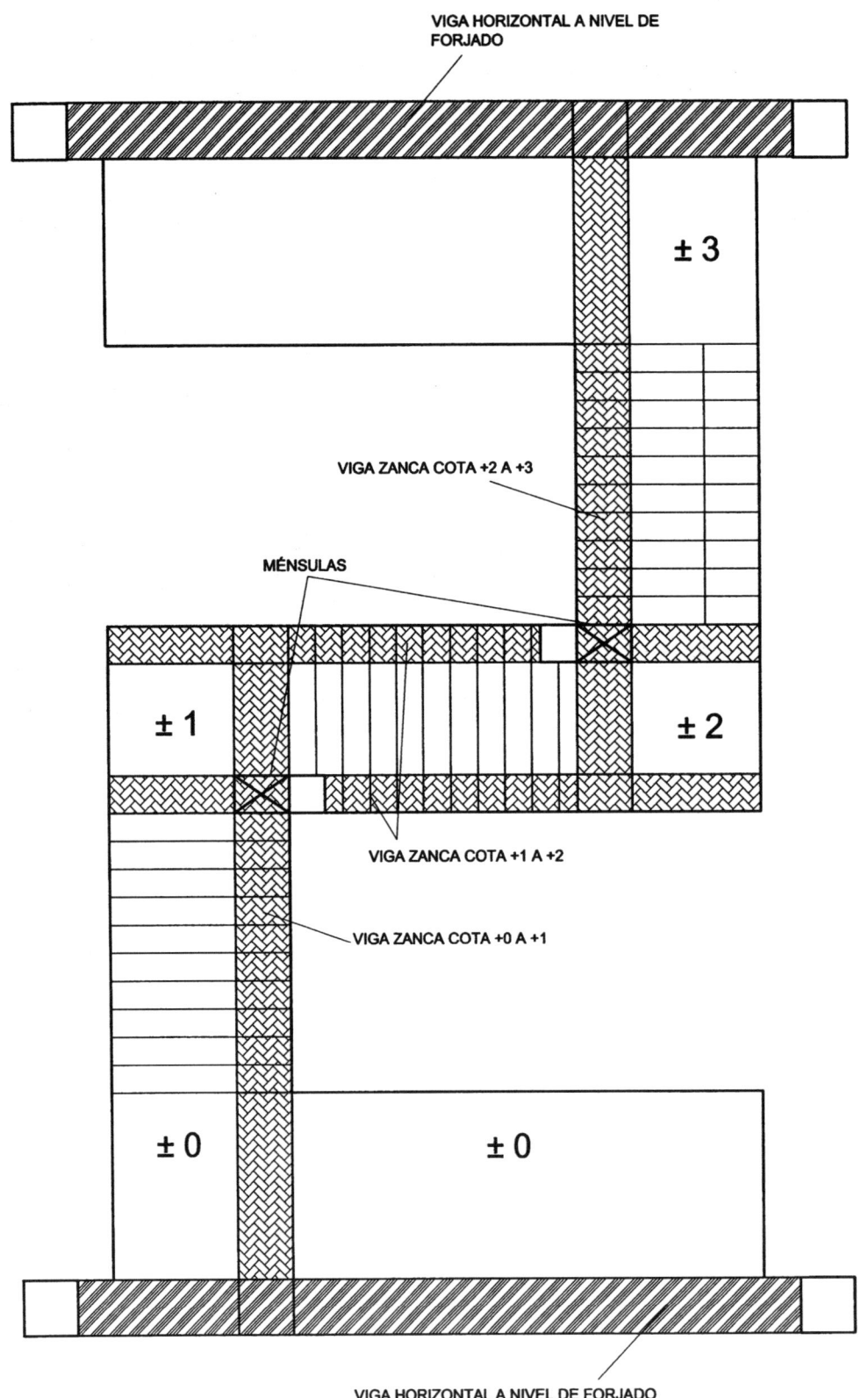

VIGA HORIZONTAL A NIVEL DE FORJADO

± 3

VIGA ZANCA COTA +2 A +3

MÉNSULAS

± 1

± 2

VIGA ZANCA COTA +1 A +2

VIGA ZANCA COTA +0 A +1

± 0

± 0

VIGA HORIZONTAL A NIVEL DE FORJADO

SECCIÓN A-Â

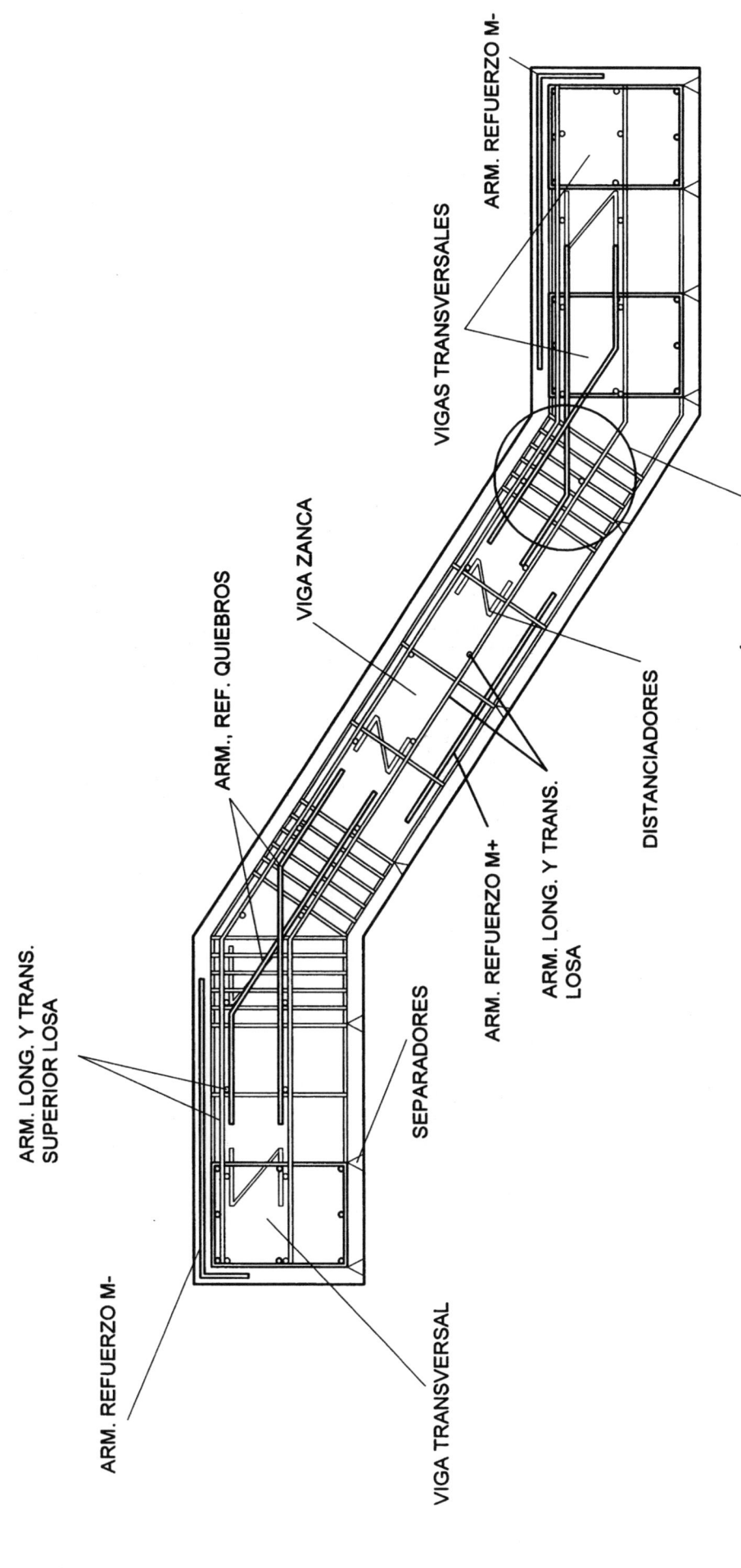

ARM. REFUERZO M-

ARM. LONG. Y TRANS.
SUPERIOR LOSA

SEPARADORES

VIGA TRANSVERSAL

ARM., REF. QUIEBROS

VIGA ZANCA

ARM. REFUERZO M+

ARM. LONG. Y TRANS.
LOSA

DISTANCIADORES

CERCOS MÁS JUNTOS EN
LOS QUIEBROS

VIGAS TRANSVERSALES

ARM. REFUERZO M-

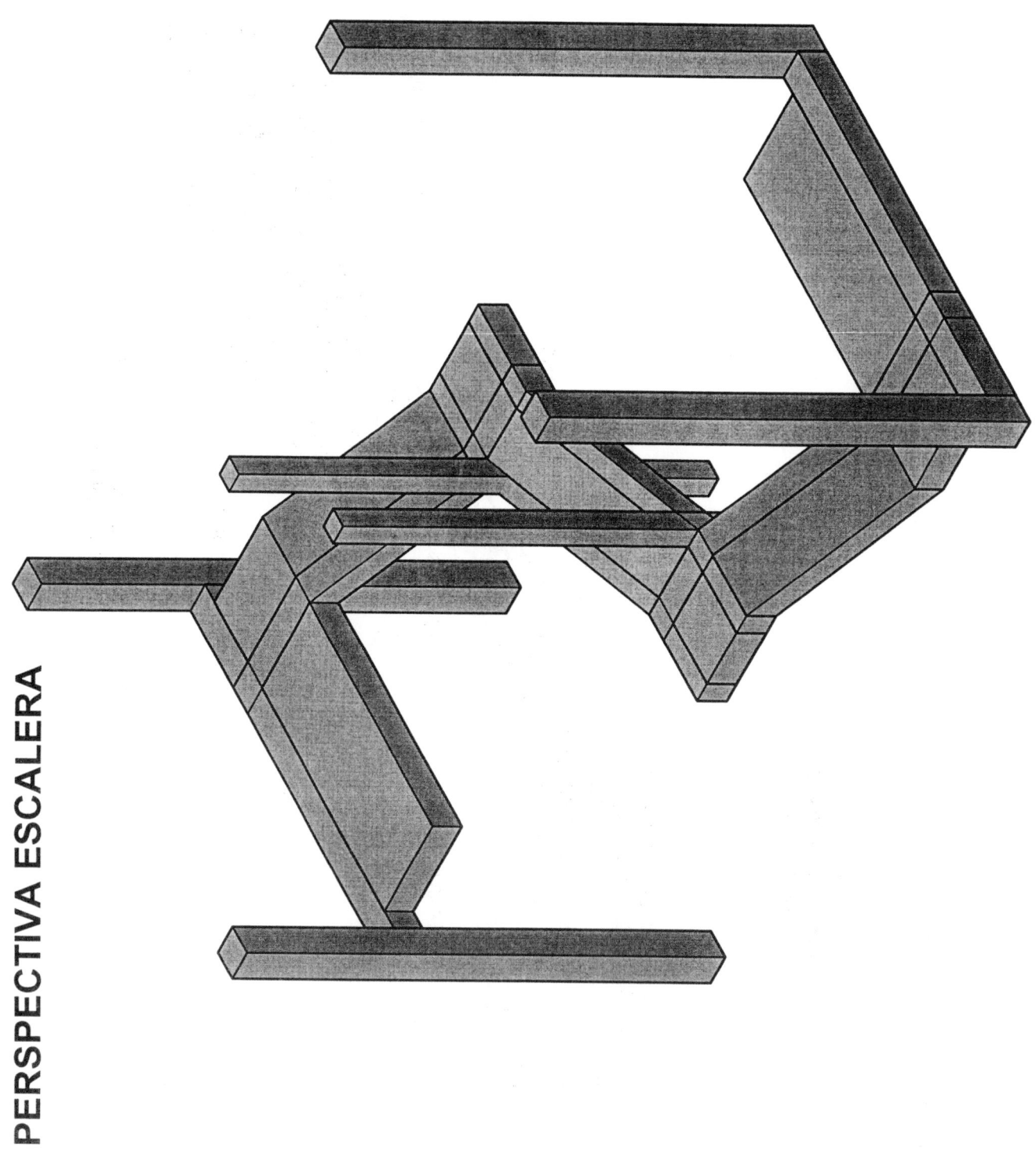

PERSPECTIVA ESCALERA

EXAMEN 2.º PARCIAL DE CONSTRUCCIÓN DE ESTRUCTURAS A.T. 29-01-00

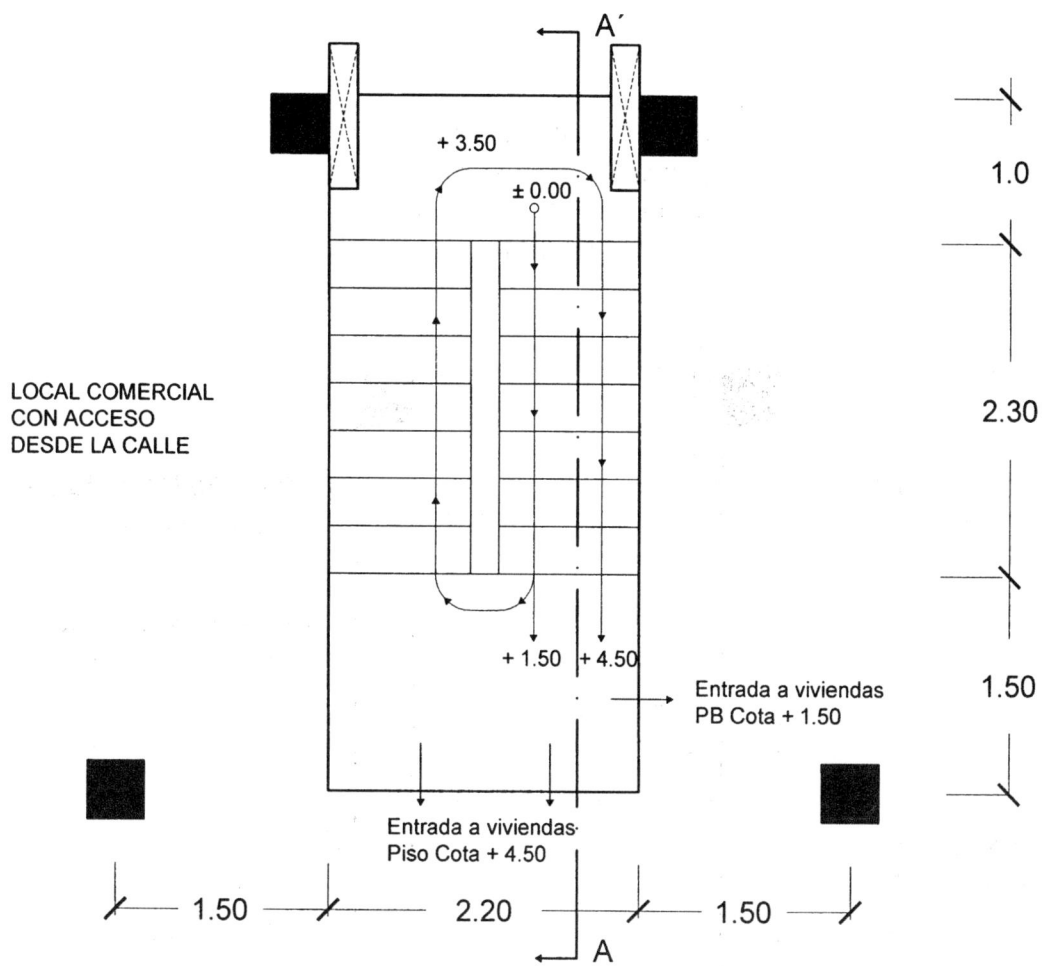

La escalera adjunta corresponde a un edificio construido con estructura de Hormigón Armado de varias plantas y da acceso a las dos viviendas por planta existentes en las plantas altas y a la vivienda única en la planta baja (con forjado sanitario, cuya cota superior es de 1,50 m). En el otro lateral de la planta baja existe un local comercial con acceso desde la calle.

En los laterales de la escalera existen 2 patinillos para instalaciones que no podrán ser atravesados por jácenas.

Para solucionar la estructura de la escalera disponemos de los 4 pilares indicados y deberán utilizarse el mínimo número de jácenas y de embrochados.

Prohibido utilizar vigas zancas. El hormigón se considera transparente.

SE PIDE:

Solucionar en planta el esquema estructural de la escalera, definiendo claramente todos sus elementos y sus niveles o cotas.

Efectuar la sección A-A'.

ESQUEMA ESTRUCTURAL SUSTENTANTE DE LA ESCALERA.

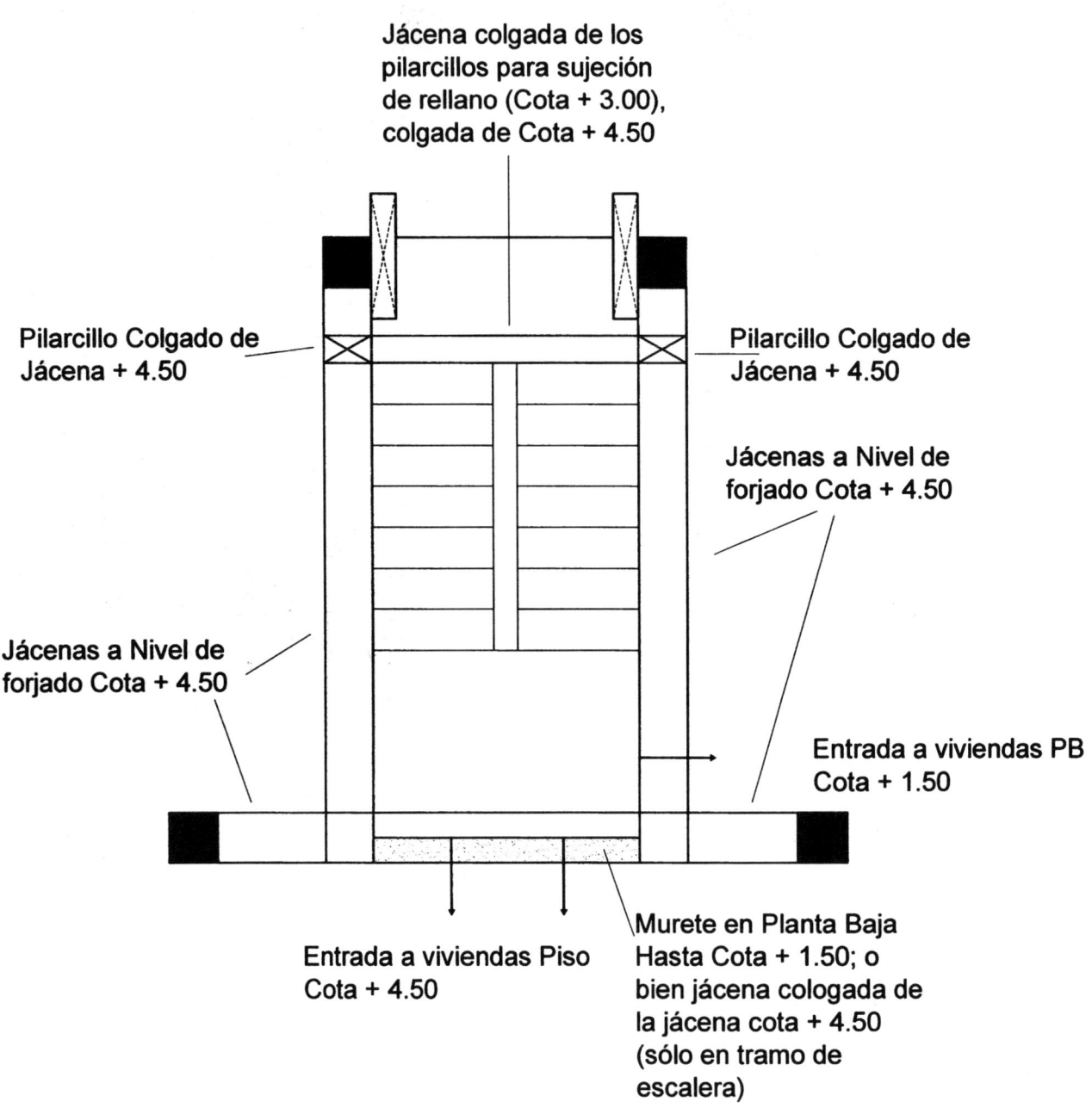

Jácena colgada de los pilarcillos para sujeción de rellano (Cota + 3.00), colgada de Cota + 4.50

Pilarcillo Colgado de Jácena + 4.50

Pilarcillo Colgado de Jácena + 4.50

Jácenas a Nivel de forjado Cota + 4.50

Jácenas a Nivel de forjado Cota + 4.50

Entrada a viviendas PB Cota + 1.50

Entrada a viviendas Piso Cota + 4.50

Murete en Planta Baja Hasta Cota + 1.50; o bien jácena cologada de la jácena cota + 4.50 (sólo en tramo de escalera)

ALZADO-SECCIÓN

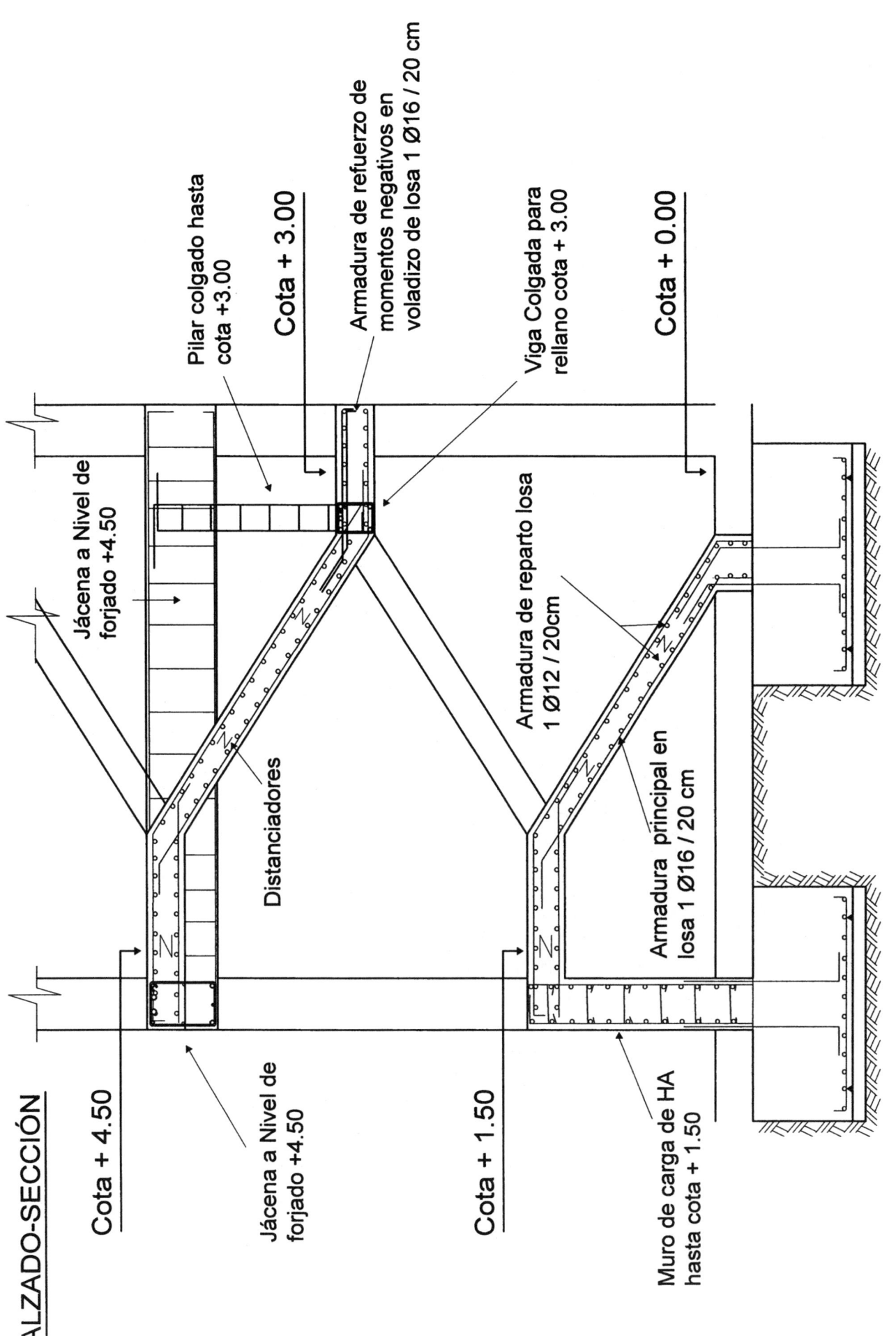

Pilar colgado hasta cota +3.00

Cota + 3.00

Armadura de refuerzo de momentos negativos en voladizo de losa 1 Ø16 / 20 cm

Viga Colgada para rellano cota + 3.00

Cota + 0.00

Jácena a Nivel de forjado +4.50

Distanciadores

Armadura de reparto losa 1 Ø12 / 20cm

Armadura principal en losa 1 Ø16 / 20 cm

Cota + 4.50

Jácena a Nivel de forjado +4.50

Cota + 1.50

Muro de carga de HA hasta cota + 1.50

189

PERSPECTIVA DE ESCALERA

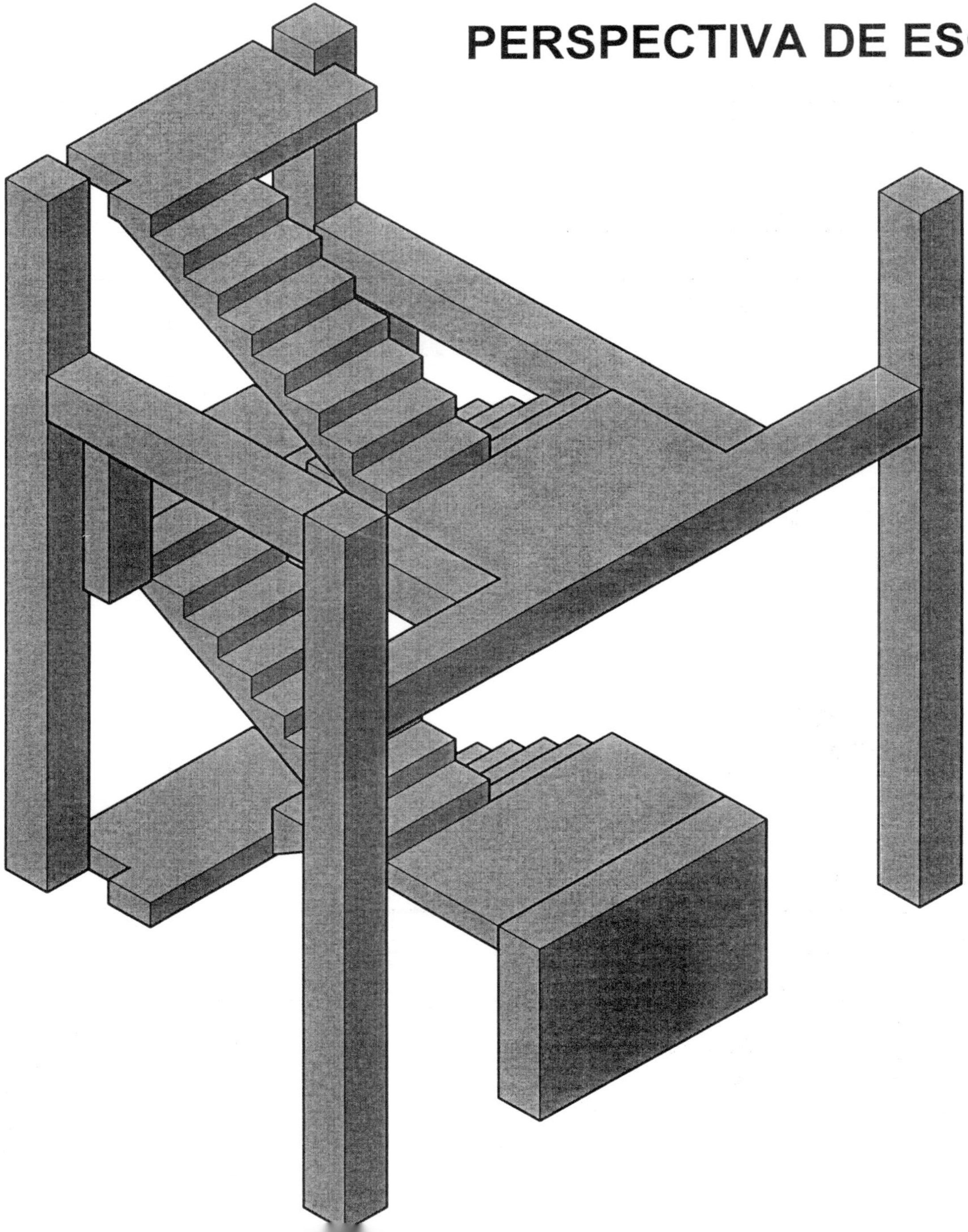

EXAMEN FINAL DE CONSTRUCCIÓN DE ESTRUCTURAS A.T.
1 JULIO 2000

Solucionar el sistema sustentante de la losa de escalera, teniendo en cuenta las directrices que se señalan:

DATOS:

- Cerramiento de caja de escalera de ladrillo hueco.
- No se permite colgar ni apoyar las propias losas de escalera.
- Hueco lateral visto. No pueden atravesar vigas. Jácenas de forjado de canto de 30x45 cm. Losa escalera 20 cm
- Solo se pueden utilizar los pilares del esquema. No se puede contar con el forjado para apoyo de las losas.

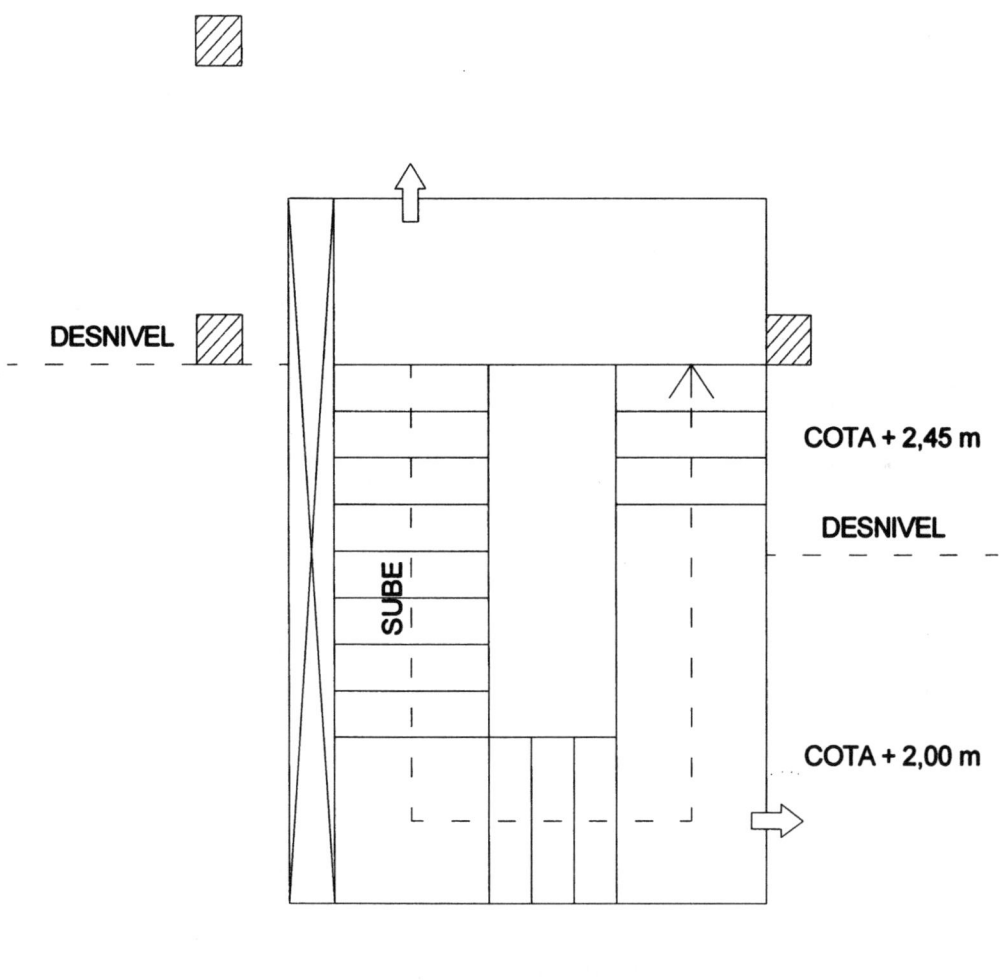

SOLUCIÓN 1

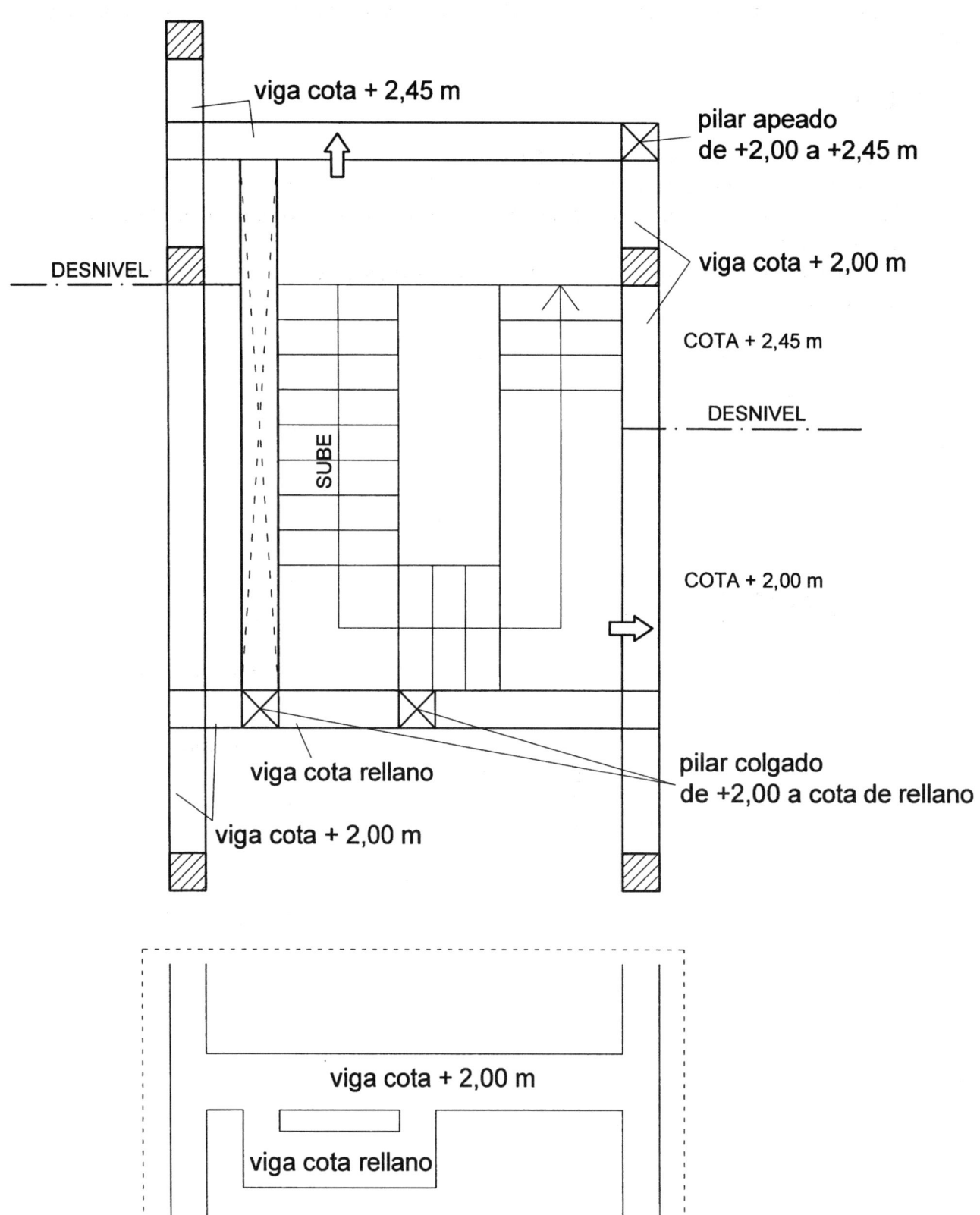

viga cota + 2,45 m

pilar apeado
de +2,00 a +2,45 m

DESNIVEL

viga cota + 2,00 m

COTA + 2,45 m

DESNIVEL

SUBE

COTA + 2,00 m

viga cota rellano

pilar colgado
de +2,00 a cota de rellano

viga cota + 2,00 m

viga cota + 2,00 m

viga cota rellano

ESQUEMA EXPLICATIVO

SOLUCIÓN 2

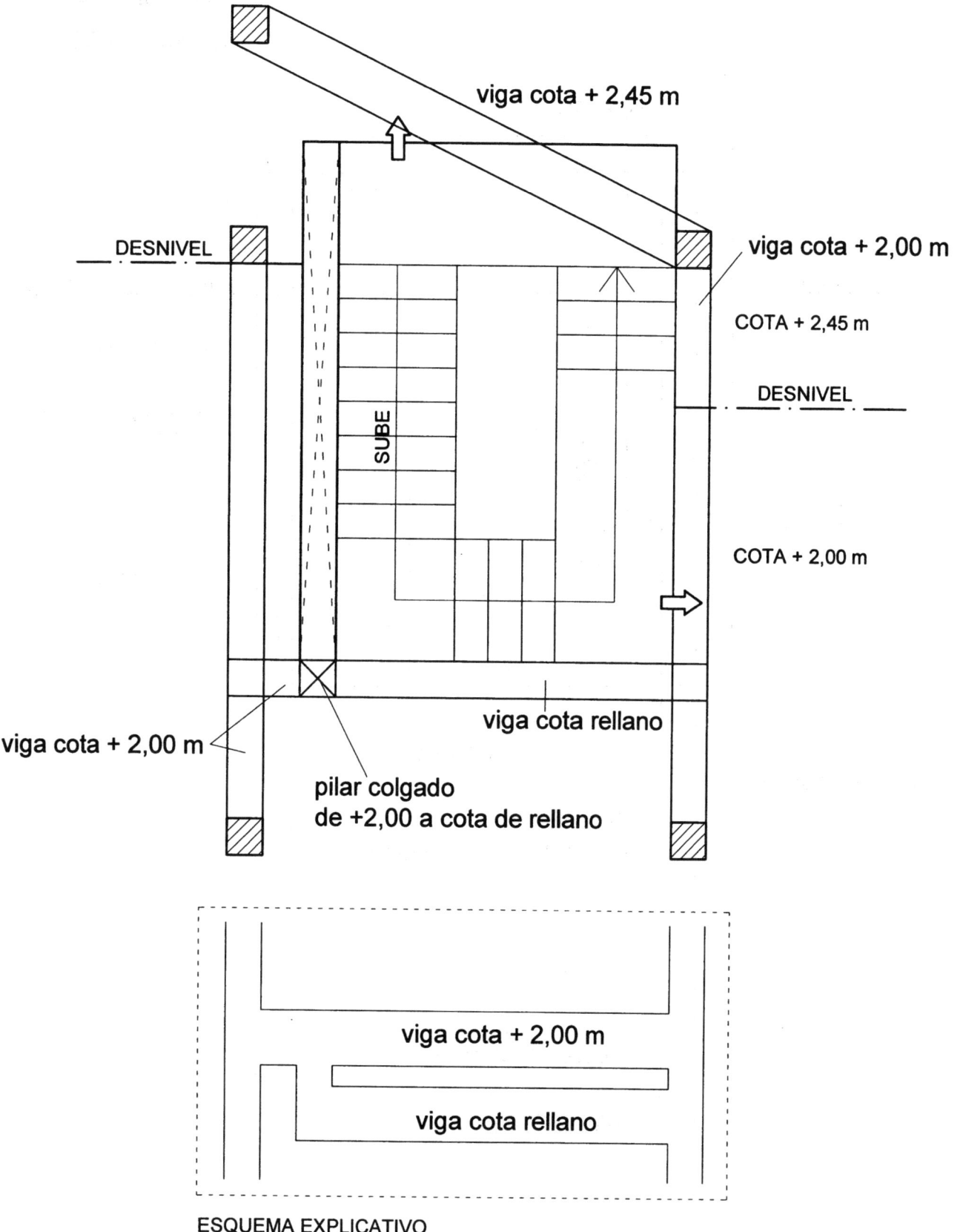

viga cota + 2,45 m

DESNIVEL

viga cota + 2,00 m

COTA + 2,45 m

DESNIVEL

SUBE

COTA + 2,00 m

viga cota rellano

viga cota + 2,00 m

pilar colgado
de +2,00 a cota de rellano

viga cota + 2,00 m

viga cota rellano

ESQUEMA EXPLICATIVO

SOLUCIÓN 3

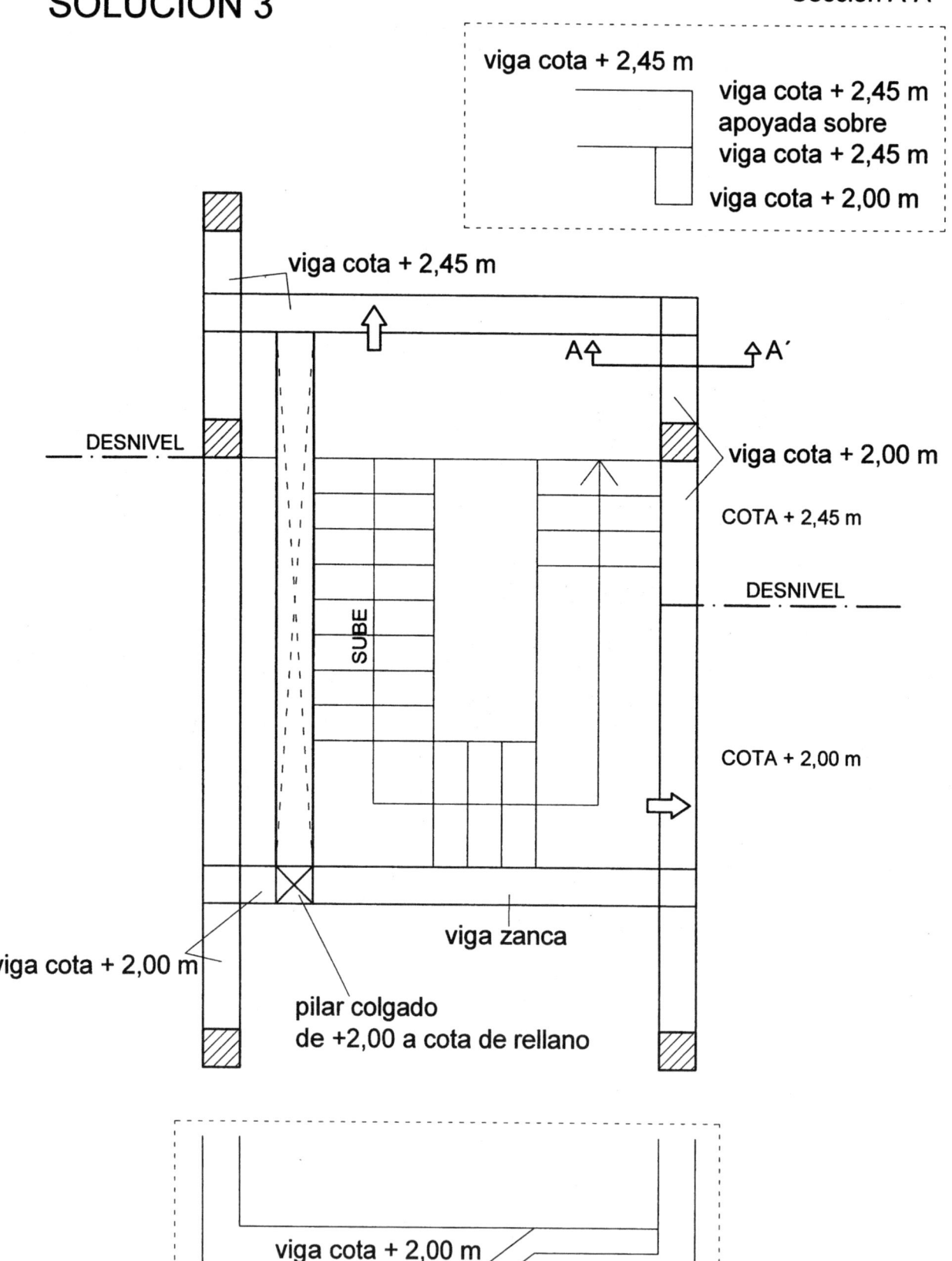

Sección A-A'

viga cota + 2,45 m

viga cota + 2,45 m
apoyada sobre
viga cota + 2,45 m

viga cota + 2,00 m

viga cota + 2,45 m

A

A'

DESNIVEL

viga cota + 2,00 m

COTA + 2,45 m

DESNIVEL

SUBE

COTA + 2,00 m

viga zanca

viga cota + 2,00 m

pilar colgado
de +2,00 a cota de rellano

viga cota + 2,00 m

viga zanca

ESQUEMA EXPLICATIVO

EXAMEN DE CONSTRUCCIÓN DE ESTRUCTURAS A.T. ESCALERAS DICIEMBRE 2000

La escalera adjunta sirve de acceso a 2 viviendas situadas a distinto nivel.

DATOS:

Máximo voladizo en jácenas = 2 m.
No cruzar jácenas por el patinillo.
Utilizar el mínimo número de jácenas.
Las jácenas perpendiculares al desnivel podrán ser zancas.

SE PIDE:

Solucionar el esquema estructural sustentante de la escalera, definiéndolo correctamente.

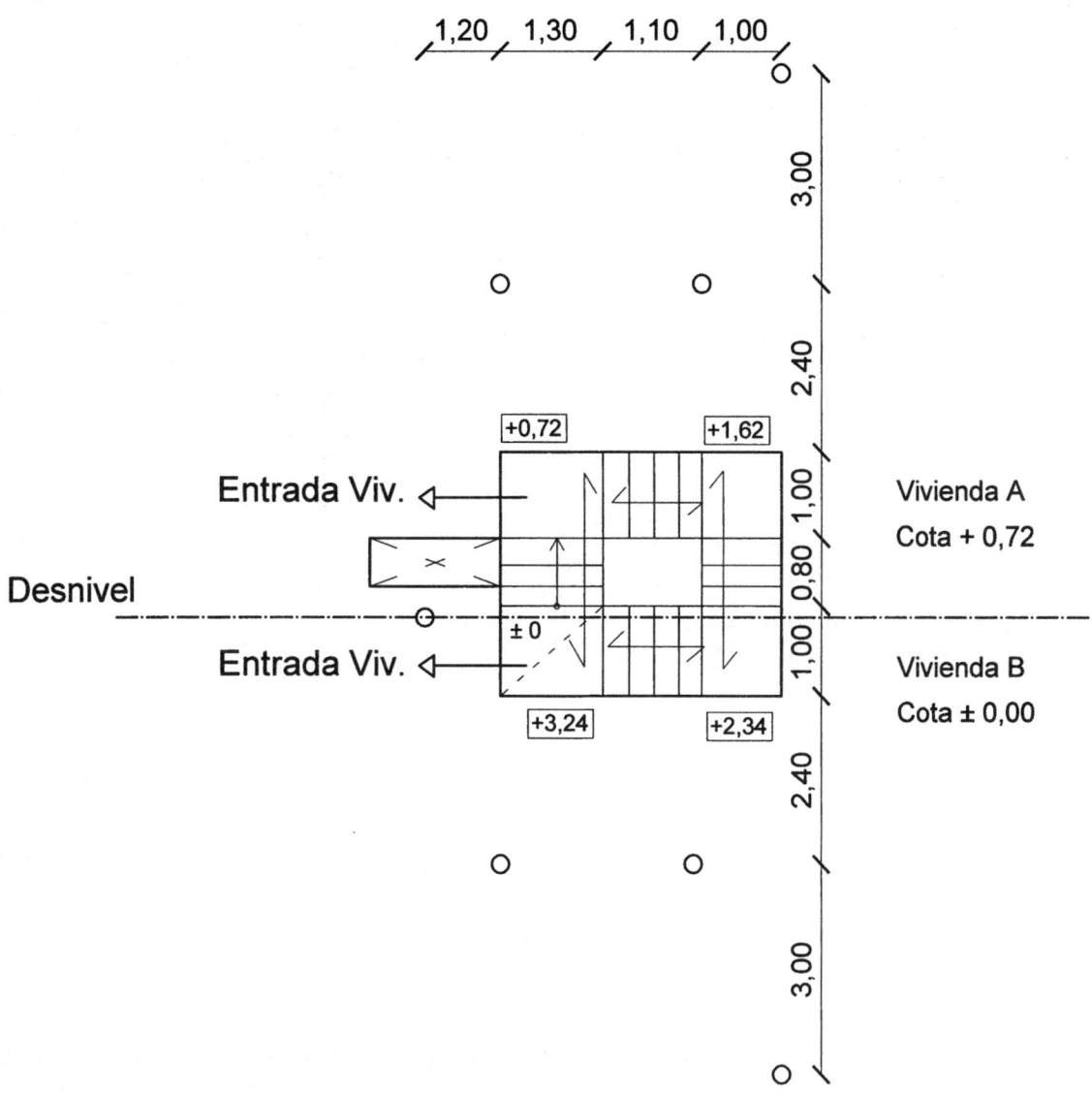

SOLUCIÓN DEL DESNIVEL:

- Cortar vigueta autorresistente que penetra en la jácena.
- Quitar las 2 primeras bovedillas.
- Colocar 2 barras a cada lado de las viguetas para que penetren bien en la jácena.
- Macizar el encuentro
- Colocar el mallazo.
- Colocar la armadura de M-.
- Colocar armadura de piel a la jácena.

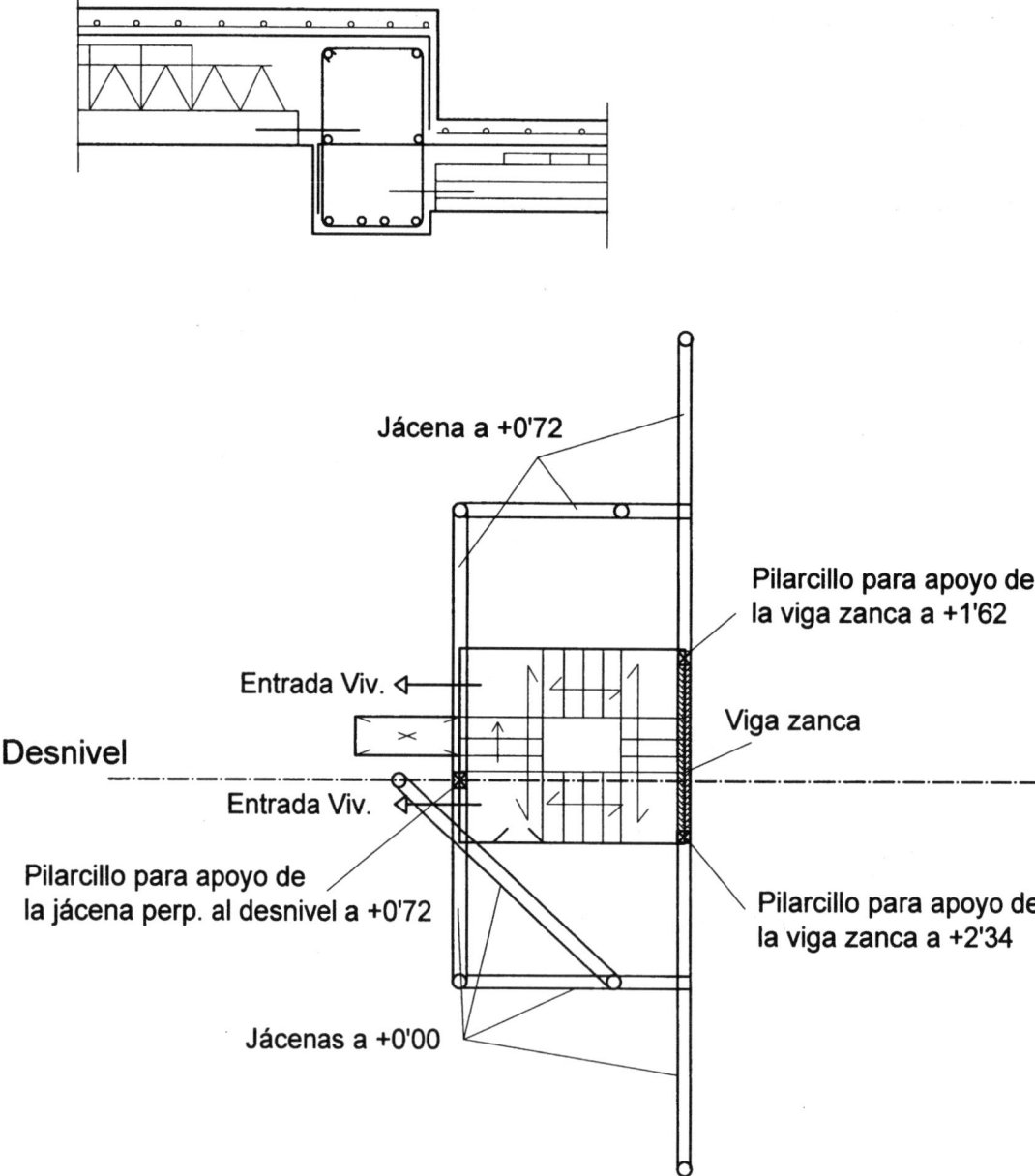

Jácena a +0'72

Pilarcillo para apoyo de
la viga zanca a +1'62

Entrada Viv.

Viga zanca

Desnivel

Entrada Viv.

Pilarcillo para apoyo de
la jácena perp. al desnivel a +0'72

Pilarcillo para apoyo de
la viga zanca a +2'34

Jácenas a +0'00

Otra solución para la escalera: En la posición en planta de las vigas zancas se colocan 2 vigas horizontales a cota de los forjados (+0'00 y 0'72, en cada caso), y se descuelgan las losas, por lo que no haría falta colocar las vigas zancas.

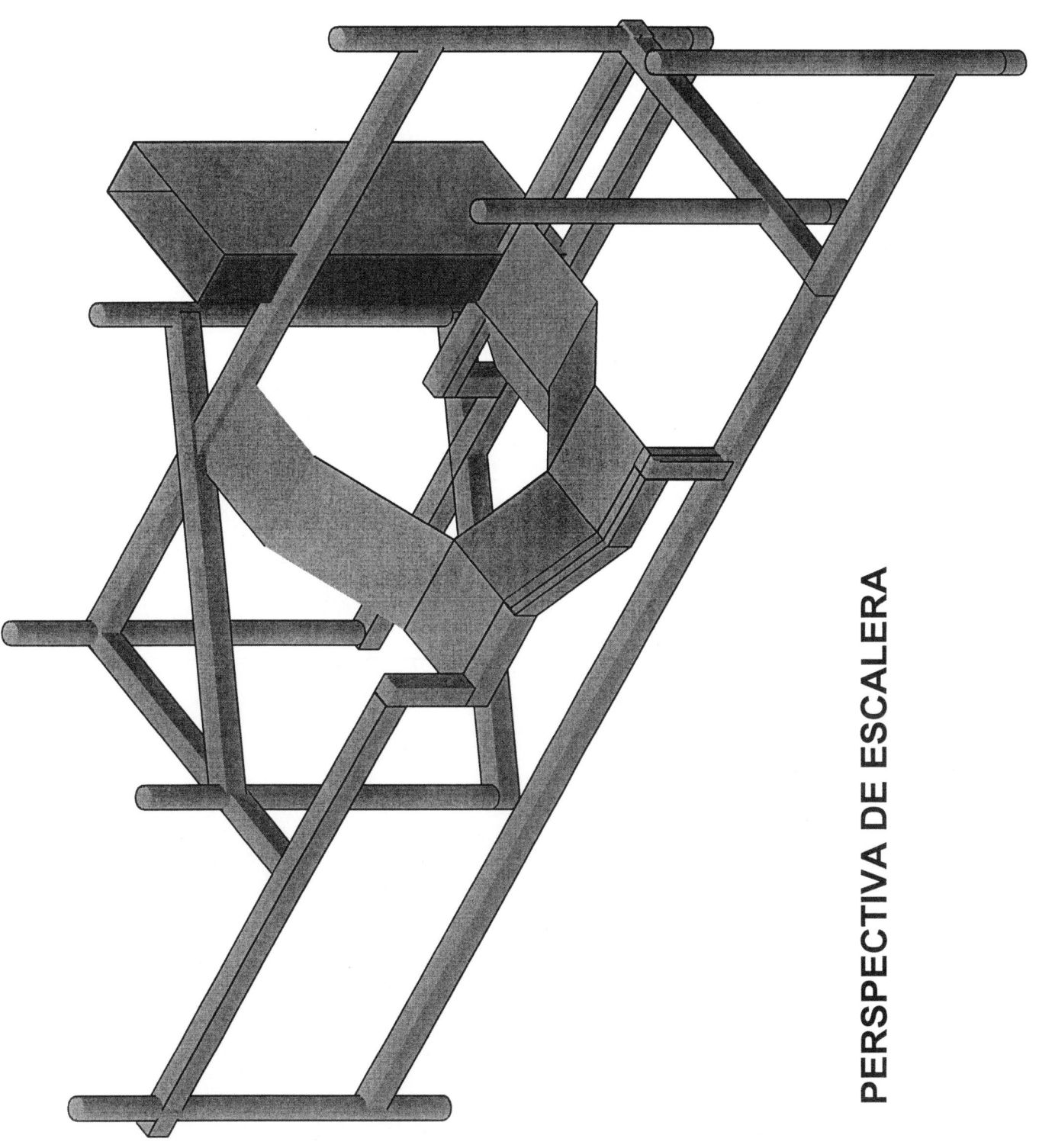

PERSPECTIVA DE ESCALERA

EXAMEN FINAL DE CONSTRUCCIÓN DE ESTRUCTURAS. A.T. ESCALERAS. 3-7-2001.

La escalera del esquema adjunto da acceso a 2 viviendas por planta, con un desnivel entre ambas de 36 cm.

DATOS:

Canto del forjado = 25 cm.
Luz libre entre pisos = 3 m.
No se podrán utilizar jácenas inclinadas.
No se podrán utilizar vigas zancas.
No se podrá colgar la escalera.
Máximo voladizo permitido en jácenas, 1 m.
Las jácenas no podrán atravesar los patinillos de instalaciones.

SE PIDE:

1- Solucionar en planta el esquema estructural sustentante de la escalera, teniendo en cuenta que disponemos de los pilares marcados con un círculo negro. Definir todos los elementos estructurales.
2- Efectuar el alzado-sección AA´ de forma esquemática, considerando el hormigón transparente.

PLANTA

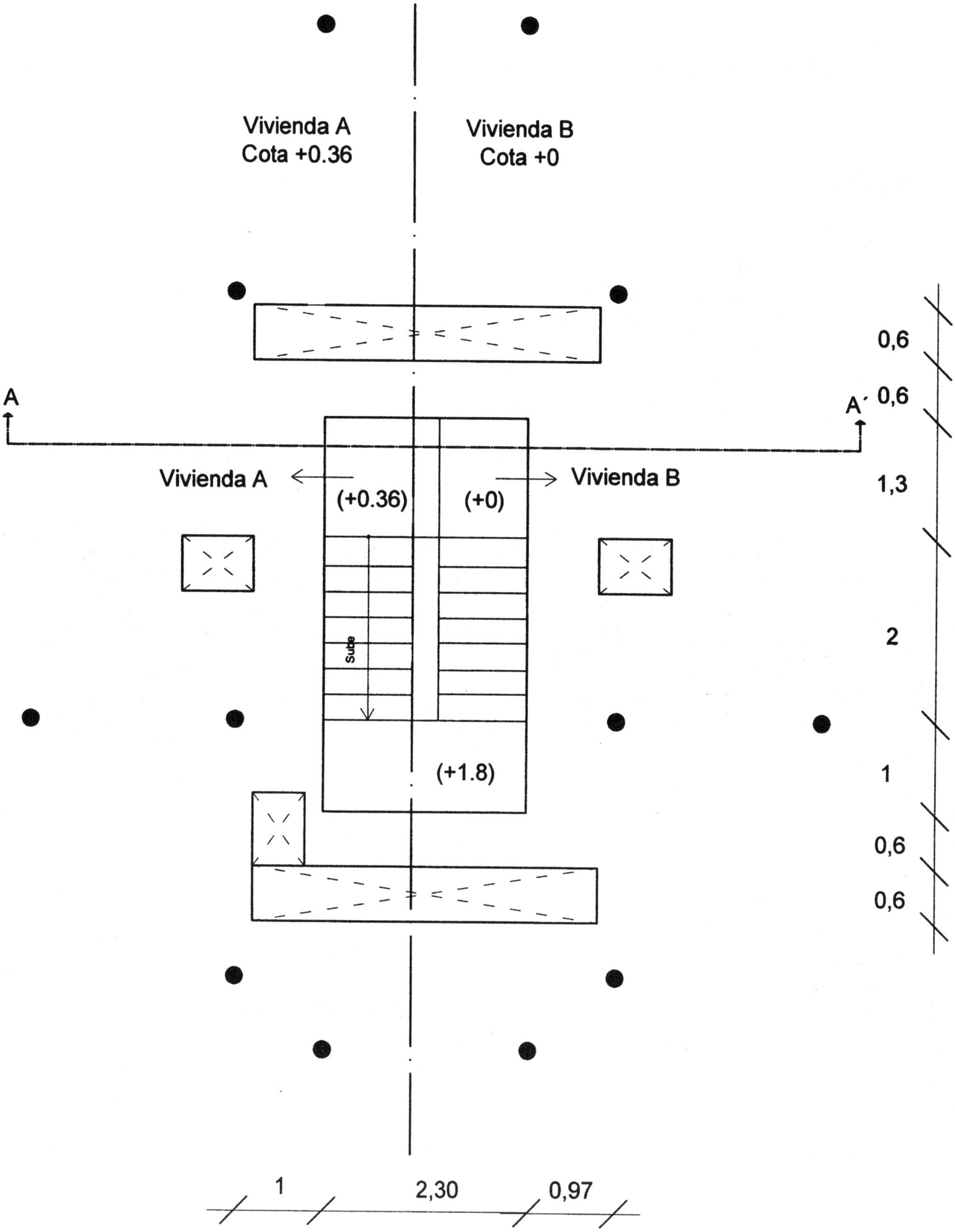

Vivienda A
Cota +0.36

Vivienda B
Cota +0

0,6

0,6

A

Vivienda A ←

(+0.36)

A'

Vivienda B →

(+0)

1,3

2

Sube

(+1.8)

1

0,6

0,6

1   2,30   0,97

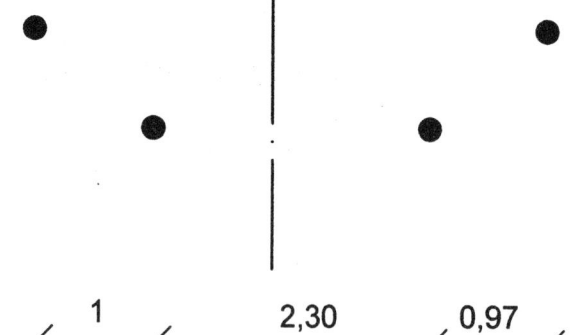

PLANTA SOLUCIONADA

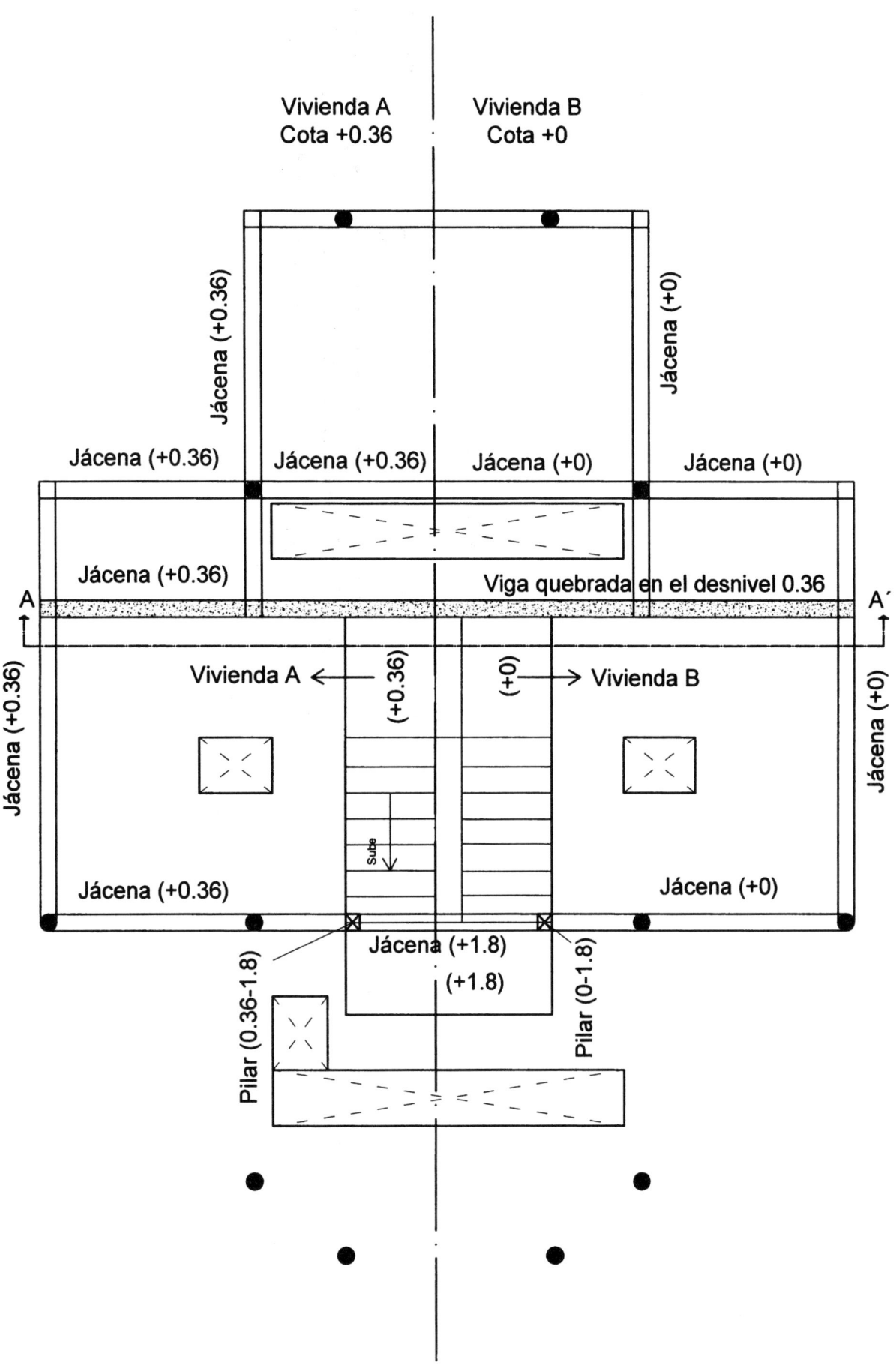

Vivienda A
Cota +0.36

Vivienda B
Cota +0

Jácena (+0.36)

Jácena (+0)

Jácena (+0.36)   Jácena (+0.36)   Jácena (+0)   Jácena (+0)

Jácena (+0.36)

Viga quebrada en el desnivel 0.36

A

A´

Jácena (+0.36)

Jácena (+0)

Vivienda A ←   (+0.36)   (+0) → Vivienda B

Sube

Jácena (+0.36)

Jácena (+0)

Pilar (0.36-1.8)

Jácena (+1.8)

(+1.8)

Pilar (0-1.8)

SECCIÓN AA'

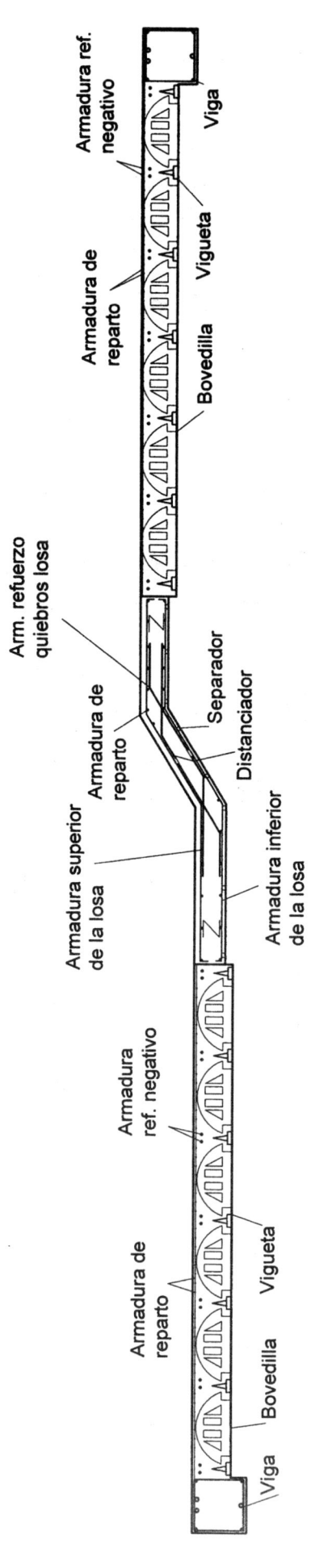

Arm. refuerzo
quiebros losa

Armadura superior
de la losa

Armadura de
reparto

Separador

Distanciador

Armadura inferior
de la losa

Armadura
ref. negativo

Armadura de
reparto

Vigueta

Bovedilla

Viga

Armadura ref.
negativo

Armadura de
reparto

Bovedilla

Vigueta

Viga

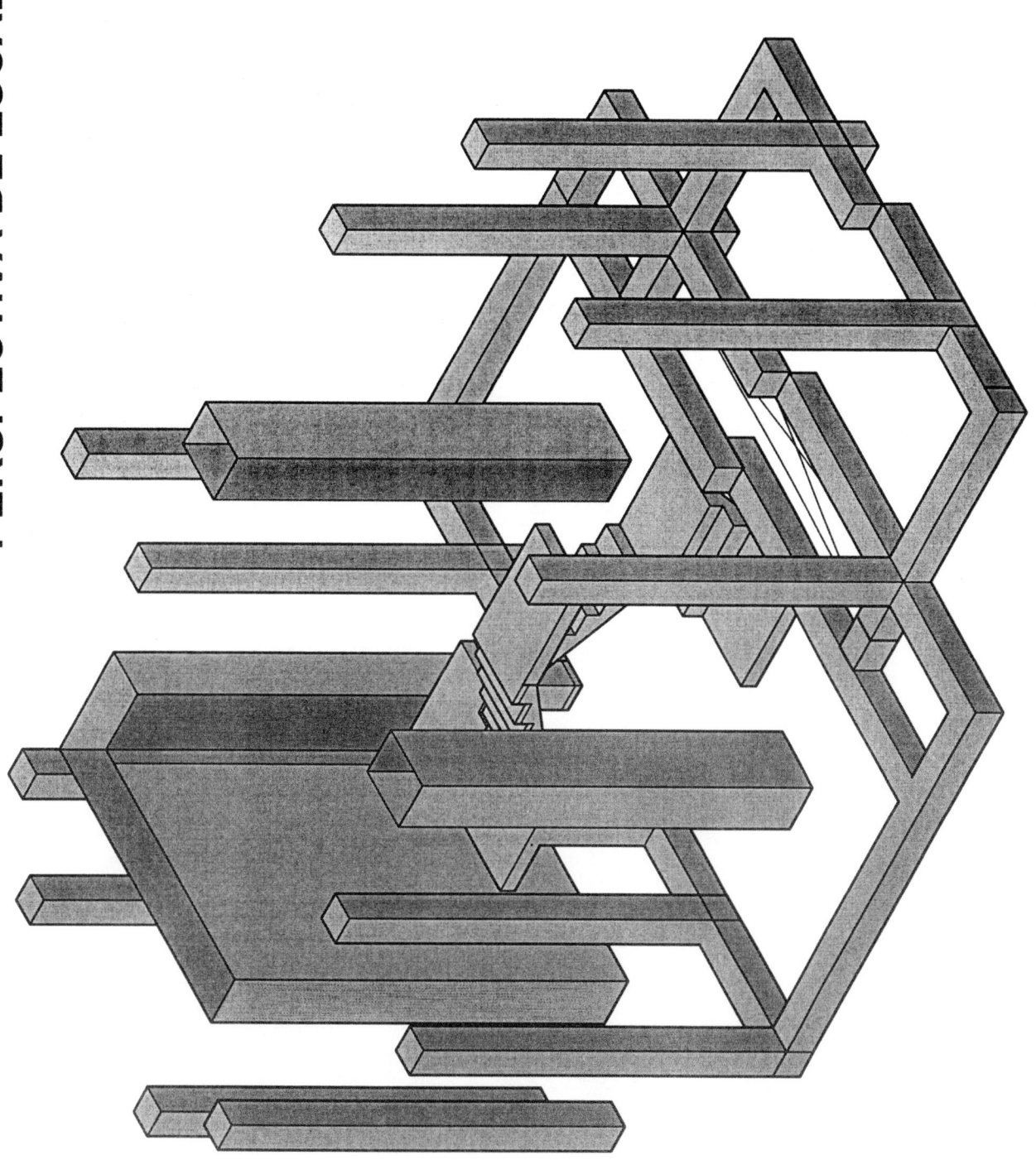

EXAMEN EXTRAORDINARIO DE CONSTRUCCIÓN DE ESTRUCTURAS. A.T. ESCALERAS. (4-12-2001)

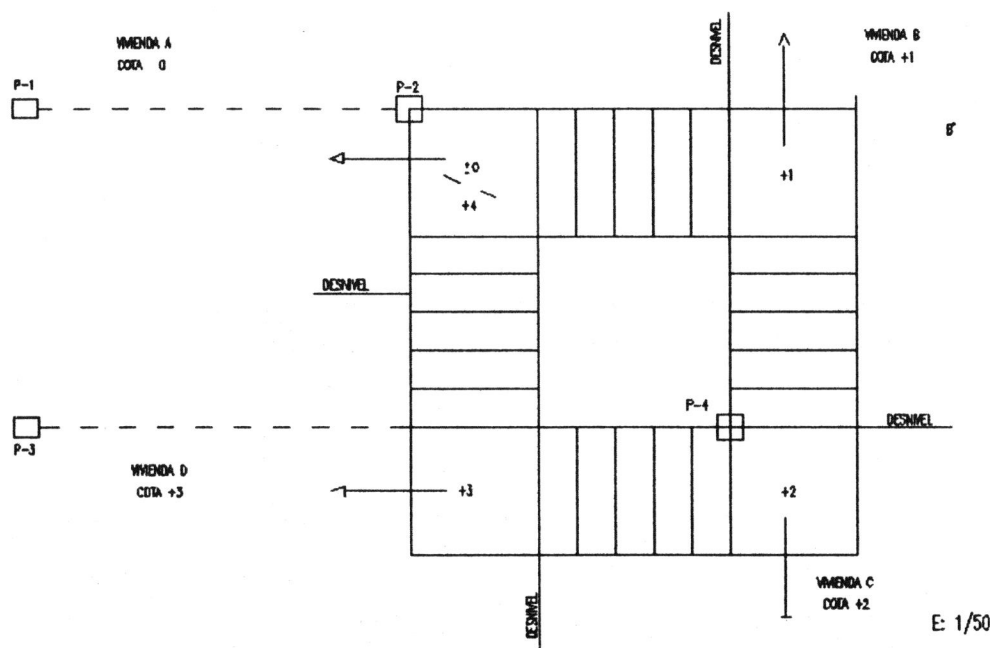

DATOS:

PILARES H.A. 40 x 30 CON 4 Ø 16
LOSAS DE ESCALERA DE H.A.
NO UTILIZAR VIGAS ZANCAS

La escalera del esquema adjunto da acceso a 4 viviendas situadas a las cotas señaladas en sus rellanos. Disponemos de los cuatro pilares indicados. No se pueden suplementar muros de carga, etc.

SE PIDE:

Solucionar en planta el esquema estructural sustentante de la escalera, definiendo claramente sus elementos, cotas, etc.
Al menos dos opciones, una con losas de escalera apoyadas en sus extremos en vigas y la otra con losas de escalera que puedan apoyar sobre otra losa de la propia escalera.

Efectuar las secciones y perspectivas necesarias para definirla correctamente.

SUPUESTO-A : Todas las losas de escalera han de apoyar en viga.

VIVIENDA B
COTA +1

VIVIENDA A
COTA : 0

VIVIENDA C
COTA +2

VIVIENDA D
COTA +3

DESNIVEL

DESNIVEL

DESNIVEL

DESNIVEL

JÁCENA PASANTE (+2)

PILARCILLO
(DE 0 A +1)

PILARCILLO
(DE +1 A +2)

JÁCENA (+1)

PILARCILLO
(DE +3 A +2)

P-4

JÁCENA (+2)

JÁCENA (+1)

PILARCILLO
(DE +4 A +3)

JÁCENA
: (0) ,(+4)

JÁCENA
· (0) ,(+4)

PILARCILLO
(DE +3 A +4)

JÁCENA (+3)

JÁCENA (+3)

P-1

P-2

P-3

+1

+2

· 0

+4

+3

B'

A'

C'

C

D'

D

B

A

206

SUPUESTO-A : Todas las losas de escalera han de apoyar en viga.

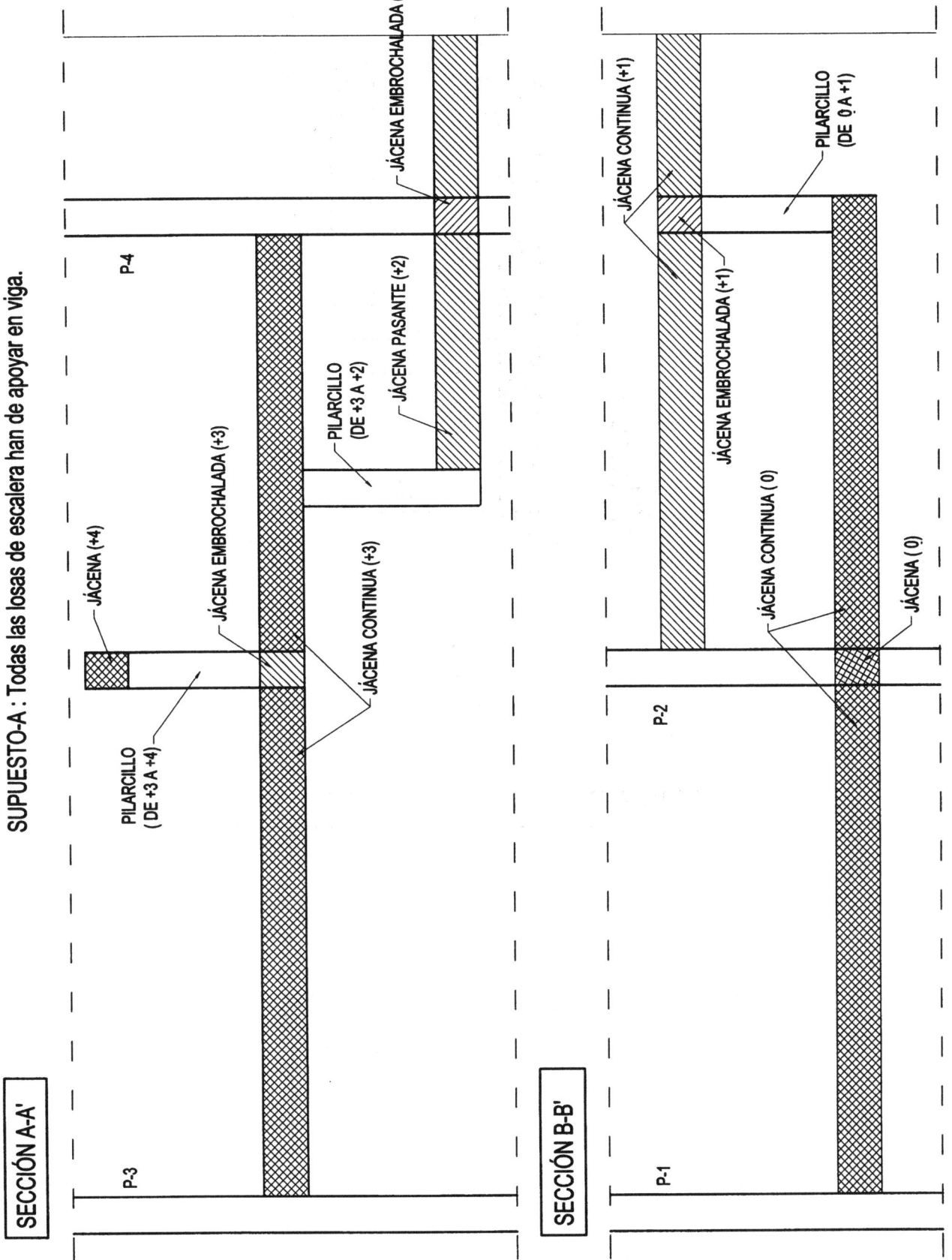

SECCIÓN A-A'

SECCIÓN B-B'

207

SUPUESTO-A : Todas las losas de escalera han de apoyar en viga.

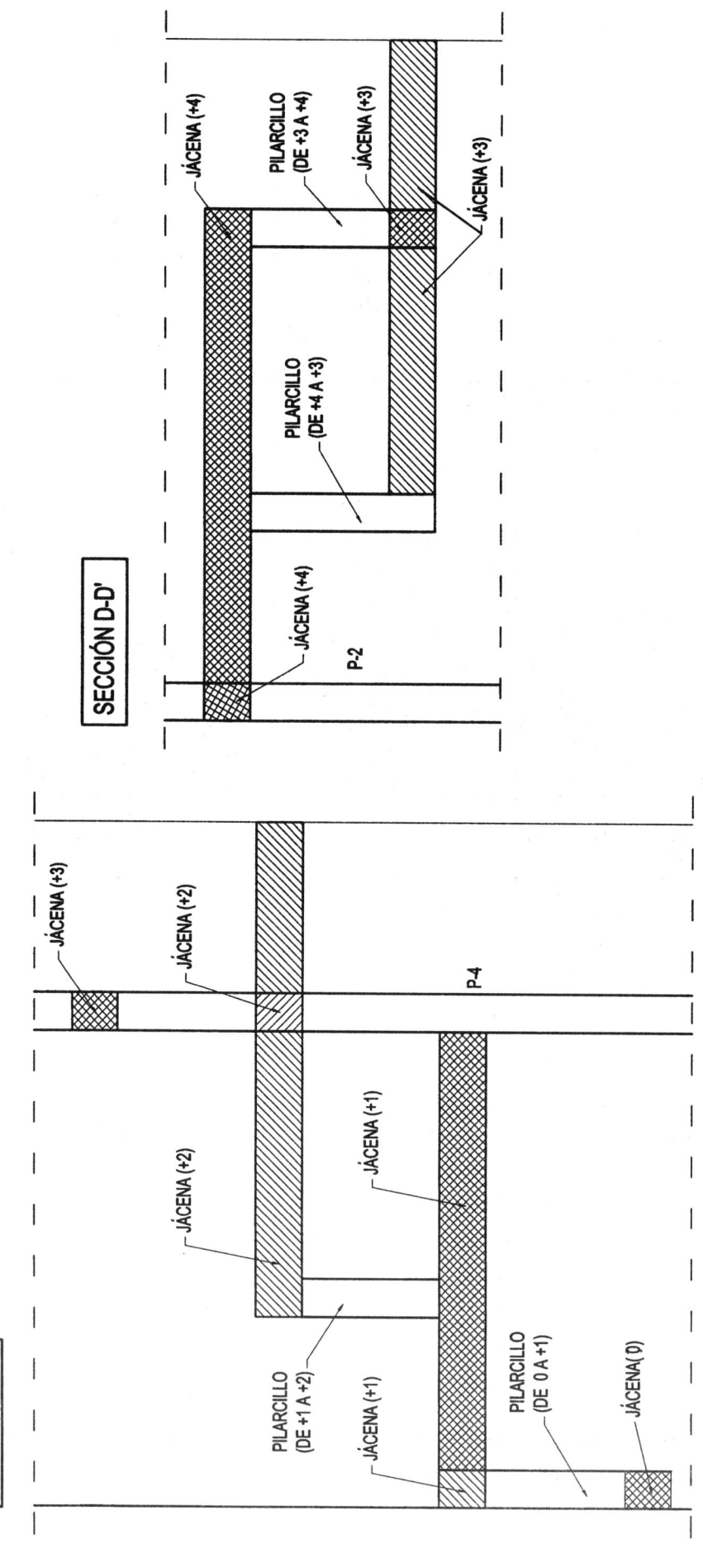

SECCIÓN D-D'

SECCIÓN C-C'

208

SUPUESTO-B : Las losas de escalera pueden apoyarse en otras losas de escalera.

VIVIENDA B
COTA +1

B'

DESNIVEL

JÁCENA PASANTE (+2)

VIVIENDA C
COTA +2

+1

+2

DESNIVEL

P-4

PILARCILLO
(DE 0 A +1)

PILARCILLO
(DE +3 A +2)

JÁCENA (+1)

DESNIVEL

·.0

+4

VIVIENDA A
COTA ·.0

P-2

+3

JÁCENA
(·0),(+4)

DESNIVEL

JÁCENA (+3)

VIVIENDA D
COTA +3

P-1

P-3

B

A

A'

209

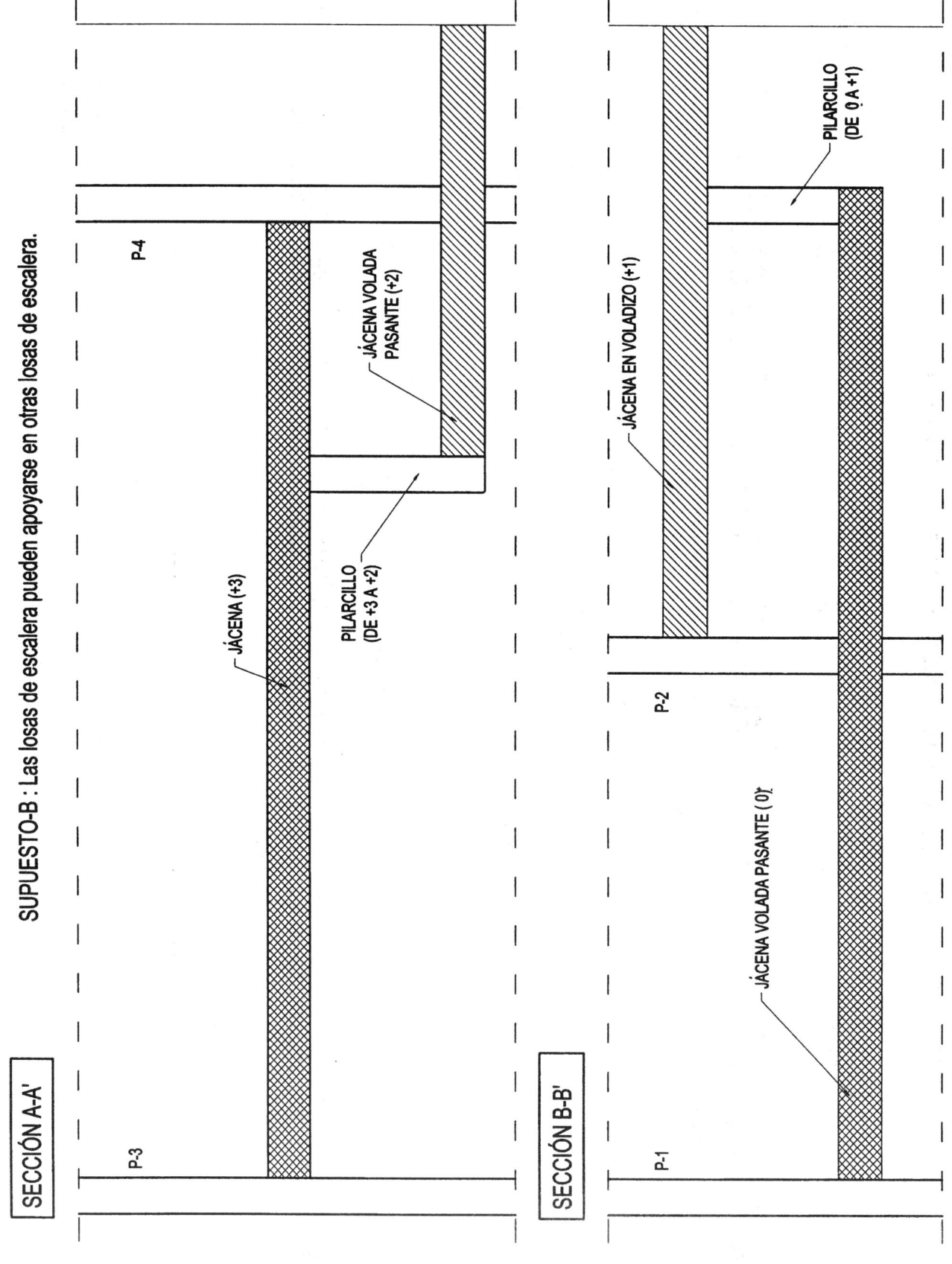

SUPUESTO-B : Las losas de escalera pueden apoyarse en otras losas de escalera.

SECCIÓN A-A'

P-3

P-4

JÁCENA (+3)

PILARCILLO
(DE +3 A +2)

JÁCENA VOLADA
PASANTE (+2)

SECCIÓN B-B'

P-1

P-2

JÁCENA VOLADA PASANTE (0)

JÁCENA EN VOLADIZO (+1)

PILARCILLO
(DE 0 A +1)

PERSPECTIVA DE ESCALERA

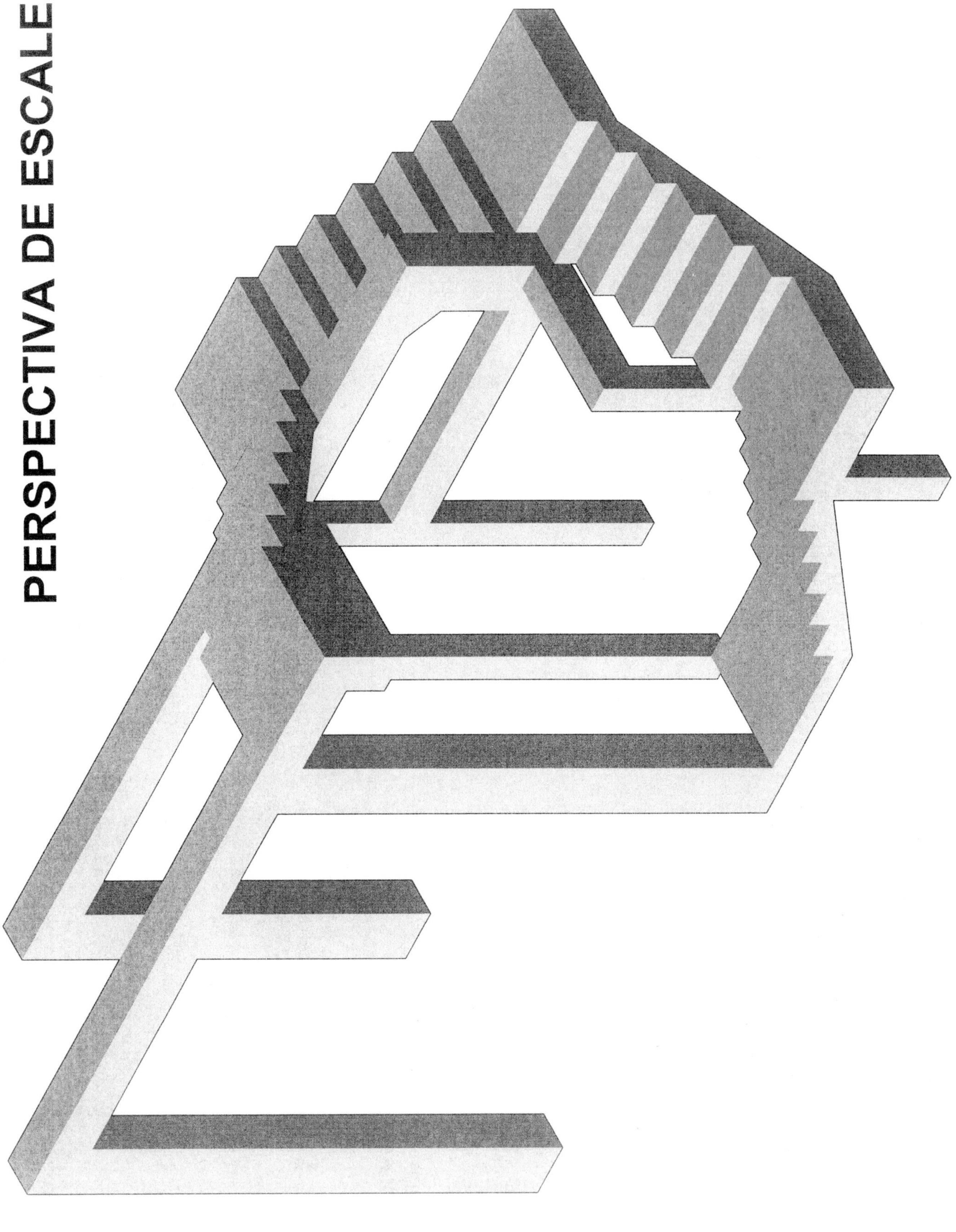

EXAMEN FINAL DE CONSTRUCCIÓN DE ESTRUCTURAS - ESCALERAS. 4 SEPTIEMBRE 2003

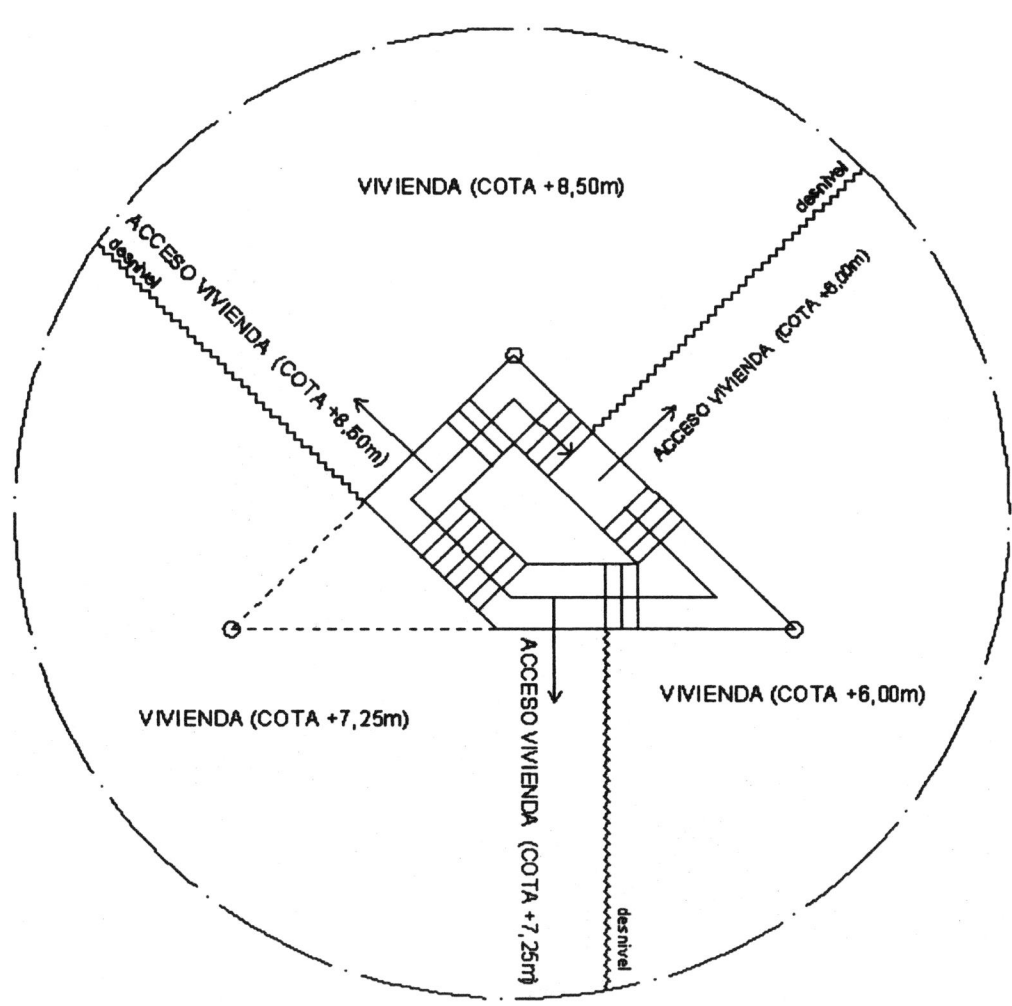

DATOS:

La escalera del esquema adjunto da acceso a 3 viviendas, existiendo entre viviendas contiguas un desnivel de 1,25 m; cuyos rellanos de acceso están situados a las mismas cotas de las viviendas (6,00 m; 7,25 m y 8,50 m).

Disponemos de 3 pilares de hormigón armado para sustentarla.

No se permite utilizar vigas zancas.

No se permite colgar la losa de escalera, ni colgar jácenas.

Utilizar el mínimo número de jácenas.

Los huecos de acceso o de paso, cuya altura libre sea inferior a 2,25 m, no se aceptarán por considerar que tienen "cabezada".

SE PIDE:

Solucionar el esquema estructural sustentante de la escalera, definiéndolo correctamente, indicando las cotas de cada jácena, etc.

SOLUCIÓN 1

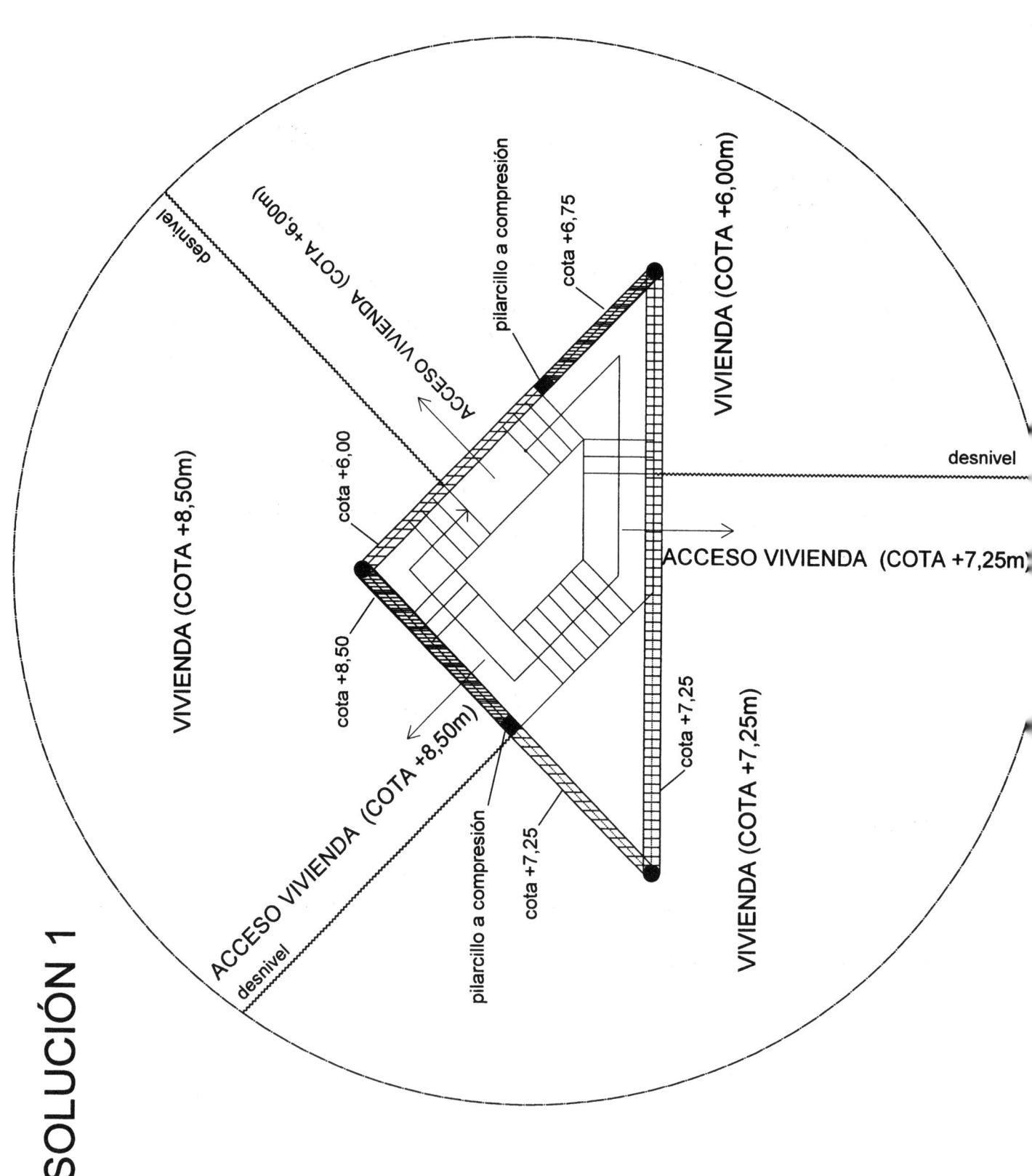

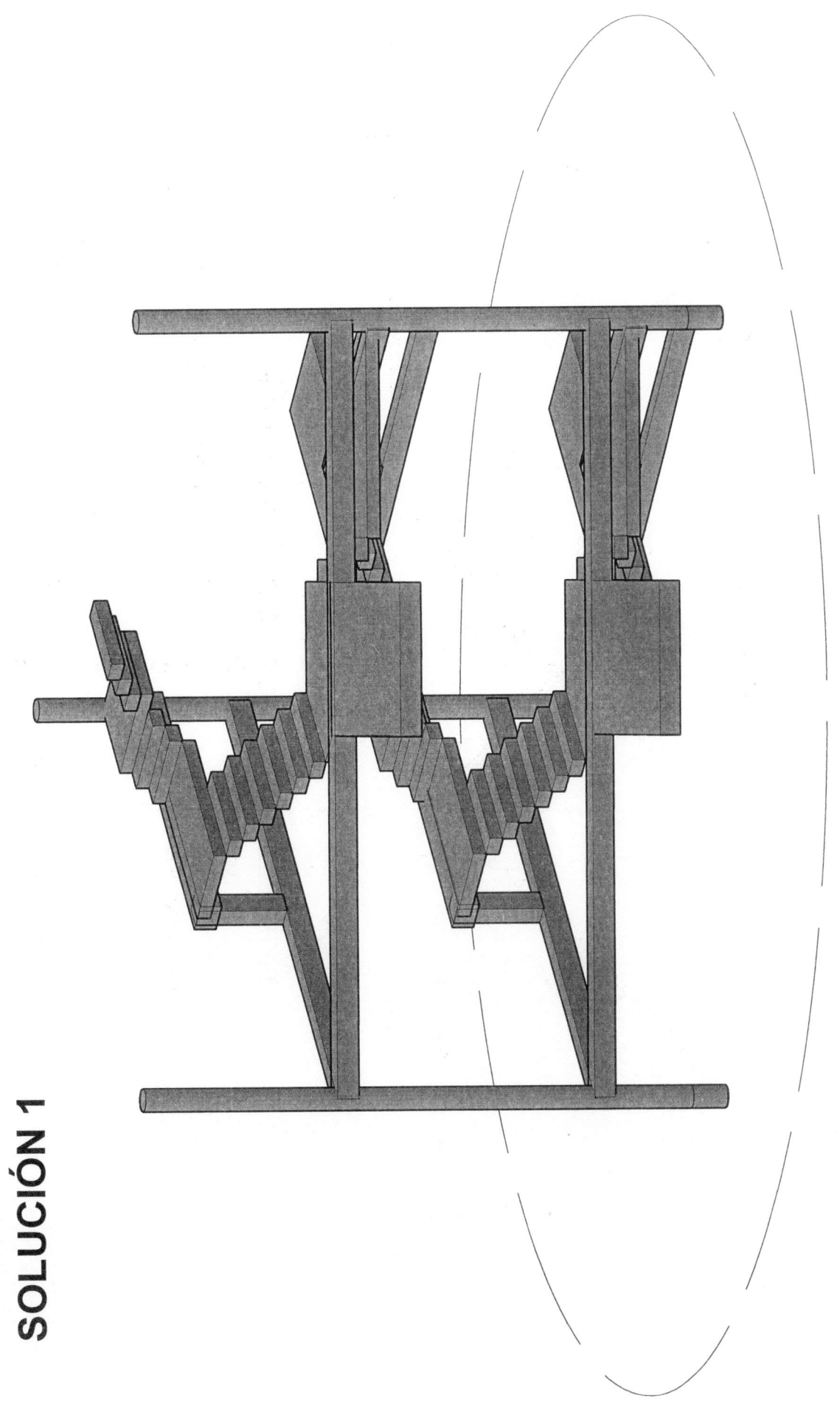

PERSPECTIVA ESCALERA.
SOLUCIÓN 1

SOLUCIÓN 2

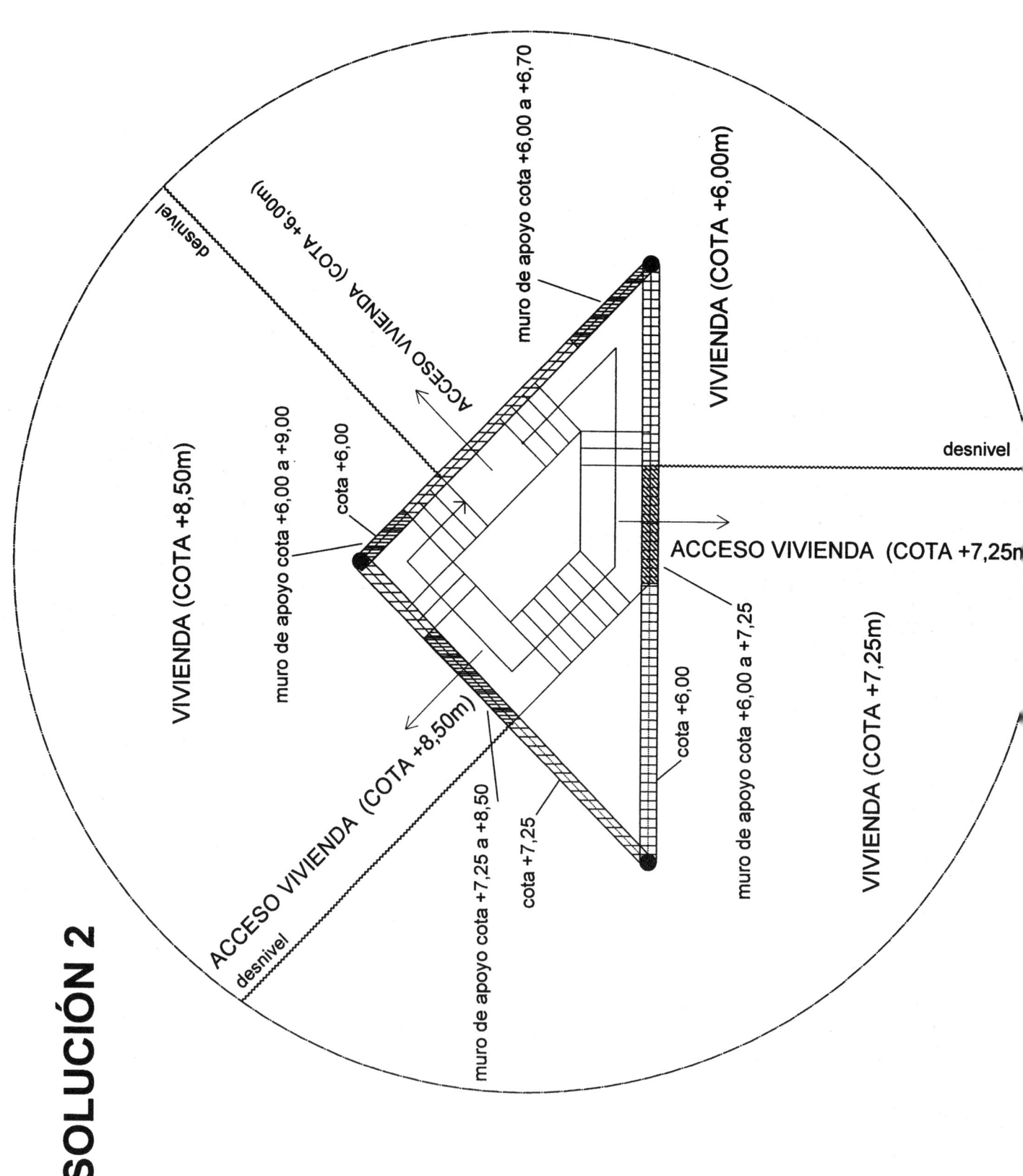

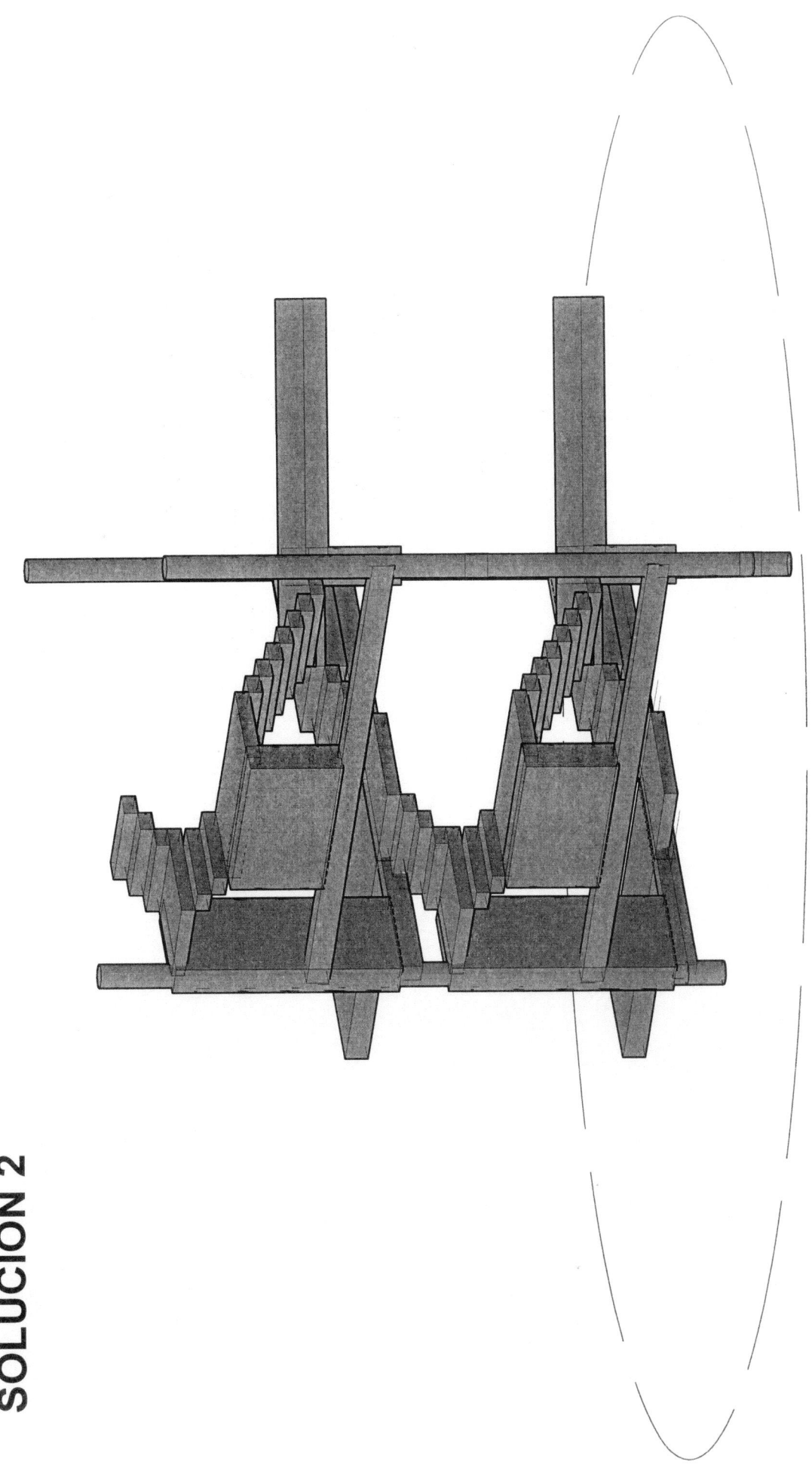

PERSPECTIVA ESCALERA.
SOLUCIÓN 2

217

SOLUCIÓN 3

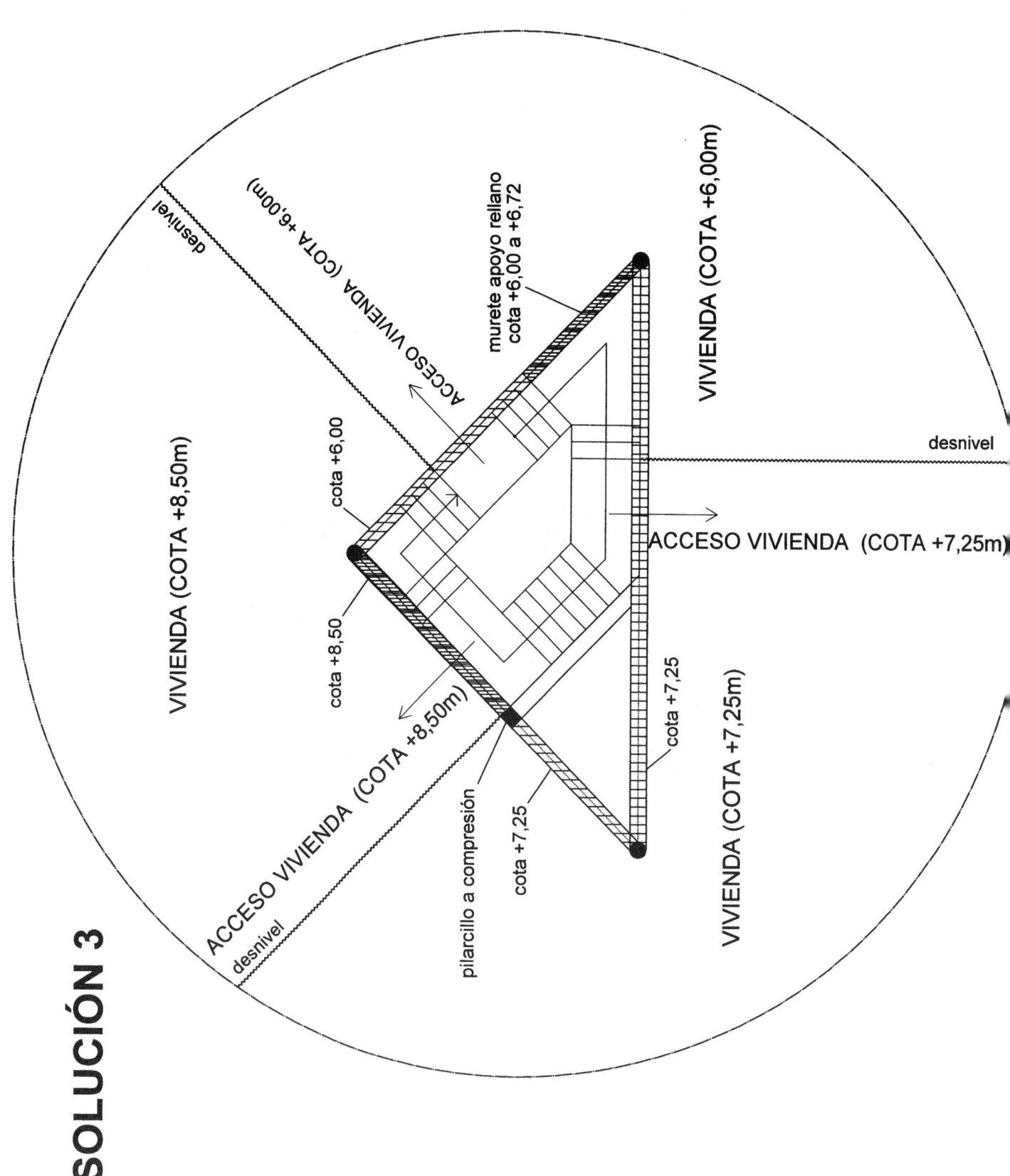

VIVIENDA (COTA +6,00m)

ACCESO VIVIENDA (COTA +6,00m)

desnivel

murete apoyo rellano
cota +6,00 a +6,72

VIVIENDA (COTA +8,50m)

cota +6,00

desnivel

ACCESO VIVIENDA (COTA +7,25m)

cota +8,50

ACCESO VIVIENDA (COTA +8,50m)

cota +7,25

VIVIENDA (COTA +7,25m)

desnivel

pilarcillo a compresión

cota +7,25

PERSPECTIVA ESCALERA.
SOLUCIÓN 3

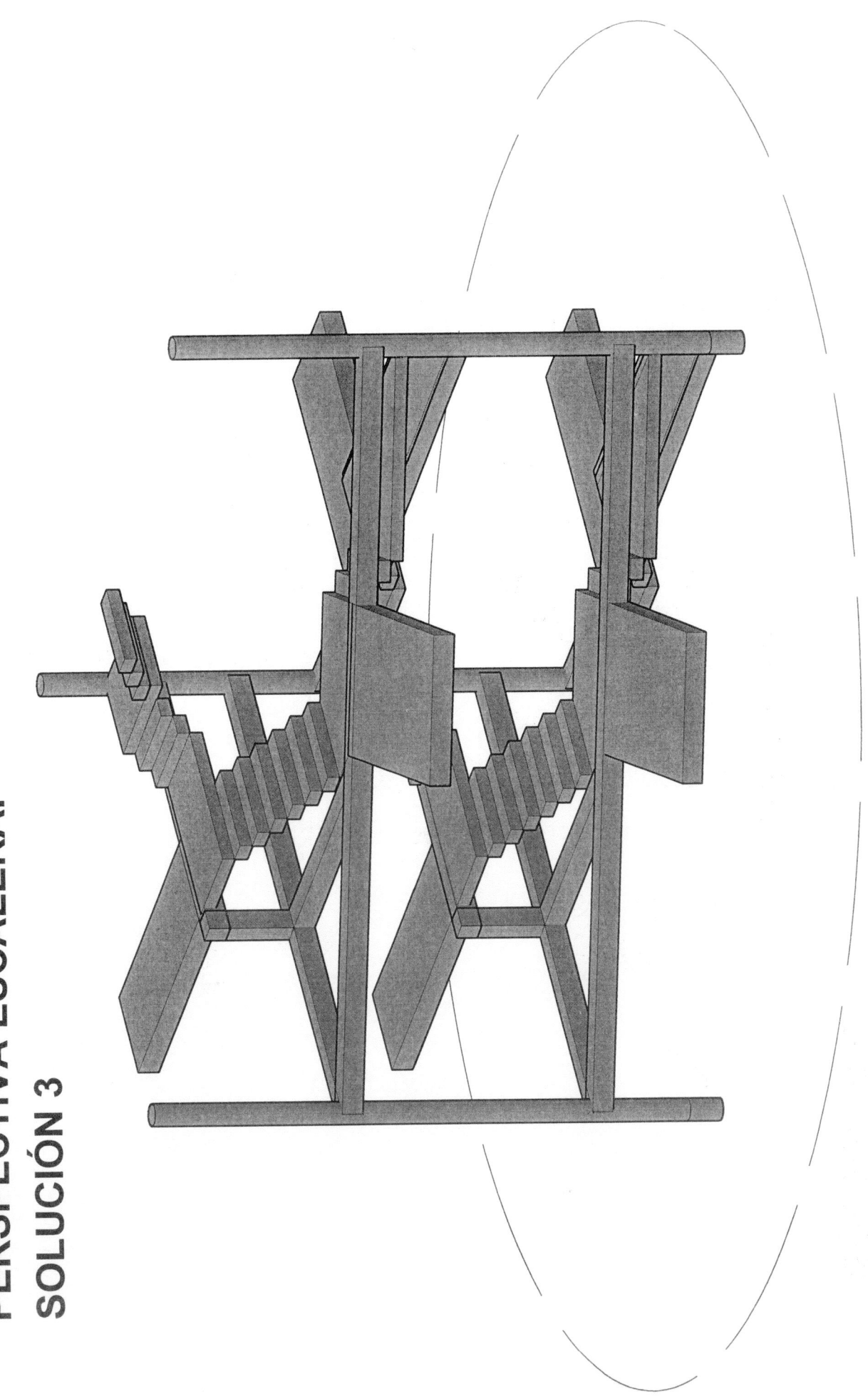

SOLUCIÓN 4

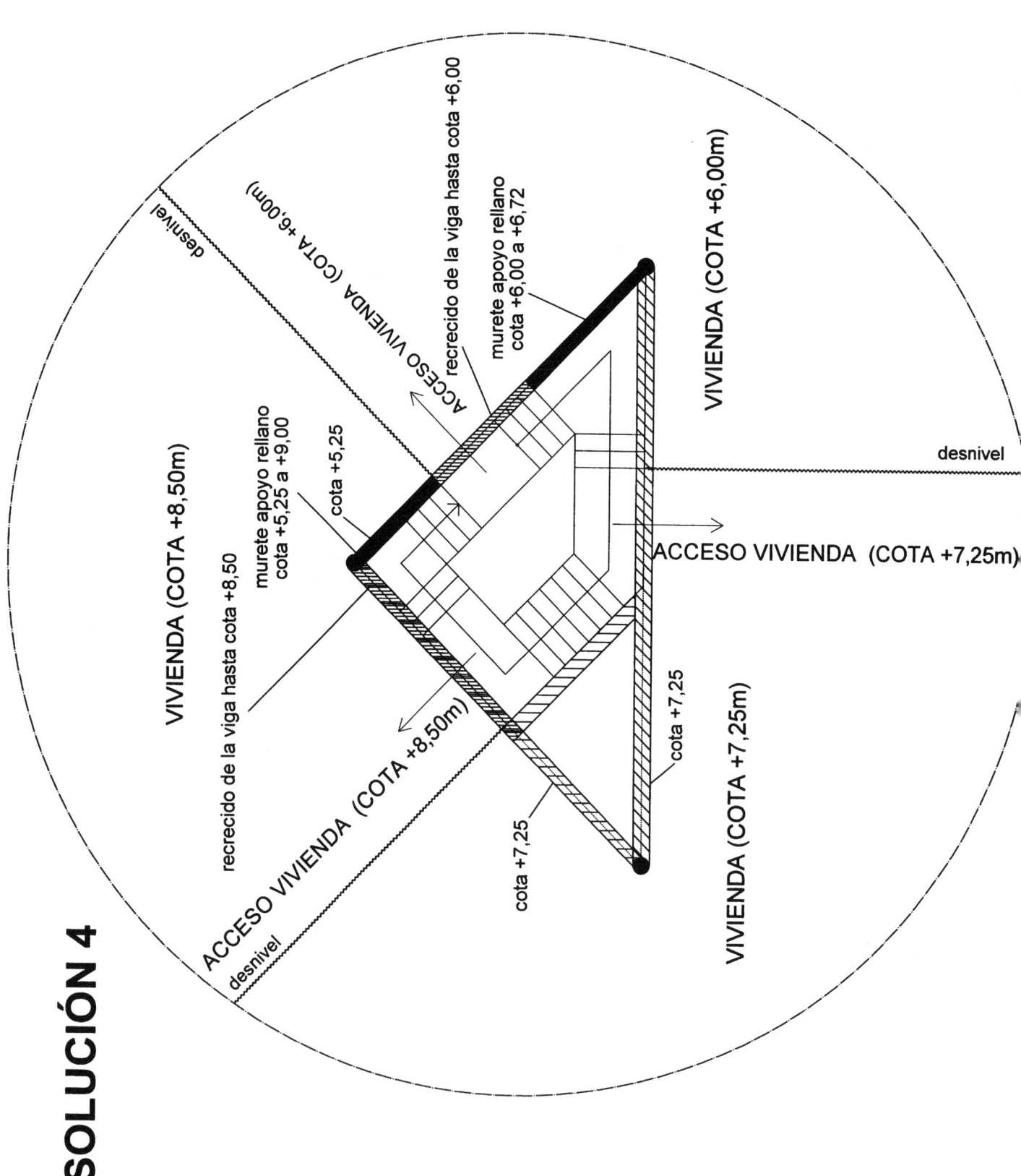

VIVIENDA (COTA +6,00m)

recrecido de la viga hasta cota +6,00

murete apoyo rellano
cota +6,00 a +6,72

ACCESO VIVIENDA (COTA +6,00m)

desnivel

cota +5,25

murete apoyo rellano
cota +5,25 a +9,00

recrecido de la viga hasta cota +8,50

VIVIENDA (COTA +8,50m)

ACCESO VIVIENDA (COTA +8,50m)

desnivel

cota +7,25

cota +7,25

VIVIENDA (COTA +7,25m)

ACCESO VIVIENDA (COTA +7,25m)

desnivel

VIVIENDA (COTA +6,00m)

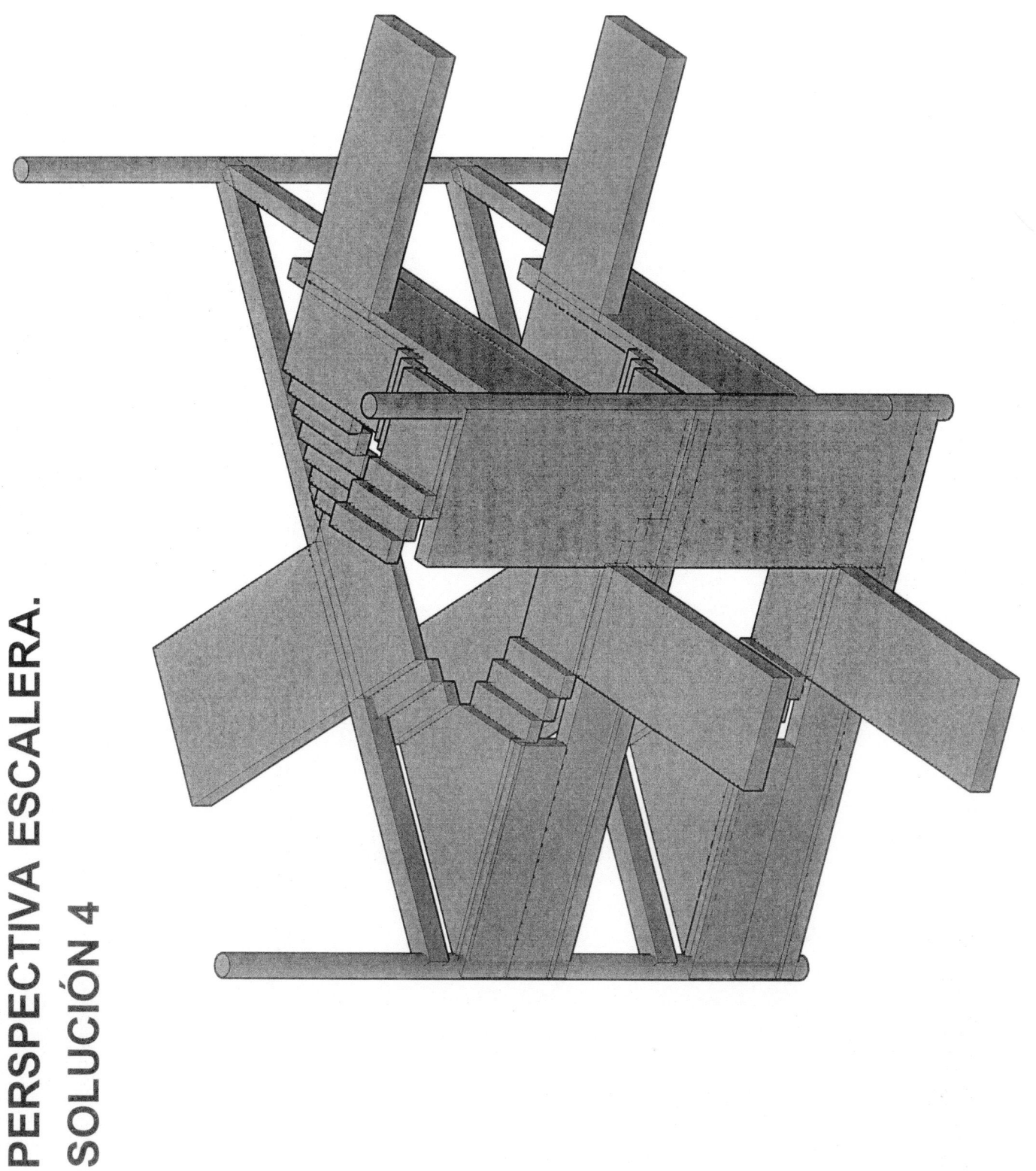

PERSPECTIVA ESCALERA.
SOLUCIÓN 4

SOLUCIÓN 5

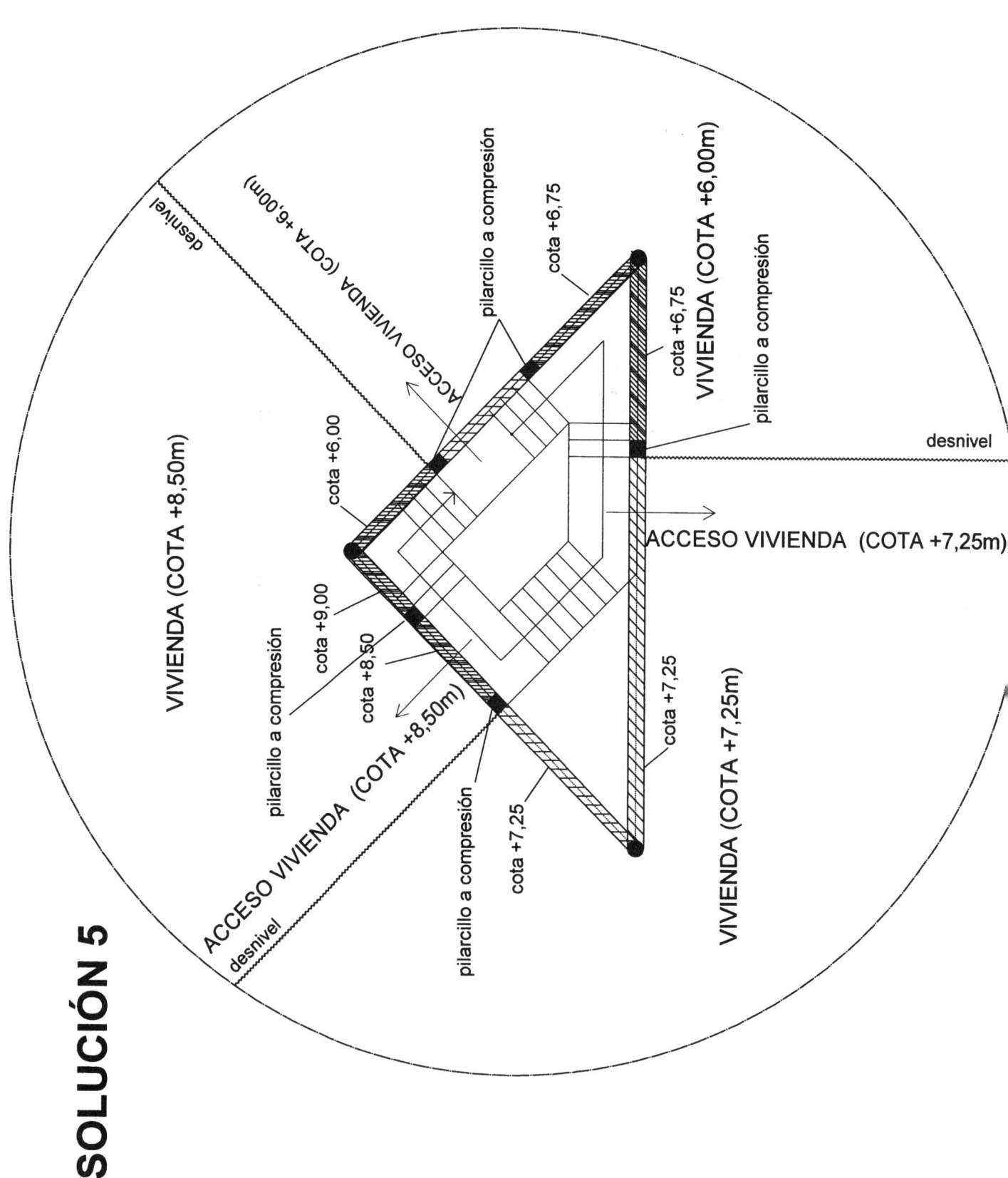

PERSPECTIVA ESCALERA.
SOLUCIÓN 5

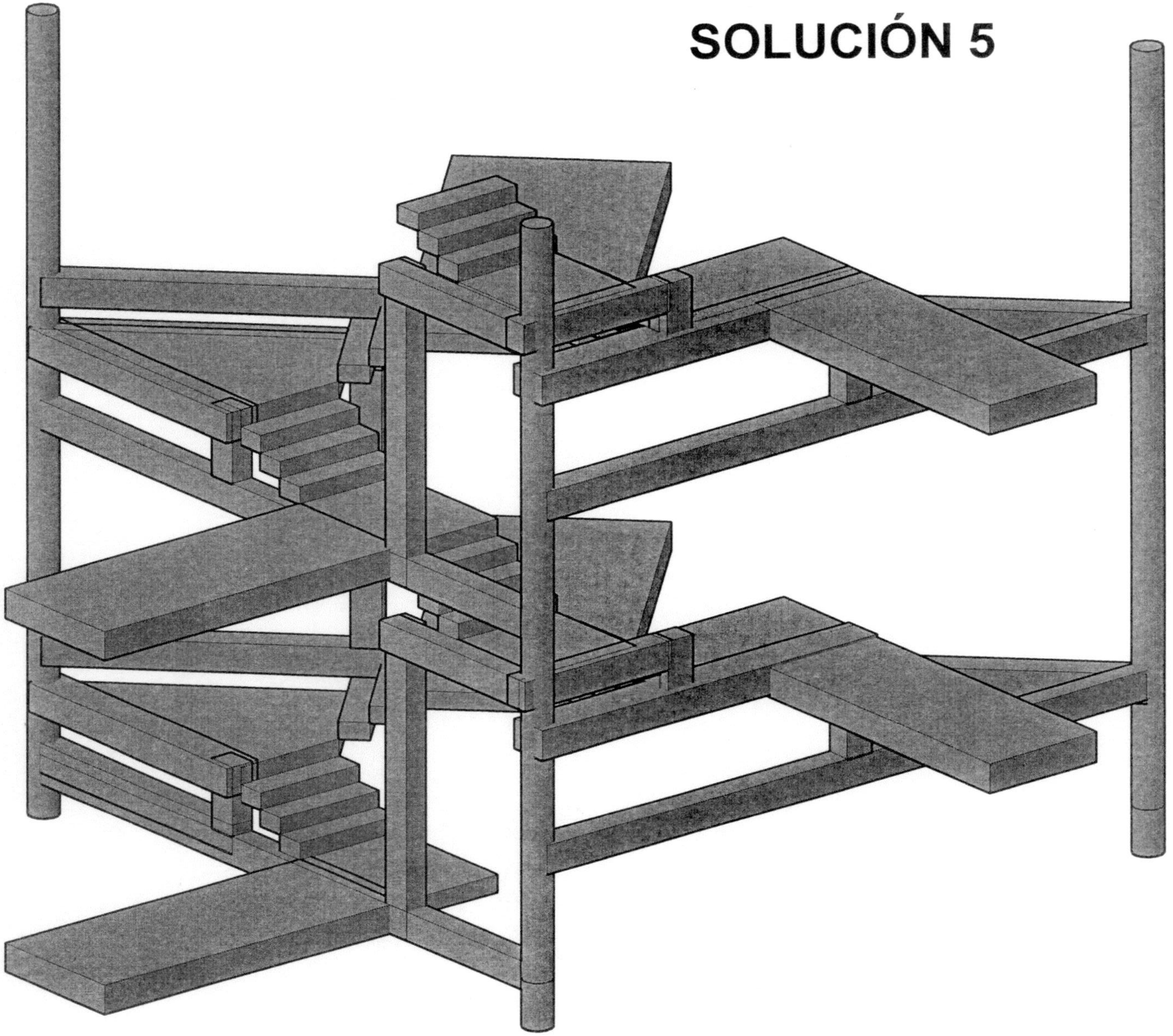

EXAMEN PARCIAL DE CONSTRUCCIÓN DE ESTRUCTURAS H. A. 20 DE DICIEMBRE DE 2003

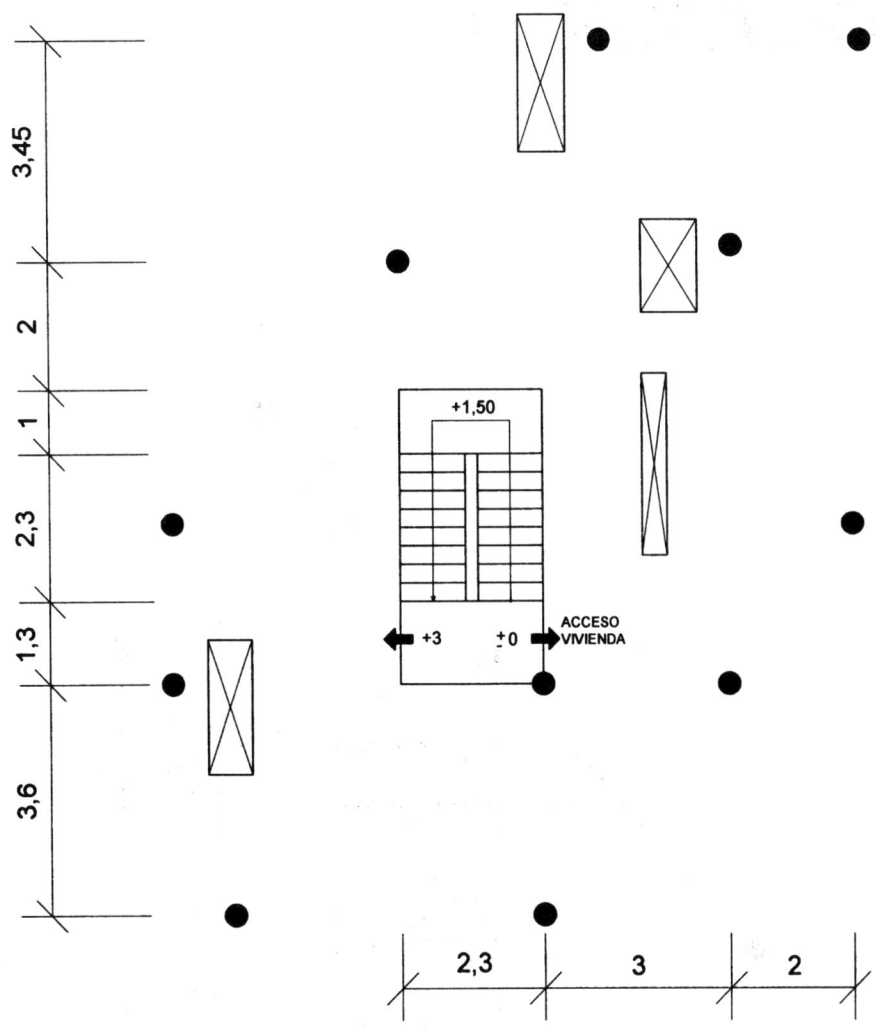

La escalera adjunta corresponde a una planta intermedia de un edificio de varias plantas y da acceso a dos viviendas por planta.

DATOS:

Se dispone de los pilares marcados con un círculo en el croquis adjunto acotado.

Máxima longitud de las jácenas; 7 metros.

Si se utilizan jácenas voladas, tendrán más contrapesa que voladizo.

No se permite que las jácenas atraviesen los patinillos.

Las jácenas no podrán invadir el espacio habitable/transitable de la escalera.

No se permite añadir pilares desde el cimiento, ni añadir muros de carga u otros elementos que arranquen desde el cimiento.

Resto de datos a criterio del alumno.

SE PIDE:

1) Definir correctamente en planta el sistema estructural sustentante de la escalera, indicando la cota de cada jácena, su inicio y su final, así como si es horizontal, zanca, etc., en todas las soluciones que adoptes.

2) Efectuar el alzado sección longitudinal de la escalera, viendo las uniones.

SOLUCIÓN 1

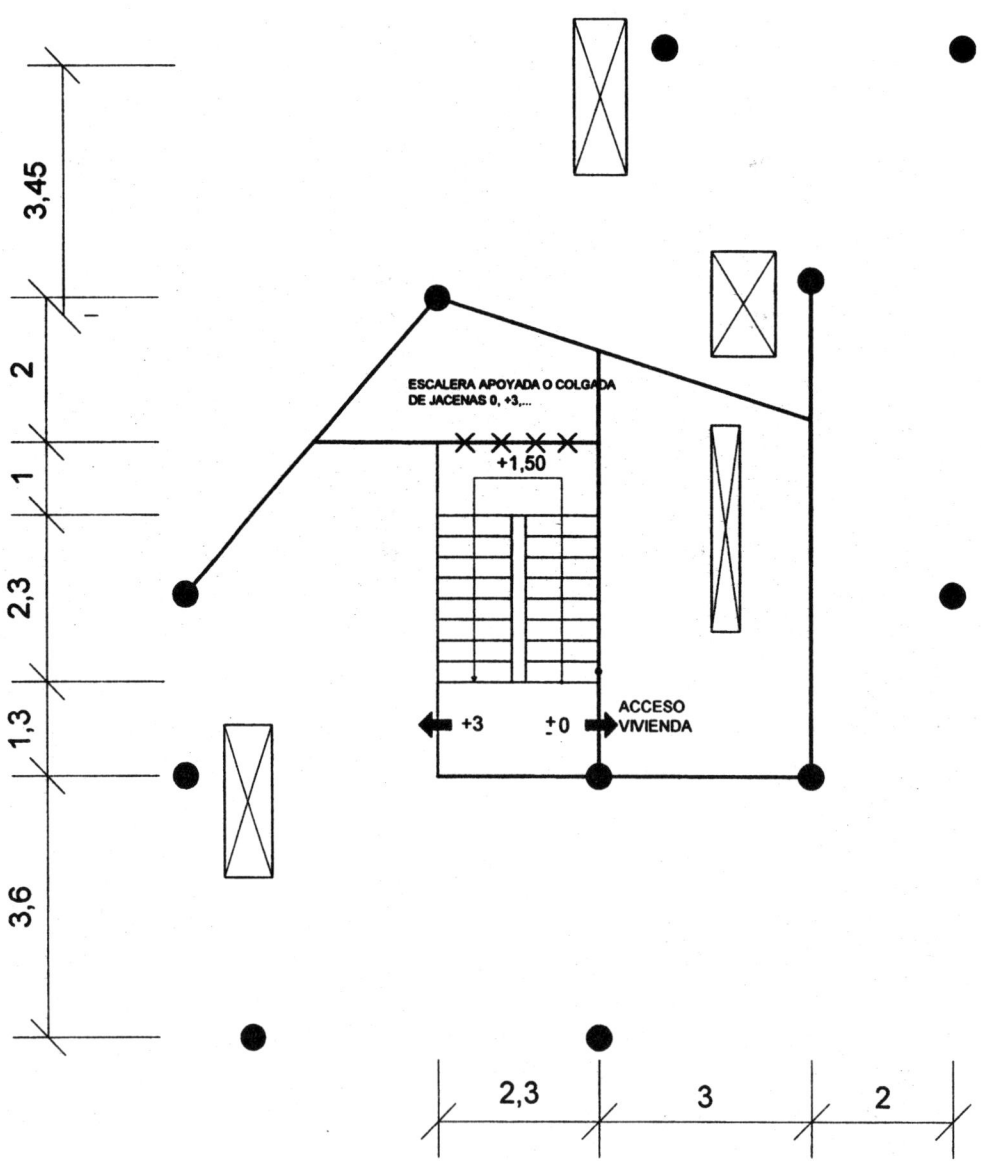

Todas las vigas van a las cotas del forjado (±0, +3, +6...)

SOLUCIÓN 2

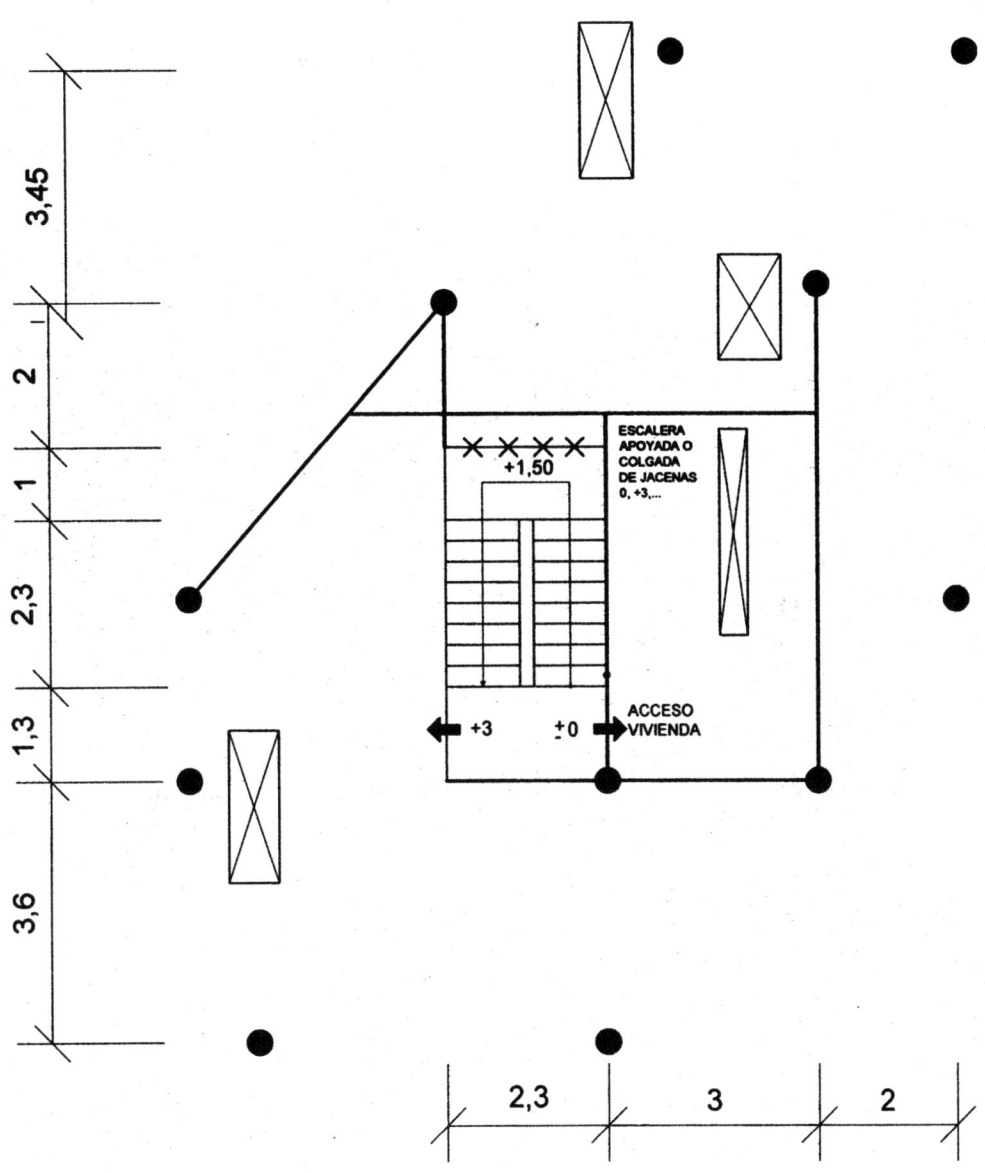

3,45

2

1

2,3

1,3

3,6

ESCALERA
APOYADA O
COLGADA
DE JACENAS
0, +3,...

+1,50

+3   ±0   ACCESO
VIVIENDA

2,3   3   2

Todas las vigas van a las cotas del forjado (±0, +3, +6...)

SOLUCIÓN 3

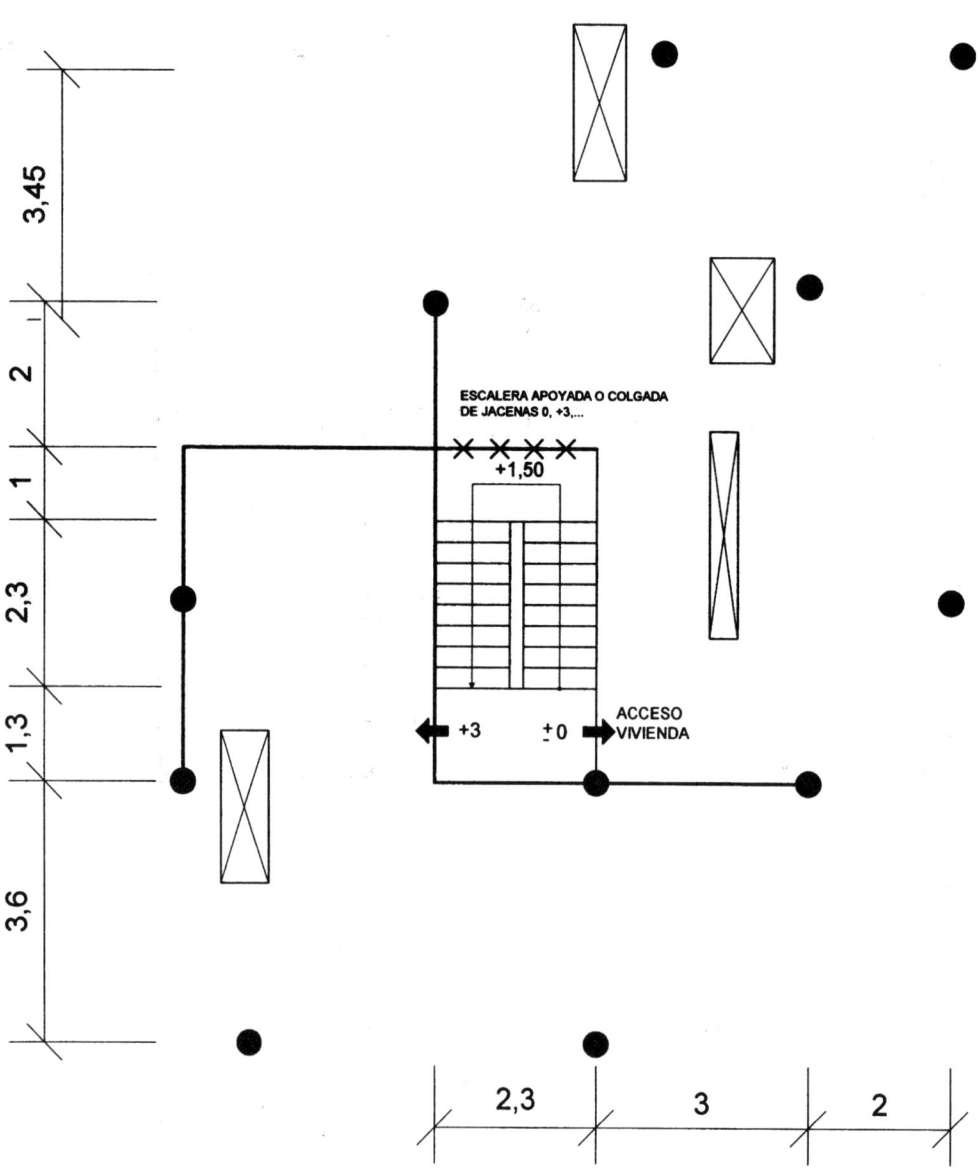

ESCALERA APOYADA O COLGADA
DE JACENAS 0, +3,...

+1,50

ACCESO
VIVIENDA

+3   ±0

3,45

2

1

2,3

1,3

3,6

2,3   3   2

Todas las vigas van a las cotas del forjado (±0, +3, +6...)

SOLUCIÓN 4

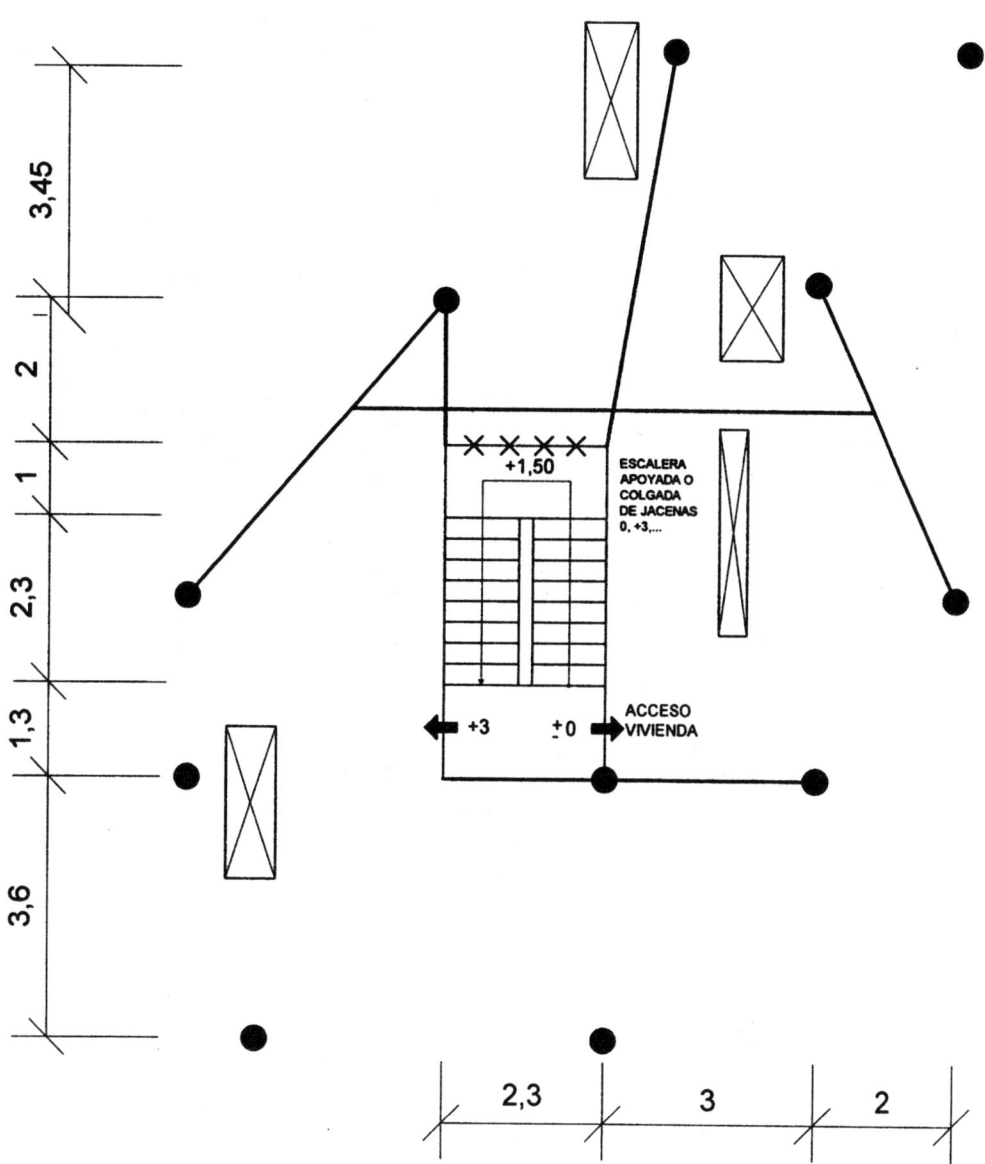

Todas las vigas van a las cotas del forjado (±0, +3, +6...)

SOLUCIÓN 5

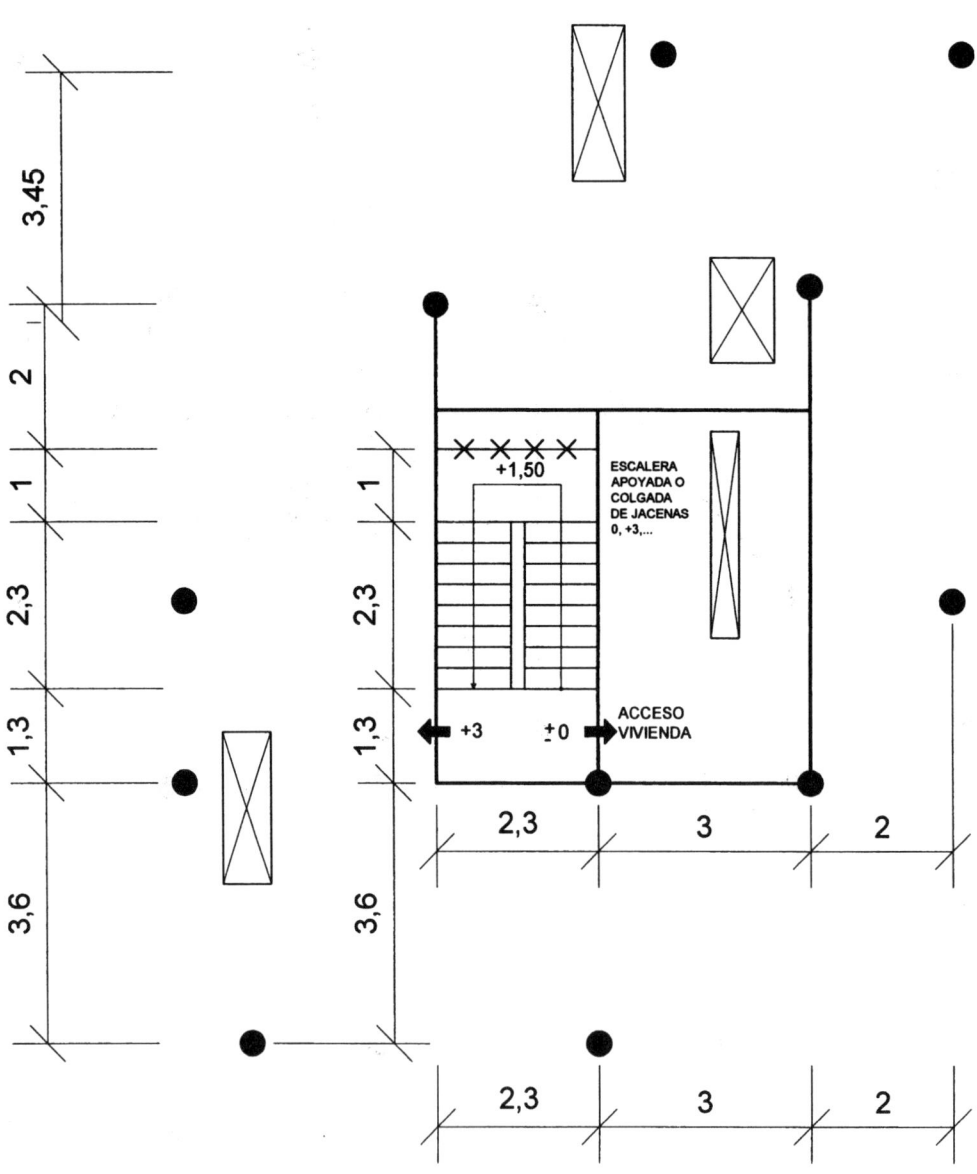

3,45

2

1

2,3

1,3

3,6

1

2,3

1,3

3,6

X X X X
+1,50

ESCALERA
APOYADA O
COLGADA
DE JACENAS
0, +3,...

+3   ±0   ACCESO
VIVIENDA

2,3   3   2

2,3   3   2

Todas las vigas van a las cotas del forjado (±0, +3, +6...)

SOLUCIÓN 6

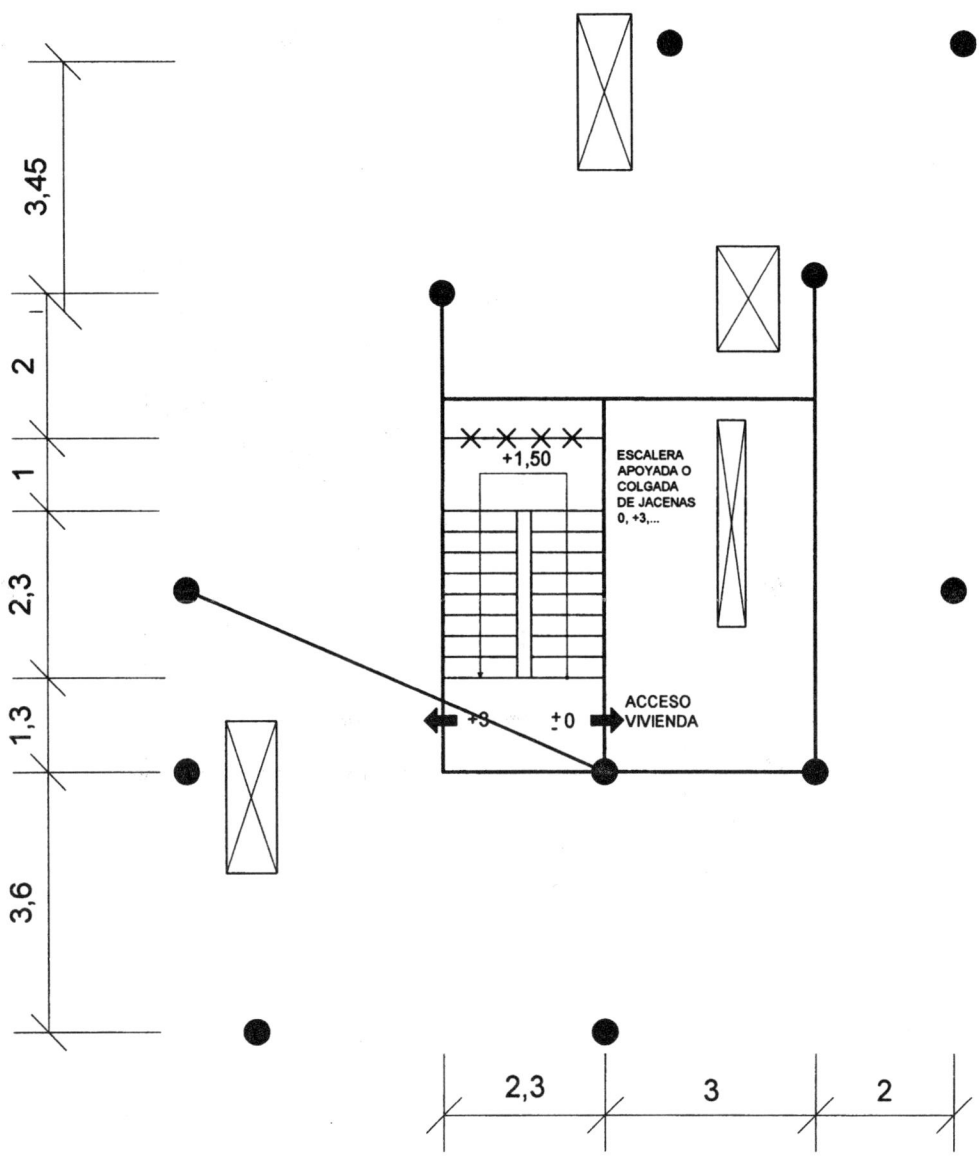

Todas las vigas van a las cotas del forjado (±0, +3, +6...)

SOLUCIÓN 7

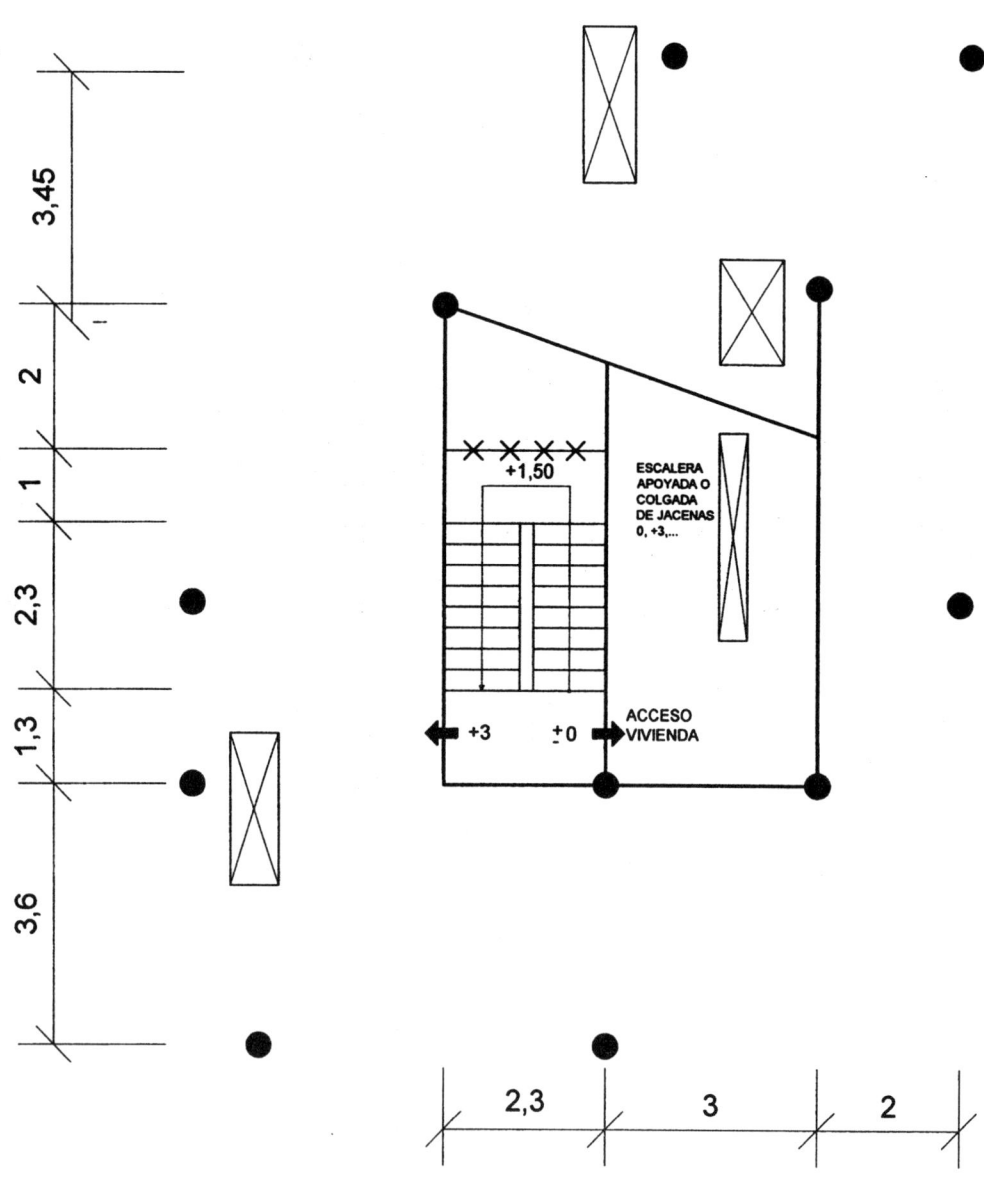

ESCALERA APOYADA O COLGADA DE JACENAS 0, +3,...

+1,50

+3   ±0   ACCESO VIVIENDA

3,45

2

1

2,3

1,3

3,6

2,3   3   2

Todas las vigas van a las cotas del forjado (±0, +3, +6...)

SOLUCIÓN 8

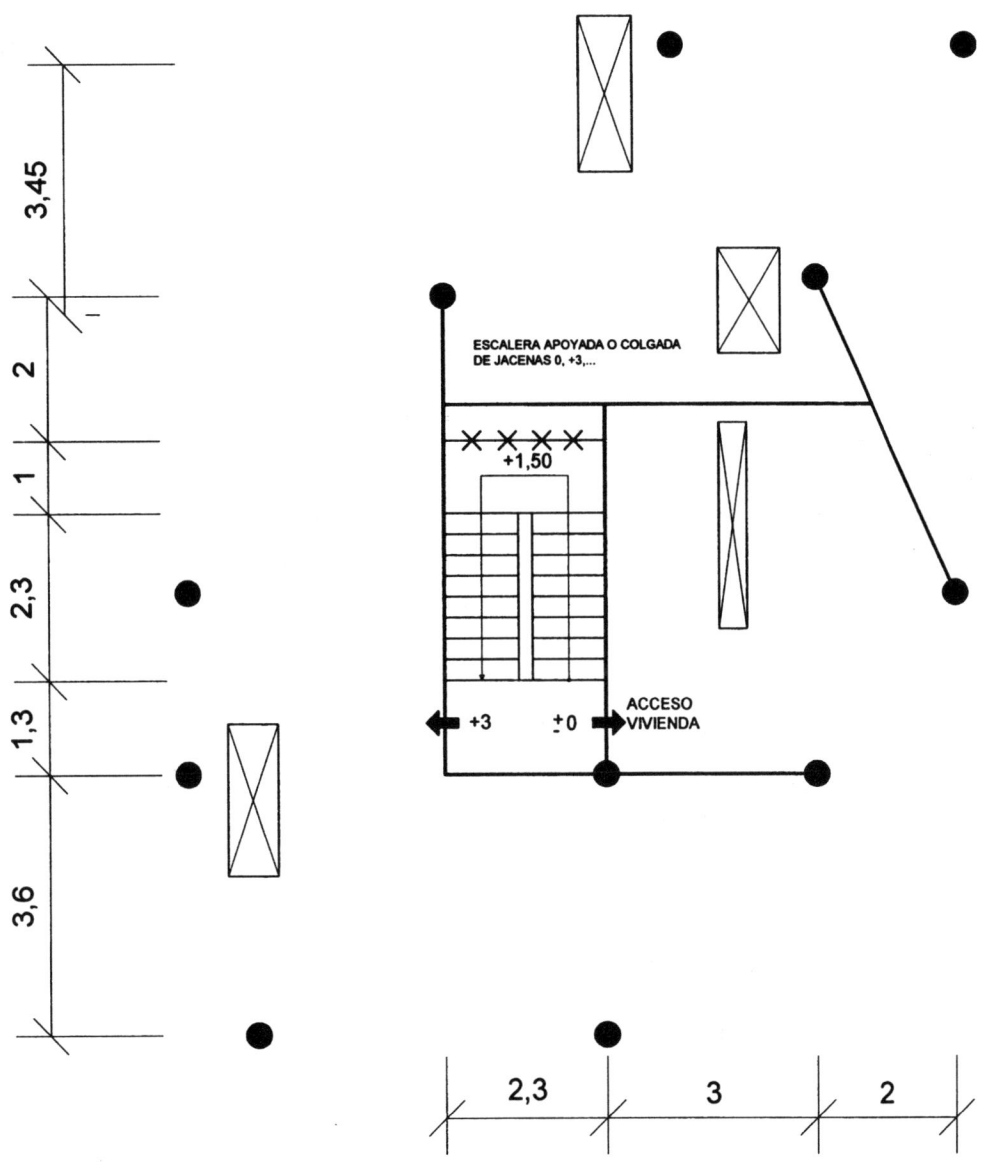

Todas las vigas van a las cotas del forjado (±0, +3, +6...)

SOLUCIÓN 9

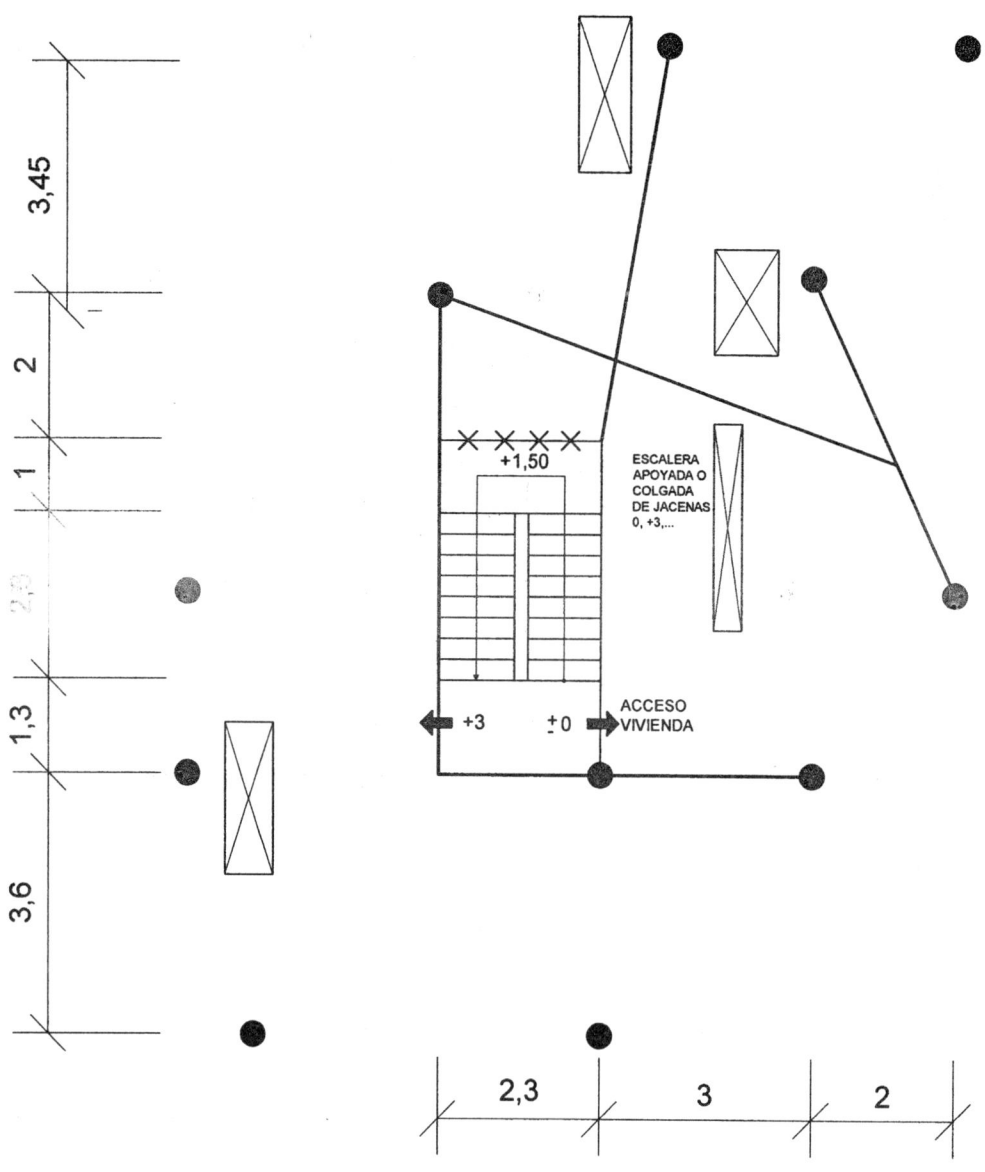

3,45

2

1

2,?

1,3

3,6

×××× +1,50

ESCALERA
APOYADA O
COLGADA
DE JACENAS
0, +3,...

+3   ±0   ACCESO
             VIVIENDA

2,3   3   2

Todas las vigas van a las cotas del forjado (±0, +3, +6...)

SOLUCIÓN 10

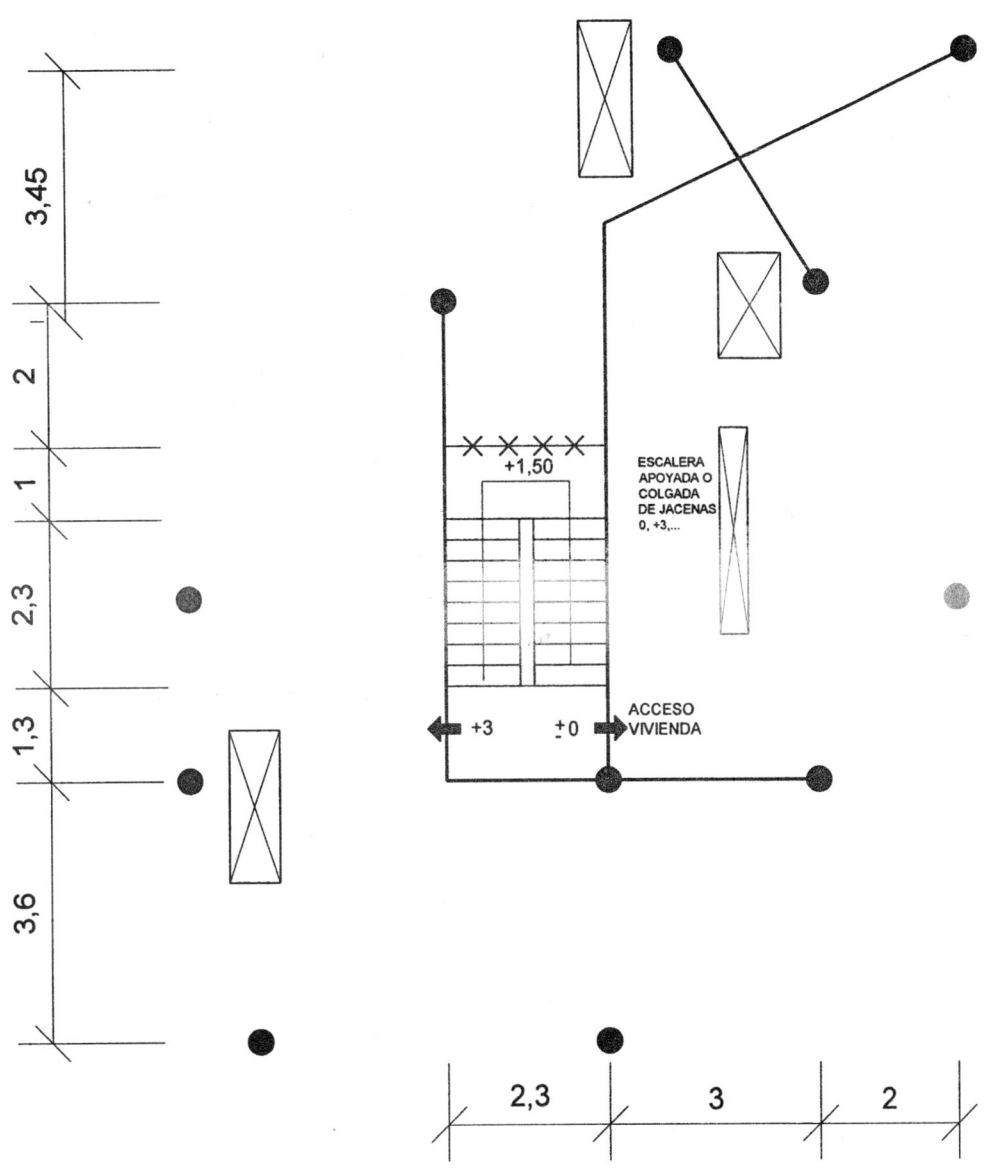

3,45

2

1

2,3

1,3

3,6

ESCALERA
APOYADA O
COLGADA
DE JACENAS
0, +3,...

+1,50

+3   ±0   ACCESO
VIVIENDA

2,3   3   2

Todas las vigas van a las cotas del forjado (±0, +3, +6...)

SOLUCIÓN 11

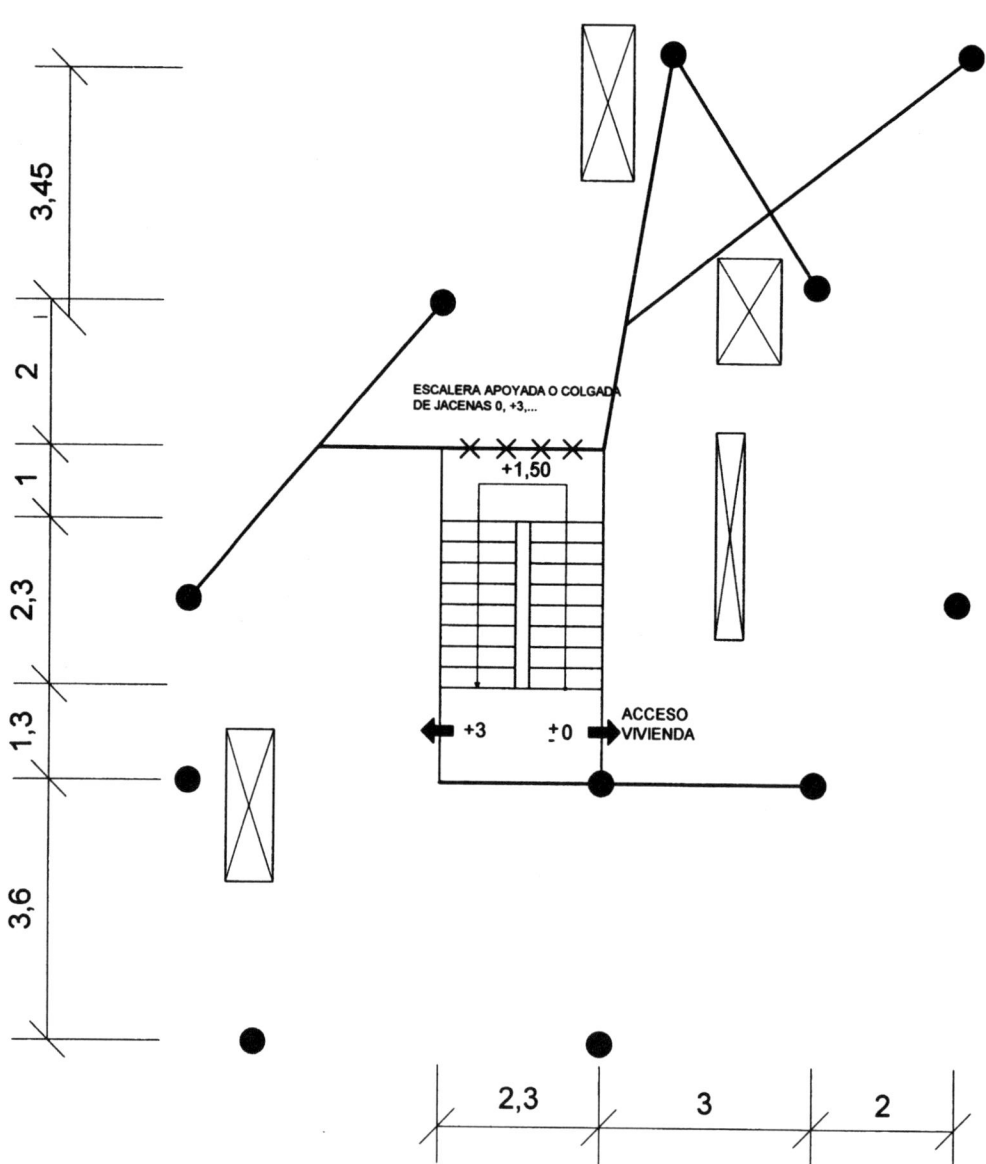

3,45

2

1

2,3

1,3

3,6

ESCALERA APOYADA O COLGADA
DE JACENAS 0, +3,...

+1,50

+3   ±0   ACCESO
VIVIENDA

2,3   3   2

Todas las vigas van a las cotas del forjado (±0, +3, +6...)

TERCER EXAMEN DE CONSTRUCCIÓN DE ESTRUCTURAS (PRIMER PARCIAL) 30-6-05

La escalera adjunta corresponde a un edificio con estructura de hormigón armado, forjado unidireccional, de varias plantas.

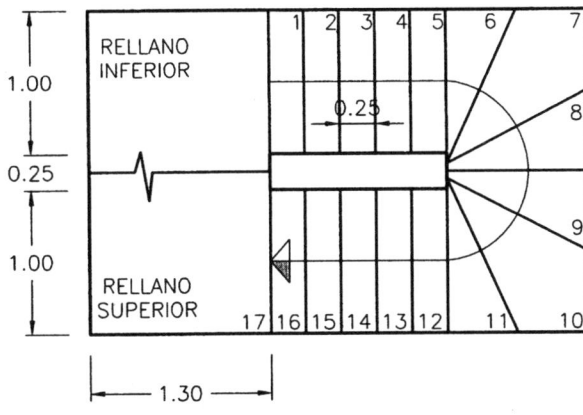

Luz libre entre forjados = 2,64 m.
Canto total de forjado = 25 cm.
Canto total losa escalera = 16 cm.
Altos peldaños = 17 cm.

Para una mayor seguridad en la colocación de los peldaños de mármol, se decide que los peldaños de los 2 rellanos intermedios se ejecuten con ladrillo, con lo cual el rellano de H. A. que engloba los peldaños 9, 10 y 11. Lo mismo habrá que efectuar con el rellano que ocupan los peldaños 6, 7 y 8.

SE PIDE:

Acotar la cara superior del encofrado de madera del rellano que ocupan los peldaños 9, 10 y 11, acotado desde la cara inferior del forjado superior.

Nota: responder en esta hoja con un croquis justificativo de la cota final de respuesta.

1.1. Acotación del rellano

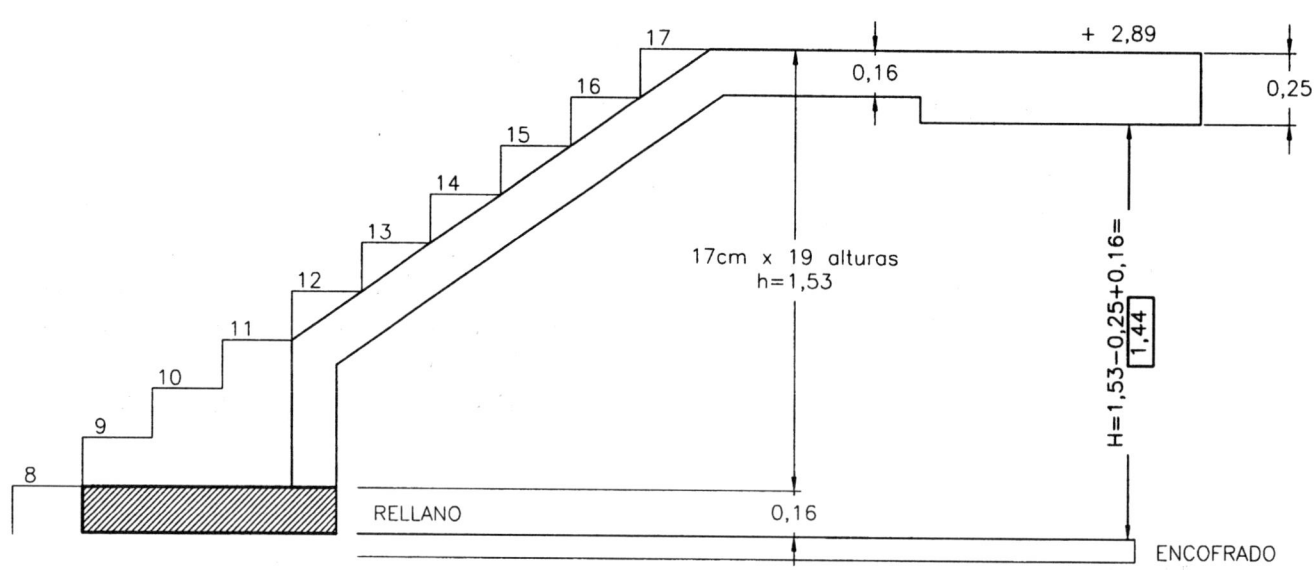

1.2. Esquema general

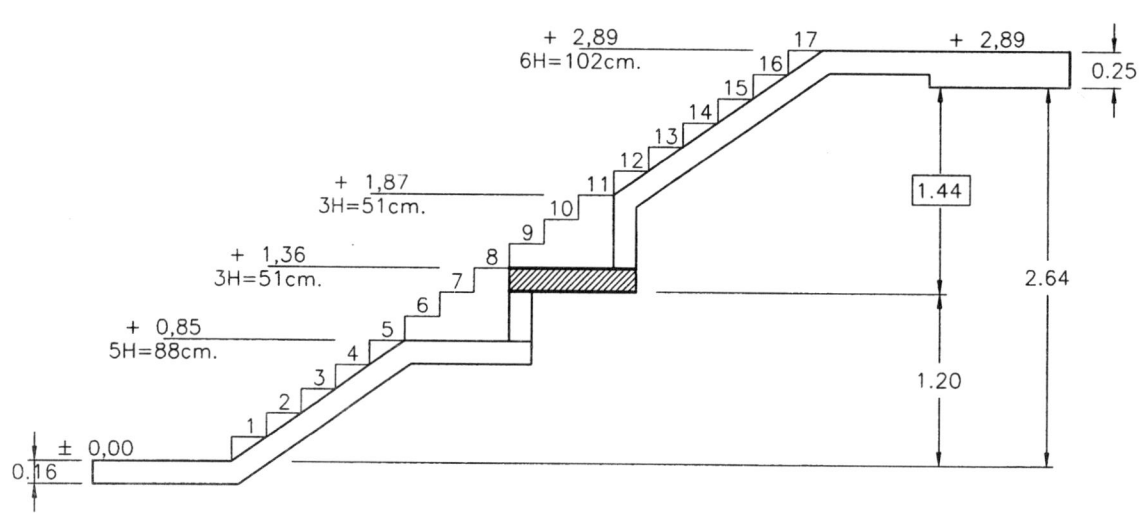

EXAMEN FINAL DE CONSTRUCCIÓN DE ESTRUCTURAS. A. T.
PRIMER PARCIAL (2.ª PARTE) 13 SEPT. 2005

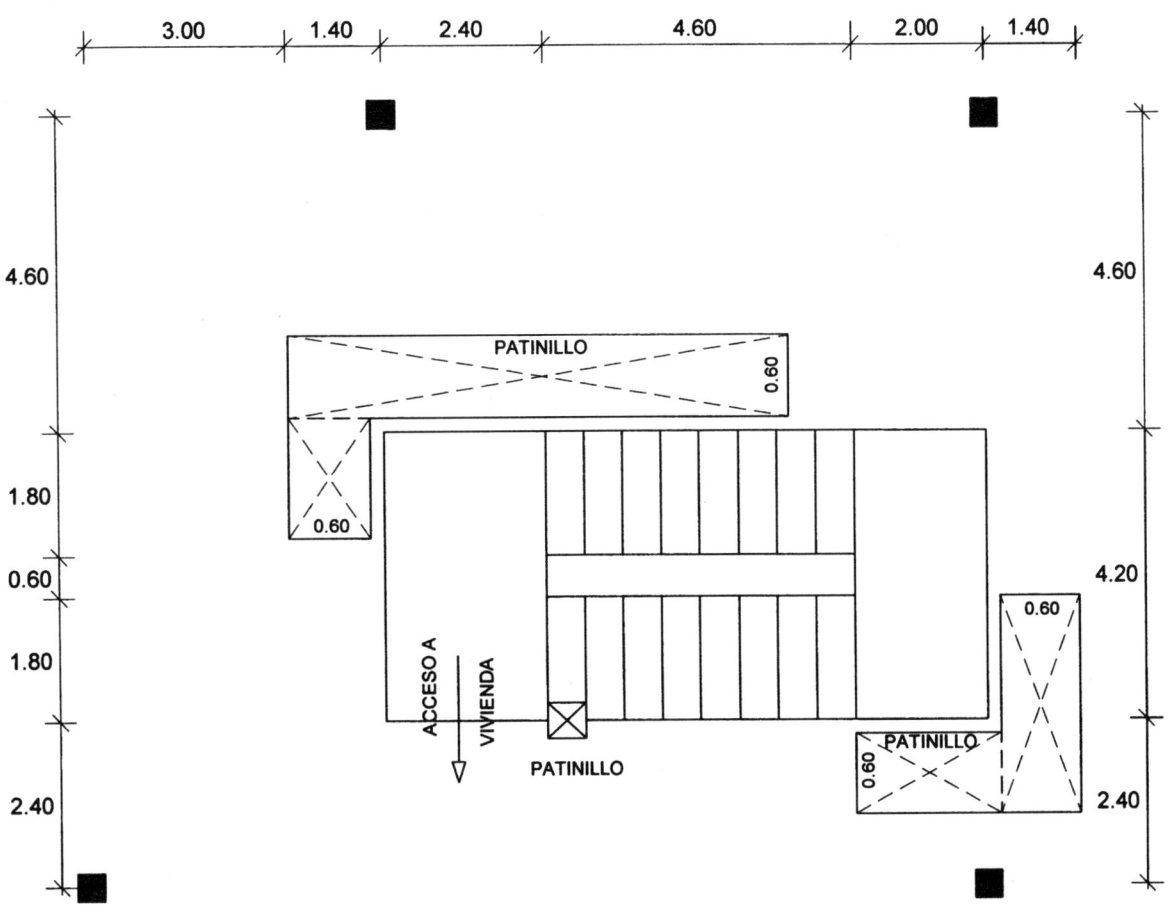

La escalera del esquema adjunto corresponde a una planta intermedia de un edificio alto, para una vivienda por planta.

Los datos no consignados serán consignados al buen criterio del alumno.

DATOS:

Luz libre entre plantas = 2,70 m. Canto total del forjado = 30 cm.

Prohibido utiizar vigas zancas o "colgar" de las plantas superiores.

Cada una de las dos losas de escalera tendrá un apoyo continuo en cada extremo, evitando inestabilidades.

Máximo voladizo en jácenas = 3 m.

Las jácenas no podrán atravesar los patinillos, ni invadir el espacio de la escalera.

Cualquier cota o paso de personal que sea inferior a 2,30 m se considerará inaceptable.

SE PIDE:

Resolver el esquema estructural sustentante de la escalera, con los cuatro pilares existentes, definiendo cotas o niveles de las jácenas/embrochados, etc.

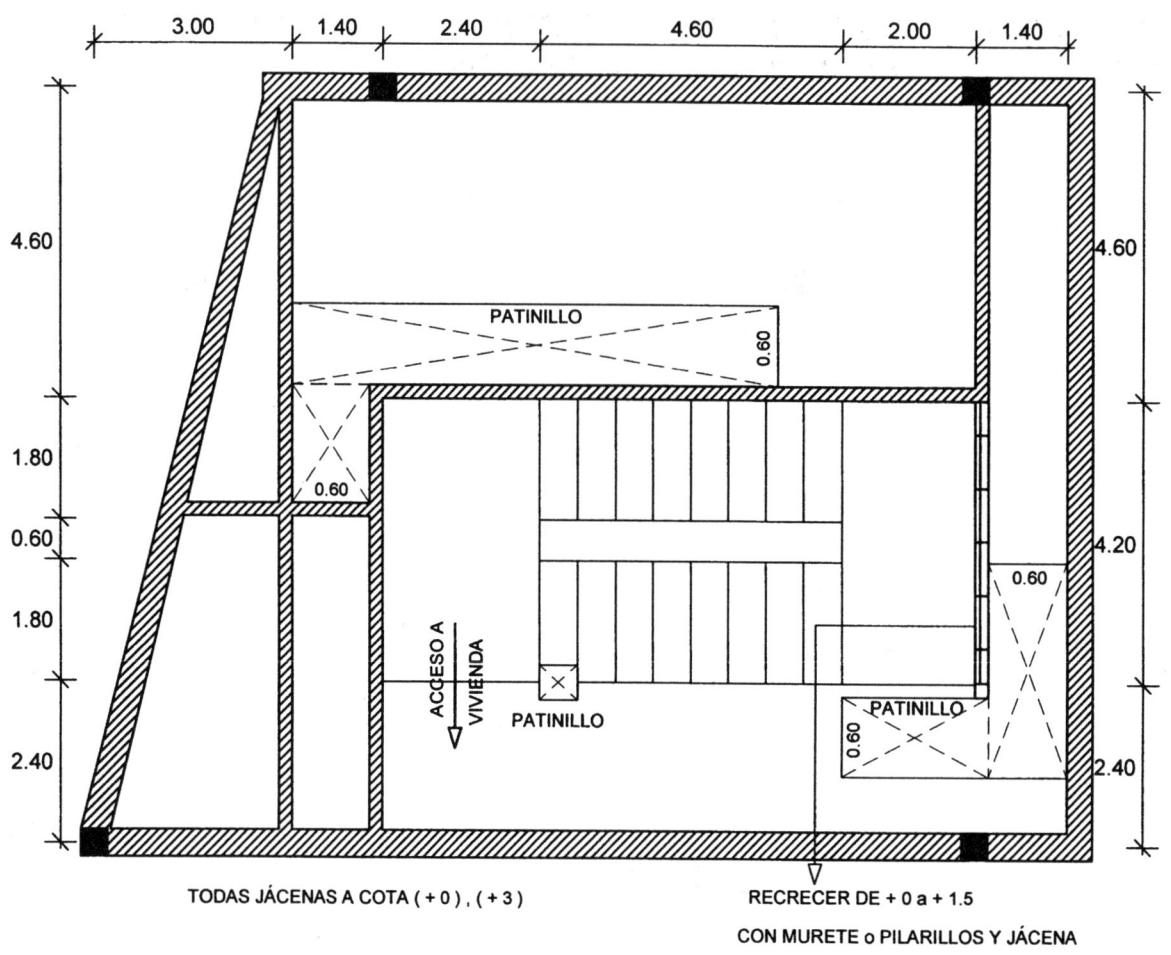

3.00	1.40	2.40	4.60	2.00	1.40	

TODAS JÁCENAS A COTA (+ 0) , (+ 3)

RECRECER DE + 0 a + 1.5

CON MURETE o PILARILLOS Y JÁCENA

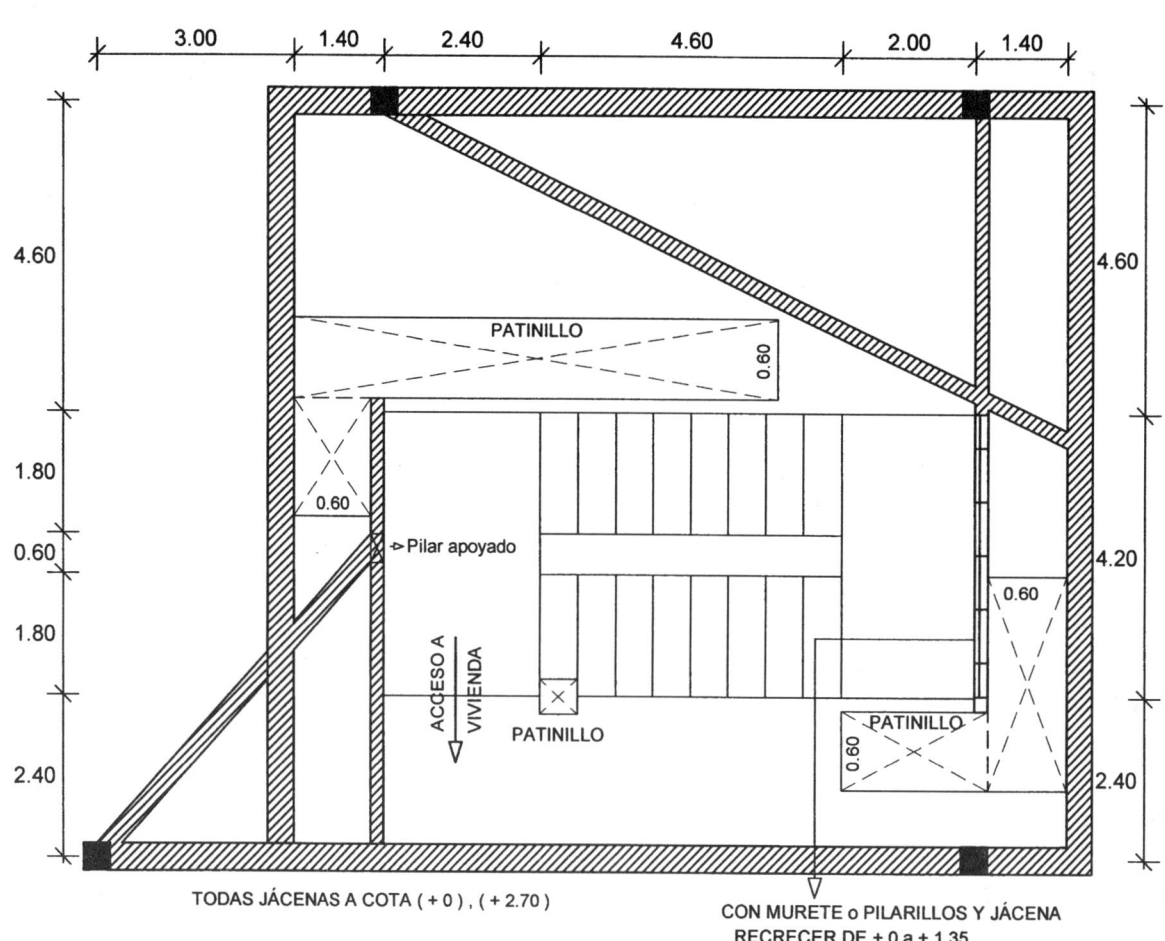

TODAS JÁCENAS A COTA (+ 0) , (+ 2.70)

CON MURETE o PILARILLOS Y JÁCENA
RECRECER DE + 0 a + 1.35

240

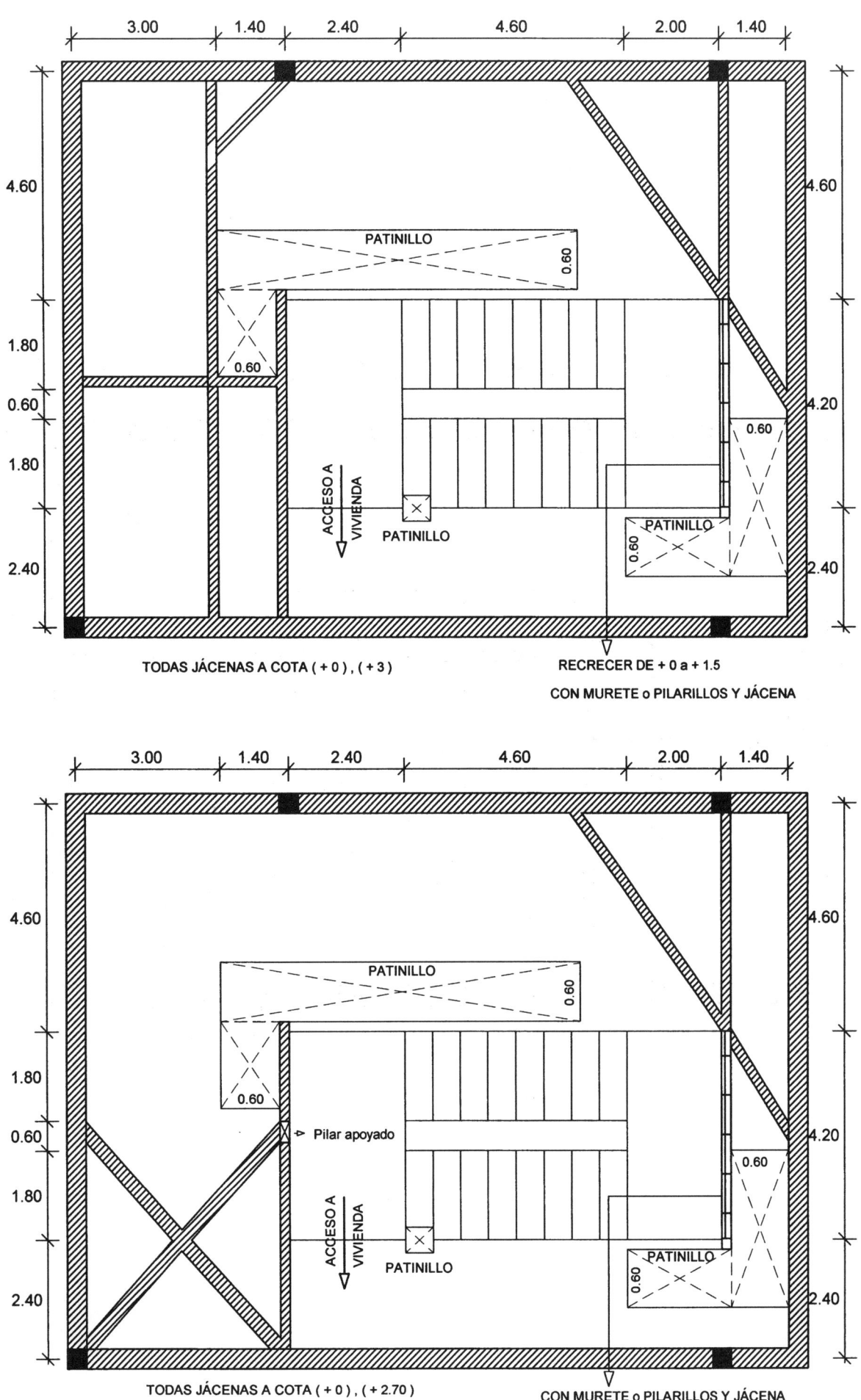

3.00 1.40 2.40 4.60 2.00 1.40

4.60

1.80

0.60

1.80

2.40

4.60

4.20

2.40

PATINILLO

0.60

0.60

ACCESO A VIVIENDA

PATINILLO

PATINILLO

0.60

0.60

TODAS JÁCENAS A COTA (+ 0) , (+ 3)

RECRECER DE + 0 a + 1.5

CON MURETE o PILARILLOS Y JÁCENA

3.00 1.40 2.40 4.60 2.00 1.40

4.60

1.80

0.60

1.80

2.40

4.60

4.20

2.40

PATINILLO

0.60

0.60

Pilar apoyado

ACCESO A VIVIENDA

PATINILLO

PATINILLO

0.60

0.60

TODAS JÁCENAS A COTA (+ 0) , (+ 2.70)

CON MURETE o PILARILLOS Y JÁCENA
RECRECER DE + 0 a + 1.45

241

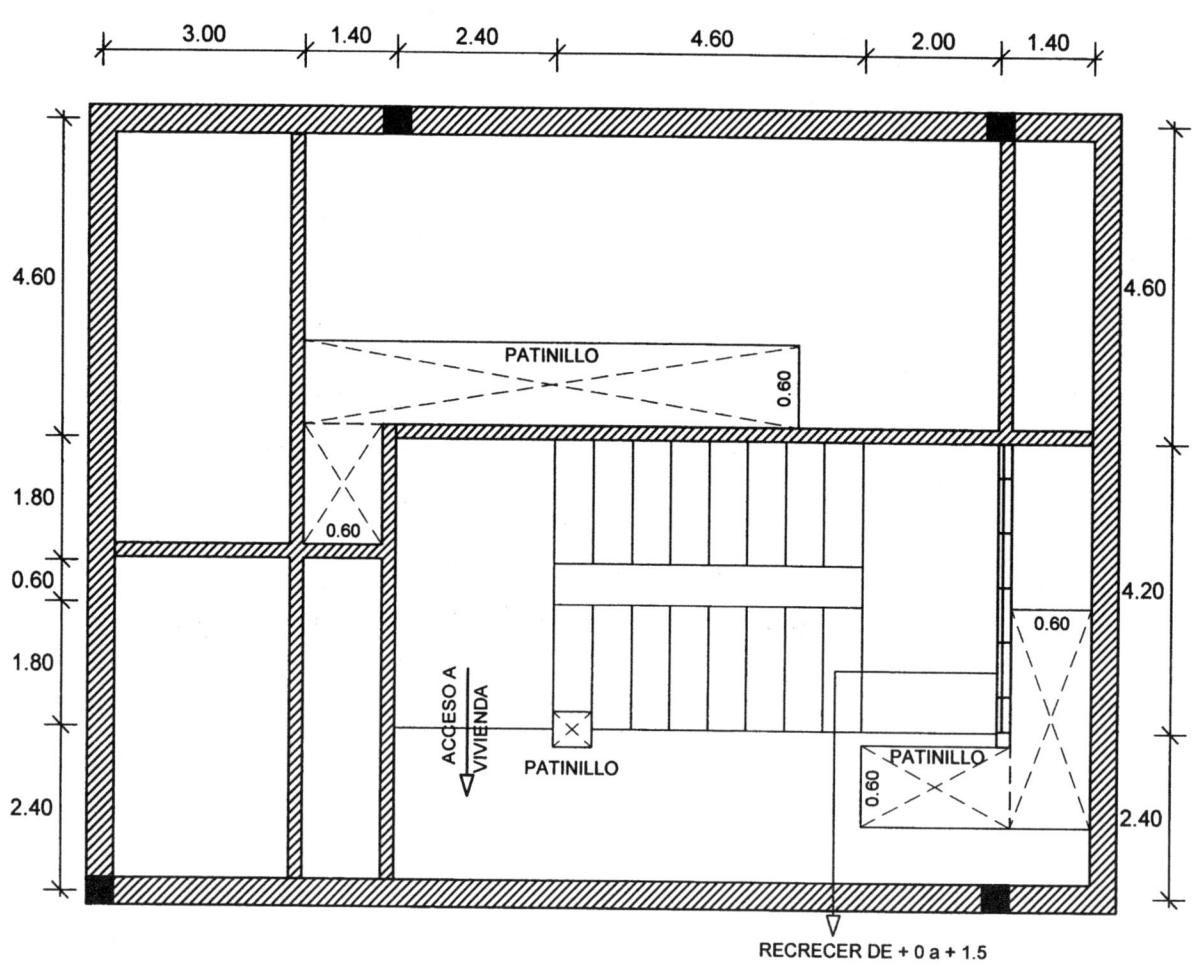

RECRECER DE + 0 a + 1.5

CON MURETE o PILARILLOS Y JÁCENA

TODAS JÁCENAS A COTA (+ 0) , (+ 3)

EXAMEN PARCIAL. CONSTRUCCIÓN DE ESTRUCTURAS.
31 ENERO 2009

La escalera adjunta corresponde a una planta intermedia de un edificio de varias plantas con acceso a 3 viviendas en cada planta, situadas a diferentes niveles, con los siguientes datos y especificaciones:

Disponemos de 7 pilares de H.A. marcados con un círculo.
Prohibido utilizar vigas que tengan menor contrapeso que voladizo.
Prohibido utilizar vigas zancas.
Alto de peldaños = 18 cm.

Las vigas no podrán atravesar el patio, ni el ojo de escalera, ni podrán atravesar la escalera por lugares donde haya cabezada o queden vistas por el interior de la escalera.
Dimensiones totales de las puertas de entrada a viviendas = 1,10 x 2,30.

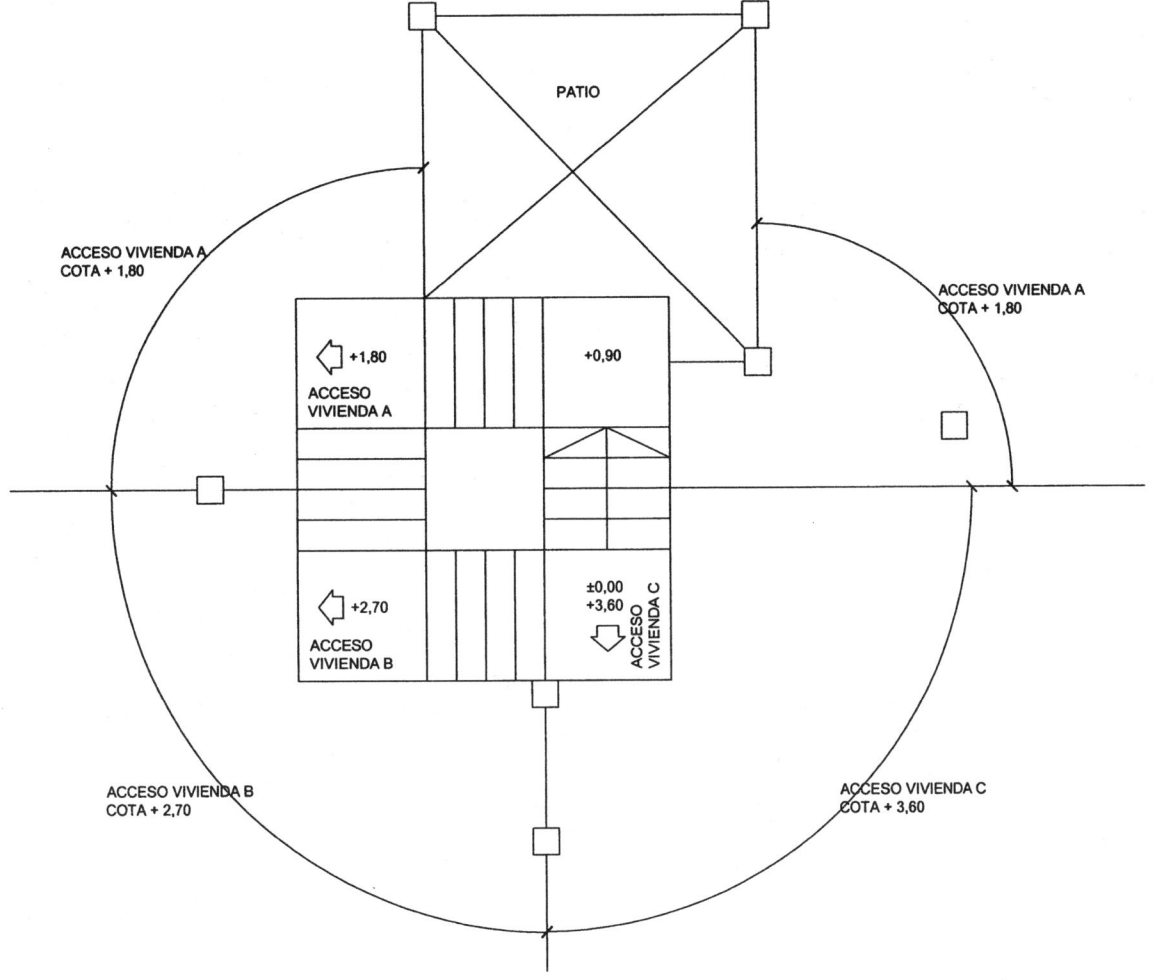

SE PIDE:

1.- Resolver en este folio el esquema estructural sustentante de la escalera definiendo en cada jácena su cota y sus puntos de sustentación, utilizando colores o grafismos diferentes, bien definido, teniendo en cuenta que cada bolsa de la escalera deberá ir apoyada/empotrada en sus dos extremos.

2.- Efectuar el alzado sección A-A' considerando la transparencia del hormigón para ver las armaduras de la sección y de la parte posterior de la misma.

SOLUCIÓN 01

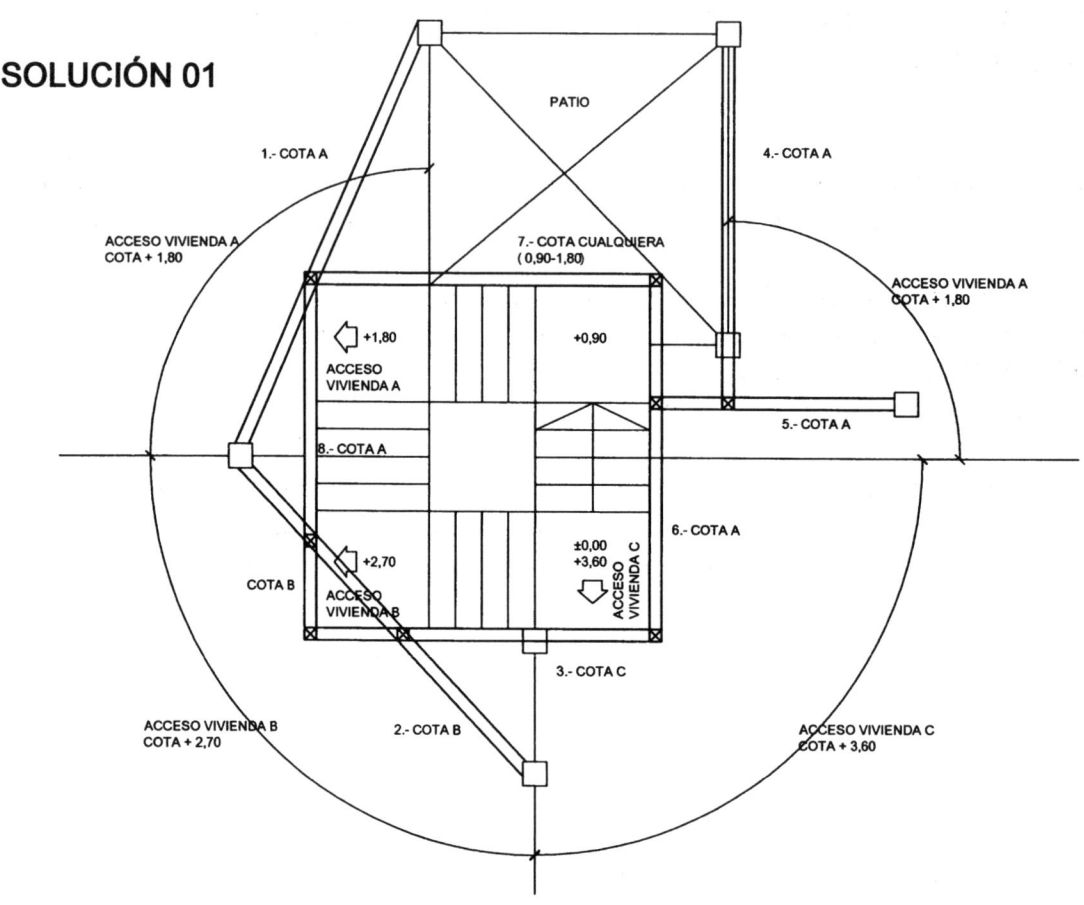

PATIO

1.- COTA A

4.- COTA A

ACCESO VIVIENDA A
COTA + 1,80

7.- COTA CUALQUIERA
(0,90-1,80)

ACCESO VIVIENDA A
COTA + 1,80

+1,80

+0,90

ACCESO
VIVIENDA A

5.- COTA A

8.- COTA A

COTA B

+2,70

ACCESO
VIVIENDA B

±0,00
+3,60

ACCESO
VIVIENDA C

6.- COTA A

3.- COTA C

ACCESO VIVIENDA B
COTA + 2,70

2.- COTA B

ACCESO VIVIENDA C
COTA + 3,60

SOLUCIÓN 02

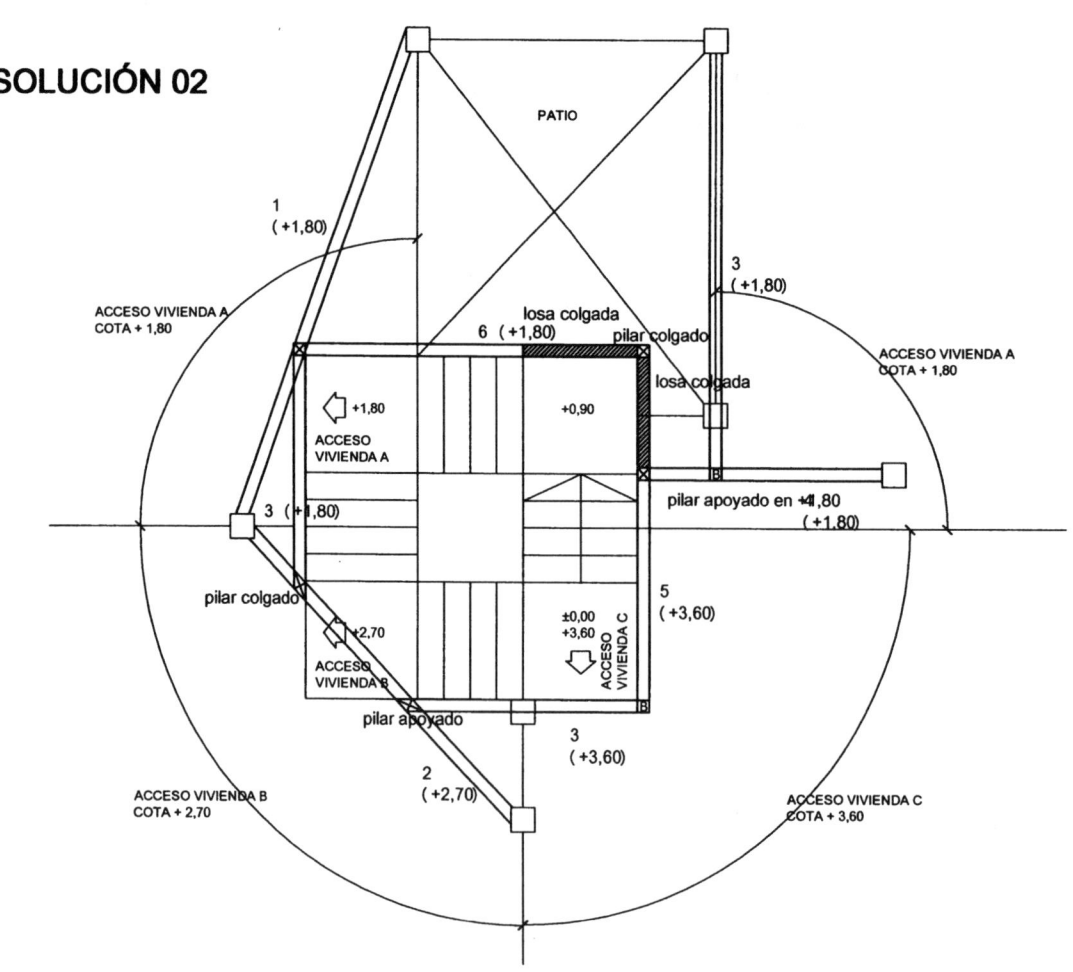

PATIO

1
(+1,80)

3
(+1,80)

ACCESO VIVIENDA A
COTA + 1,80

losa colgada
6 (+1,80)

pilar colgado

ACCESO VIVIENDA A
COTA + 1,80

+1,80

+0,90

losa colgada

ACCESO
VIVIENDA A

3 (+1,80)

pilar apoyado en +1,80
(+1,80)

pilar colgado

+2,70

ACCESO
VIVIENDA B

±0,00
+3,60

ACCESO
VIVIENDA C

5
(+3,60)

pilar apoyado

3
(+3,60)

ACCESO VIVIENDA B
COTA + 2,70

2
(+2,70)

ACCESO VIVIENDA C
COTA + 3,60

SOLUCIÓN 03

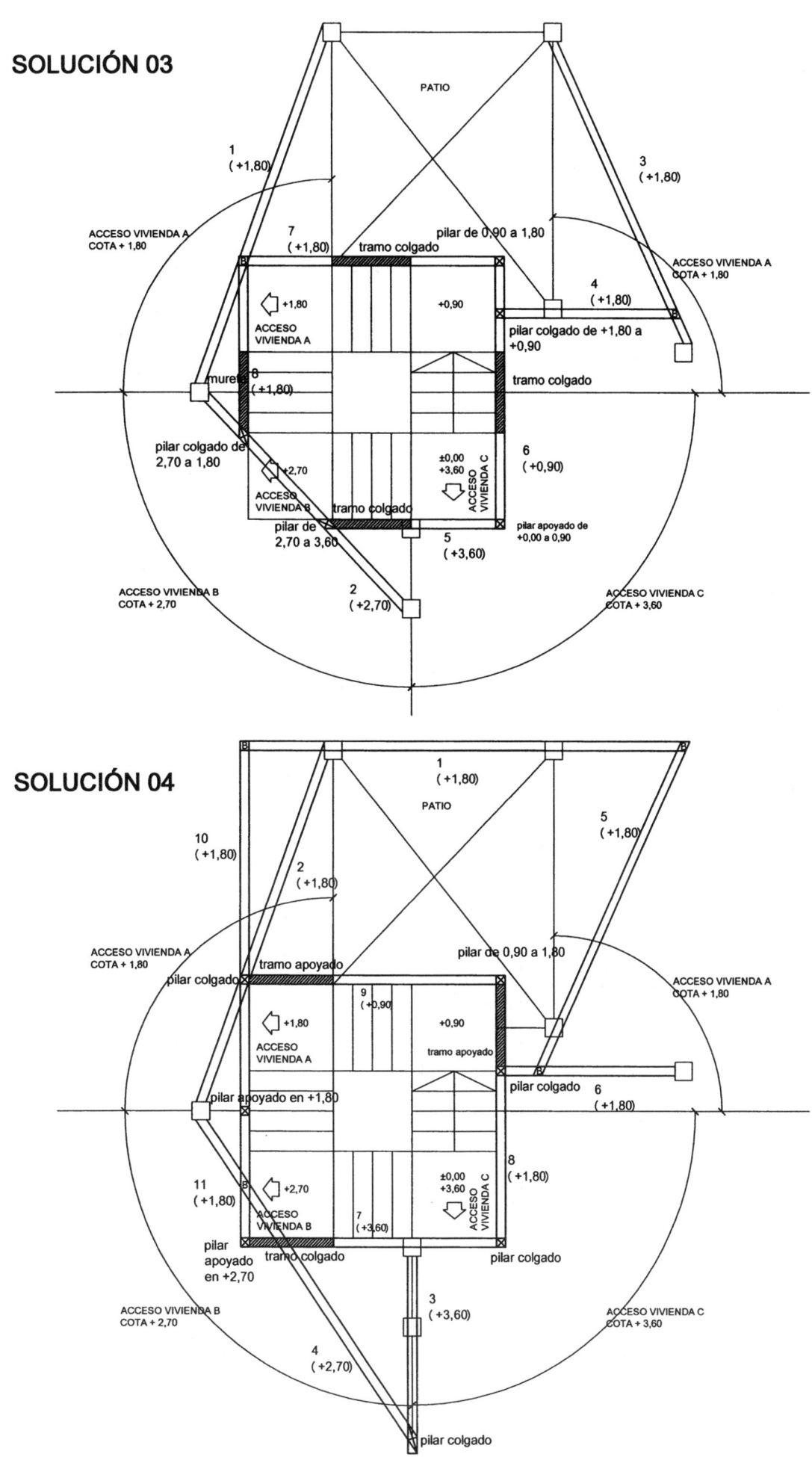

PATIO

1
(+1,80)

3
(+1,80)

ACCESO VIVIENDA A
COTA + 1,80

pilar de 0,90 a 1,80

7
(+1,80)   tramo colgado

ACCESO VIVIENDA A
COTA + 1,80

4
(+1,80)

+1,80

+0,90

ACCESO
VIVIENDA A

pilar colgado de +1,80 a
+0,90

8
murete   (+1,80)

tramo colgado

pilar colgado de
2,70 a 1,80

+2,70

6
(+0,90)

±0,00
+3,60

ACCESO
VIVIENDA B   tramo colgado

pilar de
2,70 a 3,60

ACCESO
VIVIENDA C

pilar apoyado de
+0,00 a 0,90

5
(+3,60)

2
(+2,70)

ACCESO VIVIENDA B
COTA + 2,70

ACCESO VIVIENDA C
COTA + 3,60

SOLUCIÓN 04

PATIO

1
(+1,80)

5
(+1,80)

10
(+1,80)

2
(+1,80)

ACCESO VIVIENDA A
COTA + 1,80

pilar de 0,90 a 1,80

ACCESO VIVIENDA A
COTA + 1,80

tramo apoyado

pilar colgado

9
(+0,90)

+0,90

+1,80

ACCESO
VIVIENDA A

tramo apoyado

pilar colgado

6
(+1,80)

pilar apoyado en +1,80

±0,00
+3,60

8
(+1,80)

11
(+1,80)

+2,70

ACCESO
VIVIENDA B

ACCESO
VIVIENDA C

7
(+3,60)

pilar
apoyado
en +2,70

tramo colgado

pilar colgado

3
(+3,60)

ACCESO VIVIENDA B
COTA + 2,70

ACCESO VIVIENDA C
COTA + 3,60

4
(+2,70)

pilar colgado

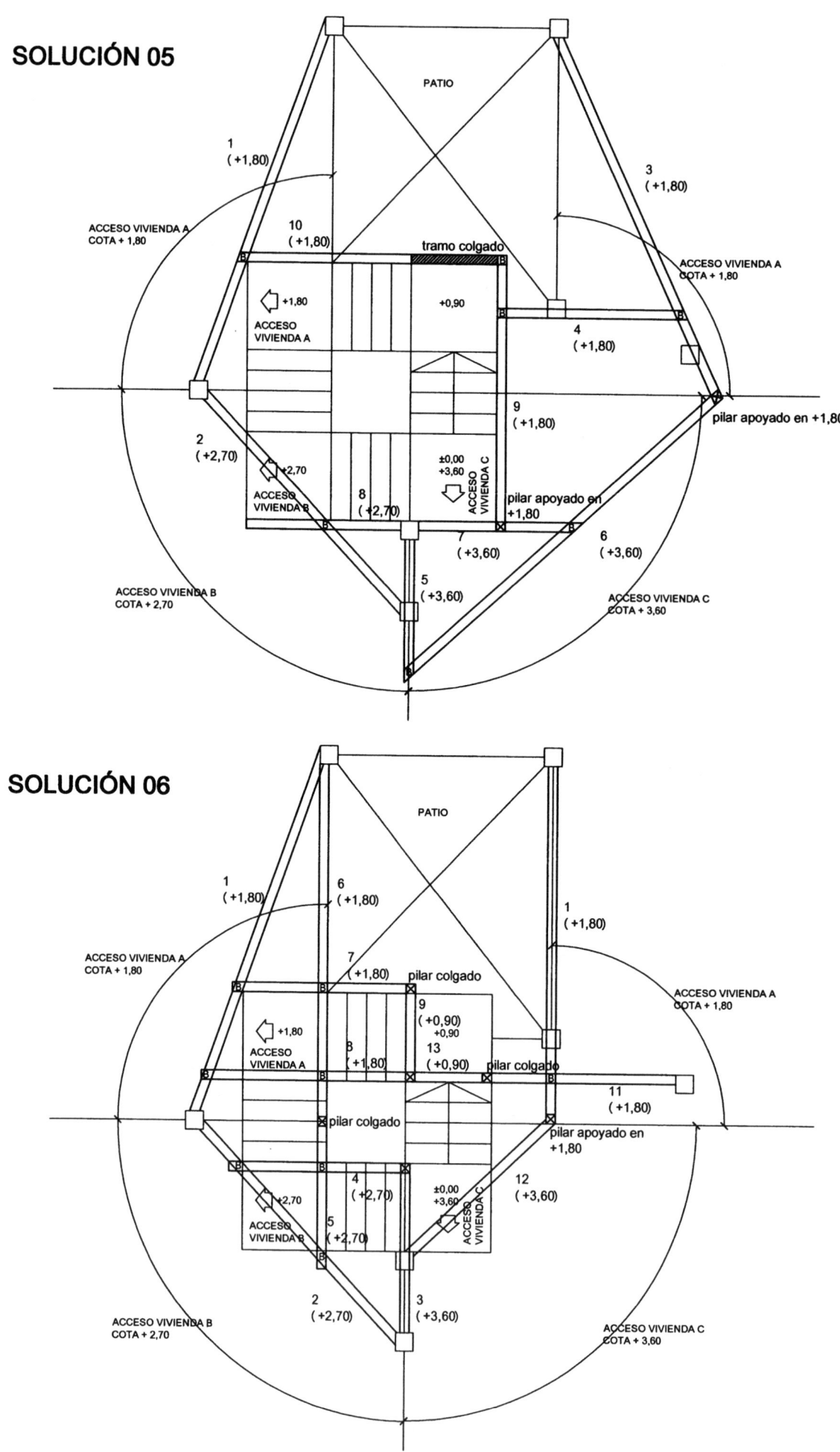

SOLUCIÓN 05

PATIO

1
(+1,80)

3
(+1,80)

ACCESO VIVIENDA A
COTA + 1,80

10
(+1,80)

tramo colgado

ACCESO VIVIENDA A
COTA + 1,80

+1,80

+0,90

ACCESO
VIVIENDA A

4
(+1,80)

9
(+1,80)

pilar apoyado en +1,80

2
(+2,70)

+2,70

ACCESO
VIVIENDA B

8
(+2,70)

±0,00
+3,60

ACCESO
VIVIENDA C

pilar apoyado en
+1,80

(+3,60)

6
(+3,60)

5
(+3,60)

ACCESO VIVIENDA B
COTA + 2,70

ACCESO VIVIENDA C
COTA + 3,60

SOLUCIÓN 06

PATIO

1
(+1,80)

6
(+1,80)

1
(+1,80)

ACCESO VIVIENDA A
COTA + 1,80

7
(+1,80)

pilar colgado

9
(+0,90)
+0,90

ACCESO VIVIENDA A
COTA + 1,80

+1,80

ACCESO
VIVIENDA A

B
(+1,80)

13
(+0,90)

pilar colgado

11
(+1,80)

pilar colgado

pilar apoyado en
+1,80

+2,70

ACCESO
VIVIENDA B

4
(+2,70)

±0,00
+3,60

ACCESO
VIVIENDA C

12
(+3,60)

5
(+2,70)

2
(+2,70)

3
(+3,60)

ACCESO VIVIENDA B
COTA + 2,70

ACCESO VIVIENDA C
COTA + 3,60

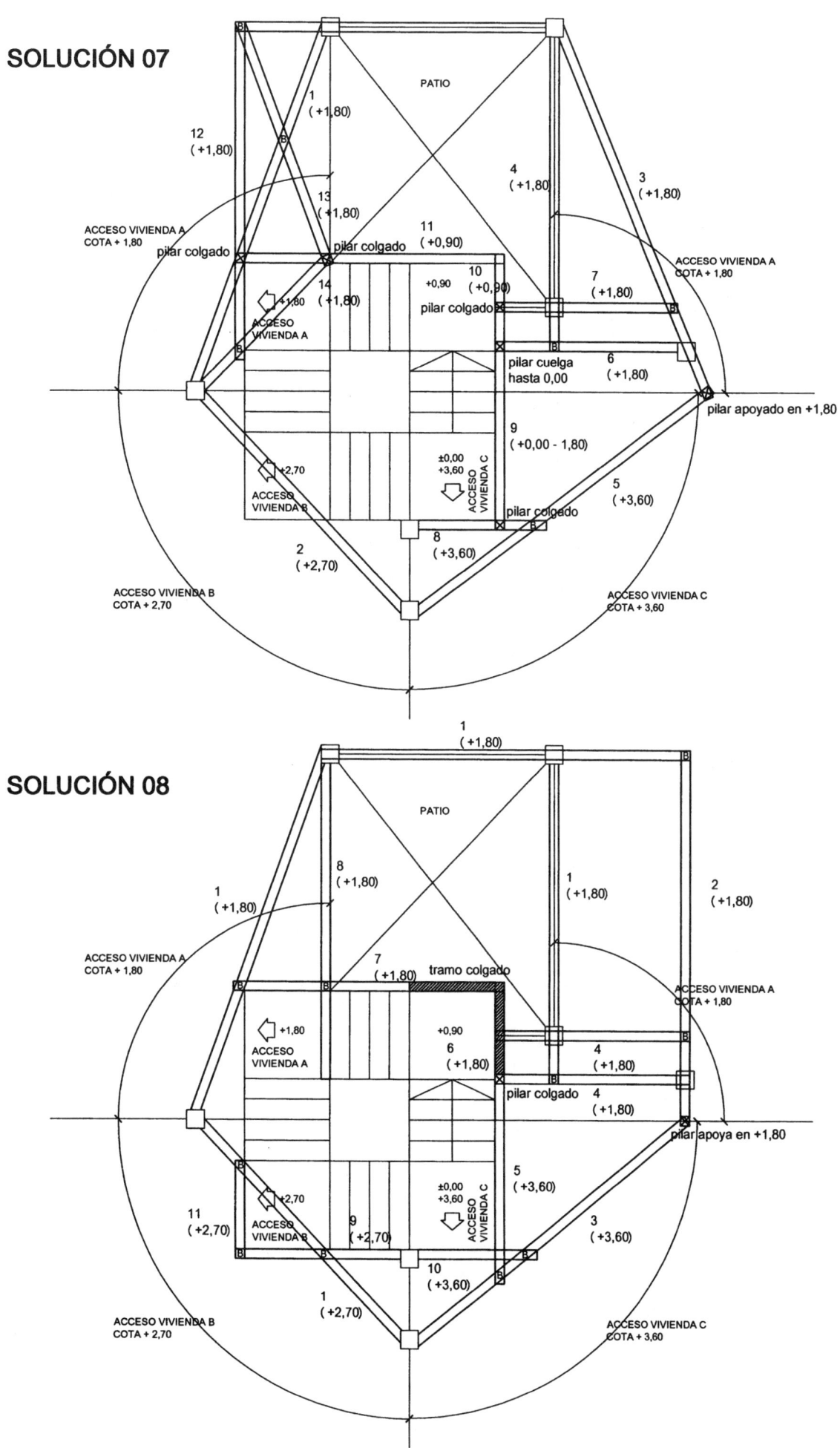

SOLUCIÓN 07

SOLUCIÓN 08

247

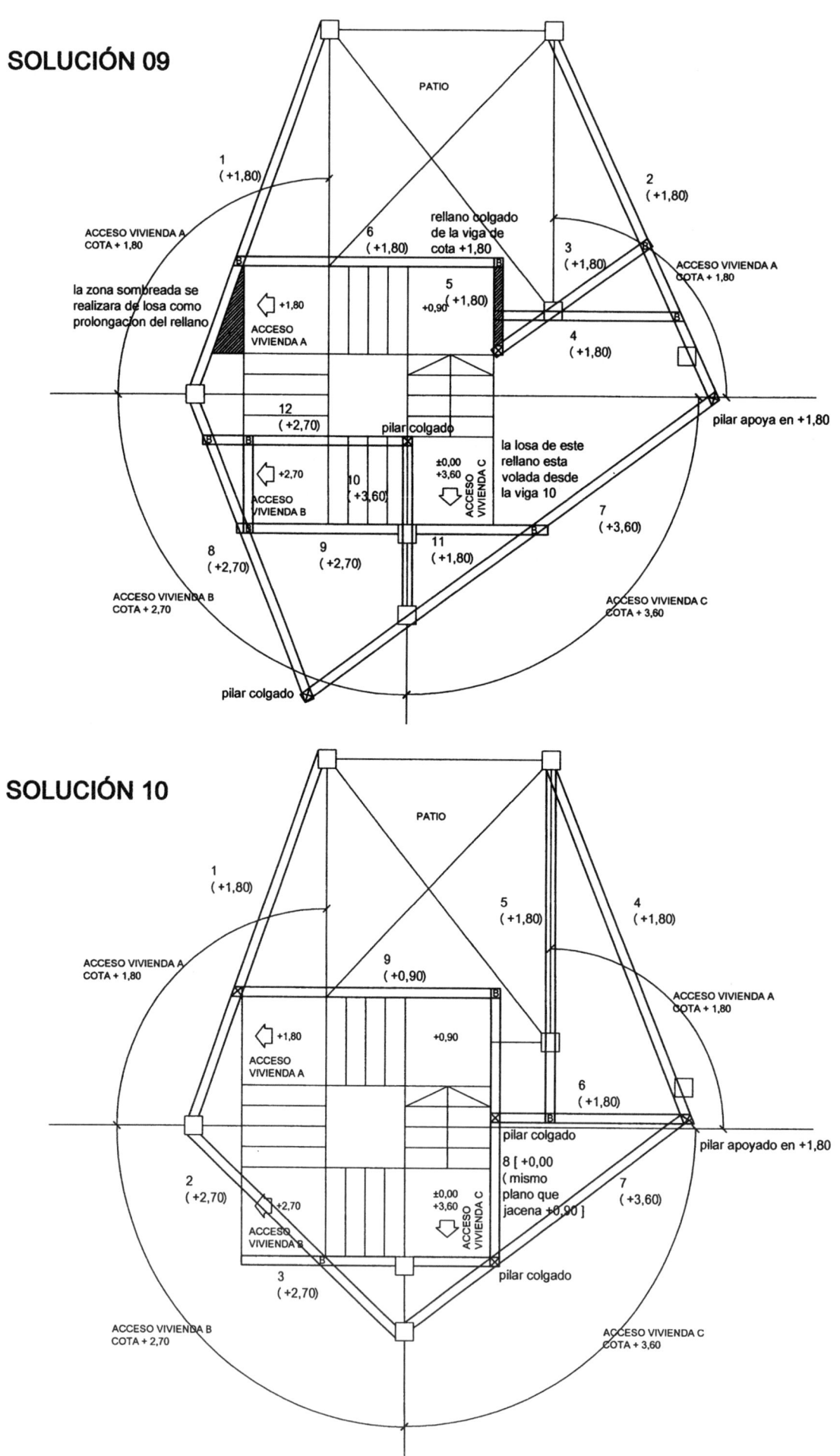

SOLUCIÓN 09

PATIO

1
(+1,80)

2
(+1,80)

ACCESO VIVIENDA A
COTA + 1,80

6
(+1,80)

rellano colgado
de la viga de
cota +1,80

3
(+1,80)

ACCESO VIVIENDA A
COTA + 1,80

la zona sombreada se
realizara de losa como
prolongacion del rellano

5
+0,90 (+1,80)

+1,80

ACCESO
VIVIENDA A

4
(+1,80)

pilar apoya en +1,80

12
(+2,70)

pilar colgado

la losa de este
rellano esta
volada desde
la viga 10

+2,70

ACCESO
VIVIENDA B

10
(+3,60)

±0,00
+3,60

ACCESO
VIVIENDA C

7
(+3,60)

8
(+2,70)

9
(+2,70)

11
(+1,80)

ACCESO VIVIENDA B
COTA + 2,70

ACCESO VIVIENDA C
COTA + 3,60

pilar colgado

SOLUCIÓN 10

PATIO

1
(+1,80)

5
(+1,80)

4
(+1,80)

ACCESO VIVIENDA A
COTA + 1,80

9
(+0,90)

ACCESO VIVIENDA A
COTA + 1,80

+1,80

ACCESO
VIVIENDA A

+0,90

6
(+1,80)

pilar colgado

pilar apoyado en +1,80

2
(+2,70)

+2,70

ACCESO
VIVIENDA B

±0,00
+3,60

ACCESO
VIVIENDA C

8 [+0,00
(mismo
plano que
jacena +0,90]

7
(+3,60)

3
(+2,70)

pilar colgado

ACCESO VIVIENDA B
COTA + 2,70

ACCESO VIVIENDA C
COTA + 3,60

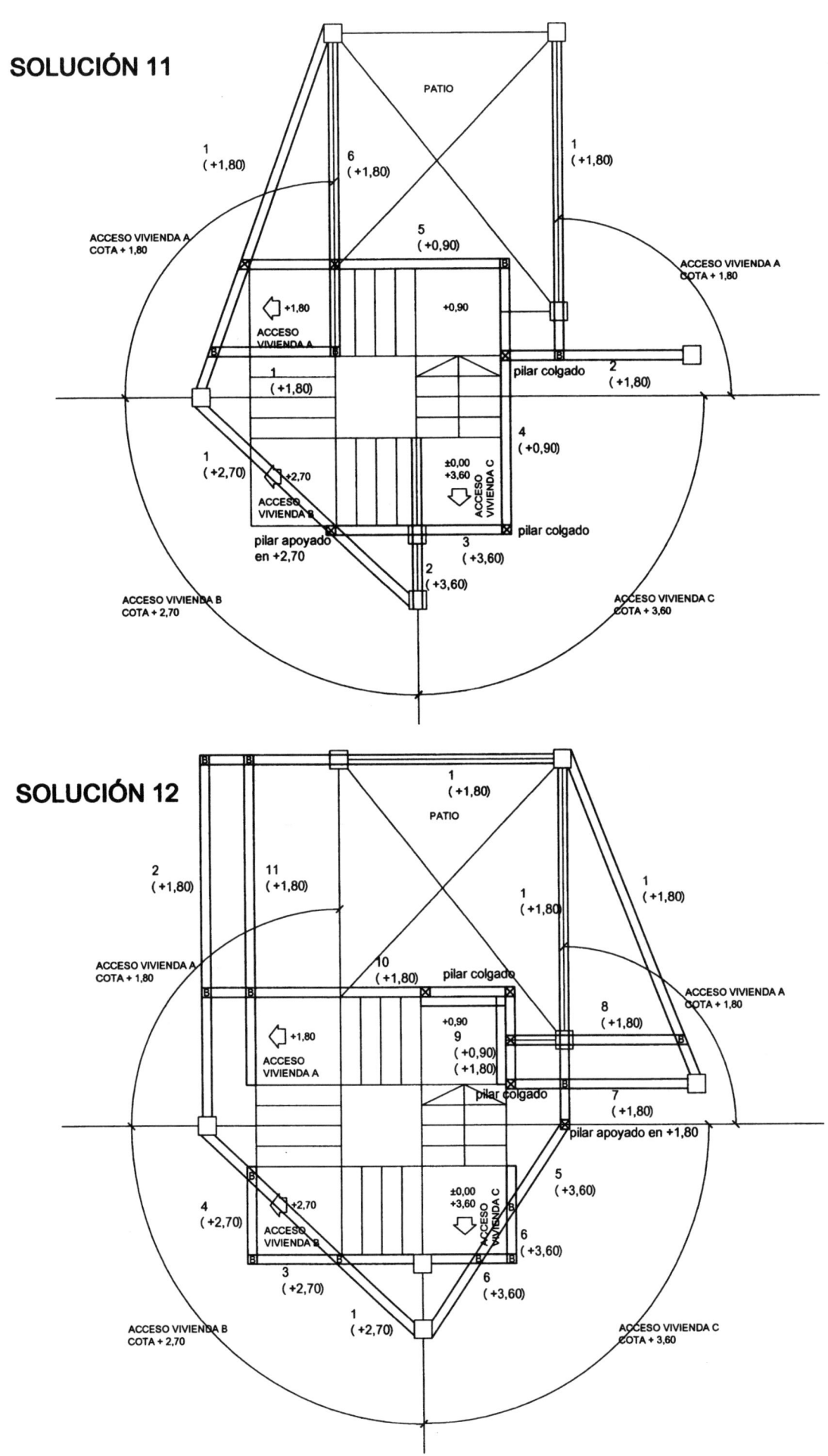

SOLUCIÓN 11

PATIO

1
(+1,80)

6
(+1,80)

1
(+1,80)

ACCESO VIVIENDA A
COTA + 1,80

5
(+0,90)

ACCESO VIVIENDA A
COTA + 1,80

+1,80

+0,90

ACCESO
VIVIENDA A

1
(+1,80)

pilar colgado

2
(+1,80)

4
(+0,90)

1
(+2,70)

+2,70

±0,00
+3,60

ACCESO
VIVIENDA C

pilar colgado

ACCESO
VIVIENDA B

pilar apoyado
en +2,70

3
(+3,60)

2
(+3,60)

ACCESO VIVIENDA B
COTA + 2,70

ACCESO VIVIENDA C
COTA + 3,60

SOLUCIÓN 12

1
(+1,80)

PATIO

2
(+1,80)

11
(+1,80)

1
(+1,80)

1
(+1,80)

ACCESO VIVIENDA A
COTA + 1,80

10
(+1,80)

pilar colgado

ACCESO VIVIENDA A
COTA + 1,80

+0,90

8
(+1,80)

+1,80

ACCESO
VIVIENDA A

9
(+0,90)
(+1,80)

pilar colgado

7
(+1,80)

pilar apoyado en +1,80

5
(+3,60)

4
(+2,70)

+2,70

±0,00
+3,60

ACCESO
VIVIENDA C

ACCESO
VIVIENDA B

6
(+3,60)

3
(+2,70)

6
(+3,60)

1
(+2,70)

ACCESO VIVIENDA B
COTA + 2,70

ACCESO VIVIENDA C
COTA + 3,60

249

PERSPECTIVA DE ESCALERA
Solución 3

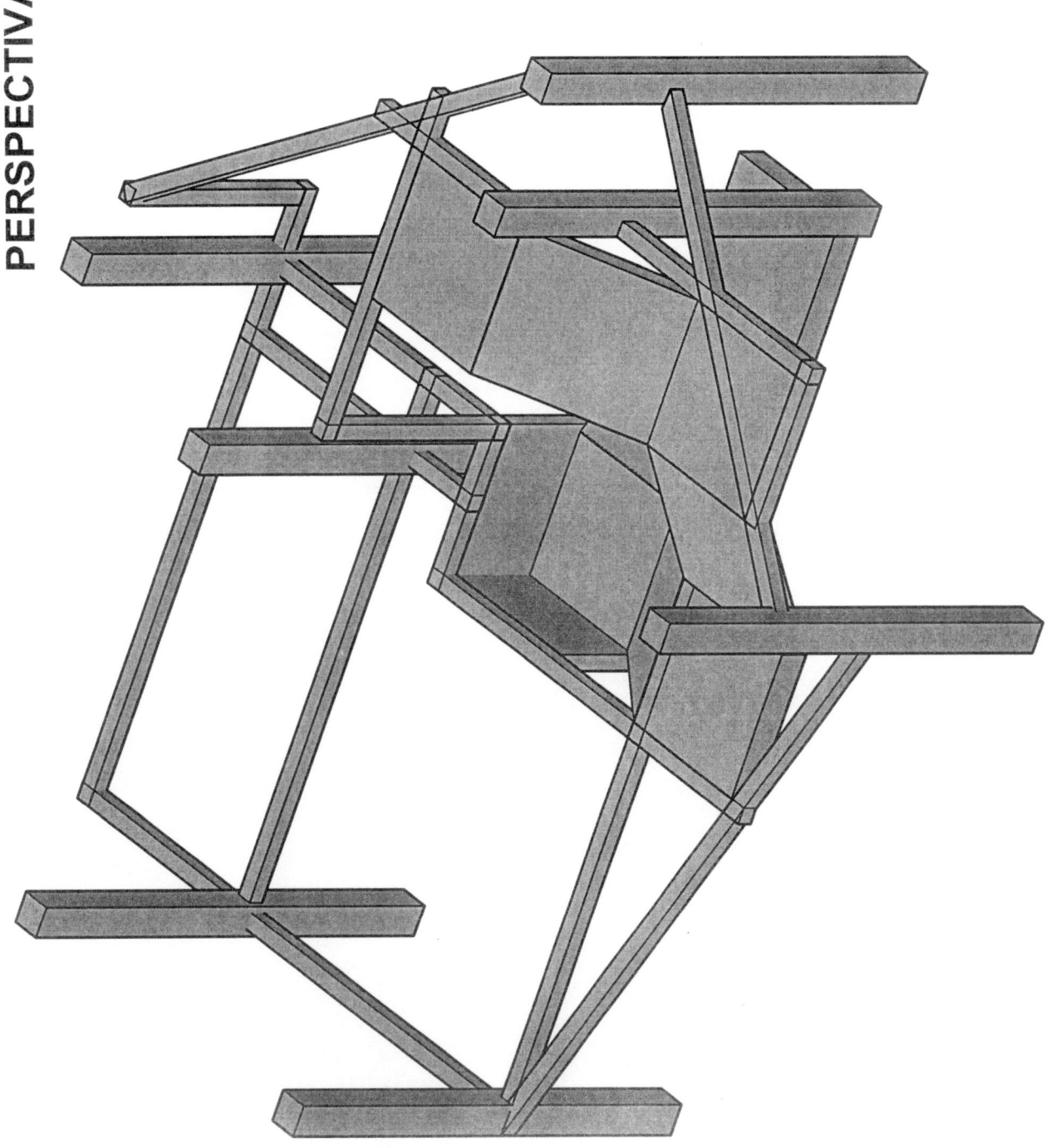

EXAMEN PARCIAL DE CONSTRUCCIÓN DE ESTRUCTURAS A.T.
CURSO 2009/2010. FECHA: 18/01/2010

La escalera adjunta corresponde a una planta intermedia de un edificio de varias plantas de altura, dando acceso a dos viviendas por planta situadas a distinto nivel. La medida de los peldaños es de 30 x 18 (huella x tabica).

Se pide:
Resolver el esquema estructural sustentante en planta de la escalera, bien definido y detallado, especificando el nivel o cota de cada jácena, así como su trayectoria (dónde empieza, dónde termina y cómo se sostiene).

Datos:
No se puede utilizar vigas zancas.
No colgar.
Todas las vigas tendrán más contrapeso que voladizo.
Todas las vigas serán perpendiculares o paralelas al borde del papel, excepto las 2 jácenas (o zunchos) que cierran el rellano intermedio triangular.
Prohibido atravesar con jácenas la escalera, hueco patios...
Se considera "cabezada" (prohibido) en alturas libres menores de 2,80 metros.
Cada tramo de losa de escalera apoyará en sus dos extremos.
Cerramiento de la escalera con mureta de 25 cm de ancho, que no sirve para soportar la escalera.

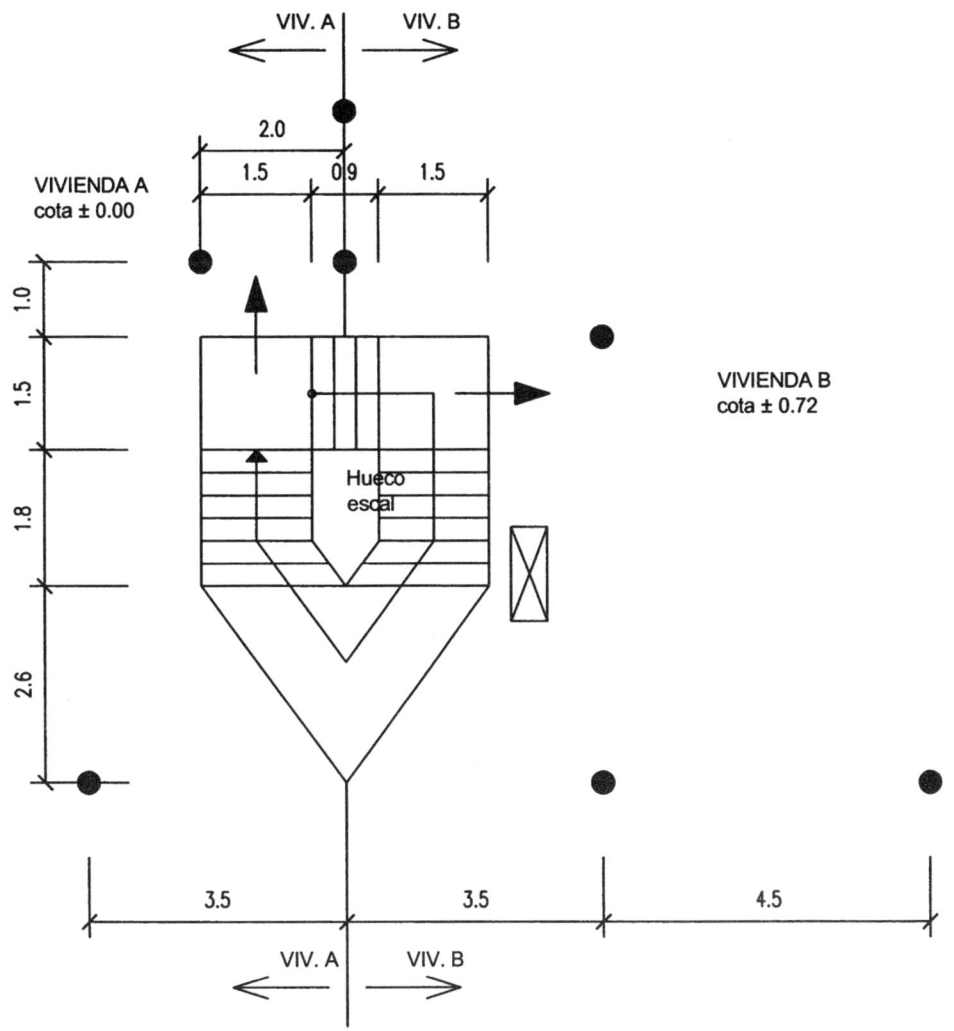

SOLUCIÓN

viga 3 embrochala con viga 1
viga 6 embrochala con viga 2
viga 10 embrochala con viga 8
viga 12 embrochala con viga 8

llegan hasta pilarcillo

viga 11 embrochala con viga 7
viga 12 embrochala con viga 8

viga 1 cota +0,00
viga 2 cota +0,72

viga 3 cota +0,00
viga 4 cota +3,24

viga 5 cota +0,72

viga 6 cota +0,72

zuncho

murete cota +0,72 a 1,98

viga 13 cota +0,72

pilarcillo apeado
+0,00 a +0,72
pilarcillo apeado
+0,72 a +1,98

viga 7 cota +0,00
viga 8 cota +1,98
viga 9 cota +3,24

viga 10 cota +1,98

viga 11 cota +0,00
viga 12 cota +1,98
viga 13 cota +3,24

PERSPECTIVA ESCALERA

EXAMEN PARCIAL DE CONSTRUCCIÓN DE ESTRUCTURAS. ESCALERAS.

El plano adjunto corresponde a la escalera de una planta intermedia de un edificio con 2 viviendas por cada planta.

DATOS:

Pilares de 45x40 armados con 6ø16, cercos según EH-91 (88).

Para el cálculo de la longitud de anclaje de armaduras pilares utilizaremos hormigón H-200, acero AEH-500, m = 19.

Espesor de la losa de escalera, de H.A. = 18cm. Armadura a criterio del alumno.

Resto de datos a criterio del alumno.

SE PIDE:

Primero: Resolver en planta la estructura completa de dicha escalera, definiendo todos los elementos estructurales, utilizando el mínimo número de jácenas y de embrochalados. No dibujar las armaduras en esa planta.

Segundo: Sección AA´ considerando la transparencia del hormigón para poder ver las armaduras de la losa etc., y la de los pilares.

Tercero: Sección transversal BB´ (perpendicular a la losa de escalera).

Notas: Dibujar claro y a tamaño suficientemente grande para que queden bien definidos todos los elementos y armaduras.

A ser posible no utilizar colores rojos.

No se admitirá la escalera con el rellano "colgado".

PLANTA

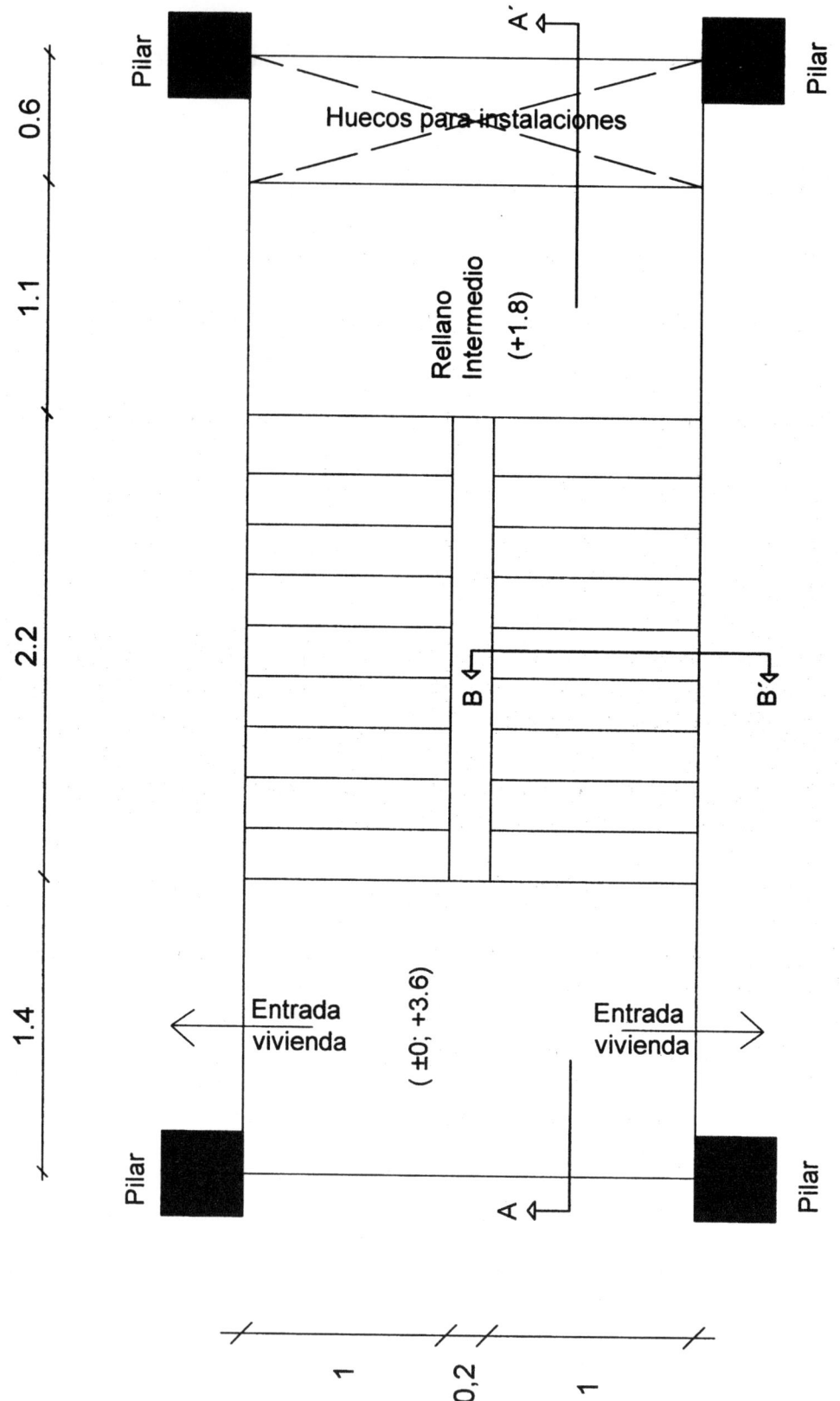

Huecos para instalaciones

Rellano Intermedio (+1.8)

Pilar

Pilar

Pilar

Pilar

Entrada vivienda

Entrada vivienda

(±0; +3.6)

A

A´

B

B´

0.6

1.1

2.2

1.4

1

0,2

1

PLANTA SOLUCIONADA

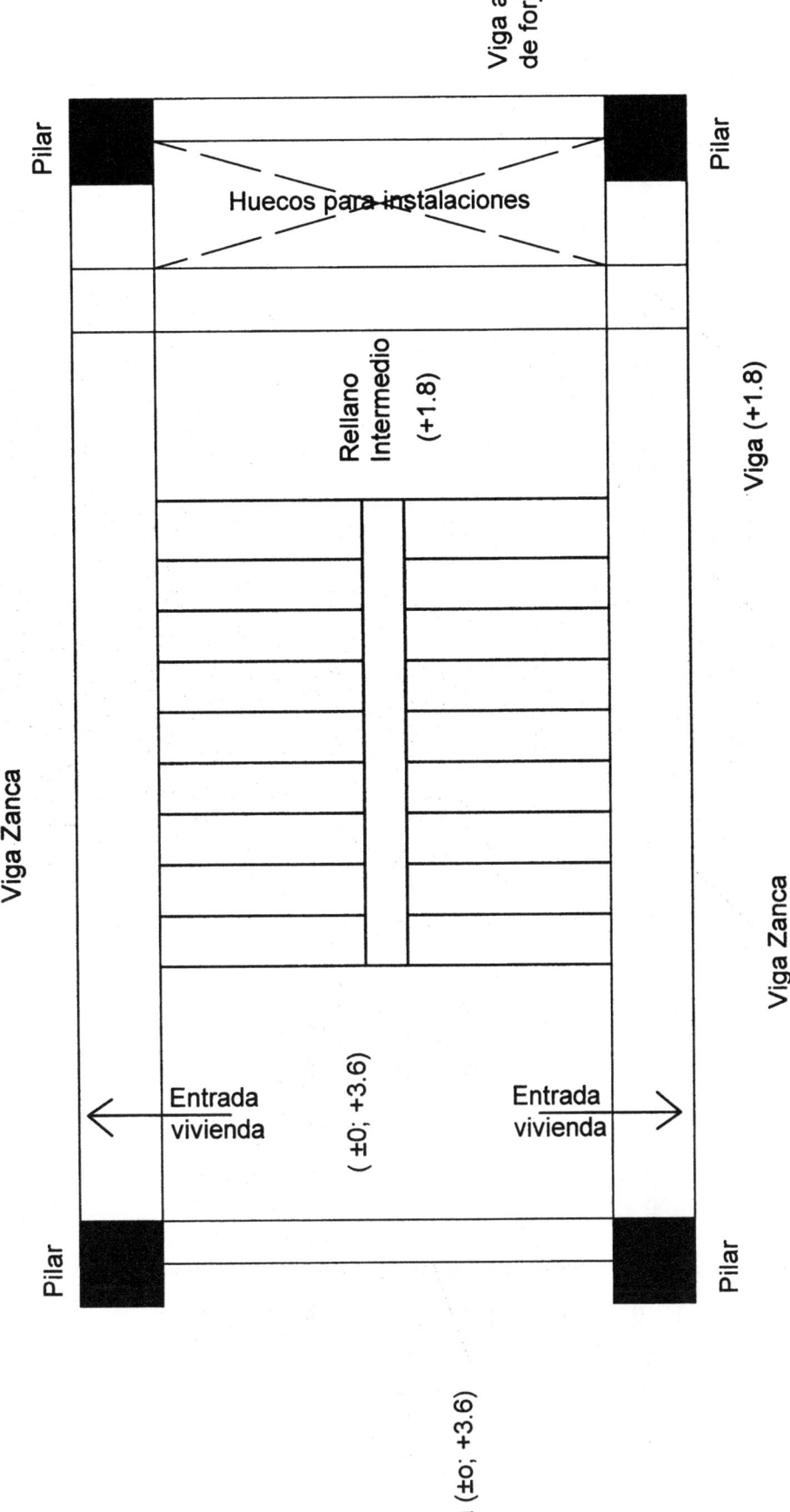

Pilar

Viga a nivel de forjado

Pilar

Huecos para instalaciones

Viga (+1.8)

Rellano Intermedio (+1.8)

Viga Zanca

Viga Zanca

Entrada vivienda

Entrada vivienda

(±0; +3.6)

Pilar

Pilar

Viga (±o; +3.6)

SECCIÓN AA'

Ø Piel

Cercos 1/18cm

6Ø16mm

Arm. de pilar

Arm. refuerzo quiebros losa

Armadura de reparto

Armadura de reparto

Armadura superior de la losa

Separador

Armadura inferior de la losa

Distanciador

Viga

0.2

0.5

Arm. de pilar

Zuncho

Ø Piel

Cercos 1/18cm

6Ø16mm

Viga

0.2

0.5

HUECO

SECCIÓN BB'

Ø Piel

Cercos 1/18cm

6Ø16mm

Arm. de pilar

Viga Zanca

Armadura principal

Ø 16mm

Ø 12mm

0.2

0.5